A ARTE DE LER

FUNDAÇÃO EDITORA DA UNESP

Presidente do Conselho Curador
Herman Jacobus Cornelis Voorwald

Diretor-Presidente
José Castilho Marques Neto

Editor-Executivo
Jézio Hernani Bomfim Gutierre

Conselho Editorial Acadêmico
Alberto Tsuyoshi Ikeda
Célia Aparecida Ferreira Tolentino
Eda Maria Góes
Elisabeth Criscuolo Urbinati
Ildeberto Muniz de Almeida
Luiz Gonzaga Marchezan
Nilson Ghirardello
Paulo César Corrêa Borges
Sérgio Vicente Motta
Vicente Pleitez

Editores-Assistentes
Anderson Nobara
Henrique Zanardi
Jorge Pereira Filho

JOSÉ MORAIS

A ARTE DE LER

TRADUÇÃO
ÁLVARO LORENCINI

© 1994 by Éditions Odile Jacob
Título original em francês: *L'art de lire*.

© 1995 da tradução brasileira:

Fundação Editora da UNESP (FEU)
Praça da Sé, 108
01001-900 – São Paulo – SP
Tel.: (0xx11) 3242-7171
Fax: (0xx11) 3242-7172
www.editoraunesp.com.br
www.livrariaunesp.com.br
feu@editora.unesp.br

Dados Internacionais de Catalogação na Publicação (CIP)
(Câmara Brasileira do Livro, SP, Brasil)

Morais, José
   A arte de ler / José Morais; tradução Álvaro Lorencini.
– São Paulo: Editora UNESP, 1996. – (Encyclopaideia)

   Título original: L'art de lire.
   ISBN 85-7139-123-8

   1. Alfabetização   2. Leitura   3. Leitura – Psicologia
I. Título.   II. Série.

96-2310   CDD-418.4

Índices para catálogo sistemático:
   1. Arte de ler: Linguística   418.4
       2. Leitura   418.4

Editora afiliada:

Asociación de Editoriales Universitarias
de América Latina y el Caribe

Associação Brasileira de
Editoras Universitárias

SUMÁRIO

Introdução, 11
O desafio da leitura, 11

    A leitura, prazer pessoal, 12
    A leitura, problema social, 16
    Jacques, Jérémie, Jonathan e os outros..., 26
    A abordagem científica da leitura, 37

Capítulo 1
A linguagem e o alfabeto, 43

    A palavra e a escrita, 45
    Alguns fragmentos da conferência do Sr. Wang, 50
    A carta de Nimura-sensei ao seu amigo e colega Dupont, 55
    O monólogo de Nakht, 60
    A invenção do alfabeto, 64
    O alfabeto e a ortografia, 75
    2005, Odisseia do espírito, 77
    Um poeta iletrado, 89

Capítulo 2
O leitor hábil, *109*

    O que é a leitura?, *110*
    Três pulinhos, e depois vão... para a linha seguinte, *115*
    O sistema em pedaços, *126*
    A leitura dos adultos contada às crianças, *135*

Capítulo 3
O leitor principiante, *161*

    Decodificação e compreensão, *161*
    A leitura é uma adivinhação?, *165*
    Vamos ler histórias para ele..., *170*
    Vamos falar-lhe do fonema, mas como?, *174*
    A leitura das crianças contada pelos adultos, *185*
    Aprender a ler, aprender a escrever, *198*

Capítulo 4
O leitor fracassado, *211*

    A segunda corcova do dromedário, *212*
    Os distúrbios da leitura são de natureza visual?, *218*
    Existem diversos tipos de leitores deficientes?, *220*
    A culpa do módulo fonológico, *231*
    Fatores biológicos e ambientais das deficiências de leitura, *236*

Capítulo 5
O ensino da leitura, *261*

    O grande debate, *261*
    A superioridade do método fônico, *266*
    Método fônico sim, mas como?, *271*
    A preparação para a leitura, *277*
    Contra a medicalização dos distúrbios da leitura, *282*

Formas de reeducação dos leitores fracassados, *284*
O computador na aprendizagem da leitura, *287*
A família e a escola, *292*

Conclusão
Uma política para a leitura, *299*

Glossário, *307*

Índice remissivo, *319*

AGRADECIMENTOS

A Dona Rita, que me ensinou a ler.
A Dona Marília, que me deu meu primeiro prêmio escolar, um livro.
A meus pais, que me mostraram a liberdade de ler e de pensar.
A meu avô, Jorge Pereira de Morais, que despertou em mim o gosto pela escrita.
A Marina Pestana e Vergílio Ferreira, que poliram meu gosto pela literatura.
A Paul Bertelson, que me iniciou na ciência cognitiva da leitura.
A Paul outra vez, mas também a Monique, Jesus, Daniel ("os velhos do nosso laboratório"), Alain, Régine, Philippe, Jacqueline ("os jovens"), que me deixaram compartilhar de suas pesquisas e conhecimentos durante tantos anos.
A Bénédicte de Boysson-Bardies, que me pediu que escrevesse este livro e me apoiou, e que também o reviu com rigor e gentileza.
A Catherine Francisse e a Leonor Scliar-Cabral, que o leram e criticaram dentro do espírito de amizade com que me honram.
A Jean-Luc Fidel, que muito contribuiu com seus conselhos judiciosos.
A Régine, por ter-me dito sempre que eu devia escrevê-lo; que o leu, finamente, ideia por ideia, letra por letra; (mas sobretudo...) por ter-me devolvido a paixão da leitura; por compartilhar suas leituras comigo.
A Sérgio, Inês e David, porque irão ler-me, cada um à sua maneira.

INTRODUÇÃO

O DESAFIO DA LEITURA

"Não sei como aprendi a ler; só me lembro das minhas primeiras leituras", escreveu Rousseau. Como todas as artes cognitivas, a leitura, uma vez dominada, é simples, imediata, e não demanda esforço aparente. A arte de ler é uma arte esquecida, interiorizada, relegada a operações automatizadas nas redes de neurônios inacessíveis. Felizmente! Se tivéssemos que pensar, não poderíamos ler. Também não conseguiríamos adormecer se quiséssemos saber como adormecemos. No instante em que adormecemos e em que devíamos justamente prestar mais atenção, estamos sempre inconvenientemente distraídos...

A arte de ler e a arte de escrever, como a arte de falar e de entender, são artes esquecidas. Servimo-nos delas frequentemente sem respeito nem reconhecimento. A palavra "arte", segundo o dicionário, refere-se a um conjunto de meios, de processos regulados que tendem para determinado fim. Nesse sentido, ler e escrever constituem artes. Os leitores dispõem da arte de ler, os escritores da arte de escrever, e se eles utilizam intencionalmente sua arte, não conhecem conscientemente nem seus meios nem seus processos.

Para que então querer penetrar essa opacidade? Há pelo menos três razões para isso. A curiosidade, em primeiro lugar, neste caso o desejo inato que o homem tem de se conhecer. Além disso, esse conhecimento pode servir para criar máquinas que leem, que praticam aquilo que se chama leitura automática. Finalmente, e é a razão de ser deste livro, a compreensão dos processos de leitura e da aquisição desses processos pode ajudar a elaborar métodos de ensino e técnicas de reeducação adequadas.

A leitura é uma questão pública. É um meio de aquisição de informação (e a escritura um meio de transmissão de informação), portanto um componente de um ato social. Mas ela constitui também um deleite individual. Temos o direito de exigir dos estados que trabalhem para o progresso social e, por que não?, que garantam também as condições do prazer pessoal. Por conseguinte, os estados têm o dever de agir de tal forma que todos possam, se quiserem, usufruir da leitura e da escrita. A intimidade silenciosa do ledor e do escrevedor isolados do mundo é uma questão que concerne a cada um dentre nós, tanto quanto a capacidade de ler e de escrever adaptadas às necessidades da comunicação na sociedade informática.

A LEITURA, PRAZER PESSOAL

> Antonio José Bolivar Proaño ... lia lentamente, soletrando as sílabas, murmurando-as à meia-voz como se as saboreasse e, depois que dominava a palavra inteira, ele a repetia de um só jato. Depois, fazia a mesma coisa com a frase completa, e era assim que se apropriava dos sentimentos e das ideias que as páginas continham.
>
> Quando uma passagem lhe agradava particularmente, ele a repetia tantas vezes quanto julgava necessário para descobrir como a linguagem humana podia também ser bela.
>
> Luis Sepúlveda
> *O velho que lia romances de amor.*

Os prazeres da leitura são múltiplos. Lemos para saber, para compreender, para refletir. Lemos também pela beleza da linguagem, para nossa emoção, para nossa perturbação. Lemos para compartilhar. Lemos para sonhar e para aprender a sonhar ("Há várias maneiras de sonhar ... A melhor maneira de começar a sonhar é por meio dos livros ... Aprender a dedicar-se totalmente à leitura, a viver inteiramente com os personagens de um romance – eis o primeiro passo", Fernando Pessoa, aliás Bernardo Soares, *O manual do sonhador*: os graus do sonho). Lemos até para esquecer ("E ler é esquecer", Fernando Pessoa, *Obra poética*).

A leitura foi muitas vezes comparada à alimentação. Um texto, conforme nossa fome e nossa disposição momentânea, a gente engole, devora, mastiga, saboreia. Ler é pastar (Roland Barthes, *O prazer do texto*), é digerir (Nietzsche, *Le Gai savoir*). "Eu tinha ... lido, isto é, relido e ruminado" (Amin Maalouf, *Le premier siècle après Béatrice*). E se o texto é poético, sendo a poesia mais etérea que a prosa, ler é também respirar ("Ele aspirou Pouchkine (o volume dos pulmões do leitor de Pouchkine aumenta)", Nabokov, *Le Don*).

Julgamos tocar o texto, embora só tenhamos contato físico com seu suporte. Quer esteja inscrito em papel áspero ou aveludado, podemos roçá-lo e beliscá-lo (Montaigne, *Essais)*, podemos podá-lo (Barthes), podemos colhê-lo. Um texto, a gente retoca ou venera. A gente afasta e retoma. Mais selvagemente, a gente o quebra entre os dedos: "Cada vez que leio Shakespeare, parece-me que estou despedaçando o cérebro de um jaguar" (Isidore Ducasse, o conde de Lautréamont, *Poésies*).

De objeto que é (vamos... vou pegar um livro!), o texto transforma-se em ser vivo. Ele respira, transpira, aceita ser lido ou se recusa. Ele nos envolve: "Ela que, habitualmente, cada vez que abria o primeiro livro encontrado, logo mergulhava inteirinha nele, com o movimento instintivo de uma criatura aquática entrando em contato com seu elemento natural..." (Nabokov, *Ada ou o ardor*).

Não lemos todos um mesmo texto da mesma maneira. Há leituras respeitosas, analíticas, leituras para ouvir as palavras e as frases, leituras para reescrever, imaginar, sonhar, leituras narcisistas em que se procura a si mesmo, leituras mágicas em que seres e sentimentos inesperados se materializam e saltam diante de nossos olhos espantados. Há leituras nas quais "um sentimento de que o texto parece inteiramente novo, jamais visto anteriormente, é seguido, quase imediatamente, do sentimento de que ele estava *sempre ali* [grifado no texto], que nós, os leitores, sabíamos que ele estava sempre ali e sempre o conhecíamos como ele era, embora o reconheçamos agora pela primeira vez ..." (A. S. Byatt, *Possession*).

Não lemos todos os mesmos livros, não temos todos os mesmos desejos. A liberdade, inclusive a liberdade arrancada, conquistada de frente ou sub-repticiamente é indispensável para a experiência apaixonante da leitura. Cento e trinta e seis anos após o julgamento de *Madame Bovary* ("Há limites que a literatura ... não deve ultrapassar"), devemos continuar recusando a pergunta proferida pelo advogado Sénard no fim do seu discurso: "A leitura desse livro inspira o amor do vício? Inspira o horror do vício?" A própria leitura é um vício, mas impune (Valéry Larbaud) e acima das leis.

O prazer de ler ignora os preceitos de sabedoria ou de normalidade. Alienado, o D. Quixote de Cervantes não deixa de ser um ledor feliz: "Não quero estender-me mais sobre isso, pois daqui se pode coligir que qualquer parte que se leia de uma história de cavaleiro andante há de causar gosto e maravilha a quem lê. Creia-me Vossa Mercê e, como já lhe disse, leia esses livros e verá que eles extinguem a melancolia que tiver e melhoram seu estado, se acaso for mau".

Num livro que citarei sempre com prazer *(Comme un roman)*, Daniel Pennac escreve: "O homem ... lê porque sabe que está só.".

E explica: "O verdadeiro prazer do romance reside na descoberta dessa intimidade paradoxal: O autor e eu ... A solidão desta escritura reclamando a ressurreição do texto pela minha voz muda e solitária". Respondendo à solidão, a leitura emerge como procura e prova de amor: "O que lemos de mais belo, devemos quase sempre a um ente querido. E é a um ente querido que falaremos disso primeiro". Essa oferta exaltante de comunhão, que não é específica da leitura mas que todas as formas de arte compartilham, é geralmente desprezada no próprio lugar – a escola – que erige a leitura como dever social.

Certas pessoas preocupadas com a crescente falta de interesse pela leitura costumam dizer e repetir que o domínio da compreensão é uma condição necessária para que o prazer de ler possa se desenvolver na criança. Estranha ideia! Será que haveria sempre um único entendimento possível (o que às vezes chamam uma "leitura") de cada texto? Será que é razoável encerrar o prazer de ler num espaço murado por regras de interpretação? O prazer é livre ou não é prazer. Do ponto de vista da adequação à realidade, não duvido de que vale mais interpretar corretamente um texto, mas a questão não é essa. Perguntemos antes se, em nome do sacrossanto princípio da compreensão, devemos matar o prazer na origem. Devemos realmente exigir da criança que compreenda – à nossa maneira – o texto que lê, antes de sentir prazer na leitura? Se ela compreende o texto de maneira diferente da nossa, não é necessariamente porque se engana ao decodificar os signos gráficos, mas, muitas vezes, porque as palavras lidas ativam um universo mental, conhecimentos e processos de raciocínio que não correspondem exatamente aos nossos.

Antonio José Bolivar, o herói de Sepúlveda (*O velho que lia romances de amor*), exemplifica bem o fato de que o prazer não se alimenta de verdade mas de insólito e de imaginação. Ele só conhecia a pequena cidade de Ibarra, uma praça com a catedral e blocos de casas todas brancas. "Cessava aí seu conhecimento do mundo e, acompanhando as intrigas que se desenvolviam em cidades de nomes distantes como Praga ou Barcelona, tinha a impressão de que o nome Ibarra não era o de uma cidade feita para os amores imensos". A neve, "ele a tinha visto como uma pele de carneiro posta a secar no balcão do vulcão Imbabura"; a gôndola era certamente uma barca ou uma piroga. "Quanto a Paul, estava claro que não era um indivíduo recomendável, já que dava um 'beijo ardente' na moça em presença de um amigo, cúmplice ainda por cima". Entretanto, escreve Sepúlveda, "esse começo [do romance que estava lendo] lhe agradava. Ele era grato ao autor por apontar os maus desde o início. Desse modo, evitavam-se os mal-entendidos e as simpatias não merecidas. Restava o beijo – como é mesmo? – 'ardente'. Como é que alguém podia fazer isso?".

O homem é uma mistura, às vezes suave e às vezes explosiva, de princípio de prazer e princípio de realidade. Afastemo-nos então do olhar envolvente da serpente...

Os excessos da leitura podem ser severamente julgados: "É preciso saber que o referido fidalgo, durante seus momentos de ócio (que eram a maior parte do ano), punha-se a ler livros de cavalaria com tanto entusiasmo e gosto, que quase esqueceu completamente o exercício da caça e a administração de seus bens... Em suma, enfrascou-se tanto em sua leitura que passava as noites de claro a claro e os dias de escuro a escuro, e assim, do pouco dormir e do muito ler, secou-se-lhe o cérebro, de maneira que veio a perder o juízo" (Cervantes, *Dom Quixote*).

A tendência a acreditar nos efeitos perniciosos da leitura está totalmente ultrapassada: a leitura não tem mais o poder de fazer perder o juízo, nem, como no século passado, de levar os espíritos românticos ao suicídio. Hoje, entretanto, o ledor, por mais sensato que seja, continua não sendo uma referência social aceitável. O que vale, para a sociedade, não é ser ledor, mas ser leitor. Em certos meios, "ler é estúpido e afeminado ... demonstra que se está fora do circuito" (Manuel Puig, *Maldição eterna a quem ler estas páginas*). É preciso saber ler. Por quê? Para estudar, instruir-se. Existem pais que não gostam que seus filhos desperdicem tempo lendo fora do estudo. De maneira geral, a leitura, tomada como problema social, raramente é vista como leitura por prazer.

A LEITURA, PROBLEMA SOCIAL

> *The schools are creating illiterates. We cannot leave reform up to the educators.*
> [As escolas estão criando iletrados. Não podemos deixar a reforma para os educadores].
>
> Senador E. Zorinsky
> *Congresso dos Estados Unidos da América, 1986.*

Antes do século XIX, quer dizer, antes da Revolução Industrial, a leitura era assunto de uma minoria, quer fosse a leitura de romances, de escrituras divinas, ou de textos ligados mais diretamente às instituições ou às profissões. Hoje, reconhece-se a todos o direito de saber ler, escrever e contar. Uma escolaridade mínima, que deveria em princípio materializar esse direito, é obrigatória (na França, desde a Lei Jules Ferry de 1882, na Terceira República). A sentença expressa por Salazar, o ditador português, segundo a qual saber ler, escrever e contar era suficiente para a maioria de seus concidadãos, já aparece pela metade deste século como uma tomada de posição escandalosamente reacionária.

Entretanto, como a alimentação, a leitura permanece muito mal compartilhada. De início, na escala do nosso planeta. Cerca de

1 bilhão de indivíduos na idade de 15 anos ou mais, 500 milhões dos quais na Índia e na China, e 170 milhões na África, ou seja, cerca de um quarto dos adolescentes e dos adultos seriam incapazes "de ler e escrever uma exposição simples e breve de fatos relacionados com sua vida cotidiana" (essa capacidade constitui o critério de iletrismo para a UNESCO). A população feminina é particularmente desfavorecida: cerca de 35% das mulheres do mundo seriam iletradas.[1]

Nos países desenvolvidos, há inquietação diante das taxas de iletrismo. Segundo alguns, estamos assistindo ao "crescimento de um iletrismo do qual nossa sociedade se julgava a salvo".[2] Isso é provavelmente falso, em termos absolutos. Entretanto, os números do iletrismo funcional (ou seja, a incapacidade real de ler e escrever o material necessário ao trabalho e à vida de cidadão, apesar da passagem pela escola e até a obtenção de certificados) impressionam aqueles que leem as estatísticas, quer dizer, os letrados. Estes tendem a conviver entre si, e sabemos que a visão que cada um tem da sociedade é matizada pelas características de seu próprio meio.

Assim, nos Países-Baixos, o iletrismo funcional, moderado ou grave poderia atingir 24% da população acima de 18 anos, segundo uma pesquisa envolvendo mil pessoas.[3]

Um estudo das capacidades de leitura de adultos dinamarqueses, versando sobre narrativas, textos informativos, textos esquemáticos (uma tabela de preços, uma lista de nomes de ruas etc.) e formulários para preencher, revelou que cerca de duas pessoas entre dez apresentam dificuldades moderadas. A idade, o nível escolar e a renda estão todos correlacionados com a frequência dessas dificuldades. Os problemas de leitura aparecem mais entre as pessoas de mais idade: apenas 4% da população entre 18 e 20 anos, mas 20% entre 45 e 59 anos, e 27% a partir de 60 anos. Essas diferenças resultariam de diversos fatores, notadamente a generalização da escolaridade e o aumento do nível escolar nos últimos decênios, assim como a diminuição provável da frequência das atividades de leitura entre os mais velhos. As dificuldades de leitura estão presentes em 30% das pessoas com menos de nove anos de escolaridade, mas em 1% nas que têm pelo menos 12 anos de escolaridade. Enfim, essas dificuldades se manifestam em 26% dos desempregados, em 23% dos que têm uma renda inferior a 120 mil coroas, mas somente em 5% cuja renda é igual ou superior a 180 mil coroas.[4] Sabe-se que as diferenças de nível econômico acarretam geralmente diferenças nas possibilidades educativas (o que inclui o acesso a instrumentos culturais e o tempo de lazer) e, por conseguinte, não é de admirar que estejam também associadas a diferenças na capacidade de leitura.

Nos Estados Unidos da América, onde a questão foi várias vezes discutida no Congresso, e onde pesquisas em larga escala foram financiadas por organismos oficiais, é que possuímos maiores indicações.[5]

Um estudo realizado em 1971 para o Comitê Nacional de Leitura, no qual eram medidas as capacidades de ler anúncios e preencher formulários, revelou que 4% das pessoas testadas (porcentagem que representa 5,7 milhões de americanos) respondiam corretamente a menos de 80% das questões, e 11% (l5,5 milhões de pessoas) a menos de 90% das questões.[6] Um trabalho realizado em 1976 para o Bureau pela Promoção do Direito de Ler da Educação Nacional sugeriu que 12,6% dos estudantes de 17 anos não atingiam 75% de respostas corretas na leitura de gráficos, mapas, formulários, listas de referência etc.[7] Os resultados desse trabalho levaram o presidente da Comissão Nacional sobre a Excelência em Educação a afirmar que o futuro da nação estava ameaçado. Uma pesquisa da mesma época, para o Serviço de Avaliação Educativa, mostrou que uma pessoa entre quatro tinha dificuldades para interpretar corretamente materiais relacionados com a situação de trabalho (pedido de emprego, licença por doença etc.).[8] Ainda nos Estados Unidos, um teste efetuado em 1982 para o Departamento de Educação indicou que 13% da população (mais exatamente, 9% e 48%, conforme a língua materna, se era o inglês ou não) podia ser considerada funcionalmente iletrada.[9] Enfim, uma pesquisa realizada pela Estimativa Nacional do Progresso Educativo em l986 mostrou que as tarefas de leitura mais simples eram conseguidas por pelo menos 95% dos adultos jovens, mas que 44% dentre eles tinham algumas dificuldades para conseguir informação numa enciclopédia, e 80% para parafrasear um assunto num editorial ou para utilizar um horário de ônibus.[10]

Como era de esperar, a *performance* varia muito com o tipo de material a ser lido. Uma série de estudos[11] mostra que apenas uma pessoa em mil parece ter dificuldade para reconhecer a palavra *milk* no desenho de uma garrafa (entre outras garrafas contendo detergente ou outros produtos), mas uma em cinquenta não compreende inteiramente as instruções de utilização do telefone, e uma em vinte os anúncios de moradia. Cerca de 8% das pessoas cometem erros de conteúdo ao preencher um formulário de solicitação de carteira de motorista, 14% ao emitir um cheque ou ao escrever o endereço do destinatário num envelope, 21% ao seguir as instruções contidas numa bula de remédio ("tomar dois comprimidos duas vezes ao dia"), e 40% ao ler um texto curto sobre um programa de doação de sangue, sobretudo para tentar identificar a pessoa a ser contatada. Enfim, 60% dos adultos entre 21 e 24 anos seriam incapazes de apreender as ideias essenciais de um artigo de jornal. Em suma, segundo um cálculo grosseiro, parece que 20% da população adulta americana, ou seja, 35 milhões de pessoas, experimentam dificuldades embaraçosas nas tarefas comuns de leitura.[12]

Pela leitura dessas estimativas, pode-se compreender que o tom alarmista dos autores americanos, especialistas em sociologia da educação, tenha tendência a acentuar-se desde uns vinte anos: "Entre as nações industriais, a *performance* em leitura dos estudantes [americanos] está no nível da média ou abaixo" (1973),[13] "comparados a seus concorrentes industriais, os Estados Unidos veem aparecer um número desproporcional de leitores *muito* maus" (1984);[14] "um adulto americano em cinco já é funcionalmente iletrado" (1986).[15] Os políticos não parecem menos assustados: Paul Simon, representante de Illinois no Congresso, declarou em 1982 que "dez a vinte e cinco milhões de americanos são incapazes de ler e escrever" e que "outros trinta e cinco milhões de americanos têm um nível de leitura igual ou superior ao do quinto ano".[16]

Na França, os iletrados funcionais são, segundo estimativas pouco precisas, entre cinco e oito milhões.[17] Como diz Nina Catach,[18] existe "na outra extremidade, cinco ou seis milhões de especialistas do escrito, você e eu, sem nenhuma vaidade, que temos a ilusão de ler 'naturalmente'. Entre eles, mais de quarenta milhões de franceses, em toda a sua diversidade...".

A leitura é indiscutivelmente um problema da sociedade. O desenvolvimento econômico é condicionado pela possibilidade que terão todos os homens e mulheres ativos (e não apenas certas camadas sociais) de tratar a informação escrita de uma maneira eficaz.

Fala-se de crise da capacidade de leitura. Mas, na realidade, jamais tantos indivíduos foram capazes de ler e escrever. Nos Estados Unidos, em 1870, 20% da população declarava-se iletrada, caindo essa porcentagem para 0,6% em 1979.[19] Em 1910, um quarto da população não ia além do quarto ano de escolaridade; em 1980, só era o caso de 3,3%.[20] Na França, em 1880, ou seja, pouco antes da instituição da escolaridade obrigatória, perto de 17% dos convocados para o serviço militar não sabiam escrever o nome; um século mais tarde, em 1984, só era o caso de 0,76% dentre eles.[21] "Jamais, por exemplo, se vendeu e se consultou tanto dicionários, enciclopédias, revistas especializadas, manuais, brochuras internas, em cada unidade social – regiões, municípios, empresas, escolas etc."[22] O nível escolar, a taxa de utilização do escrito, em média, não cessam de crescer, para tentar corresponder às exigências tecnológicas da sociedade. Além disso, não parece que o nível de leitura dos alunos diminua com as gerações. Muito ao contrário. Parece aumentar ligeiramente. Um estudo realizado em Indiana, por exemplo, revelou que os estudantes de 1976 eram melhores, inclusive em leitura, que os de 1944-1945, utilizando-se os mesmos testes.[23] Outro trabalho mostrou uma superioridade em leitura dos estudantes testados em 1982 em relação aos de 1973.[24]

De onde vem, então, a crise? Ela se explica pelo fato de que a demanda social em matéria de capacidade de leitura e escrita aumenta ainda mais depressa. As funções sociais e econômicas da leitura e da escrita multiplicam-se em número e importância como jamais ocorreu antes. As necessidades de formação e de informação invariavelmente exigem leitura, e muita leitura. É por meio da leitura que geralmente se adquirem os léxicos científicos e técnicos; e a quantidade e a riqueza desses léxicos especializados cresceram de maneira considerável desde há um século, em relação à acumulação muito rápida de conhecimentos.

Os níveis atuais de leitura e de escrita, que já são insatisfatórios, serão talvez totalmente inadequados no ano 2000. As demandas da sociedade aumentam mais rapidamente que a capacidade dos adultos, e até a dos jovens recém-saídos da escola. A reeducação dos adultos e sua reciclagem eventual podem exigir um nível de leitura que eles jamais possuíram ou não possuem mais. A leitura se faz e se fará cada vez mais na tela, em ritmos que podem escapar ao controle do leitor.

A leitura já é indispensável na vida cotidiana, mesmo fora da esfera profissional. Os textos escritos substituem a informação falada, individual, nos aeroportos e estações, lojas, bancos... Já não se trata de ser capaz de ler apenas o nome da estação de metrô, os anúncios ou o número do telefone de alguém na lista, mas de saber ler a informação por computador, os boletins de previsão meteorológica, os catálogos turísticos, as bulas de remédios, as instruções para a utilização de equipamentos eletrodomésticos etc.

Essa exigência é ainda mais importante na vida profissional, porque as ofertas de trabalho não qualificado estão diminuindo. Os trabalhadores pouco qualificados são os mais atingidos pelas supressões de emprego e pelo desemprego prolongado. Existe certamente uma tendência, muito marcada nos Estados Unidos, de recrutar centenas e centenas de indivíduos para cargos de vigia (o aumento da violência é uma consequência lógica da exclusão). Mas esse fenômeno apenas agrava o processo de discriminação social, e não permite bloquear o processo de marginalização de milhões de outros indivíduos.

Alguns acreditam que se poderia resolver o problema dos assalariados pouco qualificados avaliando suas capacidades de modo diferente dos critérios acadêmicos (baseados na leitura e na escrita), levando em conta sua experiência profissional. Isso significa esquecer que os critérios de avaliação apenas exprimem as necessidades tecnológicas.

Os cargos de trabalho qualificado, inclusive os de trabalho manual, incluem uma aprendizagem teórica. O aprendiz não aprende apenas olhando fazer e fazendo. As auxiliares de enfermagem, os mecânicos, os cozinheiros fazem estudos teóricos, assim como os secretários e os técnicos em eletrônica. Profissionalmente, a leitura saiu há muito tempo do círculo dos intelectuais para penetrar toda atividade.

O ingresso na maioria das profissões de prestígio ou medianamente valorizadas se faz por meio de estudos superiores. Estes implicam milhares e milhares de horas de leitura e escrita. Os executivos que ocupam funções de direção na sociedade contemporânea empregam boa parte de seu tempo lendo e escrevendo. A vantagem dos que fazem isso rápido e bem é considerável. Os executivos, eles também, não estão a salvo do desemprego. Nestes últimos anos, é entre eles que a progressão do desemprego se mostra proporcionalmente mais forte.

O Reino Unido, a Espanha e a França contam hoje, cada um, com cerca de três milhões de desempregados, a União europeia totaliza 15 milhões, e os países da OCDE 35 milhões. O aumento do desemprego está ligado às condições tecnológicas atuais. O desemprego aumenta, mas a riqueza também aumenta. Por quê? Porque o trabalho é cada vez menos necessário para produzir mais bens. As novas tecnologias de tratamento da informação têm menos necessidade de força de trabalho que as tecnologias de produção de energia. A informação e a automatização intervêm cada vez mais na produção de bens (em cinco anos, por exemplo, a produção belga de aço pode aumentar 10% apesar da redução de 50% da mão de obra), assim como nos serviços.

Essa tendência ao aumento do desemprego só pode ser obstada por uma política econômica e social radicalmente nova. Seja qual for a marcha da história, quer haja aumento da exclusão ou diminuição generalizada do tempo de trabalho, as exigências em termos de capacidade de leitura serão mais fortes.

Deve-se reconhecer que a importância da leitura e da escrita foi também reforçada pela revolução informática. O consumo de imagens, sobretudo pela televisão, certamente fez diminuir, proporcionalmente, certo tipo de leitura, como a literatura e os jornais. Mas a participação da leitura e da escrita na vida profissional aumentou com sua banalização em toda uma série de profissões que utilizam a informática. A mudança de suporte, a tela e o teclado substituindo o papel e o lápis, só aumentou a eficácia de armazenagem, de arquivo, de manipulação e de comunicação da informação.

O trabalho em computador reforçou a dinâmica interativa da leitura e da escrita. Na tela, diz Catach, "lemos o que escrevemos e escrevemos lendo".[25] Alguns temem que os programas de correção automática da ortografia, substituindo o esforço de atenção sobre esta, levem a uma perda dessa capacidade. Mas, como diz também Catach, "cometer erros não é formador. O que é formador é ver um texto tornar-se correto diante de nossos olhos. Quanto mais textos corretos nós virmos, mais saberemos ortografia".

Outros, extremamente visionários,[26] já veem os amanhãs dos amanhãs. Julgam que máquinas semi-inteligentes realizarão os atos rotineiros dos engenheiros, dos médicos, dos advogados, dos bancários, e tornarão inúteis a leitura e a escrita. O homem do futuro não seria mais um ser de linguagem, mas um imaginativo, um visual, um intuitivo: ele rejeitaria os símbolos e manipularia diretamente sua própria experiência; aprenderia de novo fazendo, e não lendo. Por uma interpretação abusiva da realidade clínica, esses visionários pretendem que os disléxicos, que certamente apresentam dificuldades linguísticas, são exímios nos modos espaciais e visuais de pensamento (modos de pensamento mal conhecidos, por sinal). Evoca-se Einstein, mas Einstein jamais teve problema de leitura; cita-se Faraday, mas ele também não era disléxico. O exemplo célebre que suporta todo o peso da teoria é o de Leonardo da Vinci. Leonardo tinha indiscutivelmente espantosas habilidades visuo-espaciais, e cometia muitos erros escrevendo. Entretanto, suas dificuldades de escrita eram aparentemente seletivas. Sua escrita apresenta sinais de uma insuficiência no nível da representação dos padrões ortográficos das palavras, mas não oferece qualquer indicação de um déficit de natureza fonológica, déficit que, como veremos, está presente num grande número de disléxicos.[27]

O disléxico, afirmam esses visionários, seria o homem do futuro. Levado às suas extremas consequências, o argumento que sustenta essa proposição pretende que se cultive a dislexia, em lugar de combatê-la. De maneira geral, a ideia de que a excelência numa capacidade mental deve necessariamente ser acompanhada da mediocridade em outra, como se os dons devessem compensar-se para haver justiça ou equilíbrio, é absolutamente falsa. Não há qualquer razão para promover a dislexia, nem mesmo para fazer brilhar a terra prometida aos disléxicos de hoje.

Mas voltemos à nossa época. Para além do atraso observado nas capacidades de leitura da população em relação às exigências da tecnologia atual, o fato de que muitas crianças fracassam na aprendizagem da leitura constitui um problema social considerável. Os fracassos e, de maneira mais geral, as dificuldades ou os atrasos de leitura manifestam-se desde o primeiro ano escolar. A dinâmica das aprendizagens faz que os pequenos atrasos no início custem muito caro mais tarde. Essas crianças têm dificuldade em alcançar os outros e, pior ainda, as diferenças se aprofundam. A escola se torna, sem querer, e à revelia dos professores, uma fonte de disparidades sociais e culturais. Para sua defesa relativa, deve-se frisar que, em muitos casos, ela nada mais faz que agravar disparidades preexistentes.

A incapacidade de aprender a ler foi considerada no início do século um sinal de "imbecilidade" (termo que deve ser tomado aqui na sua acepção estritamente técnica, exprimindo certo grau de retardamento mental), e nos anos 60 como uma doença. Esta última ideia não é estranha à criação, na França, em l964, de uma rede de centros médico-psicopedagógicos. No início dos anos 70, foram criadas "seções de adaptação que permitem retardar a chegada ao curso preparatório das crianças que correriam o risco de um grave fracasso se fossem escolarizadas a partir dos seis anos".[28] Mas, na medida em que os critérios de um diagnóstico de risco de fracasso não são fundamentados cientificamente, orientar as crianças para essas seções constitui uma medida de discriminação educativa e social.

As razões dos fracassos na aprendizagem da leitura não estão todas ligadas à sociedade e à escola. Longe disso. Existem certamente distúrbios da aprendizagem da leitura que estão associados a deficiências cognitivas da própria criança. A escola e a sociedade não são responsáveis por isso. Contudo, dirigi-las para classes especiais talvez não seja a melhor solução. Em todo caso, é razoável pensar que há grande interesse em conhecer melhor a natureza e os fatores dos distúrbios, se quisermos escolher as soluções educativas mais adequadas.

Nos Estados Unidos, o papel da ciência nas grandes questões da sociedade é geralmente mais reconhecido que na Europa. Entre nós, os políticos temem muitas vezes deixar suas responsabilidades nas mãos de cientistas. Ouvir os cientistas e não seguir suas recomendações seria com efeito correr o risco de afrontar o prestígio da ciência. A busca de soluções baseadas na pesquisa científica foi portanto mais importante nos Estados Unidos que nos países de língua francesa. Em lugar de confiar na ideologia dominante dos profissionais (médicos, psicólogos, pedagogos), as autoridades americanas reclamaram estudos científicos. Entretanto, no que concerne à política da leitura, aqui e em toda parte, assistimos a um choque de ideologias e, no campo prático, a uma grande confusão de ideias.

Em 1959, a Conferência Nacional sobre a Pesquisa em Inglês propôs a reunião de um grupo de especialistas sobre o ensino da leitura. Daí saiu o projeto, oficializado pelo Departamento Federal de Educação, de realizar um estudo científico em larga escala sobre a eficiência dos programas de leitura no primeiro ano da escola primária. Jeanne Chall publicou o relatório desse estudo, num livro que se tornou célebre, *Learning to Read:* The Great Debate, publicado em 1967.

Recentemente, o Congresso americano votou uma emenda pedindo que o Departamento Federal de Educação forneça uma "orientação sobre a maneira pela qual as escolas poderiam maximizar a qualidade da instrução fônica nos programas de leitura principiante". O Centro para o Estudo da Leitura recebeu delegação do Bureau da Educação, e a responsabilidade do relatório coube a Marilyn Adams, uma psicóloga cognitivista de Cambridge (Massachusetts). O livro que ela publicou em 1990, *Beginning to Read: Thinking and Learning about Print*, constitui um documento de primeira importância, com uma característica essencial, a de ser baseado numa análise muito minuciosa dos trabalhos de psicologia cognitiva englobando tanto o leitor adulto hábil como o leitor aprendiz. Espera-se que o seu impacto nos meios políticos e educativos dos Estados Unidos contribua para o desenvolvimento da leitura.

Por outro lado, não se deve esquecer de que o desenvolvimento e a generalização da leitura só dependem de um ensino eficiente e aberto a todos. A leitura só pode desenvolver-se e generalizar-se no contexto de uma política mais global de desenvolvimento cultural. A leitura não é apenas uma questão de bibliotecas. Ela depende também, indiretamente, do apoio concedido ao teatro, ao cinema, à música, às artes plásticas, às exposições científicas.

Quando se reúnem as condições materiais e cognitivas da atividade de leitura, a dimensão pessoal da leitura pode realmente expandir-se. A experiência de vida impregna inevitavelmente o exercício da leitura. Escritores célebres registraram à sua maneira as limitações da arte de ler sem a arte de viver. Um dos heróis de Yourcenar diz: "A vida me esclareceu os livros" (*Memórias de Adriano*). Fernando Pessoa, por sua vez, evoca a intimidade profunda: "Há no sossego incerto/ Uma paz que não há/ E eu fito sem ler o livro aberto/ Que nunca mo dirá" (*Obra poética*).

JACQUES, JÉRÉMIE, JONATHAN E OS OUTROS...

> Ele é surdo? Disléxico, talvez?
> Daniel Pennac, *Comme un roman*.

Para além da realidade social da leitura, das estatísticas sobre o iletrismo e a leitura hábil, existe a realidade concreta, tangível, de cada um de nós diante da leitura. Existem, felizmente, crianças que adquirem sem grande dificuldade uma capacidade elevada de leitura, mas existem também os iletrados, existem os jovens leitores fracassados, desfavorecidos por fatores de personalidade e de motivação, por deficiências mentais ou por fatores cognitivos específicos, e existem enfim aqueles que foram leitores hábeis e que veem sua capacidade de leitura reduzida, às vezes dramaticamente, por um distúrbio cerebral. Essas categorias dissimulam uma realidade individual de grande diversidade. Contudo, por meio do exame de casos de leitores ou de não leitores, podemos encontrar tendências gerais. Jacques, Jérémie, Jonathan e os outros, descritos abaixo sumariamente, são personagens reais. Sua descrição é inspirada pela minha observação pessoal e, na maioria das vezes, por relatórios de outros pesquisadores. Preferi pôr em cena os distúrbios específicos em vez de histórias sem história ou casos sociais. Comecemos todavia por uma boa história simples, como desejaríamos que todas fossem.

Jacques acaba de comemorar alegremente seus cinco anos com os colegas, uma dúzia de piratas e uma dúzia de índios. Seu quadro-negro, que habitualmente ele cobre de maiúsculas e de cenas fabulosas, permaneceu virgem o dia inteiro. Mas ainda é possível ler o seu nome, "papai" e, embora estejamos em novembro,

"Pacques" [Páscoa] e outras curiosas variações sobre a palavra. Seus pais fizeram-lhe um desafio: "Imagine que um pequeno marciano vem à sua festa e que ele não sabe dizer Jacques: ele diz Pacques; como é que você escreve Pacques?" Ele escreveu "Pacques" e foi aplaudido.

Entretanto, papai e mamãe não o enchem de lições. Nem ele aceitaria. Teve de aprender quase todas a maiúsculas no jardim de infância. Às vezes, ele pergunta como se escreve esta ou aquela palavra (mas seria incapaz de ler palavras simples se lhe pedissem). O que o diverte mais são os jogos de rima, principalmente quando um cinto de segurança o mantém bem amarrado no carro ("botina" rima com "menina", com "Sabina", e com o que mais?). Desde a idade de dois anos, ele gosta de transformar as palavras: "pijama", "pijími", "pijúmu". Ainda hoje, brincando, cria palavras fantásticas. Evidentemente que tudo isso não é tão excitante quanto os jogos eletrônicos!

Desde há alguns meses, ele "lê" antes de dormir. Nestes últimos dias, ele foi mais preciso porque sabe o que é a leitura: "Não, eu não leio, eu não sei ler, eu olho". Durante semanas, ele quis que lhe lessem a história do Bisão Amarelo; agora, seu preferido é Tintin. Papai ou mamãe leem quatro páginas para ele, e depois ele fica sozinho com Tintin, com a luz acesa. De vez em quando, troca Tintin pelo belo livro dos dinossauros, um presente de seus quatro anos: triceratops, pterodáctilo, e não sei o que mais, ele conhece e reconhece todos.

Hoje, Richard, um amigo dos pais de Jacques, vem fazer-lhes uma visita. Jacques não sabe que o amigo do papai e da mamãe é psicólogo e estuda a aprendizagem da leitura. Mas compreendeu que se Richard vem logo depois da escola para vê-lo – e não para comer azeitona e castanha de caju e sentar-se à mesa, enquanto ele, Jacques, tem de despedir-se de todos – é porque querem dele alguma coisa importante. Ele até espera que um presente venha coroar sua expectativa. Richard mostra-lhe duas marionetes, um jovem príncipe e uma bruxa desdentada. O jovem príncipe diz "aki". E o que diz a bruxa? Ela diz "ki". O jovem príncipe diz "achu". E o que diz a bruxa? Ela diz "chu". "É simples, pensa Jacques, não tenho que dizer o pedacinho". O grande sorriso de Richard lhe confirma que ele está certo. Jacques acerta tudo de ponta a ponta.

"Agora, diz Richard, vai ser um pouco mais difícil. O príncipe diz "fuch" e a bruxa responde "uch", o príncipe diz "fal" e a bruxa responde "al".

Compreendeu? Então, se o príncipe diz "foj", o que a bruxa responde?" Jacques não se sente muito à vontade. Não compreende, fica em silêncio, e depois arrisca. Droga, não era isso. "Oj, retoma Richard, se um diz "foj", o outro diz "oj". O jogo continua, confuso (aqui há alguma coisa mais sutil que eu não devo dizer), e num dado momento uma luzinha se insinua no espírito de Jacques. Richard lhe faz muitos elogios e lhe dá um saquinho de balas, oba, trabalhei bem.

Jacques não conhece apenas os nomes de certas letras; ele aprendeu a maneira de pronunciar as letras nas palavras. Compreendeu que a fala é a combinação de pequenos sons (ele não sabe evidentemente que de fato são fonemas). Jacques ainda não sabe ler, mas está pronto para aprender a ler. Aprenderá muito depressa e ficará contente de saber ler. Depois, esquecerá que está contente de saber ler. Terá simplesmente o desejo de ler, e lerá sem se preocupar mais com as letras e os sons que a bruxa não podia dizer.

Se todas as histórias de leitura fossem tão bonitas como a de Jacques... As histórias seguintes, por sua vez, apresentam formas e graus diversos de insuficiência da capacidade de leitura. Algumas são belas histórias de vitória obtida pelo trabalho e pela astúcia. Outras são mais tristes, mas não deixam de demonstrar possibilidades de ação na adversidade.

Jérémie[29] teve dificuldade para falar corretamente, o que o obrigou a um tratamento ortofônico desde a idade de três anos. Aos 11 anos, ele ainda comete erros de fala, por exemplo: ele diz "biskeke" por "espaguete" e lê como uma criança de sete anos. Quatro anos mais tarde, sua fala é mais inteligível, mas ele ainda comete erros quando as palavras são longas e complexas. Ele não sabe ler palavras que lhe são desconhecidas, nem evidentemente palavras sem significação (pseudopalavras). Essa incapacidade certamente contribuiu para o empobrecimento do seu vocabulário. Na escola, tentaram ensinar-lhe os correspondentes fonêmicos das letras, mas ele revelou-se incapaz de dominá-los. Ele não consegue ler um grande número de palavras de duas sílabas, e até de uma sílaba, confundindo-as muitas vezes com palavras que se escrevem de maneira bastante próxima. Suas capacidades de discriminação auditiva (será que estou dizendo a mesma coisa ou duas coisas diferentes quando digo "ba" e "pa"?) são pobres. Ele não sabe julgar corretamente se duas expressões rimam ou não rimam; não sabe brincar de pequeno príncipe e bruxa para retirar as primeiras consoantes das palavras, e até as primeiras sílabas.

Os déficits de Jérémie no nível da linguagem falada são tão graves que não lhe permitiriam desenvolver normalmente capacidades de leitura e de escrita. Quando foram constatadas suas enormes dificuldades para aprender a ler, foi fácil associá-las ao seu duro passado de disfásico. Jérémie tem capacidades visuais normais e vale-se delas para reconhecer certo número de palavras, mas essas capacidades são amplamente insuficientes para conseguir dominar um sistema de escrita que representa unidades fonológicas, isto é, unidades de expressão da linguagem falada.

Jérémie jamais será um leitor normal. Mas sua coragem e o devotamento de seus familiares e reeducadores poderão ajudá-lo a fazer algum progresso.

Jonathan[30] é muito inteligente, bem adaptado ao seu círculo e sem problemas afetivos; sempre recebeu uma instrução de qualidade... entretanto, vai mal na escola!

Ao contrário de Jérémie, Jonathan não dá a impressão de ter problemas de expressão. Os psicólogos que o examinaram não se deixaram enganar nem pela sua articulação correta (lenta, todavia) nem pela sua conversação inteligente. O menino tem uma capacidade de memória verbal imediata que é inferior à normal. Por exemplo, ele não é capaz de repetir na ordem de apresentação tantos algarismos quanto uma criança de sua idade.

Jonathan é incapaz de ler pseudopalavras; em resposta a esses itens, muitas vezes ele dá palavras. Ele lê menos palavras que um leitor normal de sua idade e, o que parece curioso, não lê as palavras irregulares menos bem que as regulares. Palavras como *femme* [mulher] ou *oignon* [cebola] são irregulares porque contêm grafemas – letras ou grupos de letras associados a um fonema – cuja pronúncia é excepcional, isto é, determinada não por uma regra mas pela palavra em que aparecem. O fato de Jonathan não ler as palavras regulares melhor que as irregulares indica que ele não utiliza as regras de correspondência grafema-fonema.

As dificuldades de Jonathan, como as de Jérémie, são de ordem fonológica. Entretanto, elas são muito menos graves. Por outro lado, Jonathan tem boas capacidades visuais: copia corretamente os desenhos geométricos abstratos e pode desenhá-los de memória meia hora mais tarde. Não tem dificuldades de análise visual dos estímulos gráficos. Essa capacidade permitiu-lhe adquirir um certo vocabulário "visual", embora inferior ao de um leitor normal de sua idade. Usando plenamente sua inteligência e suas capacidades sintáticas e semânticas intactas, consegue compreender textos de um nível pouco inferior ao normal.

Jonathan, aos 13 anos, lê tantas palavras quanto uma criança de 11 anos. Os psicólogos tentam compará-lo, por outras habilidades, a crianças de 11 anos que são leitores normais para sua idade. Por que eles tomam essas crianças como termo de comparação? Porque se, para certa habilidade, Jonathan é tão bom quanto as crianças mais jovens que apresentam o mesmo nível de leitura, então seu atraso nessa habilidade pode ser uma simples consequência de seu nível de leitura. Com efeito, a capacidade de leitura pode ter influência sobre outras habilidades. Mas se, para determinada habilidade, Jonathan é menos bom que o grupo-controle, então a deficiência que ele apresenta para essa habilidade não pode ser uma simples consequência de seu fraco nível de leitura. Sua deficiência nessa habilidade poderia estar na origem de suas dificuldades de leitura.

A natureza das deficiências de Jonathan pode ajudar os pesquisadores a progredir na elaboração de um modelo teórico da arquitetura cognitiva implicada na leitura. Esse trabalho pode, como retorno, ajudar Jonathan e outras crianças que apresentam o mesmo tipo de dificuldades. Pôr o dedo na origem exata dos distúrbios constitui um bom ponto de partida para toda tentativa de reeducação adequada.

O que encontram os examinadores de Jonathan? Que ele é menos bom que as crianças do grupo-controle (que leem no mesmo nível que ele) para repetir palavras e pseudopalavras, assim como para lembrar uma sequência de números na ordem de apresentação. Em compensação, Jonathan é tão bom quanto as crianças do grupo-controle para discriminar auditivamente entre pares de palavras e de pseudopalavras, as mesmas que ele tende a repetir incorretamente, bem como para decidir se expressões foneticamente muito próximas, tais como "quem" "guem" etc., são ou não são palavras. Portanto, ele não tem dificuldade específica para reconhecer palavras faladas. As anomalias que Jonathan apresenta no nível de suas representações fonológicas concernem menos às representações que lhe servem para reconhecer a palavra do que às que lhe servem para falar. São sem dúvida estas últimas representações que nós utilizamos para analisar intencionalmente as palavras em suas menores unidades fonológicas – fonemas – e para fazer combinações entre grafemas e fonemas.

O caso de Jonathan ilustra o de muitas crianças (e adultos) chamadas disléxicas ou simplesmente más leitoras. Seus distúrbios fonológicos não são tão graves ou extensos para se manifestarem na comunicação oral; contudo, eles não deixam de constituir um grave perigo para a aprendizagem da leitura.

Daniel[31] pertence a uma família na qual todos conseguiram uma carreira universitária exemplar, com exceção de um tio e de um primo que eram "disléxicos" e que sofreram com isso durante a escolarização.

Ele foi examinado pela primeira vez com a idade de oito anos. Ele é brilhante. Tem um bom desenvolvimento linguístico, dispõe de um vocabulário sofisticado e conhece bem uma ampla gama de assuntos. Obtém a pontuação mais alta possível num teste de raciocínio verbal e se mostra igualmente excelente em testes de aritmética. Entretanto, revelou dificuldades de leitura desde o início da instrução e, no segundo ano, já detestava esse exercício. Graças a aulas particulares, fez progressos consideráveis em leitura, mas a ortografia permaneceu sempre muito ruim.

Ao contrário de Jérémie e de Jonathan, seus problemas não são de natureza fonológica. Ele consegue até lembrar oito números na ordem de apresentação; uma *performance* de adulto, num pinguinho de gente de oito anos! Contudo, ele tem problemas de percepção visual, sobretudo para juntar quebra-cabeças e para copiar desenhos ou desenhá-los de memória.

Daniel lê muito bem pseudopalavras; em compensação, mostra certa lentidão para ler palavras irregulares apresentadas isoladamente. Seus conhecimentos das correspondências grafofonológicas permitem-lhe soluções corretas na maioria das vezes. É nas situações ambíguas que ele denuncia sua maneira de ler. Tomemos a palavra "*sot*" [tolo] que se pronuncia como "*seau*" [balde] e que por isso são homófonas. Quando se pede a Daniel que defina palavras como "*sot*", que tem homófonos como "*saut*" [salto], "*seau*" [balde], "*sceau*" [sinete], ele às vezes responde dando a definição de um dos homófonos, por exemplo "*seau*". Isso nunca acontece com um leitor normal. Do mesmo modo, quando deve dizer se uma sequência de letras constitui ou não uma palavra, Daniel muitas vezes aponta erradamente um estímulo que não é uma palavra mas que se pronuncia como uma palavra (por exemplo, "*martot* e "*marteau*").

Em virtude de suas capacidades intelectuais superiores e de seus conhecimentos, ele pode ler um texto num nível de *performance* um ano e meio adiantado em relação à sua idade cronológica, e pode compreendê-lo num nível que representa três anos de adiantamento.

Suas capacidades cognitivas gerais o colocam, mais que Jonathan, a salvo do fracasso, em grande parte porque a natureza de suas deficiências é menos desfavorável para o desenvolvimento da leitura que as de Jonathan. Entretanto, a inteligência e os conhecimentos que permitem a Daniel atingir um alto nível de compreensão em leitura criam obstáculos para aprender a ortografia. Remetendo-se amplamente ao contexto, a atenção de Daniel é desviada da estrutura interna das palavras, quando o conhecimento dessa estrutura é necessário para escrever corretamente as palavras. Assim, ele pode escrever "*fame*" por "*femme*".

Repreendido frequentemente, Daniel esteve a ponto de abandonar a escola. O serviço de psicologia da escola, que não compreendeu a natureza das suas dificuldades, chegou a aconselhar aos pais uma terapia familiar.

Felizmente, Daniel e os pais têm personalidades sólidas e puderam contar com os conselhos de especialistas. Aos 11 anos, Daniel lê palavras isoladas como faria um leitor normal de 14 anos. Sua ortografia continua pobre em relação às suas outras capacidades, mas não é pior que a de um leitor médio de sua idade. Ele escreve com dificuldade, em particular textos difíceis que o impedem de concentrar-se sobre a aplicação das regras de ortografia que aprendeu. Mas esse não é um mal bem menor do que aquele que atinge Jonathan, e sobretudo Jérémie? Por outro lado, Daniel destaca-se no uso de computadores, e pode portanto servir-se do corretor ortográfico de seu programa de tratamento de texto para produzir textos com ortografia irrepreensível.

Em suma, Daniel não tem dificuldades fonológicas, mas dificuldades para aprender as propriedades ortográficas das palavras. Veremos mais adiante toda a importância dessa competência.

Rosine[32] é uma jovem estudante universitária de psicologia, incapaz de ler pseudopalavras, mas capaz de ler palavras raras, mesmo as que comportam irregularidades. Ela compreende a significação das palavras técnicas nos textos, mas só pode lê-las em voz alta se alguém pronunciá-las antes.

Rosine tem dificuldades para atribuir às letras os sons que lhes correspondem, embora possa nomeá-las corretamente (diante da letra A, ela responde: "como em avião"). Ela é incapaz de dizer que duas palavras rimam quando o final delas se escreve de maneira diferente (em francês "*mot*" e "*veau*").

Ela não é capaz de fazer manipulações intencionais de fonemas, por exemplo trocar os fonemas iniciais de duas palavras (fazendo um jogo do tipo "*bar cossu*" e "*car bossu*"), ou fundir os fonemas iniciais de uma sequência de palavras, formando acrônimos ou siglas. Nessas tarefas, comete erros que mostram que ela se refere às letras iniciais das palavras e não aos sons (assim, no teste dos acrônimos, "*phoque-oublier*" pode suscitar-lhe a resposta "*po*", quando a correta seria "*fou*").

Normalmente lembramos com mais facilidade a ordem de apresentação de uma lista de palavras que não rimam (sapo, bolo, nabo) do que uma lista que rima (janela, panela, canela), o que é devido à confusão na memória dos nomes fonologicamente próximos, mas Rosine não apresenta esse resultado. Parece portanto que Rosine sofre de um distúrbio fonológico profundo que a impediu de aprender a ler baseando-se nas correspondências grafofonológicas.

Apesar da importância desse distúrbio fonológico (que não é um distúrbio auditivo já que ela tem boas capacidades de discriminação fonética e boas capacidades musicais), Rosine desenvolveu uma leitura e uma ortografia das palavras essencialmente normais.

Como é possível que ela se tenha tornado uma leitora normal (à parte esse déficit, relativamente pouco incômodo, para as palavras escritas que ela nunca ouviu pronunciar), enquanto Jonathan continua sentindo tantas dificuldades? Rosine, que foi estudada por pesquisadores de primeira linha, permanece um caso excepcional na literatura. Teria ela capacidades de categorização visual fora do comum, permitindo-lhe neutralizar inteiramente seu déficit fonológico, capacidades que não seriam tão desenvolvidas na grande maioria dos disléxicos fonológicos e dos leitores normais?

Rosine lê e escreve bem porque parece possuir, num nível excepcional, o tipo de competência, neste caso competência ortográfica, que falta a Daniel.

Pierre tem 28 anos, é bonito, rico (ou quase) e inteligente (pelo menos, ele se julga). Ele dirige uma pequena empresa de importação-exportação após ter feito cursos universitários em ciências econômicas. O que vem ele fazer aqui no meio de Jérémie, Jonathan e os outros? Imaginemos que neste momento ele está num laboratório de psicologia experimental, onde veio para uma terceira e última sessão de testes, porque Marc é seu amigo e porque Marc tem uma amiga chamada Katia que é ruiva e bonita. São condições necessárias mas certamente não suficientes para estar ali. Existe realmente outra coisa. Pierre sempre teve dificuldades para ler, ele próprio se considera disléxico (mas só diz isso para os amigos). Katia está fazendo um trabalho de fim de curso e Pierre tornou-se seu sujeito voluntário.

Ele lê bem e rapidamente as palavras frequentes, é o que importa. Lê corretamente duas entre três palavras sem significação, para as outras ele tem uma terrível propensão a responder com palavras. Isso não é grave. Katia lhe disse que, se fosse considerado disléxico, ele seria um disléxico fonológico, mas moderado, leve. Com efeito, ele conhece os sons de todas as letras, respondeu bem ao teste de subtração da consoante inicial. (Katia não ousou fazê-lo desempenhar o papel de bruxa. Se ele se transformasse em dragão, ai de ti, princesinha...) Ele tem boa memória verbal, lembra melhor as listas de palavras que não rimam do que as que rimam. Tudo muito normal, não é mesmo?

Hoje, entretanto, ela o manda fazer coisas engraçadas. Como trocar os primeiros sons de Serge Gainsburg? Serbourg Gainge?

Não. Talvez Singebourg Serge? Não. Jerge Serbourg... Guerge Sainsbourg, corrige ela ao fim de mais de um minuto de tentativas atrozes. "Diabo", diz ele. Passa-se a Bill Clinton. Clean Biton. Não, não é isso. Kill Binton? Quase, quase... Ah sim, é isso: Kill Blinton. E Jacqueline Kennedy? Janine Kadie, Janedy Keneline... Ele transpira. Devia dizer Kacqueline Jennedy. Na sua procura desesperada, ele pega na mão dela, mas Katia a deixa cair.

Um drinque, hoje à noite? Você precisa continuar escrevendo? Quer que eu releia o seu texto? Ele morde os lábios, talvez não seja o mais habilitado...

Katia lhe explica que ele não deixa de ser muito bom, que escondeu bem suas pequenas dificuldades, mas que todos os disléxicos do seu tipo, mesmo os mais espertos, se traem nesse maldito teste. Você retira a primeira, certo, depois vai pegar a outra, mas quando pega a outra já não sabe mais qual é a primeira, e se engana, pega a sílaba inteira, pega qualquer coisa... Uma bagunça! De qualquer modo, ela não quer nada com você, é claro; com ou sem Kacqueline Jennedy, a Katia não queria nada com você...

Samuel[33] tem 31 anos e frequentou a universidade. Até há pouco tempo, ele lia muito e bem, três horas por dia, para o trabalho e até por diversão, quando não tinha enxaqueca... Mas uma noite, foi levado ao hospital, com hemorragia cerebral no hemisfério esquerdo. Depois desse acidente, ele ainda podia falar, mas não de maneira muito compreensível; também não compreendia muito bem e repetia mal o que lhe diziam. Todavia, a mais atingida era a linguagem escrita: Samuel era incapaz de ler, incapaz de escrever!

Três meses depois, a coisa ia melhor quanto à linguagem oral. Incapaz ainda de escrever, Samuel lia cerca de um quarto das palavras apresentadas, mas praticamente não lia pseudopalavras. Não lia as palavras regulares melhor que as irregulares. Esse paciente, até então leitor hábil, tinha se tornado disléxico e disgráfico e seu comportamento em leitura mostrava que se tornara incapaz de utilizar as correspondências grafofonológicas. Além disso, ele cometia um tipo muito curioso de erros de leitura, chamado paralexia semântica: diante de "círculo" ele lia "redondo", e diante de "cedro" ele respondia "oliveira".

No seu infortúnio, Samuel teve a grande sorte de encontrar uma excelente neuropsicóloga reeducativa, tanto no plano da teoria como no da prática. A estratégia dessa cientista da reeducação foi a de aproveitar o conhecimento residual de Samuel sobre a ortografia das palavras para fazê-lo readquirir o conhecimento das correspondências grafofonológicas. Ele aprendeu assim a associar letras (que agora era incapaz de identificar) com palavras: C para Caroline, M para mamãe, B para bebê etc. Em seguida, teve de fixar sua atenção no fonema inicial de cada uma dessas palavras para conseguir estabelecer a correspondência letra-som. Esse trabalho levou três meses. Depois, foram introduzidas palavras simples e curtas, que Samuel devia aprender a ler fundindo os correspondentes fonêmicos de cada uma das letras da palavra. Pouco a pouco, Samuel e sua reeducadora trabalharam o conhecimento da pronúncia de grupos de letras. E depois de 12 meses de terapia intensiva, Samuel podia não só identificar cada uma das letras, como ainda, o que era o objetivo procurado, sua taxa de erros em leitura de palavras caiu de 72% para 14%. Mais significativo ainda, ele agora lia as pseudopalavras tão bem quanto as palavras, e as paralexias semânticas haviam praticamente desaparecido.

A neuropsicóloga de Samuel permitiu-nos examiná-lo seis anos depois. Samuel voltou a ser capaz de ler todas as palavras e pseudopalavras que lhe apresentamos, embora o faça com uma certa lentidão. Não há dúvida de que ele não é mais o mesmo leitor de antes de seu acidente cerebral, mas voltou a ser leitor.

Os casos acima descritos ilustram a diversidade dos perfis de competência que podem ser criados pelo simples jogo das capacidades cognitivas subjacentes à leitura.

Jacques é uma criança bem desenvolvida; não terá problemas para tornar-se um bom leitor.

Pierre, Rosine, Jonathan e Jérémie apresentam capacidades fonológicas anormalmente diminuídas, em graus muito diversos. Os dois primeiros saíram-se bem. Jonathan pode basear-se em outras capacidades, que tinha desenvolvido bastante, para limitar até certo ponto os efeitos perniciosos de seus distúrbios fonológicos. Quanto a Jérémie, pouco favorecido desde o início, jamais será um leitor hábil.

O caso de Samuel é diferente, embora ele também tenha apresentado um distúrbio fonológico. Mas não se tratava de um desenvolvimento insuficiente ou anormal das capacidades fonológicas. Em Samuel, a utilização das capacidades fonológicas na leitura tinha se tornado impossível em consequência de um dano cerebral ocorrido após a aprendizagem plenamente realizada da leitura. Como esse dano não afetou suas capacidades fonológicas básicas, uma reaprendizagem da leitura apelando para essas capacidades parece ter levado a excelentes resultados.

Daniel, por fim, apresenta dificuldades de outra natureza. Elas não são fonológicas mas ortográficas. Graças às suas altas capacidades intelectuais, Daniel sai-se muito melhor em leitura que a maioria das pessoas que compartilham esse tipo de defeito. Entretanto, ele ainda escreve mal.

Esse leque de perfis de competência só pode ser explicado por meio de uma abordagem científica da leitura. Essa abordagem é a da psicologia cognitiva.

A ABORDAGEM CIENTÍFICA DA LEITURA

> *Psychology is the Science of Mental Life.*
> [A psicologia é a ciência da vida mental.]
> William James, *Principles*.

O que é a leitura? Como se aprende a ler? Quais são as dificuldades que uma criança pode sentir nessa aprendizagem? O que se pode fazer para ajudá-la? Para responder a essas perguntas, é indispensável colocar em evidência os mecanismos cognitivos que sustentam a capacidade de leitura, assim como o processo de aprendizagem dessa capacidade.

A compreensão da arte de ler deve apoiar-se na psicologia cognitiva da leitura. Mas o que é a psicologia cognitiva?

A psicologia cognitiva é a ciência que procura descrever e explicar o conjunto das capacidades cognitivas (em outras palavras, as capacidades mentais de *tratamento da informação*) de que dispõem os animais e, em particular, os seres humanos. Para tanto, ela examina comportamentos, mas estes não constituem o objeto do estudo, tanto quanto as gotas de chuva e os raios de sol não constituem o objeto da meteorologia.

Na medida em que as capacidades cognitivas de uma espécie se desenvolveram de maneira a garantir a sobrevivência e as trocas eficazes com o meio ambiente, pode-se supor que elas mantêm relações estruturadas entre si. Tomamos então como hipótese que as capacidades cognitivas são estruturadas e organizadas num *sistema*. O sistema cognitivo é um sistema complexo de tratamento da informação compreendendo conhecimentos (*representações*) e meios de operar sobre esses conhecimentos (*processos*).

A abordagem do sistema cognitivo pela psicologia cognitiva é uma abordagem *analítica*. Ela procura decompor o sistema cognitivo em subsistemas, e estes por sua vez em outros subsistemas. Evidentemente, ela também se esforça por descrever as relações entre esses subsistemas e a maneira como o sistema opera na percepção, no reconhecimento, na linguagem, na seleção, na aquisição e na memorização de informação, na organização e na planificação da ação, na avaliação e atribuição de conhecimentos, no raciocínio, na tomada de decisões etc.

A metodologia da psicologia cognitiva é essencialmente *experimental*: examinam-se as *performances* de "sujeitos" normais ou patológicos em tarefas nas quais se manipula uma ou diversas variáveis, ao mesmo tempo em que se procura prevenir ou controlar toda fonte de artefato proveniente de outras variáveis. A comparação dos resultados obtidos em tarefas que só diferem por tal ou tal aspecto do material, da situação ou das operações solicitadas ao sujeito, constitui a estratégia de pesquisa dominante.

A capacidade de leitura é justamente uma das capacidades cognitivas que foram objeto de grande número de estudos há um século. Os progressos realizados na compreensão da capacidade de leitura foram particularmente importantes no último quartel deste século. Uma breve síntese de nossos conhecimentos sobre os processos de leitura utilizados pelo leitor hábil é dada no capítulo 2 deste livro.

Entretanto, cumpre-nos mostrar, previamente, que a chave da linguagem escrita se encontra na relação desta com a linguagem falada. Os sistemas de escrita diferem entre si pelo nível de estrutura (palavra, morfema, sílaba ou fonema) da linguagem falada, da qual constituem a representação. Um exame dos sistemas não alfabéticos permitirá perceber melhor a especificidade do sistema alfabético. O alfabeto é uma representação escrita da linguagem no nível do fonema. Mas o que é um fonema? Qual a sua realidade na fala e no tratamento da linguagem falada? O capítulo 1 tenta responder a essas questões e deve evocar uma questão complementar: já que a escrita é uma representação da linguagem, o que ela traz em troca? Em outras palavras, nós nos perguntaremos quais são as consequências da capacidade e do exercício da leitura sobre a linguagem e a cognição em geral.

O capítulo 3 aborda a aprendizagem da leitura. Já teremos visto, no capítulo 2, de que processos o leitor hábil se serve. Vamos então perguntar como esses processos se constituem. O que é preciso para aprender a ler? Como se aprende? Que dificuldades, armadilhas, obstáculos esperam o jovem aprendiz? O exame dessas questões fará aparecer uma ideia crucial, a importância da descoberta do fonema, condição de um bom ponto de partida.

O capítulo 4 examina o problema do leitor deficiente. Existe uma relação entre a leitura deficiente e a inteligência? Devemos opor duas categorias de leitores: os leitores normais e os disléxicos? Faremos interrogações sobre as capacidades cognitivas deficientes. Veremos também em que medida as deficiências de leitura têm uma origem biológica ou então dependem de fatores circunstantes.

O capítulo 5 é consagrado ao ensino e à reeducação da leitura. Em que medida os métodos de instrução da leitura afetam o futuro do leitor aprendiz? O que pensar da querela entre os métodos fônicos, baseados na explicitação do código alfabético, e os métodos globais? Veremos quais são as possibilidades de reeducação dos leitores deficientes. Avaliaremos também as vantagens potenciais das novas técnicas de aprendizagem que utilizam o computador.

A conclusão, finalmente, se pretende pragmática, mas permitindo um pouco de fantasia e de sonho. Não direi mais nada por ora.

NOTAS

1 UNESCO. *Recommendation Concerning the International Standardization of Educational Statistics*, Paris: UNESCO, 1958. Em 1978, a UNESCO (*Revised*

Recommendation Concerning the International Standardization of Educational Statistics, Paris UNESCO) definiu o iletrado como aquele que não tem as habilidades necessárias para engajar-se nas atividades de leitura, escrita e cálculo, adequadas ao funcionamento e ao desenvolvimento de sua comunidade. Essa definição permanece muito imprecisa. Ver também GANI, L. Lire et écrire dans le tiers-monde: des problèmes complexes à l'orée du XXIe siècle. *Les Entretiens Nathan, Lecture, Actes I*. Paris: Nathan, 1991.

2 BENTOLILA, A. Del l'oral à l'entrée dans l'écrit. *Les Entretiens Nathan, Lecture, Actes I (Paris)*, Nathan, 1991.

3 DOETS, C. et al. *Functional Illiteracy in the Netherlands*. Amersfoort: Netherlands Study and Development Center for Adult Education, 1991.

4 ELBRO, C., MØLLER, S., NIELSEN, E. M. *Danskernes laoesefoerdigheder. En undersøgelse af 18-67-ariges loe af dagligdag tekster*. Copenhague: Project Reading and Ministry for Education and Research, 1991.

5 Ver STEDMAN, L. C., KAESTLE, C. F. Literacy and Reading Performance in the United States, from 1880 to the Present. *Reading Research Quarterly*, v.22, p.8-46, 1987.

6 HARRIS, L. et al. *The 1971 National Reading Difficulty Index: A Study of Functional Reading Ability in the United States, for the National Reading Center*. Washington, DC: National Reading Center, 1971.

7 GADWAY, C. J., WILSON, H. A. *Functional Literacy:* Basic Reading Performance. Denver, CO: Education Commission of the States, 1976.

8 MURPHY, R. T. Assessment of Adult Reading Competence. In: NIELSEN, D. M., HJELM, H. F. (Ed.) *Reading and Career Education*. Newark, DE: International Reading Association, 1975.

9 WERNER, L. M. 13% of U.S. Adults are Illiterate in English, a Federal Study Finds. *New York Times*, 21 Apr. 1986.

10 KIRSCH, I. S., JUNGEBLUT, A. *Literacy:* Profiles of America's Young Adults: Final Report. Princeton, NJ: National Assessment of Educational Progress, 1986.

11 MURPHY, op. cit., 1975; Adult Performance Level Project. *Final report: The Adult Performance Level Study*. Washington, DC: US Office of Education, 1977; FISHER, D. L. Functional Literacy Tests: A Model of Question-Answering and an Analysis of Errors. *Reading Research Quarterly*, v.16, p.418-24, 1981.

12 Ver STEDMAN, KAESTLE, op. cit., 1987.

13 THORNDIKE, R. L. *Reading Comprehension Education in Fifteen Countries:* An Empirical Study. New York: Willey, 1973.

14 STEVENSON, H. W. Making the Grade: Scholl Achievement in Japan, Taiwan, and the United States. *Annual Report of the Center for Advanced Study in the Behavioral Sciences*. Stanford: Stanford University, 1984.

15 ORTON DYSLEXIA SOCIETY. Some Facts About Illiteracy in America, *Perspectives on Dyslexia*, v.13, p.1-13, 1986.

16 US CONGRESS, House. *Illiteracy and the Scope of the Problems in this Country*. Audition devant le "House Subcommittee on Post Secondary Education and Labor", 21 Sept. 1982. Washington, DC: US Government Printing Office.

17 Ver LE BRETON, A. *L'Adolescence illettrée*. Paris: Ed. Universitaires, 1989.

18 CATACH, N. Lectures et écritures: pluralité et unité. *Les Entretiens Nathan, Lecture, Actes I*. Paris: Nathan, 1991.

19 US BUREAU OF THE CENSUS, *Ancestry and Language in the United States: November 1979* (Current Population Reports, Series P-23, n°116). Washington, DC: US Government Printing Office, 1982.

20 STEDMAN, KAESTLE, op. cit., 1987.

21 BAUDELOT, C., ESTABLET, R. Le niveau intellectuel des jeunes conscrits ne cesse de s'élever, INSEE. *Économie et statistiques*, fév. 1988.

22 CATACH, op. cit., 1991.

23 FARR, R., FAY, L., NEGLEY, H. *Then and Now:* Reading Achievement in Indiana (1944-45 and 1976). Bloomington: Indiana University, 1978.

24 HARCOURT BRACE JOVANOVICH. Test Department. *Some Comments on the Relationship Between Scores on the 1973 and 1982 Editions of Stanford Achievement Test* (Special Report n°4A). New York: Harcourt Brace Jovanovich, 1983.

25 CATACH, op. cit., 1991.

26 WEST, T. G. A Future of Reversals: Dyslexic Talents in a World of Computer Visualization. *Annals of Dyslexia*, v.42, p.124-39, 1992.

27 SARTORI, G. Leonardo da Vinci, Omo Sanza Lettere: A Case of Surface Dysgraphia? *Cognitive Neuropsychology*, v.4, p.1-10, 1987.

28 Ver CHARTIER, A.-M., HÉBRARD, J. *Discours sur la lecture (1880-1980)*. Paris: BPI, Centre Georges Pompidou, 1989. p.381.

29 Este caso é inspirado em Michael, descrito por STACKHOUSE, J., WELLS, B. Dyslexia: The Obvious and Hidden Speech and Language Disorder. In: SNOWLING, M., THOMSON, M. (Ed.) *Dyslexia, Integrating Theory and Practice*. London: Whurr, 1991; e por STACKHOUSE, J., SNOWLING, M. "Barriers to Literacy Development in Two Cases of Developmental Verbal Dyspraxia". *Cognitive Neuropsychology*, v.9, p.273-99, 1992.

30 Inspirado em JM, descrito em SNOWLING, M. et al. "Segmentation and Speech Perception in Relation to Reading Skill: A Developmental Analysis". *Journal of Experimental Child Psychology*, v.41, p.489-507, 1986; SNOWLING, M., HULME, C. A longitudinal Case Study of Developmental

Phonological Dyslexia, *Cognitive Neuropsychology*, v.6, p.379-401, 1989, e HULME, C., SNOWLING, M. Deficits in Output Phonology: An Explanation of Reading Failure? *Cognitive Neuropsychology*, v.9, p.47-72, 1992.

31 Inspirado parcialmente em David, descrito por SNOWLING, M., GOULANDRIS, N. Developmental Reading and Writing Impairment. In: CAMPBELL, R. (Ed.) *Mental Lives, Case Studies in Cognition*. Oxford: Blackwell, 1992, e em Allan, descrito por HANLEY, J. R., HASTIE, K., KAY, J. Developmental Surface Dyslexia and Dysgraphia: An Orthographic Processing Impairment. *Quarterly Journal of Experimental Psychology*, v.44A, p.285-319, 1992.

32 Inspirado em RE, descrita por CAMPBELL, R., BUTTERWORTH, B. Phonological Dyslexia and Dysgraphia in a Highly Literate Subject: A Developmental Case with Associated Deficits of Phonemic Awareness and Processing. *Quarterly Journal of Experimental Psychology*, v.37A, p.435-75, 1985.

33 Inspirado em PS, descrito por PARTZ, M.-P. de. Re-Education of a Deep Dyslexic Patient: Rationale of the Method and Results. *Cognitive Neuropsychology*, v.3, p.149-77, 1986.

CAPÍTULO 1

A LINGUAGEM E O ALFABETO

> A escrita é uma análise linguística em graus diversos de consciência.
>
> C. Hagège, *L'Homme de paroles.*

Não se sabe exatamente desde quando os homens falam. Há 30 mil anos, pelo menos, sob uma forma bastante próxima da comunicação linguística atual. Sob formas mais primitivas, certamente há muito mais tempo. Com efeito, encontramos indicações de um desenvolvimento da área de Broca, que é uma área do cérebro associada à produção da linguagem, já no *Homo habilis*, nosso ancestral de há dois milhões de anos.

Comparada à linguagem falada, a linguagem escrita é uma aquisição muito recente. Os primeiros traços de escrita têm apenas seis mil anos. Trata-se de contas, inscritas em plaquetas de argila (como as plaquetas de Uruk, da região de Sumer, no Oriente Médio), em que se registra o número de escravos, de empregados, de cabeças de gado ou de sacos de grãos. Contudo, essas listas de números não constituem ainda uma representação da linguagem oracional, que combina pequenas unidades de significação para fazer surgir novas significações. A escrita da linguagem oracional é certamente ainda mais recente que a escrita contábil. É difícil datar exatamente sua origem, mas podemos admitir que ela deve ter surgido há três ou quatro mil anos.

Se reduzirmos essas cifras astronômicas à escala de um ano, como fazem frequentemente os paleontólogos, constataremos que a linguagem falada, que dispõe de seu substrato anatômico em 1º de janeiro, está incontestavelmente presente sob uma forma já evoluída um dia depois do Natal, que a escrita contábil aparece no dia 30 de dezembro à noite, e que a escrita oracional aparece finalmente no dia 31 pela manhã. Essa diferença de idade entre a linguagem falada e a linguagem escrita é uma das características pela qual esses dois modos de comunicação se opõem de maneira evidente.

Com exceção de certas patologias, como nas formas graves de autismo, todas as crianças adquirem uma linguagem oracional, desde que não sejam privadas de experiência linguística. Mas as crianças surdo-mudas, fora de qualquer educação oral, podem adquirir uma linguagem gestual altamente estruturada e tão rica em possibilidades comunicativas quanto a linguagem falada. As crianças deficientes mentais podem, elas também, adquirir a linguagem. Assim, as crianças atacadas pela síndrome de Williams, que é devida a um distúrbio metabólico, podem atingir o nível linguístico de uma criança de nove ou dez anos, embora não ultrapassem jamais a idade mental de seis anos.[1]

Em contraste com essa força irresistível da linguagem, quantas crianças vivas e inteligentes fracassam lamentavelmente na aprendizagem da leitura e da escrita! Ao contrário da linguagem falada, para aprender a ler e a escrever são necessárias escolas, uma instrução, até mesmo para um pequeno gênio! O reconhecimento desses paradoxos constitui o melhor ponto de partida de uma reflexão eficaz sobre os problemas da aprendizagem da leitura e da escrita.

Quais são as relações entre a linguagem falada e a linguagem escrita? O que representam exatamente os diferentes sistemas de escrita e, sobretudo, o que representa o alfabeto? A invenção desse instrumento maravilhoso de representação da linguagem suscitou uma das mais importantes descobertas científicas da história da humanidade, provavelmente a primeira grande incursão do homem no seu inconsciente cognitivo.

A PALAVRA E A ESCRITA

> – Perfeitamente certo, diz Tegumai. E nesse jogo há mais coisas do que você pensa. Querida Taffy, tenho a impressão de que a filhinha do Papai pôs o dedo sobre a coisa mais bela que já foi inventada desde que a tribo de Tegumai substituiu o sílex pelos dentes de tubarão para a ponta de seus arpões. Creio que descobrimos o grande segredo do mundo.
> – Serpente – poleiro – ovo quebrado – cauda de carpa e boca de carpa, diz Taffy. *Shu-ya*, água do céu (chuva). Nesse momento uma gota cai sobre sua mão, pois o céu estava encoberto.
> – Mas, Papai, está chovendo. É isso que o senhor queria me dizer?
> – Naturalmente, diz seu Papai. E eu disse sem pronunciar uma palavra, não é mesmo?
>
> Rudyard Kipling, *Histoires comme ça*.

Num livro sobre a linguagem e as línguas, o escritor britânico Anthony Burgess apresenta a linguagem como sendo um bocado, ou vários bocados, de ar.[2] Para ele, toda literatura é feita dessa maneira, mesmo que raramente tenha consciência disso. Como exemplo da conscientização do escrito como representação da fala, ele cita uma das passagens iniciais do romance *Lolita*, de Nabokov: "**L**olita, **l**ight of my *l*ife, *f*ire of my **l**oins. My **s**in, my **s**oul. Lo-lee-ta: the **t**ip of the **t**ongue making a **tr***i***p** of thr*ee* steps down from the **p**alate to ta**p**, at **th**r*ee*, on **th**e t*ee***th**. Lo. Lee. Ta" (em negrito, aparece a sequência de aliterações consonânticas – **l**, **t**, **p**, **th** – e, em itálico, as consonâncias vocálicas, dois processos que Nabokov utilizou com deliciosa profusão).

Entretanto, seria inexato, já que insuficiente, dizer, como fez Saussure, que a única razão de ser da escrita é representar a língua. Frequentemente, as representações, dispensando a presença do que elas representam (cf. Derrida),[3] constituem-se num novo sistema, apossam-se dos processos, desviam os comportamentos. Rousseau subestimou a escrita ao julgar que ela "só serve de suplemento à fala". Embora pareça lamentar "a tirania da letra", Saussure[4] de fato mede muito bem suas consequências: "a escrita vela a vista da língua", ela é "um travestimento", "influi sobre a língua e a modifica" e "acaba por usurpar o papel principal".

O homem de palavras tornou-se também o homem a-be-ce-de, segundo a expressão de Joyce em *Finnegans Wake*. Os sons das palavras evocam inevitavelmente letras, como também não deixam de despertar sentidos. No nosso sistema mental, as representações semânticas, fonológicas e ortográficas das palavras comunicam de maneira totalmente interativa. Quando o estímulo inicial é uma palavra escrita, sua representação fonológica é ativada, como é ativada a representação ortográfica de uma palavra ouvida. Se na maioria das vezes essas ativações múltiplas reforçam a interpretação final do estímulo, outras vezes elas levam a disparidades, quando não a contradições que perturbam a tomada de decisão. Assim, o fato de uma palavra de cor ser escrita em outra cor, ou uma pseudopalavra ser pronunciada como uma palavra, retarda seu reconhecimento.[5]

Já não podemos reconhecer palavras faladas sem as "ver" escritas. Peça a alguém que lhe diga o mais rapidamente possível se duas palavras que você vai pronunciar rimam ou não em francês. Se você lhe der POULET e BALAIS [respectivamente, "frango" e "vassoura", cujos finais se pronunciam da mesma maneira: LÉ], ele levará um pouco mais de tempo para responder do que se você lhe der POULET e VALET.[6] Em outros termos, mesmo que os estímulos sejam auditivos e a pessoa não leia nada durante essa experiência, as representações mentais das palavras escritas correspondentes são ativadas e, no caso em que a rima se escreve de maneira diferente, uma interferência passageira se produz.

Em *Les vagues*, Virgínia Woolf diz que "nada deveria receber um nome, para que esse mesmo nome não o transforme". Poderíamos aplicar essa sentença ao que acontece quando da atribuição de uma representação escrita a uma palavra falada. Os exemplos de influência da grafia sobre a maneira como nós julgamos a pronúncia são inúmeros. A esse respeito, Saussure cita um linguista, Grimm, que considerava a fricativa /p̌/ não apenas como uma oclusiva aspirada mas também como um som duplo, porque ela se escreve "th".[7] Ele menciona também a evolução do nome *Lefèvre* (do latim *faber*). Simultaneamente a essa grafia popular, havia a grafia erudita e etimológica *Lefèbvre*. A existência dessa forma e a confusão entre o "u" e o "v" na antiga escrita levaram à pronúncia *Lefébure*. Notemos, entretanto, que a existência de grafias etimológicas não é apenas uma fonte de confusão. Ao contrário. Além de permitir o acesso à pronúncia, a ortografia pode trazer uma informação muito útil sobre a etimologia das palavras e sobre as relações de derivação morfológica que elas mantêm.

Na nossa própria análise da pronúncia, as letras tendem a substituir os fonemas. Peça a seus amigos que contem o número de sons elementares que existem em palavras francesas como "*champ*" [*campo*]. Eles hesitarão, e alguns chegarão até a contestá-lo se você declarar que existem dois. Como pode haver dois sons, dirão eles, se há cinco letras? Muitas pessoas julgam que existem cinco ou seis vogais (a, e, i, o, u, y). Se isso é verdade para o espanhol e o japonês, no francês e no inglês existem uns quinze sons vocálicos. Um autor americano, Linnea Ehri, constatou que os estudantes americanos consideram que "*pitch*" tem um som a mais que "*rich*", quando o número de fonemas é exatamente o mesmo.[8] Dentro do mesmo espírito, Marina Yaguello, em *Alice au pays du langage*, escreveu que muitas pessoas são incapazes de lembrar mais de três ou quatro palavras que terminam em /o/, enquanto essa final é uma das mais frequentes em francês.[9] Simplesmente, eles pensam em "*metro*", "*dodo*", "*piano*", "*stylo*", mas esquecem todas as terminações em "-ot", "-op" e "au". Um exemplo histórico daquilo que Roy Harris chama de tirania do alfabeto[10] é a correspondência que o franciscano Diego de Landa pensou poder estabelecer entre os hieróglifos dos maias e as letras. O franciscano dizia os nomes das letras a seus informantes maias que os interpretavam como palavras maias mal pronunciadas. Desenhavam então os símbolos que correspondiam a essas palavras e Landa erroneamente tomava esses símbolos por letras.

A representação escrita pode ajudar-nos a reter melhor os nomes que têm pronúncias complexas ou pouco familiares. Quando temos de aprender palavras estrangeiras, o simples fato de poder vê-las, nem que seja só uma vez, nos ajuda muito. Os iletrados tendem a deformar os prenomes das pessoas a que são apresentados (Régine pode virar Christine, Éliane pode virar Diane). Por quê? Porque é difícil fixar uma forma fonológica sem confundi-la com outras formas muito próximas (observem que a rima, provavelmente mais saliente, é preservada nesses exemplos). Pascal dizia que os sons das palavras são apenas vento. Trata-se, certamente, de um vento difícil de estruturar e integrar na rede dos conhecimentos prévios, sobretudo quando, como é geralmente o caso para os nomes próprios, nenhum contexto significativo vem ajudar a aprendizagem da associação entre a palavra e o que ela designa.

A escrita portanto não é apenas uma "conduta de exílio, fora do intercâmbio vivo das palavras proferidas" (C. Hagège, *L'Homme de paroles*). Do ponto de vista das capacidades cognitivas, a escrita e a fala não são representações externas uma à outra e também não são adversárias. Geralmente, são colaboradores muito eficazes.

A natureza dessa colaboração é função naturalmente da relação que une a escrita à fala. A história conhece diferentes sistemas de escrita, em primeira instância pictográfica, ideográfica, logográfica, silábica e alfabética.

O sistema mais primitivo é o sistema pictográfico. Os pictogramas representam um objeto de maneira simplificada, por exemplo: um círculo com pequenos traços que se irradiam a partir dele designa o sol. Esse sistema, na medida em que comporta um número relativamente fixo de signos formais, "oficializados" pela comunidade, deve ser distinguido da "escrita por desenhos".

A Figura 1 dá um exemplo de escrita por desenhos, descoberta numa rocha em Michigan. Segundo Gelb,[11] as cinco canoas colocadas no alto transportavam 51 homens, cujo chefe é representado pelo pássaro desenhado acima da primeira canoa.

FIGURA 1 – Desenho indígena numa rocha nos Estados Unidos (fonte: H. R. Schoolcraft, 1851).[12]

A águia para eles simboliza a coragem; a pantera, a força; e a serpente, a astúcia. Os três sóis sob os três arcos indicam que a expedição durou três dias; o homem a cavalo indica uma viagem rápida e a tartaruga um desembarque feliz. Andrew Ellis, que retoma essa figura em seu livro sobre a leitura, assinala que há muitas maneiras de converter esse desenho em frases;[13] trata-se portanto de um caso de pré-escrita.

Os ideogramas distinguem-se dos pictogramas pelo fato de que não assinalam um objeto, mas uma ideia. Uma flecha indicando uma direção a seguir é um ideograma. O pictograma que designa o sol assume o valor de ideograma se for utilizado para designar a luz ou o calor. Esses signos não representam a linguagem falada; representam por desenhos o que esta pode transmitir por meio de palavras e de frases. Os algarismos romanos, por exemplo, eram na origem pictogramas: representam um número diferente de dedos, com o signo V designando a mão inteira pela abertura entre o polegar e o indicador.

Os sistemas de escrita que representam a linguagem falada são os sistemas logográfico, silábico e alfabético. Cada um representa a linguagem falada num nível diferente, respectivamente lexical (as palavras e os morfemas que constituem as palavras), silábico e fonêmico. As atuais escritas chinesa e japonesa comportam muitos logogramas, mas nossa escrita também, como demonstram os símbolos $ (dólar) ou & (e). Os logogramas distinguem-se dos fonogramas pelo fato de que não comportam informação sobre a maneira como se deve pronunciar. Por oposição, os silabários e os alfabetos são escritas fonográficas.

Entretanto, a distinção entre logograma e fonograma nem sempre é tão nítida. Os signos chamados rébus, por exemplo, são usados para representar uma palavra cuja pronúncia é idêntica ou pelo menos similar à de uma palavra que eles já designam. Um exemplo de rébus em francês seria a utilização do desenho de um dente ["*dent*"] para indicar a preposição "*dans*". O princípio do rébus vai além da escrita propriamente dita: assim, entre os iorubás da Nigéria, a oferta de seis conchinhas a uma pessoa do outro sexo significa "estou atraído por você", porque a palavra *efá* significa ao mesmo tempo "seis" e "atraído".[14] Como signos escritos, os rébus são logográficos pelo material que utilizam, mas fonográficos pela natureza da mediação a que recorrem. Entretanto, deve-se insistir no fato de que o rébus é baseado numa relação de analogia, ao passo que nos sistemas fonográficos a pronúncia das palavras pode ser obtida acrescentando ou fundindo progressivamente as pronúncias dos caracteres que as constituem.

As capacidades linguísticas interpeladas pelos diferentes sistemas de escrita não são exatamente as mesmas. A aprendizagem de uma escrita alfabética, por exemplo, exige competências diferentes daquelas que a aprendizagem dos outros sistemas demanda e se desenvolve de maneira própria. Para compreender a aprendizagem do sistema alfabético, é preciso saber exatamente o que é o alfabeto, como ele se tornou capaz de representar a linguagem no nível dos fonemas, de que capacidades nós precisamos para apreender essa relação, e como a representação alfabética pode ser modulada por convenções ortográficas. Todavia, para compreender melhor a especificidade da escrita alfabética, é útil entrar em contato com outros sistemas de escrita. É por essa razão que, primeiramente, convido os leitores a ler fragmentos da conferência do Sr. Wang, uma carta de Nimura-sensei ao seu amigo e colega Aristide Dupont, da Universidade de Grenoble, e a ouvir o monólogo do escriba Nakht.

Ao contrário da escrita alfabética, as escritas chinesa e japonesa e a do Egito antigo apresentam todas uma diversidade de modos de representação, fruto de seu desenvolvimento histórico. Na escrita chinesa, índices globais de pronúncia vieram juntar-se aos caracteres designando unidades de significação; na escrita japonesa, um sistema fonográfico complexo e completo, mas não fonêmico, veio coexistir com o sistema logográfico; na escrita do Egito antigo, na origem essencialmente pictográfica e ideográfica, certos caracteres serviam para representar grupos de sílabas que compartilhavam a mesma consoante.

ALGUNS FRAGMENTOS DA CONFERÊNCIA DO SR. WANG

Assim que lhe foi dada a palavra, Wang sentou-se, alisou com a palma da mão direita as folhas ligeiramente amassadas que continham o texto de sua conferência e lançou-se numa leitura árdua mas melodiosa.

Ilustríssimo Presidente do Centro Esportivo Europeu de Tai Chi Chuan, Senhoras e Senhores,

Estou muito honrado de estar aqui para falar-lhes dessa arte que eu estudo há quase cinquenta anos, a arte da escrita e da leitura chinesas. Nós colocamos nela tanta aplicação, tanta busca da perfeição do detalhe e da harmonia do conjunto, quanto na preparação de nossas iguarias. A certeza de que jamais penetraremos completamente seus segredos nos inspira a modéstia que o ser provisório deve ter diante do infinito.

É costume apresentar os caracteres de nossa escrita como pictogramas, ideogramas ou logogramas. Espero ser suficientemente hábil para mostrar-lhes que esses termos não são convenientes.[15]

Seria inexato dizer que nossa escrita é pictográfica. Os pictogramas são representações relativamente icônicas de um objeto. Ora, só uma porcentagem muito pequena, cerca de 1%, de nossos caracteres transmite a significação dessa maneira. No caso de nossos pictogramas, a relação com a representação esquemática do objeto erodiu-se, como atingida por sucessivas tempestades de areia. Observem, neste diapositivo [ver Figura 2], o que eram antigamente, há três mil anos, os caracteres que denotam cavalo, tartaruga, elefante, peixe, criança e mulher ajoelhada, e o que eles são agora. Os senhores não poderiam adivinhar o que estes últimos caracteres designam.

A escrita chinesa é ideográfica? Fala-se de ideograma quando o caractere representa algo de mais abstrato. Quando, por exemplo, reunimos num mesmo caractere os caracteres para "homem" e para "palavra", podemos exprimir o sentimento de ter confiança em alguém. Queremos escrever "não" (*bù*)? Vejam [ver Figura 3]. Utilizamos o caractere que designa "planta" e colocamos em cima um traço horizontal para exprimir "não" de maneira metafórica: a planta tenta crescer, mas nós impedimos. Como dizia Anthony Burgess, esse caractere é um pequeno poema da negatividade, uma metáfora do não receber (*a little poem of negativiness, a metaphor of notness*). Podem ver, neste diapositivo [ver Figura 4], o caractere para "pinheiro", que foi criado combinando num mesmo caractere os que designam "madeira" e "beleza". Entretanto, esse tipo de caractere é mais raro; certamente não representa mais de 5% do nosso sistema.

FIGURA 2 – Pictogramas antigos e modernos para cavalo, tartaruga, elefante, peixe, criança e mulher ajoelhada.

FIGURA 3 – O ideograma para "não".

FIGURA 4 – O ideograma para "pinheiro" (à esquerda), formado a partir dos elementos semânticos "madeira" (no meio) e "beleza" (à direita).

Nossa escrita não é, portanto, nem pictográfica nem ideográfica. Também não é logográfica. No caso do chinês antigo, a maioria dos caracteres representava palavras, mas isso já não ocorre atualmente. Eles representam essencialmente morfemas, isto é, as menores unidades de significação. Em chinês moderno, muitas palavras são bimorfêmicas, escritas portanto com dois caracteres. De fato, não existe separação particular entre as palavras, além daquela que existe entre os caracteres.

Para ilustrar a representação de palavras plurimorfêmicas, tomemos a palavra que indica "semana". Ela é composta de dois caracteres que significam "estrela" e "período". Se acrescentarmos aí o caractere para "três", teremos a palavra "quarta-feira". Vou dar outros exemplos. A palavra "paraíso" é constituída de "céu" seguido de "porta", e a palavra "tempo" (atmosférico) por "céu" seguido de "gás". Podemos considerar que cada um desses grupos de caracteres constitui uma palavra. Com efeito, não se pode introduzir outro caractere dentro do grupo sem mudar a significação do grupo, da mesma maneira que, na língua dos senhores, não se pode inserir, por exemplo, "belo" na palavra "automóvel" para designar um belo automóvel: "autobelomóvel" não é um belo automóvel. Em chinês, não se pode inserir um caractere entre "céu" e "porta" sem destruir a significação de "paraíso".

Uma senhora toma então a palavra:
– Sr. Wang, o que o senhor está dizendo corresponde à definição de palavra que foi estabelecida pelo Círculo de Praga. Observe entretanto que há contraexemplos em pelo menos uma língua. Em português, a palavra "contar-vos-ei" resulta da inserção da expressão "vos", derivada de "a vós", entre o infinitivo "contar" e a terminação "ei".[16] Os linguistas nem sempre estão de acordo entre si quanto à definição de palavra.

Madame, a senhora é linguista, não é mesmo? Estou honrado pela sua presença aqui e não ousarei opor-me ao que a senhora afirma. Minha única intenção é dizer à minha ilustre plateia que as características da representação gráfica de nossa língua fazem que a noção de morfema seja mais evidente para os chineses que a noção de palavra. A escrita chinesa representa morfemas. Aliás, nossos jovens estudantes sentem algumas dificuldades para segmentar um texto em palavras. Não é certamente por acaso que as palavras plurimorfêmicas chinesas que correspondem a "vocabulário" e a "dicionário" não compreendem o caractere "palavra", mas "caractere".

Temos cerca de cinquenta mil caracteres, embora três mil possam ser suficientes para a comunicação não especializada e não sofisticada da vida cotidiana. Quase todos os caracteres são pronunciados como uma só sílaba; todos, de fato, se excetuarmos a representação do sufixo "r". Eu lhes disse que nosso sistema de escrita é essencialmente morfêmico. Posso acrescentar agora que é também essencialmente silábico. Mas muitos caracteres são pronunciados da mesma maneira. Em chinês, há trezentas e noventa e oito sílabas diferentes. Além disso, a pronúncia de uma mesma sílaba pode admitir variações tonais. Por exemplo, em cantonês, "ji" significa "vestimenta", "cadeira", "significação", "criança", "orelha" ou "dois", conforme essa mesma sílaba seja pronunciada em tom alto, alto ascendente, médio, baixo descendente, baixo ascendente, ou baixo, respectivamente. Levando-se em conta essas variações tonais, chega-se, para o conjunto das sílabas, a mais de mil pronúncias diferentes, exatamente mil duzentas e setenta e sete (imaginem que em inglês há cerca de cinco mil sílabas diferentes). Esse número permanece bem inferior às dezenas de milhares de caracteres da escrita chinesa. Muitos caracteres se pronunciam portanto da mesma maneira; em outros termos, o número de homófonos é muito elevado. Cerca de 60% dos caracteres chineses têm homófonos, e um quarto deles tem pelo menos seis homófonos. À primeira vista, a existência de um número tão grande de morfemas homófonos deveria provocar grandes dificuldades de compreensão. Entretanto, não é esse o caso, já que o mecanismo de formação de palavras plurimorfêmicas permite encontrar a solução.

Nosso sistema de escrita compreende um mecanismo suplementar de diferenciação dos morfemas. Mais de 90% dos caracteres chineses são constituídos de um elemento semântico e de um elemento fonético que fornece ao leitor um índice de pronúncia, indicando-lhe que deve ler o caractere em questão referindo-se à pronúncia de um homófono conhecido. Em certos casos, pronuncia-se o caractere exatamente como se pronuncia o elemento fonético que ele contém. Em outros casos, eu diria até que é a maioria, talvez quatro vezes em cinco, o índice fonético contribui simplesmente para modificar a pronúncia do elemento semântico. Temos duzentos e catorze radicais semânticos, ao passo que os índices fonéticos são muito mais numerosos, três mil oitocentos e sessenta e sete, se nos ativermos às análises feitas pelo missionário Joshua Marshman no começo do século XVIII.

Foi mais ou menos a esta altura de sua conferência que o Sr. Wang viveu um momento de pavor. Felizmente, a plateia não percebeu, certamente graças ao soberbo domínio do Sr. Wang quanto à exteriorização de suas emoções. Ao virar uma página, ele constatou que as páginas seguintes não continham o fim de seu texto, mas sim exemplares do cardápio dos Dim Sum preparados na "Porta do Céu", o restaurante onde ele comia quase todas as noites e onde tinha preparado sua conferência. O Sr. Wang ainda tinha alguns diapositivos diante dele. Apresentou o primeiro e o comentou de maneira ainda mais animada que antes, provocando levantamentos de pálpebras que os exercícios de Tai Chi Chuan do fim da tarde tinham delicadamente contribuído para fechar.

Sabem, entre os índices fonéticos, alguns só têm um valor fonético, isto é, estão sempre associados a elementos de significação. Outros têm um valor fonético em certos caracteres, mesmo funcionando como elementos de significação em outros caracteres. Vejam, neste diapositivo [ver Figura 5], o caractere para "arroz" (/mai/). Combinado com outro elemento de significação, ele pode dar lugar a uma pronúncia muito diferente, por exemplo /fan/ que significa "pó", mas pode também funcionar como índice fonético e dar sua pronúncia ao caractere de que participa (é esse o caso do caractere para "encantar").

Será que haveria um vínculo qualquer entre as palavras "cavalo" e "mãe"? Não procurem. Observem este outro diapositivo [ver Figura 6]: "cavalo" em chinês pronuncia-se "ma"; quando se combina o caractere para "cavalo" com outro, pode-se obter, por exemplo, "conduzir" ("ga:", no qual o sinal : exprime o alongamento da vogal) ou "mãe" ("ma:"). Neste último caso, o caractere para "cavalo" serviu apenas de índice fonético.

FIGURA 5 – Os caracteres para "arroz" (/mai/), à esquerda, "pó" (/fan/), no meio, e "encantar" (/mai/), à direita.

FIGURA 6 – Os caracteres para "cavalo" ("ma"), à esquerda, "conduzir" ("ga:"), no meio, e "mãe" ("ma:"), à direita.

Temos uma escrita bem adaptada às propriedades da nossa língua. Como nossos morfemas são silábicos, a grande maioria de nossos caracteres corresponde ao mesmo tempo a um e a outro desses níveis da língua. O mecanismo de formação desses caracteres parece relativamente simples. Na realidade, é muito complexo. As posições relativas do índice fonético e do elemento semântico podem ser muito variáveis. É preciso muito trabalho e paciência para aprender a escrever na nossa língua, sabem... Para conhecer a pronúncia do índice assim como a pronúncia do caractere no qual está contido, é preciso estudá-los um por um. Temos que aprender os elementos semânticos e as combinações aceitáveis desses elementos. Para os senhores, com suas vinte e seis letras, desculpem, é muito mais fácil...

A CARTA DE NIMURA-SENSEI AO SEU AMIGO E COLEGA DUPONT

> Anunciamo-nos num imenso edifício que se chama teto-pontiagudo, cruz de lorena-inclinada, acento circunflexo de três andares, cheque cruzado e número quatro invertido.
> San-Antonio, *Fleur de nave vinaigrette*.

Nimura-sensei soube que seu colega, o Professor Aristide Dupont, estava falando sobre a leitura para seus estudantes. Na qualidade de amigo autêntico, e como japonês orgulhoso da cultura de seu povo, ele não esperou que Dupont tomasse a iniciativa de pedir-lhe ajuda. Era impensável que Dupont falasse da leitura a seus estudantes sem falar dos grandes sistemas de escrita e, por conseguinte, da escrita japonesa. Nimura consagrou uma noite inteira à redação de uma carta ao seu amigo Dupont, na qual registrou tudo o que Dupont deveria dizer em suas aulas. Teve até o zelo de anotar quais partes Dupont poderia omitir se, ao contrário do que esperava, Dupont tivesse apenas duas horas e não quatro para essa missão. Aqui estão algumas passagens da carta.

Caro Aristide,
Primeiramente, eu queria agradecer-lhe pela separata do seu último artigo que você teve a gentileza de me enviar. Vou lê-lo com muita atenção. Pensei poder ser-lhe útil enviando-lhe estas poucas notas sobre a escrita japonesa, ou mais exatamente as escritas japonesas.

O sistema tradicional é baseado em dois tipos de caracteres: o conjunto de ideogramas chamado "kanji" e dois conjuntos de fonogramas representando sílabas, o "hiragana" e o "katakana". Apesar do orgulho que temos de nossa civilização, tivemos, no curso de nossa história, a inteligência de nos apropriarmos de duas grandes realizações estrangeiras: a primeira, essencialmente entre os séculos V e o século X, é a escrita chinesa, que os chineses chamam *hanzi* e nós, kanji; a segunda é a grande revolução industrial do Ocidente. Nós adaptamos o valor fonético dos caracteres chineses para representar nossas sílabas, por exemplo o caractere chinês para *liu* serviu para a nossa terminação – *ru*. Além disso, simplificamos certo número de caracteres fonéticos para constituir nossos silabários. É preciso saber que temos um número de sílabas, de cento e cinco a cento e treze conforme os dialetos, bem inferior ao do chinês. O hiragana é mais comum que o katakana, já que este é usado sobretudo para transcrever nomes estrangeiros.

Os substantivos, assim como as raízes verbais e adjetivais, são geralmente transcritos em kanji, ao passo que os morfemas gramaticais e as palavras funcionais são transcritos em hiragana, que quer dizer "kana fácil". Assim, a forma verbal "come" ("taberu") escreve-se com o radical kanji para "comer" ("tabe") mais dois sinais kana; e a forma verbal "será comido" escreve-se da mesma maneira mas com dois sinais kana intercalados entre os precedentes. O kanji e o kana portanto são muitas vezes combinados.

Seguia-se uma longa dissertação sobre a morfologia do japonês, que o professor Dupont percorreu vagamente com os olhos, parando apenas para saborear algumas passagens divertidas:[17]

Os empréstimos tomados aos chineses e a criação de novas palavras sem que se tomassem precauções quanto à pronúncia engendraram homônimos detestáveis. Assim, a sequência "shikaishikaishikai" significa "o presidente da sessão de convenção dos doutores em odontologia" ("shi.ka.í.shi" quer dizer "doutor em odontologia", "kai" "reunião", e "shi.kai", "presidência"). Interrogado por sua filha, que lhe perguntava qual era a flor nacional francesa, um japonês respondeu que era a Marselhesa, porque "kókka" quer dizer tanto "flor nacional" como "hino nacional". Mais um exemplo: um apresentador de televisão teve de recorrer a diferentes sinônimos antes de saber que a profissão de "seika", dada por um participante, não era nem confeiteiro, nem sapateiro, nem verdureiro, mas florista. Você pode imaginar, meu caro Aristide, que não é realmente assim todos os dias. Nós sabemos utilizar o contexto e as paráfrases.

A carta do professor Nimura abordava em seguida o *kana*.

Para compreender a escrita kana, temos que nos referir à fonologia do japonês. Se utilizarmos, para descrever nossa língua, o mesmo tipo de unidades que serve para descrever o francês e as outras línguas escritas alfabeticamente, podemos dizer que o japonês é elaborado combinando dezenove fonemas, com cinco vogais, duas semivogais e doze consoantes. Nós não representamos individualmente a maior parte dos fonemas. A maioria de nossos kana são combinações de consoantes e de vogais, mas há também kana para representar as vogais isoladas e uma consoante (/N/) que é pronunciada em posição final de sílaba. Você encontrará no fim desta carta um quadro com os caracteres hiragana [ver Figura 7].[18] Ele é organizado como uma matriz, segundo um critério fonêmico, já que os caracteres de cada coluna dividem a mesma consoante e os de cada linha, com exceção do caractere /N/, dividem a mesma vogal. Você observará que representamos duas sílabas que só diferem pelo fato de que a consoante inicial é surda ou sonora (/ka/) e /ga/, por exemplo) com a ajuda de kana quase idênticos. A única diferença reside no diacrítico acrescentado no alto à direita no caso dos kanas que compreendem uma consoante sonora.

Dupont virou rapidamente as páginas preenchidas pela letra miúda de seu colega Nimura e encontrou de fato a matriz bem no fim.

Acabo de falar de sílabas e, como você sabe, dizemos habitualmente que o sistema dos kana é um silabário. Isso entretanto não é totalmente exato. Não só o /N/, que representamos por um único caractere, não é uma sílaba, como ainda representamos separadamente a geminação de consoantes. Assim, por exemplo, a palavra dissilábica [nippoN] (Japão) escreve-se com quatro caracteres (にほん para n-i-p-po-n). De fato, nossos caracteres representam mora, que são, se me for permitida a expressão, as moléculas da nossa língua. A mora pode ser considerada uma unidade de tempo. A duplicação da consoante, o /N/ em final de sílaba e o alongamento muito frequente da vogal ocupam unidades de tempo. Cada um desses eventos constitui por si só uma mora na sequência das mora.

A importância relativa do kana na nossa comunicação escrita aumenta em relação ao kanji. Assim, os telegramas, as contas de gás e de energia elétrica, e os documentos bancários são escritos em kana. A leitura dos caracteres kanji põe evidentemente o problema de reconhecimento, de tal modo que, para representar a pronúncia nos jornais e revistas, e particularmente em certos livros para crianças, utilizamos frequentemente pequenos caracteres kana à direita do caractere kanji, quando a escrita é vertical, e acima deste último quando a escrita é horizontal. Com efeito, os textos podem ser escritos tanto horizontal como verticalmente.

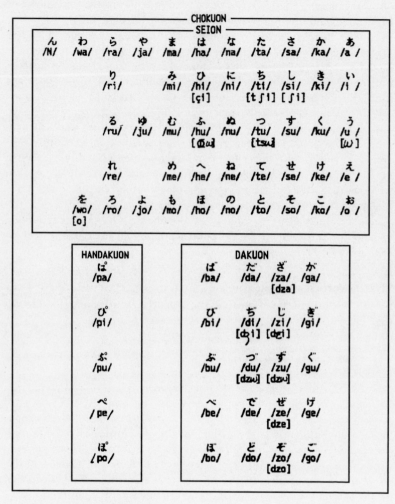

FIGURA 7 – Matriz do hiragana.

A população adulta não tem um conhecimento suficientemente amplo do kanji. Os jornais de antes da Segunda Guerra Mundial usavam sete mil e quinhentos kanji, mas hoje, sob a pressão das autoridades, utilizam pouco menos de dois mil, e os outros foram substituídos por kana. A maioria dos japoneses é capaz de reconhecer esses dois mil kanji, mas quando se trata de lembrar deles para poder escrever, as dificuldades aparecem. Muitas pessoas só poderiam escrever espontaneamente meio milhar desses signos. Por outro lado, quando utilizamos tratamento de texto no computador, fazemos o texto entrar em kana ou em "romaji" (o romaji é um alfabeto romano que criamos para a comunicação internacional e utilizamos também entre nós). Depois de introduzir o texto, escolhemos eventualmente entre os correspondentes em kanji que são exibidos na tela. Isso só pode contribuir para enfraquecer nosso conhecimento do kanji. Além do mais, a proporção de publicações em romaji está aumentando nas áreas da ciência e da cultura; e a maioria das mensagens por telex é escrita em romaji. Entretanto, consideramos a capacidade de escrever em kanji como uma prova de cultura e de refinamento, de tal modo que provavelmente jamais abandonaremos a escrita mista kanji-kana.

O olhar perverso de Aristide fixou ainda uma brincadeirinha indecorosa sobre o *romaji*.

Você diria a seus estudantes que a letra M, que nós lemos /emu/, pode representar tanto "dinheiro" como "pênis"? Por que pênis? Talvez por causa de "membro viril", ou talvez por sua associação com "mará", utilizado como gíria a partir de um termo budista de origem hindu. Mas essa não é a única história picante. Por sua pronúncia em inglês, a letra Y, por exemplo, pode substituir o morfema WAI – "obsceno" – que encontramos em "waidan" (história suja) e em "waisetsu" (obscenidade), assim como pode substituir a primeira parte da palavra "waishatsu" que significa camisa. Falando mais seriamente, você não acha curioso esse retorno à ideografia, essa maneira de utilizar o alfabeto não para representar os fonemas da língua? Vocês também escrevem WC, HQ...

A atenção de Dupont foi captada, mais adiante, por algumas passagens sobre a aprendizagem da leitura pelos pequenos japoneses.[19]

Nos livros para crianças da escola maternal e da escola primária, as frases são escritas em hiragana. Um espaço em branco separa geralmente as palavras. O conhecimento das correspondências entre os kana e suas pronúncias, assim como de algumas regras para certos caracteres especiais, é suficiente para ler qualquer frase. Muitas crianças entram na escola primária, às vezes até na escola maternal, já tendo dominado o sistema e, portanto, sabendo ler. Meu sobrinho acaba de completar quatro anos. Ele é capaz de ler frases escritas em hiragana e compreende o significado. Muitas vezes, quando a frase contém uma palavra que ele não conhece, ele passa por cima, depois volta e lê. Os estrangeiros julgam às vezes que a aprendizagem da leitura no Japão é fácil. Não é apenas porque o hiragana é um sistema inteiramente regular com correspondências biunívocas. É também porque as crianças vivem rodeadas de livros, revistas e textos em geral destinados especificamente a eles, e porque os pais, sem necessariamente ocupar-se muito delas, contribuem para reforçar sua curiosidade natural respondendo de bom grado todas as perguntas a respeito dos caracteres.

Em relação à aprendizagem da escrita alfabética, a aprendizagem do hiragana apresenta duas grandes diferenças: não exige uma análise intencional da fala em fonemas, já que cada caractere corresponde a um som pronunciável isoladamente, e por conseguinte não exige também a fusão dos fonemas numa unidade articulatória mais ampla. Alguns estudos examinaram a habilidade de análise da fala das crianças japonesas que conhecem bem os kana, mas que ainda não receberam instrução alfabética. Esses estudos mostraram que elas são incapazes de fazer uma análise fonêmica da fala, ao passo que são ligeiramente superiores às crianças americanas ou europeias para a análise em sílabas. A capacidade de analisar a fala em sílabas (poderíamos dizer também em mora) é evidentemente indispensável para o domínio da escrita kana. Não esqueçamos que tudo prepara a criança nesse sentido. Uma das atividades comuns dos pequenos japoneses é o "shiritori", um jogo verbal no qual a mora inicial de cada palavra deve ser idêntica à última mora da palavra anterior. Quando brincam em grupo, as crianças de três anos que cometem erros são geralmente corrigidas pelas crianças mais velhas e assim elas aprendem a representar as mora iniciais e finais das palavras. Outro jogo, o "sakasauta", consiste em inverter a ordem das mora de uma expressão cantada.

As coisas são bem organizadas, pensa admirado Aristide Dupont. As crianças japonesas são preparadas para a leitura do hiragana por jogos que implicam a representação mental das unidades que o hiragana representa graficamente. Evidentemente, é diferente com o alfabeto, os fonemas são outra coisa... Mas será que não se poderia generalizar nas nossas escolas maternais, nas famílias jogos que fizessem nossas crianças tomar consciência dos fonemas?

O MONÓLOGO DE NAKHT

O Sr. Wang e Nimura-san nos falam no presente. Transportemo-nos agora para um passado distante, que, todavia, sob certos aspectos, está muito próximo de nós. O sistema de escrita do Egito antigo é o bisavô ou o trisavô do sistema alfabético. Como veremos pela longa sequência de pensamentos felizes do escriba Nakht, tal sistema de escrita já continha os elementos que iriam permitir a invenção do sistema alfabético.

Nakht, está vendo o crepúsculo chegando? É Nut que se aproxima para unir seu corpo ao de Geb, como ontem e anteontem. Antes da criação do Universo, a Terra e o Céu viviam juntos como marido e mulher, eles que eram também irmão e irmã. Rá, saindo das águas do Caos, ordenou-lhes que se separassem, e Shu, pai deles, enviou um vento poderoso que engendrou o espaço e a luz entre eles e fez elevar-se o corpo de Nut. Geb permaneceu deitado, e seu corpo formou as montanhas e os vales. Imóvel, impotente, ele vê todo dia, na aurora, o corpo de sua mulher distanciar-se. Rá percorre langorosamente o arco estrelado de Nut, mas ao cair do dia a deusa torna a descer e vem colar-se ao seu marido, criando a escuridão. Sempre me pergunto como Rá pode ignorá-lo, certamente ele lamenta sua decisão e faz de conta que não sabe nada. Gosto das histórias sobre os feitos dos deuses, são as mais belas, embora as histórias da vida dos escribas me emocionem mais. Quantas vezes já contei ao meu filho mais velho as histórias, que ouvi de meu próprio pai, sobre o mais sábio dos escribas, Satni, filho do rei Usinarès. Quando, com a placa entre as pernas cruzadas, desenrolando o rolo de papiro com a mão esquerda e segurando o cálamo apontado com a direita, ele pegava a tinta vermelha e preta nos copinhos, depositava sobre a paleta, molhava com uma gota d'água, e deslizava o cálamo sobre o papiro, inscrições mágicas escorriam de seus dedos hábeis. Ele conhecia as respostas a todos os enigmas. Um dia, um mensageiro do rei da Etiópia apresentou-se diante do Faraó para desafiá-lo a engolir todo o Oceano. Satni tirou o Faraó da dificuldade retorquindo que seu pai poderia fazê-lo com a condição de que toda a água se encontrasse no ponto exato em que estava no momento em que o desafio foi lançado. Era necessário portanto que o rei da Etiópia descobrisse primeiro o meio de fazer parar os rios que se lançam sem cessar no oceano. De outra feita, Satni foi conduzido pelo seu próprio filho, Senosíris, a um lugar desconhecido na montanha de Memphis, onde se reunia o tribunal que julga os mortos. Lá, ele viu Thot, deus com cabeça de pássaro e longo bico preto, inventor das palavras divinas, desempenhar o papel de escriba e calcular os crimes e os méritos de cada um dos mortos. É tempo de decidir quais objetos e quais palavras serão gravados nas paredes de meu túmulo. Minha imagem, meu ofício, meu nome [ver Figura 8.(a)],[20] seguidos da inscrição *"di ânkh"*, *"dotado de vida"*, *"di":* pronúncia do signo do pão, e *"ankh"*, uma haste com um anel, signo da vida [ver Figura 8 (b)]. Assim, eu existirei após a minha morte e saborearei as delícias do campo das canáceas. Eu deveria pensar também na lista dos *hétép* [oferendas, ver Figura 8 (c)] para poder continuar a me alimentar convenientemente, mesmo que os ladrões me tomem esses bens: cem, não, mil [o signo para lotus] ânforas de vinho [ver Figura 8 (d)]. Bebamos mais um pouco deste vinho, com este calor a cerveja que engoli o dia inteiro não foi suficiente. Continuemos, mil cabeças de bois e de cabras, mil gansos... [ver Figura 8 (e)(f)]. A propósito de gansos: quero que me representem caçando gansos e patos nos pântanos às margens do Nilo, com meu bumerangue, acompanhado de minha mulher, meus filhos e meu gato favorito. Terei merecido dos deuses as oferendas que me farão, porque eu também lhes fiz, e sempre trabalhei intensa e lealmente. Segui os conselhos de meu pai, que me pôs no caminho de Deus: "Ser escriba é melhor que qualquer outra profissão. Não há nada igual sobre a terra. Eu vi um caldeireiro trabalhando diante de seu forno, seus dedos eram como patas de crocodilo e ele fedia mais que a um peixe. O oleiro vive coberto de terra, as roupas duras de barro, a cabeça coberta de trapos. Os rins do pedreiro lhe doem. O tecelão, se ficar um dia sem tecer, é castigado com cinquenta golpes de chibata; ele precisa dar comida ao guarda para que o deixe sair à luz do dia. O forneiro tem os dedos queimados, os olhos lhe ardem por causa da espessa fumaça. O lavador trabalha à margem do rio perto dos crocodilos". Minha aprendizagem foi longa. Comecei com a idade de cinco anos, mais cedo que muitos outros. Todo dia, durante horas, eu salmodiava em coro com os outros, copiava signos e textos inteiros sobre pedaços de calcário, de cerâmica e pranchas de madeira. Aprendi a escrita ligada. Eu era ainda muito jovem quando obtive o direito de escrever sobre papiro. Conheço mais de setecentos signos que representam coisas familiares, e também mais de duas dezenas de signos que representam sons básicos. Assim, o desenho de um tapete *(pè)* me serve para representar os sons pè, pu, pa e outros sons da mesma família [ver Figura 9]. Outros signos ainda representam conjuntos de dois ou três sons elementares (por exemplo, o signo para "*hétép*") [ver Figura 8 (c)]. Aprendi a representar palavras difíceis por signos cujos nomes são pronunciados da mesma maneira. [Assim, para representar "filho", que não pode ser facilmente evocado por um signo icônico, os egípcios utilizavam o hieróglifo de "pato", visto que "pato" se pronuncia da mesma maneira que "filho": diz-se, então, que o signo para "pato" serve de ideograma-rébus para "filho"].

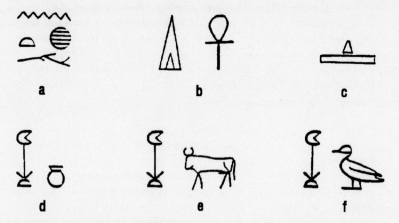

FIGURA 8 – (a) O nome do escriba Nakht em seu túmulo (1400 a.C.), em escrita consonântica: N no alto, T no meio à esquerda, e KH no meio à direita; em seguida os hieróglifos: (b) "*di ânkh*"; (c) *hétép*, um fonograma que substitui as três consoantes h, t e p; (d) mil ânforas de vinho; (e) mil cabeças de gado, e (f) mil gansos (segundo N. J. Katan (1982) reprodução autorizada pela École des loisirs).

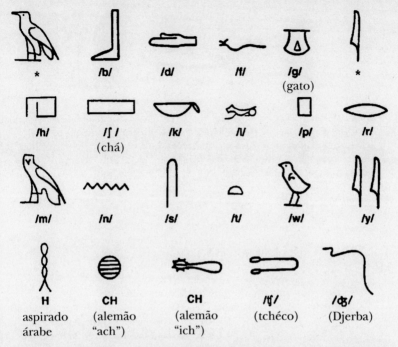

FIGURA 9 – Signos representando sons consonânticos do egípcio antigo (entre parênteses, exemplos de pronúncia; * indica oclusivas glotais), (segundo N. J. Katan (1982), reprodução autorizada pela École des loisirs).

Aperfeiçoei minha caligrafia e meu estilo de composição. Com toda a inteligência do meu coração, estudei matemática, astronomia, medicina e religião. Não permaneci inativo um dia sequer, pois eu sabia que senão seria castigado, como me disseram: "O ouvido do rapaz fica nas costas, ele ouve quando apanha".

Aos dezesseis anos, eu já podia redigir toda espécie de cartas e de relatórios, escrever hinos aos reis e aos deuses, poesias, fábulas e máximas morais, registrar os pagamentos de impostos, preparar contratos de venda de bens, dividir o ano em meses, conhecer o dia em que determinada estrela surge no horizonte, medir em palmos e em dedos, avaliar a área de um terreno, calcular o número de blocos necessários para a construção de uma pirâmide, desenhar mapas com as montanhas, os templos, as minas de ouro e as casas dos operários. Eu poderia ter sido médico, padre, cronista de casamentos reais e de batalhas, secretário particular de um nobre, arquiteto do rei, até mesmo governador de uma província. Eu dirijo entrepostos de grãos, sou rico e respeitado. É bom ser escriba. Os escribas comandam todos os trabalhos no país, para eles não há impostos, eles pagam seus tributos escrevendo. Mas, às vezes, como hoje, sobretudo ao fim de um período de seca, eu sou um homem cansado [ver Figura 10].

FIGURA 10 – Representação em hieróglifos da expressão "um homem cansado". Ela deve ser lida da esquerda para a direita, pois a regra de direção é que se deve olhar o homem e o animal nos olhos. *Ourèd* significa "estar cansado", é obtido combinando o pássaro que se pronuncia *our* (WR), a boca que se pronuncia *rè* (R) e a mão que se pronuncia *dè* (D), (segundo N. J. Katan (1982), reprodução autorizada pela École des loisirs).

A INVENÇÃO DO ALFABETO

> E agora, depois de milhares e milhares de anos, e depois dos hieróglifos, demóticos, nilóticos, crípticos, rúnicos, dóricos, dônicos e muitos outros ticos ou nicos ..., o velho e bravo alfabeto simples, fácil – A, B, C, D, E e o resto – retomou sua forma de antigamente para que todas as Bem-Amadas possam aprendê-lo mais facilmente quando forem bastante grandes.
> Rudyard Kipling, *Histoires comme ça.*

> A sociedade humana, o mundo, o homem inteiro está no alfabeto. ... O alfabeto é uma fonte.
> Victor Hugo, *Carnets de voyage.*

O que é o alfabeto? Ele foi descoberto ou inventado? Foi sem dúvida inventado, mas, como é o caso para todas as invenções, o alfabeto não surgiu do nada. Resultou da adaptação de um sistema pré-alfabético a novas necessidades. A invenção do alfabeto acarretou, de imediato, a descoberta daquilo que ele representa, o fonema. Essas afirmações demandam naturalmente explicações.

Poder-se-ia pensar que o alfabeto foi inventado *para* representar os fonemas. Os letrados cultos, com efeito, têm tendência a julgar que é evidente para todos que a fala é uma combinação de pequenos sons, que todo mundo sabe que "mar" e "bar", por exemplo, têm cada um três sons elementares, e só diferem pelo primeiro. Entretanto, essa noção só se constitui com a aprendizagem da leitura num sistema alfabético. Nós próprios mostramos isso testando adultos portugueses iletrados, que jamais tinham aprendido a ler e a escrever, comparando-os a ex-iletrados, isto é, pessoas que tinham aprendido a ler e a escrever só na idade adulta, em classes de alfabetização.[21] Uma das tarefas era semelhante àquela do príncipe e da bruxa (ver "Introdução"), mas sem aquela roupagem imaginária destinada a cativar crianças. Quer fosse para subtrair o fonema inicial de uma expressão, quer para acrescentar um fonema no começo de uma expressão, os adultos iletrados foram incapazes de fazer essas manipulações. Em compensação, a grande maioria dos ex-iletrados conseguiu realizar essas mesmas tarefas. A incapacidade dos iletrados não é devida a uma incapacidade de compreender essa operação de subtração ou de adjunção de um pedacinho de palavra. Quando se trata, por exemplo, de subtrair, não um fonema, mas uma sílaba, a maioria dos iletrados é perfeitamente capaz de fazê-lo.

A ideia de que a emergência da habilidade para analisar intencionalmente a fala em fonemas depende da aprendizagem de um sistema alfabético de escrita foi confirmada por um estudo realizado na China.[22] Uma versão chinesa do teste construído para os iletrados e ex-iletrados portugueses foi aplicada em dois grupos de adultos chineses. Alguns tinham estado na escola primária pouco antes da introdução de um alfabeto nas escolas chinesas (destinado essencialmente à transcrição de nomes estrangeiros). Eles conheciam a escrita logográfica chinesa, mas não a escrita alfabética: eram letrados analfabetos. Outros tinham estado na escola primária no momento da introdução do sistema alfabético. Conheciam portanto os dois sistemas de escrita e eram letrados alfabetizados (embora fracamente). Os resultados nos testes de subtração e de adição de fonemas revelaram que os letrados analfabetos chineses são incapazes de fazer manipulações de fonemas, exatamente como os iletrados portugueses; ao passo que os chineses rudimentarmente alfabetizados são tão bons quanto os ex-iletrados portugueses. O que importa, para ser capaz de analisar intencionalmente a fala em fonemas, não é portanto ser letrado, *mas aprender a ler num sistema alfabético*.

Nós não representamos conscientemente os fonemas se não aprendemos o alfabeto.

No monólogo de Nakht, vimos que os egípcios possuíam desde tempos bem antigos um sistema de escrita em que certos elementos assemelhavam-se bastante ao alfabeto. Era um verdadeiro alfabeto? Certos autores dizem que se trata de um sistema hieroglífico e consonântico, e que um sistema alfabético deve ser ao mesmo tempo consonântico e vocálico. Então, para o sistema egípcio ser alfabético, só faltaria a dimensão vocálica.[23] Todavia, não me parece exato dizer que o sistema de escrita egípcio era consonântico. Seria espantoso que se pudesse representar as consoantes e não as vogais. Uma vogal pode formar, por si só, uma sílaba, ao passo que certas consoantes, como as oclusivas /b, d, g, p, t, k/, são impronunciáveis isoladamente. A representação das consoantes na escrita egípcia provavelmente é apenas aparente. Nós, que somos capazes de representar mentalmente as consoantes como entidades separadas, atribuímos a esses signos uma referência consonântica, mas para os egípcios eles podiam representar simplesmente sílabas que tinham o início (o ataque) em comum. Dada a ausência de notação separada para a vogal intrassilábica, parece-me mais prudente pensar que se tratava de um sistema de notação categorial (generalizada) das sílabas, e não de um sistema consonântico.

Nosso conhecimento alfabético, quer dizer, nosso conhecimento consciente das consoantes e das vogais da língua, tende a perverter a interpretação dos outros sistemas. À primeira vista, o fato de poder representar /pa/, /pi/ e /pu/ por um único signo implicaria que se tem necessariamente consciência da consoante comum a essas sílabas. Seria uma inferência injustificada. As crianças pré-letradas são capazes de julgar como mais similares os monossílabos que compartilham a mesma consoante inicial do que os monossílabos que não compartilham. Entretanto, eles fracassam em outras tarefas que, por sua vez, exigem representar mentalmente os diferentes fonemas de uma expressão.[24] Fracassam, por exemplo, quando têm de pronunciar separadamente os três fonemas da palavra francesa "*chaque*" (/ʃ – a – k/) o mais corretamente possível, ou pronunciar a palavra que resultaria da sua inversão: "*cache*". O estudo das crianças pré-letradas, assim como os adultos iletrados, mostra como é difícil chegar a uma consciência clara das consoantes, consciência que permitiria representar graficamente as consoantes de maneira exclusiva, separada da vogal. Considero então que os signos supostamente consonânticos dos egípcios não são signos consonânticos autênticos, mas signos silábicos em que a identidade da vogal não é especificada.

No decurso do segundo milênio a.C., um número muito importante de sistemas de escrita baseados nesse componente silábico "categorial" do sistema egípcio nasceu na península do Sinai (a Figura 11 apresenta exemplos de caracteres de escritas semíticas, assim como caracteres de outras escritas que teriam derivado delas).[25] Os cananeus, chamados fenícios na terminologia grega, parecem ter sido os primeiros a possuir um deles. No início do século XIII a.C., eles dispunham de 22 signos que representavam sílabas com vogal não especificada.[26]

Deve-se observar que em cananeu, como em hebraico e em várias outras línguas e dialetos da família das línguas semíticas, as raízes das palavras eram constituídas unicamente de consoantes, duas, três, menos frequentemente quatro ou mais. As vogais eram utilizadas para as derivações nominais ou verbais e tinham portanto uma função mais gramatical que semântica. Por exemplo, em hebraico padrão, a sequência de consoantes /k/, /t/, /v/, (ou /b/) evoca a ideia de escrita: KaTaV significa "eu escrevi", KoTaV significa "eu escrevo, um escritor", KaTouV significa "escrito", KiTaV significa "letras, livro" etc.[27] Essas palavras são escritas da mesma maneira e, cada vez que KTV aparece, o contexto determina como se deve compreendê-lo e, por conseguinte, pronunciá-lo.

O fato de que, nas línguas semíticas, a morfologia das palavras dependia essencialmente do que hoje chamamos padrão consonântico pode justificar o desenvolvimento de um sistema de escrita que aparenta representar consoantes, mas que provavelmente era um silabário "categorial". Esse sistema não transcreve a oralidade, é uma espécie de estenografia destinada a anotar a significação dos lexemas da maneira mais direta possível.[28] Seu ajustamento às línguas semíticas é inegável, como mostra a persistência ainda hoje da ausência de representação das vogais em hebraico. Geralmente, a especificação das vogais através de pontos acrescentados só é feita no início da aprendizagem da leitura.

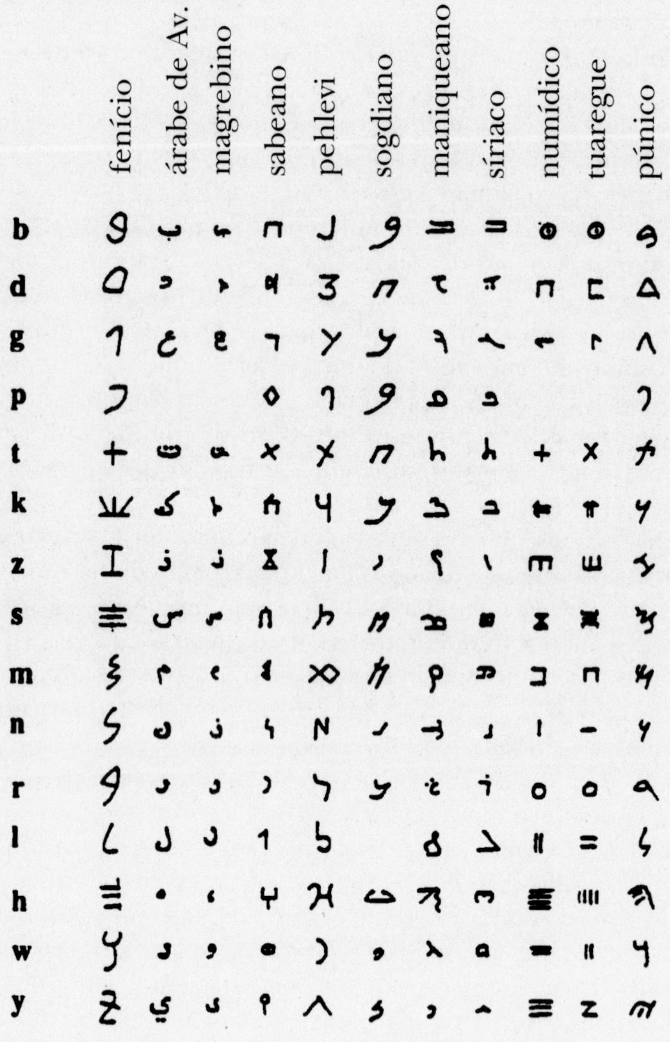

FIGURA 11 – Os caracteres que representavam as sílabas compreendendo as consoantes /b, d, g, p, t, k, z, s, m, n, r, l, h, w, y/ em fenício, árabe de Avicena, árabe magrebino, sabeano (Iêmen), pehlevi (Pérsia), sogdiano (Irã), maniqueano (baixa Babilônia e Turquestão), siríaco, numídico, tuaregue e púnico (adaptado de J.-G. Février, 1948).

Um mecanismo, chamado *matres lectionis*, poderia ter permitido a transição entre a escrita "categorial" (pseudoconsonântica) e o alfabeto grego. As *matres lectionis* ("mães da leitura") eram caracteres consonânticos, geralmente consoantes fracas, empregados em certos casos para indicar de modo aproximado a vocalização da consoante anterior. As escritas egípcia e hebraica fizeram uso desse mecanismo, de modo geral a partir do século IX a.C. Será que se deve interpretar o uso das *matres lectionis* como implicando uma representação mental da consoante como entidade separável da vogal? Nada é menos certo. Do ponto de vista da análise consciente da sílaba, as *matres lectionis* talvez não vão mais longe que os índices fonéticos da escrita chinesa. Nos dois casos, trata-se de remediar a insuficiência do conjunto dos caracteres disponíveis, acrescentando ao caractere de base uma informação que visa modificar a pronúncia desse caractere.

O silabário "categorial", dado o pequeno número de signos utilizados, é altamente econômico. Quando, por volta do século IX a.C., os cipriotas, eólicos, jônicos e dóricos adotaram essa solução dos fenícios (os gregos antigos chamavam seu alfabeto "escrita fenícia"), conservaram a forma das letras, seu número, ordem e nomes. Assim, alfa, beta, gama e delta correspondem aos nomes hebraicos "aleph", boi, "beth", casa, "gimel", camelo, e "daleth", porta (os nomes fenícios deviam ser muito próximos destes, já que as línguas hebraica e fenícia parecem ter apresentado um alto grau de semelhança). Mas em grego, como é o caso em latim, em sânscrito e nas línguas indo-europeias de maneira geral, as combinações entre corrente vocálica e obstáculos consonânticos servem para indicar diferenças de significação, enquanto as funções gramaticais são expressas por outras técnicas, tais como a afixação. Muitos lexemas gregos só podem ser distinguidos pelas vogais. Além disso, as palavras que começam por uma vogal eram numerosas, e os escribas certamente sentiam a falta de signos para esses sons (aliás, antes da adoção da escrita fenícia, os gregos já possuíam uma escrita silábica em que as vogais isoladas eram representadas). Um convite suplementar para a mudança resultava do fato de que os gregos não captavam toda uma série de sons consonânticos das línguas semíticas. Os signos correspondentes, que representavam sílabas com vogal não especificada, foram então utilizados pelos gregos para representar as vogais. Por exemplo, o primeiro signo do abecedário, que representava uma oclusão glotal em língua semítica, foi destinado a marcar um fonema vocálico. O sistema de escrita passava a representar de maneira específica cada um dos constituintes fonêmicos da linguagem. Nasceu o alfabeto, o verdadeiro alfabeto.

O leitor pode ver, na Figura 12 (b), as 24 letras do alfabeto grego, tendo à esquerda seu "parente" formal, o sistema fenício, e à direita um alfabeto etrusco, derivado do alfabeto grego. A parte (a) da mesma figura retoma a prancha da *Encyclopédie* de Diderot e d'Alembert sobre o alfabeto grego. A título de ilustração das diferenças e das semelhanças entre os numerosos alfabetos, pode-se ver, na Figura 13, os caracteres relativos às vogais /a, e, i, o, u/ e às consoantes /b, d, g, z, s, m, n, l, r/, em 22 alfabetos.

Segundo a lenda, um grego, o rei Cadmo, fundador de Tebas, semeou dentes de dragão e fez nascer homens armados. Exilado em Ugarit, Canaã, ele a teria abandonado antes de sua destruição pelos "Povos do Mar", originários essencialmente da Ásia Menor (provavelmente no século XIII a.C., o que deixa um intervalo obscuro de quatro séculos antes das primeiras manifestações inegáveis do alfabeto grego), retorna à pátria e introduz o alfabeto fenício na Grécia.[29] Sejam quais forem os protagonistas desse prodigioso progresso tecnológico, foram realmente os gregos que, adaptando o silabário "categorial" dos fenícios às características de sua língua, inventaram o alfabeto e descobriram a decomposição das sílabas. Pela primeira vez, aparece de maneira indiscutível a análise das sílabas em constituintes discretos, alguns dos quais impronunciáveis isoladamente, e a síntese desses elementos para formar um som. A palavra francesa que se escreve *bac* deve ser analisada em /b/ – /a/ – /k/, e a reunião desses constituintes não leva a [bəakə] (transcrição fonética de "be-a-ke"), mas a [bak]. O poder do alfabeto para representar a língua, seja qual for a complexidade de suas estruturas fonológicas, é enorme. Há um preço a pagar: a aprendizagem da escrita e da leitura alfabéticas exige capacidades de análise da língua em fonemas e de síntese dos fonemas que não são necessárias para aprender outros sistemas de escrita. Para muitas crianças, esse preço não é derrisório.

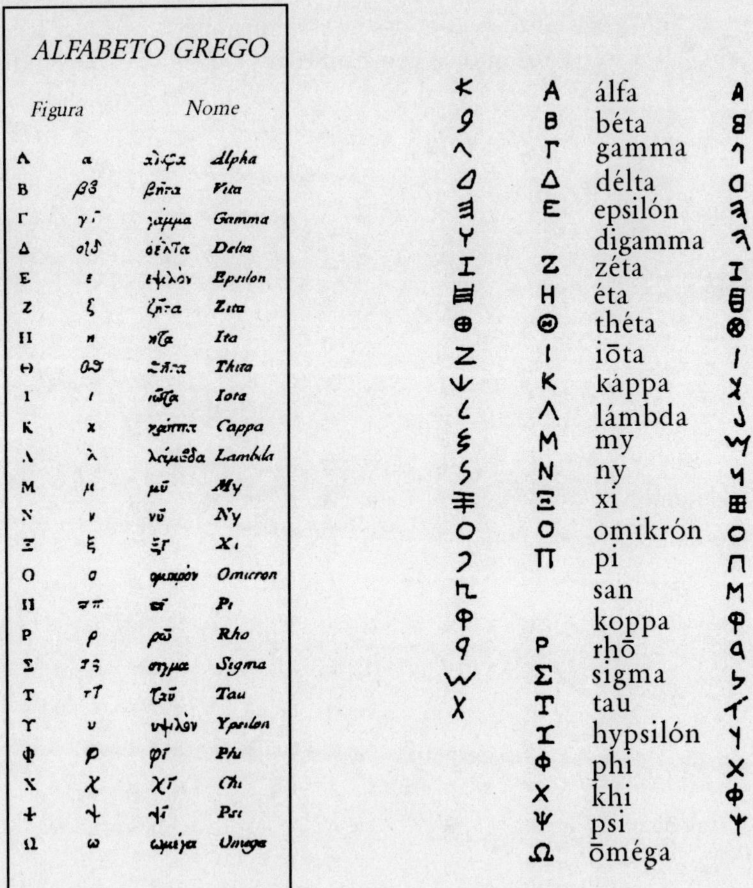

ALFABETO GREGO			
Figura		Nome	
Α	α	ἄλφα	Alpha
Β	β	βῆτα	Vita
Γ	γ	γάμμα	Gamma
Δ	δ	δέλτα	Delta
Ε	ε	ἐψιλόν	Epsilon
Ζ	ζ	ζῆτα	Zita
Η	η	ἦτα	Ita
Θ	θ	θῆτα	Thita
Ι	ι	ἰῶτα	Iota
Κ	κ	κάππα	Cappa
Λ	λ	λάμβδα	Lambda
Μ	μ	μῦ	My
Ν	ν	νῦ	Ny
Ξ	ξ	ξῖ	Xi
Ο	ο	ὀμικρόν	Omicron
Π	π	πῖ	Pi
Ρ	ρ	ρῶ	Rho
Σ	σς	σῆμα	Sigma
Τ	τ	ταῦ	Tau
Υ	υ	ὐψιλόν	Ypsilon
Φ	φ	φῖ	Phi
Χ	χ	χῖ	Chi
Ψ	ψ	ψῖ	Psi
Ω	ω	ὠμέγα	Omega

	Α	álfa	Α
	Β	béta	Β
	Γ	gamma	Γ
	Δ	délta	Δ
	Ε	epsilón	Ε
		digamma	
	Ζ	zéta	Ζ
	Η	éta	Η
	Θ	théta	Θ
	Ι	iōta	Ι
	Κ	káppa	Κ
	Λ	lámbda	Λ
	Μ	my	Μ
	Ν	ny	Ν
	Ξ	xi	Ξ
	Ο	omikrón	Ο
	Π	pi	Π
		san	
		koppa	
	Ρ	rhō	Ρ
	Σ	sigma	Σ
	Τ	tau	Τ
	Υ	hypsilón	Υ
	Φ	phi	Φ
	Χ	khi	Χ
	Ψ	psi	Ψ
	Ω	ōméga	

a   b

FIGURA 12 – O alfabeto grego (a) reproduzido a partir da prancha da *Encyclopédie* de Diderot e d'Alembert; (b) à esquerda, seu genitor, o fenício, e à direita, um de seus filhos, o etrusco (adaptado de J.-G. Février, 1948).

Os gregos, tendo especificado as vogais intrassilábicas, na escrita, puderam captar integralmente a diferença de natureza entre as consoantes e as vogais. Parece, aliás, que eles as ensinavam separadamente nas escolas. Chamaram as consoantes de "mudas" (*aphona*, segundo Platão, no Crátilo), e mais tarde "as que soam com" *(symphona)*.³⁰ A notação das vogais é tão indispensável em francês como em grego antigo. Alguns observaram que é possível ler o francês mesmo que não se representem as vogais. Com efeito,

	a	e	i	o	u	b	d	g	z	s	m	n	l	r
avéstico														
ouigur														
siberiano														
ibér. set.														
ibér. mer.														
thaï														
laociano														
cariano														
liciano														
lidiano														
gótico														
copta														
armênio														
georgiano														
russo														
marsiliana														
vêneto														
piceniano														
messapiano														
úmbrico														
germânico														
anglo-frisão														

FIGURA 13 – Os caracteres que representam as vogais /a, e, i, o, u/ e as consoantes /b, d, g, z, s, m, n, l, r/, nos alfabetos avéstico (Pérsia), ouigur (Turquia), siberiano, ibérico setentrional e meridional, thaï (século XIII), tham laociano, cariano, liciano, lidiano (os três últimos da Ásia Menor), gótico, copta, armênio, georgiano, russo, marsiliana (etrusco), vêneto, piceniano, messapiano, úmbrico (os três últimos da Itália meridional), germânico e anglo-frisão (adaptado de J.-G. Février).

pode-se compreender e pronunciar a frase "Dchffrr ctt phrs st l mllr prv d ctt rmrq" [*"Déchiffrer cette phrase est la meilleur preuve de cette remarque"*, ou seja, Decifrar esta frase é a melhor prova dessa afirmação], mas com quanto esforço e lentidão! Aliás, a dificuldade aumenta quando se trata de ler frases menos previsíveis, como por exemplo *"N crs ps q l lvr t prd d v, Lctr"*. Se você não achou a solução (trata-se de uma frase de Ítalo Calvino em *Se um viajante em uma noite de inverno*), aqui está: *"Ne crois pas que le livre te perde de vue, Lecteur"* ["Não creia que o livro te perde de vista, Leitor"]. Deve-se admitir que seria pior se faltassem as consoantes: "e oi a ue e ie e ee e ue eeu". Pierre Gamarra escreveu uma história divertida na qual consoantes e vogais desaparecem misteriosamente dos livros de leitura (" – E os jornais! Imagine seu pai lendo um jornal composto unicamente de vogais! Ou de consoantes... E nas ruas, os anúncios das lojas, já imaginou?").[31]

O sistema de escrita mais eficaz é provavelmente aquele que representa explicitamente o máximo de estruturas fonológicas da linguagem falada que, por seu tratamento durante o reconhecimento das palavras escritas, contribui mais para esta. É legítimo então supor que um sistema de escrita que representa os fonemas e, ao mesmo tempo, introduz marcas de segmentação silábica seja particularmente eficaz. Essa hipótese é difícil de testar porque as línguas que diferem entre si pelos princípios de sua escrita distinguem-se também por muitas outras características. Por outro lado, é interessante constatar que um sistema alfabético no qual as sílabas são explicitamente marcadas foi criado de maneira claramente intencional. Trata-se do alfabeto coreano, chamado Hangul e imaginado no século XV pela vontade de um rei que estudava a fonologia e preocupava-se com a educação de seu povo.[32]

Os dois princípios de escrita em que se inspirou o rei Sejong foram o princípio alfabético, graças ao conhecimento de escritas alfabéticas, e o princípio silábico subjacente à escrita chinesa. Na base da escolha do princípio alfabético encontrava-se provavelmente o Phags-Pa, um alfabeto de origem hindu, desenvolvido por um lama tibetano a pedido de Kublai-Khan, imperador mongol neto de Gengis Khan (os coreanos estavam em contato direto com os mongóis). Promulgado em 1446 num documento intitulado "Os sons corretos para a instrução do povo", o alfabeto do rei Sejong compreende 28 letras e destinava-se a que qualquer um pudesse exprimir-se. Esta escrita é certamente alfabética, já que os grafemas correspondem a fonemas, mas o rei retomou a propriedade espacial dos caracteres silábicos chineses que consiste em atribuir a cada um deles um bloco quadrado separado dos blocos adjacentes. Na escritura coreana, cada bloco corresponde a uma sílaba, seja qual for a composição fonológica desta (V, CV, CV, VCC, CVC, ou CVCC). Assim, por exemplo, a sílaba /a/ escreve-se "아" (a vogal inicial é sempre precedida de um pequeno círculo), /ta/ escreve-se "다", /tal/ escreve-se "달", t /talk/ escreve-se "닭". Se escrevêssemos a expressão ALPHABET CORÉEN [ALFABETO COREANO] segundo esse princípio, teríamos:

ᵒA　PHA　BE　CO　RÉ　ᵒE
 L　　　 T　　　　　　N

O alfabeto coreano apresenta outra propriedade interessante: a forma das letras estaria em relação com as características da articulação do som correspondente, quer se trate de consoantes quer de vogais. No decreto de promulgação, o caractere para /k/, por exemplo, era explicitamente designado como descrevendo o desenho da base da língua bloqueando a garganta, e para /n/, o desenho da língua tocando o palato. Entretanto, à parte os linguistas, não parece que os usuários desse alfabeto percebam esse sistema como exprimindo traços subfonêmicos.

Não abandonemos esta referência à escrita coreana sem prestar homenagem tanto às capacidades linguísticas do rei Sejong como ao seu espírito democrático: com efeito, ele conclamou todos os seus súditos, de origem nobre ou não, e "até as mulheres" a exercitar-se na arte da instrução. Seu alfabeto, entretanto, não foi bem recebido pelas classes altas e sua utilização permaneceu muito reduzida durante quase quinhentos anos, em favor da escrita chinesa. A dominação japonesa a partir de 1910 foi acompanhada de uma repressão, chegando até a prisão daqueles que, desde fins do século XIX, tinham procurado estimular o uso do hangul. Foi só em 1949 que, no Norte, o alfabeto do rei Sejong substituiu as escritas chinesa e japonesa em todos os domínios da comunicação escrita. No Sul, assistiu-se ao estabelecimento de uma escrita mista combinando pouco mais de mil caracteres chineses para as palavras de conteúdo e a representação alfabética para as palavras gramaticais.

Ao mesmo tempo em que torna explícitos certos aspectos da fala, um sistema de escrita deixa outros na sombra. A entoação, por exemplo, é pobremente representada por meio de símbolos como "?", "!" e "...". Mas isso pode ser considerado não tanto uma fraqueza do sistema mas a criação de um espaço de liberdade que a criatividade humana sempre terá o prazer de ocupar. A ficção literária é um dos meios pelos quais a subdeterminação da significação e da intensidade, inerente ao sistema alfabético, evita a monotonia da unicidade. É porque o sistema não marca o tom irônico que é possível descobrir (ou não descobrir), ironia, por exemplo, nas novelas de Kafka.[33] Cita-se às vezes Platão, para quem a escrita representa as palavras mas não o autor, e Rousseau, para quem ela representa as palavras mas não a voz.[34] Entretanto, o autor e sua voz possuem outros instrumentos dentro da própria escrita, como mostrou Maurice Couturier a respeito de Nabokov numa obra cujo subtítulo é "A tirania do autor".[35] Tomar consciência dos fonemas é apenas a descoberta inicial que fazemos ao aprender o alfabeto. As descobertas que se seguem, em série infinita, são opcionais. Elas dependem de nós mesmos e de nossos encontros.

O ALFABETO E A ORTOGRAFIA

> Diga ah, por favor, papai, e mantenha a boca aberta, e me empreste este dente. Vou desenhar uma boca de carpa bem aberta.
> Rudyard Kipling, *Histoires comme ça*.

É preciso distinguir entre o sistema de escrita e a ortografia. Os sistemas de escrita caracterizam-se pelo nível de estrutura da linguagem que representam, ao passo que a ortografia se refere às convenções utilizadas em cada língua particular. Assim, o francês e o inglês utilizam o mesmo sistema de escrita, o mesmo sistema alfabético, e o mesmo alfabeto, o alfabeto latino, mas as convenções ortográficas das duas línguas não são idênticas.

As convenções ortográficas do inglês, por exemplo, são de tal modo que a relação entre grafemas e fonemas torna-se frequentemente complexa e aparentemente obscura, principalmente porque a ortografia do inglês tende a preservar relações morfológicas entre as palavras. Por exemplo, "*sign*" (/sain/) e "*signal*" (/signəl/) são pronunciados com vogais muito diferentes mas conservam em comum a letra "i", que *assinala* sua raiz comum. O número de pronúncias diferentes que podem ser associadas às vogais cria sem dúvida um problema para o leitor principiante, seja a criança anglófona ou estrangeira. Eis aqui uma lista não exaustiva:

a – card ([ɑ:]), care ([ɛə]), captain ([æ]), career ([ə]), case ([ei]), chalk ([ɔ:]), wash ([ɔ]).
e – here ([iə]), there ([ɛə]), the ([ə]), herb ([ə:]), help ([e]), theme ([i:]).
i – police ([i:]), bit ([i]), bind ([ai]), bird ([ə:]).
o – wood ([u]), do ([u:]), go ([ou]), come ([ʌ]), pocket ([ɔ]), cork ([ɔ:]), work ([ə:]), obey ([ə]), one ([wʌ]).
u – bury ([e]), put ([u]), suffice ([ə]), burst ([ə:]), bus ([ʌ]), busy ([i]), fuel ([ju]), fruit ([u:]), sure ([uə]).
ou – tough ([ʌ]), bough ([au]), cough ([ɔ]), thought ([ɔ:]), thorough ([ə]), through ([u:]), tour ([uə]), though ([ou]).
ea – heard ([ə:]), great ([ei]), dear ([iə]), bear ([ɛə]), health ([e]), heart ([ɑ:]), heap ([i:]).

Lidar com a ortografia das palavras não é uma coisa tão dramática em francês como o é em inglês quando se trata de leitura (o número de palavras excepcionais, como *femme*, *oignon* ou *ville*, é relativamente reduzido), mas para a escrita a complexidade das duas línguas é comparável.

O francês moderno compreende 36 fonemas, dos quais 16 são vogais, 17 são consoantes e três são semivogais. Seu sistema ortográfico compreende 26 letras e seis marcas diacríticas, perfazendo um total de 38 grafemas, dos quais 17 são vocálicos (a, à, â, e, é, è, ê, ë, i, î, ï, o, ô, u, ù, û, y) e 21 são consonânticos (b, c, ç, d, f, g, h, j, k, l, m, n, p, q, r, s, t, v, w, x, z). Se considerarmos uma definição mais ampla do grafema, compreendendo todos os grupos de letras que podem ser lidos como um único fonema, então o número de grafemas é muito maior. Assim, só para o fonema /o/, deve-se levar em consideração os grafemas "au", "eau", "aut", "aud", "aux", "eaux", "auts", "auds", "ho", "op", "ot", "os", "ops" e "ots". Isso já parece muito, mas é menos que para o fonema /ɛ̃/. Basta contar: "in", "im", "int", "inct", "ing", "ingt", "ein", "eint", "eing", "ain", "aint", "aing", "aim", "ainc", "en", "ent", "ym", "yn", "hun", "eung", "un", "eun" e "um".[36]

Muitas das variações grafêmicas para um mesmo fonema explicam-se pela vantagem de veicular uma informação morfológica. Só raramente é que falamos da santidade do *sein* ["seio", que se pronuncia da "mesma maneira que" *saint*, "santo"], e não dizemos que nosso cinto nos *saint* ["santo", que se pronuncia da mesma maneira que *ceint*, "aperta"]. A grafia atual de *femme*, derivada do latim *femina*, permite manter o vínculo morfológico com "feminidade". O "s", marca do plural, geralmente não se lê em francês, mas traz ao leitor uma informação útil em muitos contextos. Um "r" e um "z" no fim da palavra escrita podem marcar a diferença entre um infinitivo e um imperativo, ao passo que a pronúncia não os distingue.

As complexidades da ortografia são certamente uma fonte de dificuldade para a criança que aprende a ler. Entretanto, elas não são uma razão maior de fracasso. Muitas crianças fracassam mesmo quando as palavras escritas estão em correspondência simples com os fonemas da língua, e distúrbios da leitura são observados mesmo em línguas que têm uma ortografia quase inteiramente regular. A razão principal de fracasso parece ser, como veremos, a dificuldade para a criança da descoberta do fonema, chave da compreensão do princípio alfabético.

2005, ODISSEIA DO ESPÍRITO

A ciência é uma aventura da curiosidade, os cientistas são exploradores. Eles têm o gosto pela história, tanto porque querem saber de onde vêm suas ideias, como porque o passado muitas vezes se cobre de sombras mais ou menos espessas. Entretanto, eles têm também sobretudo os olhos voltados para o futuro. O tempo que é necessário para reunir as condições para a pesquisa, para recolher dados e analisá-los é exasperante. Lucky Luke, o caubói da história em quadrinhos, atira mais rápido que sua sombra. Os cientistas, por sua vez, concebem projetos e antecipam fatos mais rápido que a propagação da corrente entre seus neurônios! Muitas vezes, eles são seduzidos por hipóteses que, no íntimo, julgam constituir o caminho certo, mas que não ousam formular porque falta a demonstração ou esta é insuficiente. Que vontade de fazer explodir as barreiras do tempo e perscrutar o futuro! Então, após o mergulho no passado, após a visita que fizemos juntos a Nakht, aos cananeus e ao rei Cadmo, vamos ceder ao desejo... projetemo-nos no futuro e deixemo-nos sonhar!

O texto que segue é uma monografia escrita em 2005 por um jovem licenciado em psicologia, que recebeu uma bolsa da Confederação Europeia para fazer uma especialização em psicolinguística cognitiva. Um de seus professores lhe pediu que definisse as bases cognitivas da aprendizagem da leitura e tentasse situar essa aprendizagem no contexto do desenvolvimento linguístico. O trabalho foi julgado excelente pelo professor.

Para encontrar o acesso a um código, é necessário, como para uma porta, encontrar a chave que se adapta à fechadura. Neste texto, tentarei demonstrar que a chave que pode abrir a fechadura do código alfabético é a descoberta do fonema. Tentarei também demonstrar que essa descoberta não é uma empresa fácil, essencialmente porque o fonema é uma entidade bem escondida no nosso inconsciente cognitivo.

Nos anos setenta e oitenta, certos autores afirmavam que o fonema não tem realidade mental, mais exatamente que ele é uma pura construção intelectual sem fundamento perceptivo.[37] Ora, quase na mesma época, outros autores afirmavam que é impossível compreender seja o que for da aprendizagem da leitura alfabética se não se levar em conta o fato de que todo o edifício da leitura repousa sobre essa coisa inapreensível, de insustentável leveza, que se chama fonema.[38]

Cumpre saber, por outro lado, que as questões que abordo neste trabalho têm uma grande importância para além da leitura. A pesquisa sobre as unidades perceptivas da fala, em particular sobre o fonema, contribuiu muito para o estado atual da tecnologia da fala. Sem essa pesquisa, máquinas que utilizamos todo dia, como o fonógrafo e o grafoleitor, não teriam atingido o grau de eficiência que têm hoje. Para converter os sons da fala num texto impresso, o fonógrafo deve analisar a onda sonora em constituintes e em parâmetros fonológicos; depois, por regras de conversão fonológico-ortográfica, codificar graficamente a sequência fonológica. É agradável evidentemente, quando nosso corpo e nossos olhos estão cansados, deixarmo-nos deslizar na cama, de luz apagada, e ficar escutando o som aveludado da voz do nosso grafoleitor, que lê para nós um romance ou uma coletânea de poemas.

Pondo em evidência os processos de segmentação perceptiva da fala, os psicolinguistas forneceram boas sugestões aos engenheiros da fala. Deve-se dizer que os engenheiros da fala também ajudaram muito os psicolinguistas a fazer uma triagem pragmática entre suas hipóteses e a testá-las melhor.[39] Os programas que estão no nosso fonógrafo e no nosso grafoleitor foram elaborados levando em conta descobertas realizadas nestes últimos anos por várias redes internacionais de equipes europeias, japonesas e americanas. Os últimos grafoleitores começam, por exemplo, a incorporar opções que permitem a um francófono que ainda sente algumas dificuldades de compreensão do inglês ouvir uma versão de fala mais adaptada aos processos perceptivos de que ele dispõe. Isso seria impossível se não se tivesse começado a desvendar os processos próprios de cada uma dessas línguas. Evidentemente, trabalha-se para ir ainda mais longe. Gostaríamos que o nosso *barman*-robô pudesse preparar-nos um coquetel por pedido oral, e pudesse até interpelar-nos para saber quantos copos deve encher ou se deve servir vinho branco ou tinto. A percepção automática de nossas palavras deve chegar à ativação de representações visuais de objetos e de conhecimentos sobre esses objetos. Esperando o momento em que o robô será capaz de beber conosco...

O que é a fala? Articulamos palavras por um jogo muito complexo de combinações de movimentos das mandíbulas, das faces, dos lábios, da língua, do palato e da laringe. Esses movimentos permitem transformar em som de fala o sopro de ar que provém dos pulmões e que é posto em vibração pelas cordas vocais. O som da fala pode ser visualizado por um sonograma, que é uma representação da informação acústica. Só pessoas altamente treinadas poderiam identificar as palavras representadas nos sonogramas. Antes dos anos quarenta, pensava-se que os fonemas tinham uma realidade acústica e que seria possível, tornando-os visíveis, produzir sinais que permitiriam aos surdos profundos "ler" a fala e poder assim utilizar o telefone. Os primeiros sonogramas, obtidos nos laboratórios da Bell Telephone, anunciaram a morte desse sonho. Pode-se ver abaixo, por exemplo, os sonogramas das palavras "chimpanzé" e *camembert* [ver Figura 14].[40]

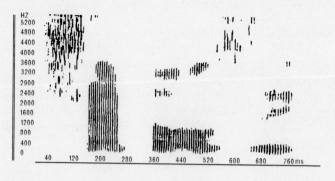

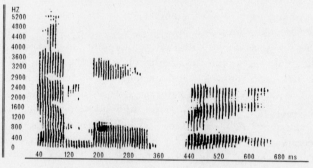

FIGURA 14 – Sonogramas das palavras "chimpanzé" (no alto) e camembert (embaixo).

O desenvolvimento temporal do som é dado na abscissa [*eixo horizontal*], e a frequência acústica é representada na coordenada [*eixo vertical*]. As variações de intensidade do sinal são grosseiramente representadas pelo escurecimento do papel. As faixas horizontais de sombra espessa chamam-se os formantes. Qual a origem desses formantes? A cavidade que começa na laringe e se abre para fora no nível dos lábios constitui uma câmara de ressonância de uma forma complexa. O ar nesse conduto é posto em vibração de maneira quase periódica. A taxa de vibração das cordas vocais determina a frequência fundamental, ou altura tonal da voz. É o formante mais baixo (designado por F zero), ele não aparece nos sonogramas reproduzidos. Os outros formantes estão ligados à forma particular que o conduto vocal assume durante a emissão do som. São chamados primeiro, segundo etc., a partir de baixo.

Em "chimpanzé", a vogal nasalizada "im" ([ɛ̃]) é centrada em torno de 200 mseg a partir do início do sinal, a vogal nasalizada "an" ([ã]) começa em torno de 360 mseg e se estende até além de 500 mseg, e a vogal final "é" ([e]) é visível entre 680 e 760 mseg. Quando falamos, a forma do conduto vocal muda quase continuamente, de tal modo que os formantes raramente são estáveis. Eles podem apresentar subidas e descidas, no começo e/ou no fim. É particularmente aparente para o segundo formante do [a] de *camembert*, que é descendente do começo ao fim. Por outro lado, o sonograma mostra também ruídos, sons não periódicos, como o ruído da pré-sonorização que precede a consoante [b] de *camembert* (de 330 a 440 mseg), e o ruído (provocado pelo fechamento do conduto vocal) da fricção correspondente às consoantes [ʃ] e [z] de "chimpanzé".

Quando nós, indivíduos letrados, ouvimos qualquer fala, temos a impressão de ouvir uma sequência de sons elementares, chamados fones ou segmentos fonéticos. Na palavra *camembert*, por exemplo, temos a impressão de ouvir primeiro [k], depois [a], depois [m] etc., e dizemos que o falante pronunciou-os na mesma ordem. Mas é falso. O trabalho pioneiro de Alvin Liberman e seus colegas dos Laboratórios Haskins, nos anos sessenta do século XX, demonstrou isso claramente.[41] Tomemos sons de fala artificial, sintetizados, que são percebidos pelos ouvintes como as sílabas [di] e [du], [ver Figura 15]. Se forem dadas a ouvir apenas as partes estáveis dos formantes, tem-se a impressão de ouvir respectivamente [i] e [u]. Suprimamos agora essa parte estável e ouçamos apenas as partes ascendentes e descendentes dos formantes, chamadas transições de formante. Espera-se ouvir [d] nos dois casos, mas tudo o que se ouve é uma espécie de crepitação.

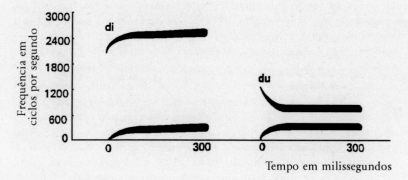

FIGURA 15 – Sonogramas de padrões acústicos suficientes para a síntese de [di] e de [du] (segundo Liberman et al. (1967), reprodução autorizada pela American Psychological Association).

Podíamos suspeitar de que algo de estranho se produziria, já que temos a impressão de ouvir o mesmo [d] em [di] e em [du], entretanto a forma física do som no início apresenta uma grande diferença: a transição do segundo formante é ascendente no caso do [di], mas descendente no caso do [du]. Com sons tão diferentes, como pudemos ouvir o mesmo fone [*a menor unidade perceptiva*]? Poderíamos dizer: cortamos demais, conservemos um pouco da parte estável para tentar ouvir o [d]. Entretanto, se ouvirmos as transições com um pouco da parte estável, não teremos maior sucesso. Ouvimos bem o [d], mas em cada caso com alguma coisa mais, isto é, ouvimos sempre [di] e [du], mas as vogais parecem agora muito mais breves. Como somos pacientes, tentamos mais uma vez conservando um pouco menos de parte estável. Trabalho perdido! É inútil ir para a direita ou para a esquerda, jamais ouvimos o que esperávamos ouvir, um belo (ou até um horrível) [d], nada mais que um [d]. É como se o [d] não existisse! Não se pode pronunciar um [d] isoladamente. Nossos esforços para produzi-lo sem acrescentar uma vogal são inexoravelmente destinados ao fracasso. Quando tentamos pronunciar o valor fonêmico da letra "d", o que pronunciamos é uma sílaba ([de]), na qual a vogal contém pouca energia acústica.

Por que a consoante não aparece como tal no sinal acústico? O que acontece é que o falante prepara a articulação da consoante e da vogal ao mesmo tempo. Os movimentos articulatórios necessários para produzir uma e outra se combinam, e evidentemente seus efeitos acústicos se combinam também, de tal modo que a parte inicial do sinal acústico reflete os dois fones. Quando se faz escutar sinal suficiente a partir do início para ouvir a consoante, e não uma simples crepitação, ouve-se também a vogal. Em outros termos, o que é percebido como a mesma consoante apresenta, em contextos vocálicos diferentes, diferenças muito grandes do ponto de vista acústico. Dizemos, por conseguinte, que as consoantes, sobretudo as consoantes oclusivas, apresentam um alto grau de codificação na corrente acústica da fala. Como a expressão acústica da consoante depende da vogal, dizemos também que ela carece de invariância acústica.

A falta de invariância acústica é uma consequência da coarticulação dos fones que temos a impressão de ouvir em sucessão, mas que o falante articula simultaneamente, e que provavelmente nosso sistema perceptivo trata também simultaneamente. Por trás da falta de invariância acústica existe, entretanto, uma constância articulatória. Consideremos todas as sílabas que começam por [d]. Veremos, colocando lado a lado os diferentes sonogramas, que as transições do segundo formante apontam todas para um ponto atrás no tempo [ver Figura 16].

Essa frequência única, que corresponde a cerca de 1.800 ciclos por segundo, pode ser chamada de "sítio" do segundo formante do [d]. Para as outras consoantes que diferem do [d] pelo ponto de articulação (isto é, o lugar onde o conduto vocal é fechado), a região do segundo formante é também diferente. Para o [b], a região é mais baixa na escala de frequências, e para o [g] ela é mais alta. É normal. Para pronunciar um [b], fechamos o conduto no nível dos lábios, e por conseguinte este é mais longo e a frequência de ressonância é mais grave que se fecharmos no nível dos dentes (para produzir um [d]) ou no nível do palato (para produzir um [g]).

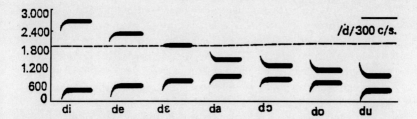

FIGURA 16 – Sonogramas de padrões acústicos suficientes para a síntese das sílabas consoante-vogal começadas por [d] (segundo Liberman et al., 1967), reprodução autorizada pela American Psychological Association).

A posição da região nos informa portanto sobre o ponto de articulação. A região em si não é representada no sonograma, porque enquanto não houver certo grau de abertura do conduto vocal não há emissão de som. Por essa razão, se todas as transições do segundo formante associadas a uma mesma consoante fossem justapostas, veríamos que, embora todas apontem para o mesmo ponto, elas não convergem. Se criássemos sons em que a transição começasse a partir da região, correríamos o risco de produzir uma outra consoante, pois o sistema perceptivo seria enganado: ele sabe que entre a região e o início da transição existe um tempo de silêncio.

Os fones não são portanto segmentos acústicos. Nosso sistema perceptivo deve fazer cálculos científicos para extraí-los da corrente acústica. O ouvinte tem a impressão de perceber cada palavra que o falante pronuncia, quase no instante em que este a pronuncia; entretanto, entre o instante em que o falante pronuncia uma palavra e o instante em que o ouvinte a ouve existe um grande número de operações mentais. Essas operações mentais analisam a representação acústica, que corresponde *grosso modo* ao que vemos num sonograma, a partir de conhecimentos que o ouvinte (ou seu sistema de percepção da fala) possui sobre os efeitos acústicos da coarticulação dos fones. Em outros termos, os fones são ligados aos sons por um código específico que remete o ouvinte às condições de produção da fala.

Poucas pessoas jamais pensaram que têm na cabeça um dispositivo que interpreta os sons da fala ouvidos com referência às condições de produção desses sons. Entretanto, todos nós devemos possuí-lo. Para nos convencermos disso, tomemos um som como o da sílaba [sa]. Podemos digitá-lo no nosso computador, e introduzir 50 mseg de silêncio entre a fricção do [s] e o início da transição para a vogal [a], [ver Figura 17]. Poderíamos imaginar ouvir [s] – um silêncio – [a]. Mas não! Ouvimos [sta]. Portanto, introduzimos um silêncio, e ouvimos uma consoante.[42] Maravilhoso! Não são vozes *off* e não estamos tendo alucinações. Acontece simplesmente que o silêncio traz normalmente informação sobre o gesto articulatório do fechamento do conduto vocal que caracteriza a produção de toda consoante oclusiva. Nosso sistema perceptivo, que conhece as condições de produção da fala, nos diz que devemos perceber uma oclusiva entre o [s] e o [a]. Por que [t] e não [p] ou [k]? Porque a dental é mais coerente com as transições presentes na sílaba [sa].

Até agora, apreciamos a complexidade das operações que nosso sistema perceptivo deve fazer para perceber a fala. Resta-nos saber como o sistema faz para conseguir identificar palavras a partir da análise fonética da fala. Será que essa análise fonética, por si só, fornece códigos de acesso suficientes? Será que são ativadas outras representações entre a análise fonética e a identificação das palavras? Em particular, será que o ouvinte identifica os fones ou fonemas sucessivos (sendo os fonemas classes de fones que desempenham o mesmo papel distintivo na língua)? Será que ele identifica diretamente as sílabas que os contêm? Será que ele identifica partes de sílaba, como por exemplo o ataque e a rima? Em outros termos, será que existem unidades que servem de ligação na ativação das formas fonológicas das palavras, e em caso positivo, quais são elas?

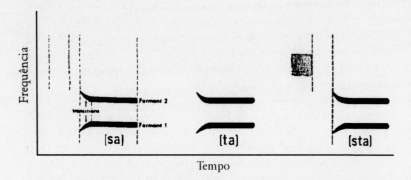

FIGURA 17 – Sonogramas de padrões suficientes para a síntese de [sa] e de [ta]. A introdução de um intervalo de silêncio entre a fricção e a vogal cria a sílaba [sta] (segundo Liberman & Shankweiler, reprodução autorizada por Springer-Verlag).

Há mais de vinte anos, exatamente a partir de 1981, Jacques Mehler, um psicólogo francês, argentino de origem, e sua equipe parisiense descobriram que a sílaba é uma entidade importante da identificação das palavras faladas da língua francesa.[43] Um pouco mais tarde, em colaboração com Mehler, Anne Cutler, uma psicóloga australiana que trabalhava em Cambridge, na Inglaterra, achou que a sílaba desempenha um papel muito menos importante em inglês, se é que ela tem algum papel.[44] A partir daí, a pesquisa sobre as unidades de identificação das palavras faladas em diferentes línguas intensificou-se.

Curiosamente, muitos desses trabalhos são devidos a mulheres. Encontramos aqui talvez a confirmação de uma ideia velha de três séculos, segundo a qual "em caso de dúvida sobre a linguagem, é geralmente preferível consultar as mulheres". Essa frase, de Claude Favre de Vaugelas, em suas *Remarques sur la langue française*, de 1647, escrita numa época em que as mulheres brilhavam nos salões literários, poderia aplicar-se com muito mais seriedade a nossos psicolinguistas do fim do século passado.

Nos anos 90, Régine Kolinsky e seus colaboradores[45] encontraram, por meio do estudo de ilusões perceptivas, indicações muito fortes sobre o papel do fone ou do fonema, em particular da consoante, na identificação de palavras faladas em certas línguas, notadamente o português. Ela mostrou principalmente que os adultos iletrados portugueses utilizam a consoante na percepção da fala mais que os adultos letrados que falam essa língua. Ora, sabemos que os iletrados não têm representações mentais conscientes dos fonemas. As implicações dessa descoberta são as seguintes. A realidade psicológica do fonema não se limita ao fato de que ele é representado pelas letras do alfabeto; em outros termos, o fonema não é uma criação do alfabeto. Já que o fonema não é uma criação do alfabeto mas existe em nosso mundo mental inconsciente, temos o direito de dizer que, no fim das contas, o alfabeto não é uma pura invenção. Ele repousa certamente sobre materiais já presentes em nosso espírito que, uma vez reelaborados, podem servir para funções novas. Dentro dessa óptica, o fonema aparece como condição do alfabeto, não a nossa noção consciente de fonema, mas o fonema como representação intermediária do nosso *percept* de fala, o fonema oculto, o fonema insuspeitado.

Para compreender a invenção do alfabeto, para compreender a aquisição do código alfabético na idade de cinco, seis ou sete anos, devemos examinar a própria emergência desse fonema de insustentável leveza, que escapa ao analfabeto como uma gota d'água escapa à nossa visão de uma onda. Concentremos nossa atenção não no letrado, mas na criança. Se a emergência do fonema inconsciente não fosse um processo plenamente realizado em certas crianças, não poderíamos conceber que essas crianças teriam dificuldades para dominar o código alfabético? Essa hipótese nos leva a considerar a questão do desenvolvimento fonológico da criança.

O desenvolvimento fonológico parece proceder do global para o mais específico. Como mostraram Jacques Mehler, Josianne Bertoncini e seus colaboradores, os bebês de alguns dias de vida são sensíveis às estruturas silábicas da fala.[46] Mais tarde, nos gritos do bebê de cinco meses, aparecem configurações de fechamento (dando lugar a sons consonânticos) e de abertura (vogais). Começa então o período do balbucio, no qual, como mostrou Bénédicte de Boysson-Bardies, a influência da fala adulta é cada vez mais marcada.[47] No estágio terminal do balbucio, essa influência é manifesta, tanto para as consoantes como para as vogais. Entretanto, nessa idade, o bebê ainda não exerce um controle separado dos constituintes consonânticos e vocálicos da sílaba. As mesmas sílabas são repetidas ([bababa]) num movimento rítmico da face, sem movimento independente da língua. O controle da articulação é global. A diferenciação dos parâmetros que especificam as consoantes e as vogais dentro da sílaba só se instala no fim do primeiro ano, e a integração dos gestos articulatórios, com um ajustamento temporal correto, só aparece por volta de um ano e meio.[48]

A aquisição de um número crescente de palavras exige da criança uma diversificação das rotinas articulatórias e uma integração cada vez mais precisa dos gestos articulatórios. O segmento fonético e, em seguida, o fonema vão assim emergir como unidades ao mesmo tempo perceptivas e motrizes, permitindo discriminar entre si palavras que têm muitos vizinhos fonológicos.[49] Sem esse tipo de codificação, baseando-se unicamente na forma global, seria difícil distinguir palavras como "bafo, bago, barro, gado, galo, gato, rabo, ralo, rato, cabo, calo, carro, mago e mato". A partir da idade de um ano e meio ou dois anos, a linguagem da criança torna-se uma combinatória de um pequeno número de elementos: os fonemas (consoantes e vogais). É essa combinatória que permite à criança não apenas enfrentar as centenas, ou até milhares de palavras que encontra à sua volta, mas sobretudo identificar e produzir qualquer palavra, inclusive palavras novas. Ela está na origem da extraordinária produtividade da linguagem. Não esqueçamos que cada um de nós conhece facilmente mais de cinquenta mil palavras.

Sendo constituído de caracteres que correspondem aos fonemas, o alfabeto toma para si essa característica de produtividade. Ele nos permite escrever qualquer palavra, conhecida ou desconhecida. Se a criança não tivesse desenvolvido esse sistema fonológico, poderia ela aprender o alfabeto, adquirir representações conscientes de fonemas? Se o fonema fosse apenas a criação de um sistema arbitrário de escrita, poderia ele controlar nossa capacidade de leitura como realmente faz? Com toda certeza, a resposta a essas questões é negativa. Dissemos que a emergência do fonema começa, *grosso modo*, na idade de dois anos. O processo é mais longo do que se poderia imaginar. Pouco antes de 1990,

Susan Nittrouer (de novo uma mulher...), utilizando tarefas de discriminação de sílabas, mostrou que, em relação aos adultos, as crianças entre três e sete anos utilizam menos os índices segmentais (por exemplo, o ruído de fricção de uma consoante fricativa, e a parte estável dos formantes de uma vogal) e mais os índices de coarticulação (as transições).[50] Essa longa evolução, de representações pouco segmentais para representações mais segmentais, observa-se também no nível da produção da fala.[51] Essas descobertas inspiraram a ideia segundo a qual a conquista de representações cada vez mais segmentais prepara o terreno para a conscientização das unidades fonêmicas da língua. Podemos compreender facilmente essa relação. Quanto mais as representações que intervêm na percepção e na produção da fala forem de natureza segmental, mais elas fornecem índices perceptivos e articulatórios que poderiam ser postos em relação com os símbolos gráficos correspondentes a esses segmentos. Com efeito, muitas vezes é mais fácil ensinar uma criança pré-letrada a segmentar uma sílaba consoante-vogal quando a consoante é uma fricativa do que quando é uma oclusiva.[52]

Vou resumir o que acabo de afirmar sobre o desenvolvimento fonológico da criança da seguinte maneira. Esse desenvolvimento vai instalar um sistema baseado em representações de fonemas. Ele poderia assumir a forma de uma construção progressiva, pela qual a criança adquiriria determinado fonema, depois outro, e assim por diante até possuir o conjunto dos fonemas de sua língua. Ora, não é isso que caracteriza essencialmente o desenvolvimento fonológico. Uma grande psicóloga de meados do século XX, Eleanor Gibson, acertou quando sugeriu que o desenvolvimento fonológico segue o princípio biológico da diferenciação.[53] Um organismo cresce por divisão celular. Do mesmo modo, o "crescimento" do sistema fonológico parte da representação global de unidades silábicas para chegar a representações de fonemas, como os dedos brotam pouco a pouco do contorno difuso de uma mão de feto. Essa analogia, entretanto, tem limitações. Ela não leva em conta duas outras características maiores do processo de desenvolvimento fonológico: esse desenvolvimento é fortemente marcado pela experiência e apresenta um grau importante de fragilidade. Hoje, está demonstrado que anomalias do desenvolvimento fonológico podem ser fonte de distúrbios da aprendizagem da leitura.

Qual é o vínculo entre a percepção da fala e a aprendizagem do código alfabético? À primeira vista, a distância entre ambas é enorme. Quando falamos, não soletramos as palavras. Não dizemos "be-a-rre", dizemos "bar". Quando as crianças aprendem a ler, não aprendem a associar letras e sons.[54] Já vimos que a percepção da fala implica a referência a representações inconscientes de fonemas. Vimos também que é preciso aprender a associar letras e representações conscientes de fonemas para aprender a ler. Existe, portanto, um elemento comum às duas funções, o fonema, só que se trata de representações inconscientes no caso da fala, e de representações conscientes no caso da leitura. Isso faz alguma diferença? Sim, enorme. É isso que faz que a fala seja adquirida facilmente, sem esforço, sem necessidade de escola, por simples exposição, enquanto a leitura pode ser difícil de aprender e exige uma instrução específica.

Por que é difícil tomar consciência dos fonemas? Já vimos que existe um grande recobrimento dos fonemas no sinal de fala. Sua coarticulação permite taxas de transmissão muito elevadas, cerca de dez consoantes e vogais por segundo. Alvin Liberman[55] escreveu que poucos engenheiros tentariam fazer passar um fluxo de informação tão rápido como a linguagem falada através de um funil tão estreito quanto o do ouvido, o que confirmaria a ideia de François Jacob de que a natureza é mais um prático do que um engenheiro. Em outros termos, a fala é organizada de tal maneira que é justamente a sua facilidade de compreensão que torna difíceis a leitura e a escrita alfabética. A relação entre o sinal de fala e a estrutura subjacente da linguagem é complexa, mas para fazer face a essa complexidade nós possuímos um sistema de tratamento que é produto de uma evolução biológica e que opera automaticamente. Em compensação, a relação entre o signo escrito e a estrutura subjacente da linguagem é relativamente simples, mas para concretizar essa relação a natureza não previu nada, do mesmo modo que não dotou a criança de meios para calcular espontaneamente equações.

No momento da audição da fala, os fonemas são recuperados automática e inconscientemente. Através das letras, o aprendiz de leitor não pode encontrar imediatamente as unidades fonêmicas correspondentes que ele ainda não conhece. Para descobrir a maneira como as palavras escritas alfabeticamente correspondem a palavras faladas, a criança deve descobrir os fonemas. Ora, como sabemos, sem receber uma instrução sobre o código alfabético, a criança não descobre os fonemas. Aí está um círculo vicioso que é apenas aparente, mas que permite ilustrar a dificuldade da aprendizagem da leitura e da escrita.

A pesquisa do conhecimento suscita às vezes convergências que refletem as dos objetos da pesquisa. A convergência dos trabalhos de um cientista e de uma cientista, Alvin e Isabelle Liberman, do primeiro sobre a percepção da fala, e da segunda sobre a aprendizagem da leitura, foi feita em torno da ideia básica de que a fala é fácil e a leitura difícil porque é preciso passar do fonema inconsciente à consciência do fonema. Isabelle Liberman exprimiu isso muito bem, mais ou menos nos seguintes termos.

Os processos pelos quais as crianças falam e compreendem a fala jamais lhes revelaram que as palavras têm uma estrutura segmental, e jamais elas estiveram numa situação que lhes exigisse saber que tal estrutura existe. O que os leitores principiantes podem então fazer das três letras que formam a palavra *bac*? A escrita alfabética só dá indícios muito indiretos sobre a pronúncia das palavras. Nós não podemos pronunciar os fonemas que correspondem às letras "b" e "c". Se dissermos à criança que está aprendendo a ler que "b" se pronuncia [bə] e "c", nesse contexto, se pronuncia [kə], ela vai ler [bəakə]. Se pronunciarmos o "b" com um pouco da vogal [a] para ficar próximo da palavra que se quer ensinar, essa informação será enganadora quando se tratar de ler *bec*. Portanto, se dissermos que as letras representam sons, estaremos enganando-as, porque elas sabem, e nós devíamos saber, que há três letras mas de fato um só som. Se dissermos que as letras representam fonemas ou gestos articulatórios abstratos, então estaremos lhes dizendo a verdade, mas essa explicação não vai ajudá-las a ler![56]

Aprender a utilizar o código alfabético na leitura é, ao mesmo tempo, aprender a encontrar os correspondentes fonêmicos das letras, o que implica poder analisar conscientemente a fala em fonemas, e aprender a fundir os fonemas sucessivos. A leitura alfabética é, portanto, uma atividade que supõe a descoberta do fonema, e que compreende uma memória das correspondências e uma habilidade de síntese.

A leitura dos caracteres fonéticos da escrita egípcia e das escritas semíticas não exige análise da fala no nível fonêmico. Ela é baseada na identificação da sílaba e numa habilidade de generalização sobre famílias de sílabas. Em termos de capacidades mentais, ela se baseia mais na analogia do que na análise. Apesar das semelhanças e da continuidade aparente em termos de número e forma dos caracteres, o alfabeto constitui uma ruptura, uma inovação cognitiva, porque ele é o único sistema de escrita altamente analítico. Da mesma maneira que o raciocínio analítico caracteriza a atividade científica, tomando o lugar do raciocínio analógico típico das pré-ciências, a invenção do alfabeto constitui uma façanha científica, e seu domínio por parte de cada criança remete ao pensamento científico, constitui um ato pessoal de ciência. Os gregos descobriram a estrutura fonêmica da linguagem, valendo-se do fato de que os fenícios lhes transmitiram (sem saber!) um alfabeto. Nossas crianças descobrem a estrutura fonêmica da linguagem, impulsionadas pela obrigação de aprender a ler uma escrita alfabética.

Através do alfabeto, o fonema deixa de ser inaudível. Não temos a impressão de ouvir os fonemas? A criança pré-letrada, que ouve em [lar] um som e não três, poderia nos julgar mentalmente desequilibrados. Isolado na audição, o fonema não se revela a nós. Assumindo uma forma visível, ele se torna imediatamente audível. Curioso intercâmbio das modalidades de entrada da informação na elaboração de representações mentais supramodais, abstratas!

Vamos nos despedir do nosso estudante do ano 2005 e da sofisticada pesquisa científica de que ele nos falava. Não temamos a vertigem dos grandes saltos no tempo sociológico e examinemos detalhadamente o caso de um iletrado que tem a particularidade de ser poeta. Ele nos trará outros elementos para ajudar-nos a precisar o conjunto de capacidades que são necessárias para a aprendizagem da leitura.

UM POETA ILETRADO

Alto Alentejo, margem esquerda do Tejo, verde-cinzento das oliveiras sobre fundo vermelho-escuro. Estrada sinuosa, esburacada, ao longo de 11 quilômetros que levam de Alter do Chão a Cabeço de Vide. Cinco horas da tarde. Nem a atmosfera tranquila nem as flores do campo conseguiam dissipar a ansiedade que tomava conta de mim. Às três horas, chegamos ao Crato, onde, por um diálogo que Luz Cary manteve com três mulheres na porta de uma casa, enquanto Régine Kolinsky e eu nos mantínhamos discretos dentro do carro, ficamos sabendo que Flor da Rosa (que belo nome!), com mais de oitenta anos, uma das raras mulheres poetas iletradas de Portugal, tinha morrido naquele inverno. Agora, Luz, com um passo seguro, tanto pelo seu conhecimento do lugar como pela sua posição (embora submissa a convicções democráticas), herdada de um conde, senhor de terras e de pessoas, nos leva à casa de Francisco de Jesus Calado, 73 anos, aposentado, acordeonista, cantor, poeta como atributo principal e orgulhoso disso, feliz apesar da dureza da vida, e com certeza iletrado.

Francisco não está em casa. Fomos encontrá-lo finalmente no campo, terminando vagarosamente um pequeno trabalho de poda de árvores, acompanhado de uma de suas netas. Ele é jovial e se mostra claramente lisonjeado pelo interesse que lhe dedicamos, a ponto de vir do estrangeiro para estudar esse dom que o tornava célebre. Combinamos uma sessão de trabalho para o dia seguinte, às nove horas da manhã (hospedados na casa de Luz em Alter do Chão, teríamos quase que acordar com as galinhas...).

Luz já havia recolhido dados sobre as habilidades metafonológicas de quatro poetas iletrados, inclusive Francisco.[57]

São todos convergentes. Eles mostram-se incapazes de fazer manipulações fonêmicas. Conseguem aquilo que os iletrados não poetas podem conseguir. Diante da imagem de um gato ou de uma borboleta, são capazes de escolher a imagem da borboleta como correspondendo ao nome mais longo. Em outros termos, podem prestar atenção na forma fonológica global das palavras e calcular seu comprimento relativo sem se deixar distrair pelo tamanho real dos objetos desenhados.[58] São também capazes de suprimir a sílaba inicial de uma expressão (por exemplo, dizer "pu" por "apu"), o que aliás já está ao alcance das crianças pré-letradas.[59] Os iletrados têm portanto uma certa consciência fonológica. Pode-se dizer, em particular, que a habilidade para representar separadamente as sílabas da língua não depende da aprendizagem da leitura.

A consciência fonológica deve ser distinguida da sensibilidade à fonologia. Essa sensibilidade é um componente da compreensão da linguagem falada, que permite ao ouvinte reconhecer corretamente, por exemplo, os pronomes adjetivos possessivos franceses *mon*, *ton* e *son*. Meu filho David, quando tinha dois anos e meio e ainda não conhecia sequer uma letra, protestava vigorosamente quando nos ouvia dizer, na Saboia, que iríamos visitar Monchavin: "Não, não é *ton* [teu] *chavin*, é *mon* [meu] *chavin*". Ele podia portanto discriminar entre palavras que só diferem por uma consoante, mas para isso não tinha necessidade de representar o elemento diferente. A consciência fonológica, por sua vez, vai além da discriminabilidade perceptiva, resulta de uma reflexão sobre as propriedades fonológicas das expressões, mais exatamente ela é essa reflexão. Ela pode desempenhar também um papel importante nas autocorreções de pronúncia que a criança faz desde a idade de dois anos pelo menos. Quando David reivindicava ir a "*son chavin*", mostrava que possuía representações mentais separadas para *mon* e *ton*, e que as distinguia. Nenhuma reflexão sobre a forma fonológica está implicada nesse comportamento. Em compensação, quando se zangava porque imitávamos sua maneira de dizer *accident* ("asquident"), ele mostrava sua capacidade de comparar a pronúncia que sabia ser a correta e a pronúncia que ele próprio produzia. Entretanto, essa forma de consciência fonológica é rudimentar. As correções da pronúncia das palavras por parte das crianças, mesmo quando incidem sobre um único segmento, são sempre correções de sons, não de fonemas. A forma fonológica da palavra permanece não analisada, a comparação entre objetivo e produto é feita de maneira global.[60]

São necessárias outras formas de consciência fonológica para, por exemplo, apreciar jogos de palavras baseados em semelhanças fonológicas, e avaliar ou produzir expressões que rimam entre si. Essas formas de consciência fonológica podem variar amplamente entre os indivíduos. Entretanto, elas geralmente não exigem uma instrução específica para desenvolver-se. Desenvolvem-se em condições habituais de experiência da linguagem falada, dependendo de disposições naturais do indivíduo, e podem eventualmente ser melhoradas pelo exercício.

Não é preciso ser leitor para ser capaz de apreciar e produzir rimas ou para poder julgar se duas expressões rimam. Muitos trabalhos mostraram que crianças pré-letradas e adultos iletrados podem dizer que *château* e *cadeau* rimam e que *cadeau* e *palais* não rimam.[61] Muitas crianças, por sinal, apreciam imensamente os jogos de rima. Essa capacidade pode parecer-nos um tanto misteriosa, visto que temos tendência a definir a rima utilizando critérios segmentais. Dizemos que duas sílabas rimam se a vogal e as consoantes que eventualmente a seguem são idênticas. Somos então tentados a crer, como ocorreu a muitos autores num passado relativamente recente, que as crianças pré-letradas já adquiriram a capacidade de analisar a sílaba em duas partes, o ataque e a rima. (A título de exemplo, na palavra *clair*, [klɛr], o grupo consonântico "cl-", [kl], constitui o ataque e "-air", [ɛr], a rima). Julgo que já foi demonstrado que não é isso que ocorre,[62] e atualmente parece haver um amplo consenso a esse respeito (teremos ocasião de examinar certos resultados pertinentes no capítulo 3).

De qualquer modo, na época da minha visita a Francisco de Jesus Calado, a possibilidade de que a habilidade metafonológica de rima pudesse levar espontaneamente a uma conscientização dos fonemas continua a ser considerada. Essa ideia combina bem com as teorias do desenvolvimento psicológico que postulam a continuidade, cada capacidade emergindo de outra por desenvolvimento interno. Os poetas iletrados oferecem o melhor teste que se possa imaginar sobre essa hipótese. Com efeito, como os outros iletrados, eles jamais receberam ensino da leitura, e, como eles, deveriam ser incapazes de realizar uma análise consciente dos fonemas, se é exato que não há continuidade entre a habilidade de rima e a habilidade fonêmica, e que a descoberta do fonema é feita no quadro da aprendizagem do código alfabético.

Luz recolheu muitas informações sobre a poesia desses poetas iletrados. Seus poemas se apresentam como quatro grupos de dez "linhas", que eles evidentemente não escrevem, mas que correspondem a cesuras rítmicas ou melódicas. Se agruparmos na ordem a última linha de cada grupo, vemos aparecer o tema, constituído portanto de quatro linhas rimando duas a duas. Cada grupo de dez linhas é caracterizado por uma relação de rima forte que liga as linhas 1, 4 e 5 (6, 7 e 10), assim como as linhas 2 e 3 (8 e 9). Aqui estão exemplos de poemas criados por dois de nossos poetas, Serafim Batista e o próprio Jesus Calado.

1 Neste triste assento e estado
 2 Nem uma esperança me apraz
 3 Sem alentos meu corpo jaz
 4 Num leito inerte e pesado
 5 O meu fim será julgado
 6 Darei dó e piedade
 7 Só eu e Deus é que sabe
 8 Que a poesia de mim fugiu
 9 Pois se o meu cérebro já ruíu
10 Secou-se uma saudade.

[1 *Dans ce triste sort et état*
  2 *Même pas un espoir me plaît*
  3 *Sans forces mon corps gît*
  4 *Sur un lit figé et lourd*
  5 *Ma fin sera jugée*
  6 *J'inspirerai pitié et compassion*
  7 *Seuls moi et Dieu savons*
  8 *Que la poésie de moi-même s'est échappée*
  9 *Car si mon cerveau s'est effrité*
 10 *Un souvernir nostalgique a séché.*]
                Serafim Batista

 1 Dizes que em mim gosto fazes
 2 Na presença de minha mãe
 3 Por enquanto ainda estou bem
 4 Ainda não penso em rapazes
 5 Grande vontade tu trazes
 6 De ires comigo pró jardim
 7 Moço não penses assim
 8 E tu não gastes calçado
 9 Porque não dá resultado
10 Passos que dês por mim.

[1 *Tu dis que je suis à ton goût*
  2 *En présence de ma mère*
  3 *Pour l'instant je m'en moque*
  4 *Je ne pense pas aux garçons*
  5 *Grande envie tu portes*
  6 *De me mener au jardin*
  7 *Jeune homme n'y pense pas*
  8 *Et n'use pas tes souliers*

> 9 Car ne mèneraient à rein
> 10 Les pas que tu feras pour moi.]
> Francisco de Jesus Calado

Essa poesia apresenta outra propriedade, tão sistemática quanto a rima: o padrão prosódico. Esse padrão prosódico consiste numa queda da altura tonal da voz no fim das linhas 1, 4 e 8, uma subida no fim das linhas 2, 5 e 9, e a manutenção no fim das linhas 3, 6, 7 e 10. Ademais, uma pausa é introduzida no fim das linhas 4, 6 e 8.

É possível que esse tipo de poesia tenha sido, se não criado, pelo menos influenciado pela cultura literária. Ela se aproxima talvez mais dos versos épicos que, escritos em coplas e rimas, destinavam-se a ser cantados, do que dos cantos iugoslavos compostos por cantores iletrados em que a rima não era uma característica sistemática e o padrão rítmico (linhas de dez sílabas, com uma pausa depois da quarta) era dominante.[63] Em geral, nossos poetas conservam cadernos onde seus poemas foram escritos à mão ou mesmo à máquina por algum amigo, um filho ou uma filha, ditados por eles. Eles os conhecem em grande parte de cor, e os recitam de bom grado por ocasião das festas da aldeia.

Essa habilidade é altamente apreciada e eles próprios têm grande orgulho disso. Sentem-se investidos de um dom e rendem graças à sua memória que lhes permite compor pouco a pouco um poema inteiro, ao passo que não podem em momento algum aproveitar trechos escritos das partes já criadas.

Nossos poetas iletrados são perfeitos em tarefas de julgamento e de produção de rimas, mesmo quando a rima deve ser distinguida da assonância. Em português, "bule", por exemplo, é uma assonância de "gume", enquanto "lume" é uma verdadeira rima para este último. Eles dão prova de uma grande atenção para as semelhanças e diferenças fonológicas entre as expressões de fala. Em momento algum, entretanto, conseguem dar uma explicação verbal aceitável do que é a rima. Limitam-se a produzir novos exemplos, com uma facilidade desconcertante. Tampouco sabem explicar por que uma assonância não é uma rima, apesar da capacidade de distingui-las.

Testamos Francisco de Jesus Calado na casa de uma de suas filhas, na sala de jantar. Móveis rústicos, sóbrios, mesa grande, em torno da qual nos sentamos. Luz já havia constatado, várias vezes, que Francisco é incapaz de fazer subtrações de fonemas. Sua resposta típica quando lhe pedíamos, após uma série de exemplos, que subtraísse o primeiro "som" de "fup" era dizer "pi... pifu" (deve-se levar em conta o fato de que, embora tentássemos pronunciar um "p" terminal, no dialeto local pronunciam-se as consoantes terminais acrescentando-lhes um "i").

Dada essa inabilidade fonêmica que Francisco sempre manifestou, estamos aqui hoje para ir até o fim. Vejamos se ele pode aprender facilmente a segmentação fonêmica quando lhe é explicada. Coloco diante de Francisco três moedas diferentes e lhe digo:[64]

– Estas três moedas juntas representam uma palavra, é como uma palavra, uma palavra que não significa nada, "bup". Esta moeda é b... (procuro pronunciar o "b" da maneira mais pura possível), esta é u e esta é p... Então, cada moeda é um pequeno som. Qual é o b...? Certo, muito bem. E qual é o u? Certo, e qual é o p...? Isso, perfeito. Agora vejamos isto. Estas três moedas formam a palavra "fop". Qual é o primeiro som, a primeira moeda?

Francisco – Fo.

– Não, digo eu, é f..., a primeira é f..., e a segunda?

Francisco – Fo.

– Não! Diga quantos sons há em "fop"?

– Três, eu acho.

Francisco é um homem inteligente. Estou convencido de que ele não ouve três sons, mas puseram três moedas diante dele, espera-se que ele diga três. Temos então o seguinte diálogo:

Eu – Diga os três sons separadamente.

Francisco – Ah, é difícil, é difícil!

Eu (apresentando-lhe apenas duas moedas) – Agora a palavra é "fo". A primeira moeda é f..., e a segunda?

Francisco (após um longo silêncio de reflexão) – Não sei.

Eu (insistindo) – Qual é a última?

Francisco – Fo.

Eu – Não, "fo" é o todo. Se esta é f..., esta outra é o quê?

Francisco (depois de inúmeros movimentos de boca, como se procurasse roer um caroço de azeitona) – Fa!

Está claro que Francisco não pode "quebrar" a unidade de uma sílaba; consegue no máximo, sob nossa pressão, dar variantes. Por que ele não me diz a pronúncia "fonêmica" de cada moeda, embora eu tenha começado por dá-la? Quando pronuncio toda a sílaba, ele parece hipnotizado por ela.

Tentamos com muitos outros exemplos similares. Enfim, ele é capaz de dizer a consoante e a vogal separadamente. Então, apresento-lhe de novo três moedas, e recomeço o mesmo tipo de exercício do início:

– Isto é "fap". A primeira é f..., a segunda a, e a terceira p... O todo é "fap". A primeira moeda é o quê?

Francisco – Fa.

Volta o erro que ele não cometia mais.

Eu – Não, é f... E a segunda?

Eu o observo e tenho a impressão de ver seu crânio fumegar de tanta concentração.

Francisco – Fap. Oh não! Não é isso! Fap é o todo.

Eu – Bem, então o que é a segunda?

Francisco – F...

Eu – F... é a primeira. Qual é a segunda?

Repetindo a pergunta, tenho na boca o gosto amargo do carrasco que sente piedade por sua vítima.

Francisco – Pi.

Eu – Não, p... é a última.

Francisco – Ah sim, é verdade.

Eu – Fap, é f.., a, p. Se você disser depressa, dá fap.

Executo várias vezes esse jogo que consiste em tentar dizer a palavra pedaço por pedaço cada vez mais depressa, até fundir os pedaços numa só emissão de voz. E recomeço:

– O que é então a primeira?

Francisco – F...

Eu – E a segunda?

Francisco – Fa.

Eu – Não, a primeira é f..., a segunda a, e a terceira p... Qual é a palavra inteira?

Francisco – Fiap.

Esquecendo a palavra inicial tantas vezes repetida, Francisco me diz o resultado de uma operação em que o primeiro elemento voltou a ser uma sílaba. Como é difícil conceber cada moeda como a representação, não de um som, mas de uma entidade abstrata!

Sendo incapaz de superar essa dificuldade, ele funde sílabas, não fonemas.

Volto à situação das duas moedas. Sejamos modestos dando-lhe uma oportunidade de sair dessa sem sentimento de fracasso. É uma ilusão de minha parte, evidentemente, Francisco tem consciência aguda de que ele, o poeta, não está à altura dessa prova.

Eu – Esta palavra é "fa". O que é a primeira?

Francisco – Fa.

Eu – Não, fa é a palavra inteira. Esta é f..., esta outra é a, se você tirar f... o que é que fica?

Francisco – A.

Eu – Isso mesmo, muito bem. Agora, as duas moedas juntas formam "sé", o que é a primeira?

Francisco – S...

Notem que eu não lhe disse o que era cada moeda. Eu continuo:

– E a segunda?

Francisco – Sé.

Eu – Não.

Francisco – ...é.

Muito bem! Francisco pode conseguir. Ele poderia aprender a escrita alfabética, mesmo aos 63 anos. Aliás, nós sabemos, pelo estudo de adultos ex-iletrados, que não há período crítico para descobrir o fonema e aprender a ler.[65] Entretanto, Francisco, o poeta, o sutil manipulador de rimas, não tem menos dificuldades que uma criança de cinco anos para analisar a fala em fonemas.

Francisco precisa reencontrar sua feliz tranquilidade de homem realizado. Ele nos diz: "E agora vamos jogar o meu jogo. Vamos ver se você é capaz. Faça um pequeno poema de quatro linhas". Ele nos pegou! Régine, que não é portuguesa, está excluída da competição, mas Luz e eu não podemos recusá-la. Não ouso transcrever aqui minha sofrível *performance*. Francisco ri, indulgente e amistoso. Acabo de fazer, não uma rima, mas uma assonância. "Não é assim". Tal palavra não combina com tal palavra! "O certo seria assim, escutem!" E, dirigindo-se a toda a assistência, saboreando sua desforra, ele corrige meu pobre poema.

Nessa noite, ouvimos duas velhas criadas da casa de Luz cantar, para nossa instrução e prazer, canções de partida para o trabalho, de colheita, de namoro e de falsos amores infelizes. Depois do pitoresco jantar, fomos para a sala, diante do fogo, e degustando um vinho tinto bem encorpado, saboreávamos também nossa própria vitória. Sim, é exatamente como pensávamos. O especialista na produção de rimas não parece ser mais capaz de adquirir representações conscientes de fonemas do que qualquer outro mediano rimador. A consciência fonêmica não pode brotar das outras formas de consciência fonológica.

Entretanto, havia entre nós um convite mútuo à moderação. É difícil imaginar que em contato com a escrita alfabética a criança possa adquirir representações conscientes de fonemas se ela não foi habituada a prestar atenção à forma fonológica das palavras de sua língua, independentemente do sentido dessas palavras, se não experimentou na boca, no ouvido e na mente os movimentos, as sonoridades e os contrastes da fala.

O caso do nosso poeta iletrado demonstra à saciedade que a habilidade para analisar intencionalmente a fala em fonemas está intimamente ligada à aprendizagem da leitura no sistema alfabético. Voltarei muitas vezes a esta habilidade fonêmica, que na literatura especializada se chama "consciência fonêmica". Voltarei também algumas vezes às pesquisas relativas aos adultos iletrados. Embora essas pessoas não leiam absolutamente nada, o estudo sobre elas pode nos ensinar muito sobre as capacidades preexistentes necessárias à aprendizagem da leitura, assim como sobre aquelas que se desenvolvem com a aprendizagem da leitura. Comparados aos leitores deficientes, os adultos iletrados podem nos dar também informações muito úteis sobre a natureza das deficiências cognitivas implicadas nos distúrbios da leitura.

Por ora, devemos reter uma conclusão prática sobre a ausência de consciência fonêmica nos adultos iletrados. A ideia de que a consciência fonêmica só se forma no momento da aprendizagem da leitura não era corrente no início dos anos 60. Na França, em particular, a revista *Enfance* publicou um estudo no qual se afirmava que a consciência fonêmica se desenvolve "naturalmente" em relação ao QI (quociente de inteligência) e que sua ausência é um "obstáculo maior de imaturidade". Isso levou o autor do estudo a dizer que "a idade legal do início da aprendizagem da leitura foi fixada, na França, de maneira um pouco precoce demais".[66] Talvez esse tipo de ideia tenha exercido alguma influência na criação de seções de adaptação para crianças "que correriam grave risco se fossem escolarizadas desde os seis anos". Essa é uma ideia totalmente perniciosa e evidencia o risco de desfavorecer ainda mais as crianças provenientes de meios culturalmente pobres, aquelas que tiveram muito pouco contato com a linguagem escrita, que jamais tiveram a atenção atraída para as propriedades fonológicas das palavras e que, por conseguinte, parecem mais imaturas que as outras.

A ausência de consciência fonológica nos adultos iletrados que, por razões socioculturais, jamais tiveram a oportunidade de aprender a ler e escrever mostra claramente que a consciência fonêmica não é um pré-requisito para a aprendizagem da leitura. Sua ausência numa criança que ainda não começou a aprendizagem da leitura num sistema alfabético não pode portanto ser considerada um sinal de imaturidade cognitiva.

A alfabetização não tem um efeito único sobre a habilidade de análise fonêmica. A alfabetização e, de maneira mais geral, o letrismo têm efeitos importantes sobre o conjunto das capacidades linguísticas. Não é de admirar. Sabe-se, por exemplo, que as palavras de frequência moderada e as palavras raras aparecem muito mais frequentemente na linguagem escrita que na linguagem falada. Isso é verdadeiro mesmo no caso de livros para crianças e na conversação de estudantes universitários. A leitura de revistas contém três vezes mais ocasiões de aprender palavras novas que a assistência a programas de televisão.[67] A leitura em geral é, portanto, um meio precioso para enriquecer o vocabulário. Além disso, as diferentes estruturas sintáticas não ocorrem com a mesma frequência na linguagem falada e na linguagem escrita.[68] Enfim, a linguagem escrita é um meio extraordinário de transmissão de informações e conhecimentos. A televisão e o rádio não transmitem uma informação tão aprofundada e detalhada como os livros e as revistas.

As pessoas que nunca frequentaram a escola e nunca aprenderam a ler e a escrever também jamais foram instruídas em cálculo, em ciências, em geografia, em desenho etc. Faltam-lhes instrumentos e hábitos de estudo, assim como processos de organização da informação com vistas à memorização.

Eis aqui dois exemplos de diferenças cognitivas entre letrados e iletrados. Um diz respeito à memória de trabalho ou imediata, o outro à cognição visual. Submetemos adultos iletrados a um teste de memória de desenhos, cujos nomes ora rimam, ora não rimam. Os iletrados têm uma memória melhor, na ordem certa, dos desenhos cujos nomes não rimam. Como os letrados, eles têm tendência a codificar a informação verbal sob uma forma fonológica. Entretanto, o número de desenhos que eles podem lembrar corretamente na ordem é muito pequeno: cerca de quatro. A apresentação de uma série de cinco desenhos já leva a uma deterioração importante da *performance* de memória.[69] Os adultos letrados, por sua vez, podem lembrar corretamente séries de sete desenhos.

O outro exemplo compreende um teste de análise visual que se pode ver na Figura 18. Apresentamos ao sujeito um desenho de seis segmentos na coluna da esquerda, e um desenho de três segmentos numa das três colunas da direita (1 a 3). O sujeito deve indicar se esses três segmentos pertencem ou não ao desenho de seis segmentos. Nos casos representados na Figura 18, a resposta correta é sempre afirmativa, mas pode haver casos em que a resposta correta é negativa.

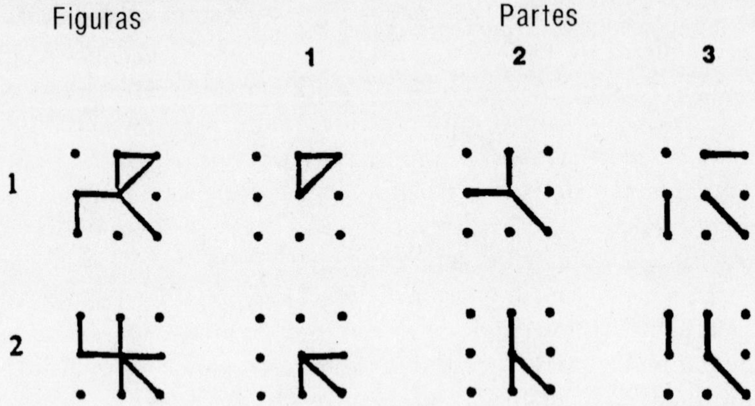

FIGURA 18 – Exemplos de ensaios de uma tarefa de análise visual (adaptado de Kolinsky et al., 1987).

O sujeito dispõe de todo o tempo que quiser para dar sua resposta, o que torna essa tarefa muito fácil para qualquer um..., mais exatamente para qualquer pessoa escolarizada. Os adultos iletrados respondem corretamente em 80% dos ensaios quando se trata dos segmentos apresentados na coluna 1, ou seja, quando os três segmentos formam uma parte bem separável do resto do desenho, mas só respondem, respectivamente, em 30% e 20% dos ensaios no caso dos segmentos das colunas 2 e 3. Em outros termos, quando os três segmentos estão mais ou menos disseminados na figura de seis segmentos, os iletrados não conseguem percebê-los. Eles são portanto incapazes de efetuar uma análise interna da figura visual. Sua *performance* é claramente inferior à de crianças do segundo ano primário.[70]

Essas debilidades e incapacidades cognitivas dos iletrados provêm de uma falta de experiência com esse tipo de material e com o tipo de operação analítica exigida pela tarefa. Elas não estão ligadas especificamente à sua condição de iletrados, mas à sua condição de não escolarizados. Com efeito, testamos também pessoas que aprenderam a ler na idade adulta em classes de alfabetização de adultos e que sabem ler de maneira rudimentar. Essas pessoas não tiveram *performances* significativamente melhores que os iletrados, tanto na tarefa de memória imediata como na de análise visual.

O mundo cognitivo do não escolarizado é certamente muito diferente do nosso. Um grande número de letrados, particularmente nos meios intelectuais e universitários dos países industrialmente desenvolvidos, não têm qualquer contato com adultos totalmente não escolarizados, e têm tendência a imaginar que a maioria dos esquemas mentais que lhes servem para interpretar o mundo são o resultado de uma maturação cognitiva. Uma história de John Wilkins *(Mercury, Or the Secret and swift messenger,* 1641) que tomo emprestada, com algumas alterações, da narrativa feita por Umberto Eco na introdução de seu livro *Les limites de l'interprétation,*[71] ilustra de maneira admirável como o universo mental de uma pessoa não escolarizada pode estar longe do de uma escolarizada. Um escravo hindu é encarregado de levar uma carta e um cesto de figos a um amigo de seu patrão. No caminho, cansado e sedento, nosso homem se abriga à sombra de uma árvore. Ele diz a si próprio que o amigo do patrão não vai saber que uns figos desapareceram e então come alguns. Mas o destinatário dos figos o acusa de roubo, mostrando-lhe a carta e dizendo que é por ela que ficou sabendo.

O escravo não tem outra solução a não ser confessar sua culpa. Na semana seguinte, o patrão o manda fazer a mesma viagem, dando-lhe de novo uma carta e um cesto de figos. O sol está tórrido, a sede é grande, nosso homem senta-se à sombra de uma árvore, olha os figos, hesita, não sabe o que fazer, e de repente tem uma inspiração. Pega uma pedra grande, pousa a carta no chão e põe a pedra em cima, de maneira que ela não pudesse ver nada...

Podemos então dizer que o iletrismo e a não escolarização constituem uma amputação mental no plano cognitivo. As consequências da falta de leitura por sinal vão além do cognitivo. A leitura constitui uma importante via de acesso às ideologias, aos sistemas éticos, a certas formas de expressão emocional. Ela constitui a via dominante de acesso à expressão estética que é a literatura.

Entretanto, quer se trate da cognição, dos valores, dos afetos ou das emoções, as consequências da leitura também não devem ser superestimadas. Nosso poeta iletrado, homem criativo e sensível, está aí para nos lembrar. Não podemos negar a criatividade dos iletrados, sob pena de negar a descoberta do fogo e a fabricação de tantos utensílios e objetos pelos nossos ancestrais. A invenção do alfabeto não precedeu toda forma de arte. O letrado não tem melhores valores nem melhores sentimentos que o iletrado. Existem outros materiais além dos livros para a educação dos sentimentos.

O elitismo do letrado convencido de uma ilusória superioridade moral ou afetiva é uma forma de autossatisfação que, nutrindo-se da ignorância do outro, fecha o caminho para a mudança e a descoberta de tesouros insuspeitados. Ele provém da xenofobia contra aqueles que não são cidadãos da República das Letras. Cultivemos a leitura para todos e para cada um, não façamos dela uma perversão narcisista! Num número recente do *Figaro*[72] podia-se ler: "Na França, a aventura amorosa nasce das palavras, ela sai literalmente dos romances ... todo avanço do iletrismo é um recuo dos costumes: lendo pouco, ama-se de maneira diferente, e ama-se menos bem". E a conclusão dizia: "É preciso saber ler para saber amar". O que é saber amar? Aliás, o que é saber ler? Mais modesto do que o autor dessas linhas, que parece conhecer as respostas, Jean-Paul Sartre escreveu um dia: "Por ter descoberto o mundo através da linguagem, durante muito tempo tomei a linguagem pelo mundo".

NOTAS

1. BELLUGI, U. et al. Dissociation Between Language and Cognitive Functions in Williams Syndrome. In: BISHOP, D., MOGFORD, K. (Ed.) *Language Development in Exceptional Circumstances*. Edinburgh: Churchill Livingstone, 1988.
2. BURGESS, A. *A Mouthful of Air*. London: Vintage, 1992.
3. SAUSSURE, F. de. *Cours de linguistique générale*. Paris: Payot, 1982. (Edição original: 1915).
4. STROOP, J. R. Studies of Interference in Serial Verbal Reactions. *Journal of Experimental Psychology*, v.18, p.643-62, 1935.
5. SEIDENBERG, M. S., TANENHAUS, M. K. Orthographic Effects on Rhyme Monitoring. *Journal of Experimental Psychology: Human Learning and Memory*, v.5, p.546-54, 1979.
6. DERRIDA, J. *De la Grammatologie*. Paris: Minuit, 1967.
7. SAUSSURE, F. de, op. cit., 1982. Note-se que o símbolo [Φ] não é mais utilizado; ele corresponde a uma bilabial africada.
8. EHRI, L. C., WILCE, L. S. The Influence of Orthography on Readers' Conceptualization of the Phonemic Structure of Words. *Applied Psycholinguistics*, v.1, p.371-85, 1980.
9. YAGUELLO, M. *Alice au pays du langage*. Pour comprendre la linguistique. Paris: Seuil, 1981.
10. HARRIS, R. *The Origin of Writing*. London: Duckworth, 1986.
11. GELB, I. J. *A Study of Writing*. London: Routledge & Kegan Paul, 1952.
12. SCHOOLCRAFT, H. R. *Historical and Statistical Information, Respecting the Historu, Condition, and Prospects of the Indian Tribes of the United States, Part 1*, Philadelphie, 1851.
13. ELLIS, A. E. *Reading, Writing and Dyslexia, A Cognitive Analysis*. London: LEA, 1993.
14. Ver GAUR, A. *A History of Writing*. London: The British Library, 1992.
15. A presente descrição da língua e da escrita chinesas é inspirada em parte em HOOSAIN, R. *Psycholinguistics Implications for Linguistic Relativity:* A Case Study of Chinese Hillsdale, NJ: Erlbaum, 1991; em DEFRANCIS, J. *Visible Speech, The Diverse Oneness of Writing Systems*. Honolulu: University of Hawaii Press, 1989; e em LAW, S.-P., CARAMAZZA, A. Cognitive Processes in Writing Chinese Characters: Basic Issues and Some Preliminary Data. In: GELDER, B. de, MORAIS, J. (Ed.) *Speech and Reading, Comparative Approaches*. London: Erlbaum, 1994. (No prelo).

16 Esta exceção foi-me assinalada pessoalmente por Leonor Scliar-Cabral, *Introdução à linguística*, Porto Alegre: Globo, 1982.
17 Ver MARTIN, S. E. Nonalphabetic Writing Systems: Some Observations, in: KAVANAGH, J. F., MATTINGLY I. G. (Ed.) *Language by Ear and by Eye, The Relationship Between Speech and Reading.* Cambridge, MA: MIT Press, 1972.
18 O quadro do hiragana foi amavelmente preparado para este livro por Miyoko Nakamura, quando do seu estágio no Laboratório de Psicologia Experimental da ULB. Sou-lhe grato também por muitas informações preciosas sobre a língua e a escrita japonesas. Para um conhecimento mais profundo da escrita japonesa, ver SHIBATANI, M. *The Languages of Japan.* Cambridge: Cambridge University Press, 1990, assim como DEFRANCIS, op. cit., 1989.
19 HATANO, G. How do Japanese Children Learn to Read?: Orthographic and Eco-Cultural Variables, in: FOORMAN, B. R., SIEGEL, A. W. (Ed.) *Acquisition of Reading Skills.* Hillsdale, NJ: Erlbaum, 1986.
20 As figuras relativas à escrita egípcia, presentes nesta seção, provêm de KATAN, N. J. *Hiéroglyphes, l'Écriture de l'Egypte ancienne.* Paris: Bibliothèque Documentaire, L'école des loisirs, 1982.
21 MORAIS, J. et al. Does Awareness of Speech as a Sequence of Phones Arise Spontaneously? *Cognition*, v.7, p.323-31, 1979; MORAIS, J. et al. Literacy Training and Speech Segmentaion. *Cognition*, v.24, p.45-64, 1986.
22 READ, C. et al. The Ability to Manipulate Speech Sounds Depends on Knowing Alphabetic Writing. *Cognition*, v.24, p.31-44, 1986.
23 Ver POMMIER, G. *Naissance et renaissance de l'écriture.* Paris: Presses Universitaires de France, 1993.
24 Ver CONTENT, A. Le développement de l'habilité d'analyse phonétique de la parole, *L'Année psychologique*, v.85, p.73-89, 1985.
25 A Figura 9 assim como as Figuras 10 e 11 foram preparadas a partir das informações apresentadas por FÉVRIER, J.-G. *Histoire de l'écriture.* Paris: Payot, 1948. Ver também GELB, op. cit., 1952, e JEAN G. *L'écriture, mémoire des hommes.* Paris: Gallimard, 1987.
26 NAVEH, J. The Origin of the Greek Alphabet. In: DE KERCKHOVE, D., LUMSDEN, C. J. (Ed.) *The Alphabet and the Brain: the Lateralization of Writing.* New York: Springer-Verlag, 1988.
27 Ver DEFRANCIS, op. cit., 1989.
28 LAFONT, R. Relationships Between Speech and Writing Systems in Ancient Alphabets and Syllabaries. In: DE KERCKHOVE, LUMSDEN, op. cit., 1988.
29 Ver POMMIER, op. cit., 1993, para um exame histórico interessante. Este livro parte da hipótese de que a história dos sistemas de escrita foi fortemente influenciada por fatores de ordem religiosa e psicodinâmica.

30 POMMIER, op. cit., 1993.
31 GAMARRA, P. *On a mangé l'alphabet.* Paris: Bordas, 1978.
32 DEFRANCIS, op. cit., 1989. Este autor baseou-se em grande parte no trabalho de LEDYARD, G. K. *The Korean language reform of 1446.* The origin, background and early history of the Korean alphabet. Ann Arbor, Michigan: University Microfilms.
33 KUNDERA, M. *Les testaments trahis.* Paris: Gallimard, 1993.
34 OLSON, D. R. How Writing Represents Speech. *Language and Communication,* v.13, p.1-17, 1993.
35 COUTURIER, M. *Nabokov, ou la tyrannie de l'auteur.* Paris: Seuil, 1993.
36 Ver YAGUELLO, M. *Histoires de lettres, des lettres et des sons.* Paris: Seuil, 1990.
37 WARREN, R. M. Multiple Meanings of "Phoneme" (Articulatory, Acoustic, Perceptual, Graphemic) and their Confusions. In: LASS, N. J. (Ed.) *Speech and Language:* Advances in Basic Research and Practice. New York: Academic Press, 1983. v.9. Ver também MARCEL, A. J. Prerequisites for a More Applicable Psychology of Reading. In: GRUNEBERG, M. M., MORRIS, P. E., SYKES, R. N. (Ed.) *Practical Aspects of Memory.* London: Academic Press, 1978; e MARCEL, A. J. Conscious and Unconscious Perception: an Approach to the Relations Between Phenomenal Experience and Perceptual Processes. *Cognitive Psychology,* v.15, p.238-300, 1983.
38 Ver LIBERMAN, I. Y. Segmentation of the Spoken Word and Reading Acquisition. *Haskins Reports on Speech Research,* SR-33, p.157-66, 1973; ROZIN, P., GLEITMAN, L. R. The Structure and Acquisition of Reading II: The Reading Process and the Acquisition of the Alphabetic Principle. In: REBER, A. S., SCARBOROUGH, D. L. (Ed.) *Toward a Psychology of Reading.* Hillsdale, NJ: Erlbaum, 1977.
39 Um exemplo de rede internacional de pesquisa sobre a segmentação da fala é aquele constituído por equipes francesa (J. Mehler), britânica (A. Cutler), japonesa (F. Hatano), canadense (I. Peretz), espanhola (N. Sebastian) e belga (J. Morais), cujo projeto foi apoiado pelo "Human Frontiers of Science Program", criado pela iniciativa da reunião dos chefes de Estado do G7, Veneza, 1987.
40 Agradeço a Valérie Pasdeloup por ter preparado esses sonogramas.
41 LIBERMAN, A. M. et al. Perception of the Speech Code. *Psychological Review,* v.24, p.431-61, 1967.
42 LIBERMAN, A. M., STUDDERT-KENNEDY, M. Phonetic Perception. In: HELD, R., LEIBOWITZ, H., TEUBER, H.-L. *Handbook of Sensory Physiology.* V. VIII: Perception. Heidelberg: Springer-Verlag, 1978.
43 MEHLER, J. et al. The Syllable's Role in Speech Segmentation. *Journal of Verbal Learning and Verbal Behavior,* v.20, p.298-305, 1981.

44 CUTLER, A. et al. The Syllable's Differing Role in the Segmentation of French and English. *Journal of Memory and Language*, v.25, p.385-400, 1986.

45 MORAIS, J. et al. Unidades no reconhecimento da fala em português. *Actas do 1º Encontro de Processamento da Língua Portuguesa.* Lisboa: Fundação C. Gulbenkian, 1993; KOLINSKY, R., MORAIS, J., CLUYTENS, M. Intermediate Representations in Spoken Word Recognition: Evidence from Word Illusions. *Journal of Memory and Language*; MORAIS, J., KOLINSKY, R. Perception and Awareness in Phonological Processing: The Case of the Phoneme. *Cognition*, v.50, p.287-97, 1994.

46 Ver, entre outros, BERTONCINI, J., MEHLER, J. Syllables as Units in Infant Speech Perception. *Infant Behavior and Development*, v.4, p.247-60, 1994.

47 Ver, entre outros, BOYSSON-BARDIES, B. de et al. A Crosslinguistic Investigation of Vowel Formants in Babbling. *Journal of Child Language*, v.16, p.1-17, 1989.

48 OLLER, D. K. The Emergence of the Sounds of Speech in Infancy. In: YENI-KOMSHIAN, G. H., KAVANAGH, J. F., FERGUSON, C. A. *Child Phonology*. V.1: Production. New York: Academic Press, 1980.

49 STUDDERT-KENNEDY, M. The Phoneme as a Perceptuomotor Structure. In: ALLPORT, A. (Ed.) *Language Perception and Production.* London: Academic Press, 1987.

50 NITTROUER, S., STUDDERT-KENNEDY, M. The role of Coarticulatory Effects in the Perception of Fricatives by Children and Adults. *Haskins Laboratories: Status Report on Speech Research*, SR-88, p.73-93, 1986: NITTROUER, S. Age-Related Differences in Perceptual Effects of Formant Transitions Within Syllables and Across Syllable Boundaries. *Journal of Phonetics*, v.20, p.351-82, 1992.

51 NITTROUER, S., STUDDERT-KENNEDY, M., McGOWAN, R. S. The Emergence of the Phonetic Segments: Evidence from the Spectral Structure of Fricative-Vowel Syllables Spoken by Children and Adults. *Haskins Laboratories:* Status Report on Speech Research, SR-93/94, p.1-21, 1988.

52 CONTENT, A. *L'Analyse segmentale de la parole chez l'enfant.* Tese de doutorado não publicada. Université Libre de Bruxelles, 1985.

53 GIBSON, E. J. *Principles of Perceptual Learning and Development.* New York: Appleton-Century-Crofts, 1967.

54 LIBERNAN, op. cit., 1973.

55 LIBERMAN, A. M. Reading is Hard Just Because Listening is Easy. In: EULER, C. von (Ed.) *Wenner-Gren International Symposium Series*: Brain and Reading. Hampshire, England: Macmillan, 1991.

56 LIBERNAN, I. Y. Phonology and Beginning Reading Revisited. In: EULER, C. von (Ed.) *Wenner-Gren International Symposium Series:* Brain and Reading. Hamspshire, England: Macmillan, 1991.

57 CARY, L., MORAIS, J., BERTELSON, P. As habilidades metafonológicas dos poetas analfabetos. *Anais...* SIMPÓSIO LATINO-AMERICANO DE PSICOLOGIA DE DESENVOLVIMENTO, Recife, Editora Universitária da UFPE, 1989. A utilização do termo "habilidades metafonológicas", no plural e não no singular, requer uma explicação. Os autores nessa área concordam sobre o fato de que existe um conjunto heterogêneo de habilidades, entre as quais por exemplo a habilidade de detectar a relação de rima, a habilidade de analisar a fala em sílabas, a habilidade de analisar em fonemas, a habilidade de fundir fonemas etc., o que pode ser demonstrado pela observação de dissociações, isto é, a existência de pessoas que dão provas de algumas dessas habilidades mas não de outras.

58 KOLINSKY, R., CARY, L., MORAIS, J. Awareness of Words as Phonological Entities: The Role of Literacy. *Applied Psycholinguistics,* v.8, p.223-32, 1987.

59 LIBERMAN, I. Y. et al. Explicit Syllable and Phoneme Segmentation in the Young Child. *Journal of Experimental Child Psychology,* v.18, p.201-12, 1974.

60 MORAIS, J. Phonological Awareness: A Bridge Between Language and Literacy In: SAWYER, D. J., FOX, B. (Ed.) *Phonological Awareness in Reading, The Evolution of Current Perspectives.* New York: Springer-Verlag, 1991.

61 Ver, entre outros, KNAFLE, J. D. Auditory Perception of Rhyming in Kindergartem Children. *Journal of Speech and Hearing Research,* v.16, p.482-7, 1973; MORAIS, J. et al., op. cit, 1979.

62 Ver MORAIS, op. cit., 1991.

63 LORD, A. B. *The Singer of Tales.* Cambridge, MA: Harvard University Press, 1960.

64 MORAIS, J. Constraints on the Development of Phonemic Awareness. In: BRADY, S. A., SHANKWEILER, D. P. (Ed.) *Phonological Processes in Literacy, A Tribute to Isabelle Y. Liberman.* Hillsdale, NJ: Erlbaum, 1991.

65 MORAIS, J. et al. Is there a Critical Period for the Acquisition of Segmental Analysis? *Cognitive Neuropsychology,* v.5, p.347-52, 1988.

66 LEROY-BOUSSION, A. Une habilité auditivo-phonétique nécessaire pour apprendre à lire: la fusion syllabique. *Enfance,* v.2, p.165-90, 1975.

67 HAYES, D. P. Speaking and Writing: Distinct Patterns of Word Choice. *Journal of Memory and Language,* v.27, p.572-85, 1988; HAYES, D. P.,

AHRENS, M. Vocabulary Simplification for Children: A Special Case of "Motherese"? *Journal of Child Language*, v.15, p.395-410, 1988.

68 AKINNASO, F. N. On the Difference Between Spoken and Written Language. *Language and Speech*, v.25, p.97-125, 1982; BIBER, D. Spoken and Written Textual Dimensions in English: Resolving the Contradictory Findings. *Language*, v.62, p.384-414, 1986; CHAFE, W., DANIELEWICZ, J. Properties of Spoken and Written Language. In: HOROWITZ, R., SAMUELS, S. J. (Ed.) *Comprehending Oral and Written Language*. San Diego, CA: Academic Press, 1987; REDEKER, G. On Differences Between Spoken and Written Language. *Discourse Processes*, v.7, 43-55, 1984.

69 MORAIS et al., op. cit., 1986.

70 KOLINSKY, R. Finding Parts Within Figures: A Developmental Study, *Perceptions*, v.16, p.399-407, 1987. Os estímulos utilizados neste estudo provêm de PALMER, S. E. Hierarchical Structure in Perceptual Representation. *Cognitive Psychology*, v.9, p.441-74, 1977.

71 ECO, U. Les limites de l'interprétation. Paris: Grasset et Fasquelle, 1972.

72 LAMBRON, M. Il faut savoir lire pour savoi aimer. *Figaro*, 24 avr. 1993.

CAPÍTULO 2

O LEITOR HÁBIL

O que é a leitura? Precisamos responder a essa pergunta antes de tentar examinar a leitura hábil. Veremos, na primeira seção deste capítulo, que o que existe de específico da atividade de leitura é a capacidade de reconhecimento de palavras escritas, isto é, a capacidade de identificar cada palavra como forma ortográfica que tem uma significação e atribuir-lhe uma pronúncia.

Ainda hoje, privilegiando a analogia com uma sensação particular, alguns dizem que a capacidade de leitura é essencialmente visual ou essencialmente auditiva; outros, mais ecléticos, mas compartilhando do mesmo espírito, dizem que ela é uma atividade multissensorial. A capacidade de leitura não é uma capacidade sensorial, é cognitiva. Dito isso, é evidente que, lendo, recebemos informação por intermédio dos órgãos sensoriais. Para os que enxergam, o modo habitual de entrada da leitura é fornecido pela visão. A atividade óculo-motriz durante a leitura constitui portanto uma fonte importante de informações sobre nossa capacidade de leitura. Dedico a este assunto a segunda parte deste capítulo.

A terceira seção é dedicada à descrição dos principais distúrbios da capacidade de leitura observados após uma lesão cerebral em leitores que, antes da ocorrência desse dano, eram considerados leitores hábeis. Interessam-nos sobretudo os distúrbios seletivos, ou seja, aqueles que incidem sobre um tipo de material particular ou que se manifestam por um tipo de erro particular, já que eles podem nos informar sobre os componentes da capacidade de leitura. A situação de um pesquisador que tenta compreender uma capacidade mental pode, com efeito, ser comparada à de uma pessoa que aprendeu a utilizar um carro sem saber nada de sua estrutura. Ao constatar que o carro esquenta demais, e vendo a fumaça sair pelo capô, será que essa pessoa não levantaria a hipótese de que os carros comportam um sistema de resfriamento do motor?

Como o funcionamento de um carro, o funcionamento da capacidade de leitura pode também ser testado no estado normal. Devemos à engenhosidade dos experimentadores certo número de técnicas que permitem recolher informações sobre a natureza dos processos de leitura no leitor hábil. A utilização dessas técnicas é frequentemente muito complexa porque requer situações chamadas de controle, destinadas a afastar a possibilidade de explicações alternativas dos dados obtidos. Para não aborrecer demais o leitor e facilitar-lhe a compreensão das descobertas realizadas por meio dessas técnicas, a quarta e última seção deste capítulo recorre a um roteiro fantasista, utilizando às vezes uma linguagem metafórica.

O QUE É A LEITURA?

> Ah sentir tudo de todos os feitios!
> ...
> Seja eu leitura variada
> Para mim mesmo!
>
> Soares, aliás Pessoa
> *Livro do desassossego.*

Você está lendo neste momento. Você também lê quando consulta a lista telefônica, quando verifica o preço dos produtos numa loja, quando percorre a rubrica "televisão" ou "cinema" no jornal. Certamente você leu *As flores do mal*. Leu talvez *O capital*. O que há de comum a todas essas atividades? Ler, o que é isso?

A operação que consiste em interrogar-nos sobre o que é a leitura pode ser útil, se não quisermos evitar cair na armadilha do amálgama.

Será que você está fazendo leitura quando lê nas entrelinhas ou nos lábios, ou ainda quando "lê" uma certa emoção na expressão do seu interlocutor? Muitas pessoas cultas responderam-me afirmativamente a cada uma dessas perguntas. Elas compartilham o ponto de vista de um autor que, numa conferência sobre a leitura, julgou útil propor que "no seu sentido mais amplo, a leitura é o processo de interpretação dos estímulos sensoriais".[1] Entretanto, é fácil perceber que essa definição ampla da leitura é ao mesmo tempo falsa e perniciosa. O processo de interpretação dos sinais sensoriais constitui o que se chama habitualmente "percepção", e seria grotesco identificar leitura e percepção. Será que a percepção da fala e da música, a percepção visual e táctil dos objetos, a percepção dos odores e dos sabores, e as diferentes formas de percepção do próprio corpo fazem parte da leitura? Certamente que não!

A expressão "ler no rosto" é cômoda na linguagem corrente. Ela indica que a percepção do rosto leva a uma interpretação de sinais. Como a leitura é um tratamento de sinais gráficos, estende-se a utilização do termo "leitura", de maneira sugestiva, ao tratamento de sinais não gráficos. O caso da leitura labial pode parecer menos evidente. Embora os sinais interpretados não sejam gráficos, eles são certamente linguísticos. Não importa, a leitura labial faz parte da compreensão da linguagem falada, e muito raramente é posta em relação com a leitura do material escrito. O par "leitura-escrita" é indissociável, só há leitura quando há (ou, mais precisamente, quando houve) escrita.

Para compreender o que é a leitura, temos de evitar estender o campo de aplicação do nosso objeto de estudo. Aumentando a extensão do conceito, alguns pensam certamente em aumentar a sua importância. Dessa maneira, na verdade, não se saberia mais o que exatamente se estuda. O próprio objeto se diluiria, perderia o que tem de específico, de intrinsecamente interessante.

Quando nos colocamos no quadro da abordagem científica, a restrição do termo "leitura" ao tratamento de sinais gráficos deve ser completada por uma segunda restrição. Esta pode ser ilustrada refletindo-se na expressão "ler nas entrelinhas". "Ler nas entrelinhas" é inferir algo que não está escrito a partir do que está escrito. A habilidade que está em jogo aqui ultrapassa o escrito para chegar à intenção. Ela não é específica da leitura, já que se encontra principalmente na compreensão da linguagem falada, ou mesmo do comportamento gestual. Se meu interlocutor diz "está calor", talvez esteja implicitamente pedindo que eu abra a janela; se meu anfitrião levanta-se de maneira impaciente, devo talvez deduzir que ele gostaria de me ver partir. Quando lemos, estabelecemos frequentemente associações, evocamos imagens, construímos raciocínios, às vezes até sonhamos acordados. Entretanto, podemos também fazer tudo isso enquanto o livro está esquecido sobre nossos joelhos. Nada, nesta atividade mental, é específico da leitura!

Quando você, leitor, abre um livro sobre a capacidade de leitura, certamente não quer encontrar nele descrições sobre as capacidades de tratamento da linguagem falada, evocação de imagens mentais ou de raciocínios. Você quer que lhe digam em que, do ponto de vista mental, a leitura se distingue das outras atividades do homem. A leitura é um modo particular de aquisição de informação. São estes processos específicos implicados nesse modo de aquisição de informação, e não a utilização ulterior da informação adquirida, que você quer conhecer.

Falando de leitura, é comum confundir a capacidade de leitura, os objetivos da leitura, a atividade de leitura e a *performance* de leitura. A *performance* de leitura é evidentemente o resultado, o grau de sucesso da atividade de leitura. A atividade é o conjunto de eventos que se passam no cérebro e no sistema cognitivo que o cérebro suporta, assim como nos órgãos sensoriais e motores. Os objetivos da leitura são a compreensão do texto escrito e/ou o alcance de uma impressão de beleza. A capacidade é aquela parte do conjunto dos recursos mentais que nós mobilizamos ao ler e que é específica da atividade de leitura, ou seja, não é posta em jogo nas outras atividades.

O objetivo dos processos específicos da leitura é representar material escrito sob uma forma utilizável pelo resto do sistema cognitivo. A capacidade de leitura pode, por conseguinte, ser definida como o conjunto dos processos perceptivos que permitem fazer que a forma física do sinal gráfico deixe de constituir um obstáculo à compreensão da mensagem escrita.

A capacidade de leitura é, como qualquer outra capacidade cognitiva, uma transformação de representações (chamadas entrada) em outras representações (chamadas saída). A representação de entrada no caso da capacidade de leitura é um padrão visual. Como veremos, em virtude de problemas de acuidade visual e de capacidade de tratamento, esse padrão visual corresponde *grosso modo* a uma palavra escrita. A representação de saída é uma representação fonológica. Cada palavra que conhecemos, quer saibamos ler ou não, é uma forma fonológica, uma pronúncia.

Antes de aprender a ler, a criança já conhece muitas palavras. Em outros termos, conhece suas formas fonológicas e conhece também as significações correspondentes. Formas fonológicas e significações de palavras estão portanto associadas no seu sistema de linguagem. Aprendendo a ler, a criança aprende a associar uma forma ortográfica a cada palavra, portanto à sua forma fonológica. A forma ortográfica de uma palavra pode ser definida como uma sequência ordenada de grafemas. Ela é abstrata, no sentido de que é independente do fato de a palavra ser escrita em maiúsculas ou em minúsculas, com letras juntas ou separadas, com tal tipo de caligrafia ou de caracteres.

A forma fonológica de uma palavra pode ser obtida juntando "pedaço por pedaço" ou então através da ativação da forma ortográfica correspondente. Quanto à significação, pode-se obtê-la não apenas pela sua forma fonológica, mas também por intermédio de sua forma ortográfica. Com efeito, as formas ortográficas adquiridas pela criança no curso da aprendizagem da leitura vão ser associadas não apenas às formas fonológicas correspondentes, mas também às significações associadas a essas formas fonológicas. Torna-se então possível obter diretamente a significação a partir da forma ortográfica, ou seja, sem mediação fonológica.

A obtenção da pronúncia é, de qualquer modo, a etapa crítica da leitura, porque ela permite realizar a convergência com a linguagem falada. Embora a significação correspondente seja de hábito imediatamente ativada, não é sempre esse o caso. Quantas vezes, lendo um texto técnico ou um romance, não nos acontece de encontrar uma palavra que não nos é familiar, mas que assim mesmo podemos pronunciar e à qual atribuímos uma significação provável depois de avaliar longamente o contexto! Não é igualmente útil poder pronunciar palavras escritas numa língua estrangeira, mesmo utilizando nossa fonologia e as regras de correspondência entre letras e sons típicas de nossa língua?

O grande poeta inglês John Milton, autor de *Paraíso perdido* (1667), explorou plenamente esta última capacidade.[2] Tendo ficado cego, ensinou suas filhas a decodificar grego, elas que não compreendiam sequer uma palavra dessa língua. De tal modo que, ouvindo-as, ele podia "reler" os autores clássicos por intermédio de decodificadoras. Quem lia realmente neste caso, Milton ou suas filhas? No sentido preciso de leitura e escuta da fala, as filhas de Milton liam, isto é, transformavam sinais gráficos em palavras, e Milton ouvia a fala emitida por suas filhas. Podemos observar que uma pessoa que jamais aprendeu a ler mas que conhece o grego antigo poderia, ela também, compreender (mesmo que fosse num nível superficial) o que as filhas de Milton liam. Seria paradoxal dizer que essa pessoa lia, já que um iletrado, por definição, é incapaz de ler. Fica então demonstrado que Milton não lia. Não lia os textos decodificados por suas filhas tanto quanto não lia quando elas lhe falavam em inglês. A leitura não atinge seu objetivo sem compreensão, todavia os processos específicos da leitura não são processos de compreensão mas que levam à compreensão.

Nos meios de praticantes, difundiu-se uma concepção sonhadora e romântica da leitura. A leitura não teria mecanismo; ela seria apenas compreensão. O sentido e a apreensão do sentido precederiam qualquer outra atividade de análise do escrito. Por que, então, já que a leitura é considerada uma função natural, os homens não puderam ler desde sempre? A menos que, como alguns ainda pensavam no raiar dos tempos modernos, uma escrita natural tenha precedido o Dilúvio (B. de Vigenère, 1586; C. Duret, 1613), ou que fala e escrita "nasceram gêmeas e caminharam paralelamente" (G. de Vico, 1744).[3] Essa errônea concepção romântica torna-se perigosa quando, a partir dela, chega-se a afirmar que, dado o caráter "natural" da leitura, esta se desenvolveria espontaneamente com base na livre experiência do escrito.

Geralmente não temos consciência dos mecanismos que nós, leitores hábeis, utilizamos na leitura. O autocentrismo de nossa consciência nos leva às vezes a subestimar a importância de nosso inconsciente cognitivo. Ora, não é por termos a impressão de estar direta e imediatamente conscientes do sentido daquilo que lemos, que essa compreensão não é o resultado de uma atividade mental complexa.

Para compreender os textos, utilizamos nossas competências lexicais (isto é, nosso conhecimento do sentido das palavras), além de processos de análise sintática e de integração semântica; utilizamos até nosso conhecimento do mundo, nossa experiência pessoal, mas todos esses processos e conhecimentos também atuam quando compreendemos a linguagem falada. Processos e conhecimentos desse tipo são desenvolvidos na criança bem antes que ela aprenda a ler.

TRÊS PULINHOS, E DEPOIS VÃO... PARA A LINHA SEGUINTE

> *If we seat directly before one who is reading and watch his eyes closely; or, more conveniently, perhaps, if we have him hold a hand mirror flat on the adjoining page as he reads, while we look over his shoulder, we will notice that his eyes move pretty regularly from side to side along the printed lines.*
>
> [Se nos sentarmos bem defronte a alguém que está lendo e observarmos seus olhos bem de perto; ou, mais convenientemente talvez, se ele segurar um espelho sobre a página ao lado à medida que lê, enquanto nós olhamos por sobre seu ombro, notaremos que seus olhos se movem bem regularmente de um lado para outro ao longo das linhas impressas].
>
> E. B. Huey,
> *The Psychology and Pedagogy of Reading (1908).*

Depois que Milan Kundera, em *A imortalidade*, permitiu que Goethe e Hemingway dialogassem lá em cima, o Paraíso tornou-se um clube de encontro muito apreciado por homens e mulheres célebres que jamais puderam encontrar-se aqui embaixo. Com exceção naturalmente dos casais de namorados, que têm entrada livre, a Direção permite às vezes breves visitas de não residentes. Foi assim que Baruch Espinosa, o filósofo óptico, e Émile Javal, o oftalmólogo estudioso dos movimentos oculares, tiveram a ocasião de dialogar com um psicólogo cognitivista contemporâneo. A convite de Espinosa, sentaram-se em torno de uma mesa no "Café dos Marranos da Razão", perto do afresco representando Melibeia, a mulher seduzida, e Celestina, a *puta vieja*, a sacerdotisa do amor. Espinosa, que era um cliente assíduo, dava as costas a essa encenação de festividades voluptuosas, e Javal, quase cego, não podia discernir o contraste entre esse *décor* carnal e o conteúdo da discussão. Para não arruinar Espinosa, que continuava vivendo de sua renda vitalícia de quinhentos florins, legada por Simon de Vries e reduzida a trezentos florins pela própria vontade de Espinosa, pediram cerveja, que poucas vezes levaram à boca.

O PSICÓLOGO – É um grande prazer para mim poder falar com você, Baruch. Posso chamá-lo de Baruch, não é? E poder falar com você também, Professor ... Émile? Obrigado, Émile.

ESPINOSA (chupando com delícia seu cachimbo): – Você sabe que não aprofundei muito minhas pesquisas em óptica. Mas sabe também que respeito sua conduta científica. Aquilo que eu chamo de *scientia intuitiva*, essa visão mais profunda da totalidade. Sim, claro, chamo também de conhecimento do terceiro tipo... Eu dizia então que a *scientia intuitiva* está um pouco além da ciência. É uma forma mais elevada de racionalidade, mas ela não abole sua forma ordinária, a *ratio*, e emerge a partir das obras da razão científica. A psicologia deve tomar o lugar da *imaginatio*. Ela deve mostrar como os afetos e as ideias dos movimentos do corpo nascem das leis gerais do universo.[4]

O PSICÓLOGO – Das leis, certamente, mas gerais, talvez não.

ESPINOSA (sem pestanejar) – O verdadeiro conhecimento de si mesmo exige que nos libertemos da ilusão de sua subjetividade, é preciso começar por objetivar nosso espírito colocando-o em relação com um evento corporal, de maneira a fazer essa relação derivar em seguida das leis naturais da causalidade. Não devo olhar-me a partir de mim mesmo, mas olhar-me a partir de fora. A síntese dos pontos de vista externos fará surgir uma nova luz. Não tendo acesso direto às essências dos objetos, devo primeiro explicar cada objeto, inclusive eu mesmo, por leis mecanicistas.

O PSICÓLOGO (não podendo conter-se) – Não só mecanicistas...

ESPINOSA – Sim, eu sei, conheço um pouco do assunto. Certas ações resultam das propriedades intrínsecas da matéria, no meu tempo eu não sabia. Mas isso não é o essencial. Deixe-me terminar. A investigação científica sobre meu espírito, sobre meu corpo, sobre mim no mundo é necessária, mas não é suficiente. É preciso também fazer a síntese que me trará a intuição da coerência universal e o amor da totalidade.

JAVAL – Eu concordo com Baruch sobre a necessidade de ultrapassar nossa introspecção e procurar explicações científicas. Não podemos encontrar essas explicações sem descrever objetivamente nosso comportamento, e não podemos chegar a essas descrições sem desconfiar de nossas impressões. Você percebe o estado de cegueira em que nós todos estávamos, meus predecessores, meus contemporâneos... Milhões de pessoas leram antes de mim, e elas tinham a impressão, como eu, aliás, que, ao ler, seus olhos deslizavam sobre a página, sobre cada linha, num movimento contínuo, como se perseguissem um objeto móvel. Isso parecia tão evidente!

Eu precisava objetivar a atividade ocular durante a leitura. Estávamos em 1879.[5] Eu simplesmente observei os olhos do leitor enquanto ele lia. Que impressão extraordinária! Os olhos não perdem nenhuma linha e, a cada linha, eles pulam gradativamente a partir da esquerda, um pulinho, mais um pulinho, e mais outro, e assim por diante. Às vezes, eles voltam atrás. Eu disse isso a Diderot, outro dia; ele não queria acreditar. Agora, em todas as línguas, esses pulinhos são chamados de "sacadas".

O PSICÓLOGO — Muitas pessoas não sabem que, ao ler, fixam sucessivamente quase todas as palavras. Veja, desenhei aqui, por cima das linhas de um texto que aprecio muito, o comportamento ocular típico de um leitor hábil [estende a Espinosa uma folha de papel na qual se acha a Figura 19, depois volta-se para Javal]. Você também foi o primeiro a afirmar que, na realidade, só lemos durante as fixações, isto é, os intervalos de imobilização do olhar.

JAVAL — Exato. Aliás, as fixações ocupam 90% do tempo de leitura, contrariamente à nossa impressão de que lemos percorrendo o texto de maneira contínua. Depois de mim, Dodge, um americano, e Erdmann, um alemão, fizeram observações muito interessantes.[6] Eles observaram que as fixações caem quase sempre sobre palavras, raramente sobre espaços brancos entre as palavras. Dodge foi o primeiro a fotografar, de diferentes ângulos, o facho de luz refletido pelo olho, durante o movimento que este faz de uma fixação para a seguinte, o que lhe permitiu calcular a duração das "sacadas". Elas duram em média de 20 a 35 milésimos de segundo, dependendo da distância percorrida. As fixações, como se soube mais tarde, duram um quarto de segundo em média, mas sua duração pode variar amplamente, essencialmente entre 60 e 500 milésimos de segundo.[7] Na criança que está apenas começando sua aprendizagem da leitura, as fixações podem ser ainda mais longas. Notem que o número de fixações por linha depende do comprimento desta, mas também da dificuldade do texto. Precisamos de mais fixações para ler um texto em língua estrangeira do que um texto escrito em nossa própria língua, e as fixações são quase três vezes mais numerosas na correção de provas do que na leitura normal. Quanto mais difícil for o texto, mais elevada é a duração das fixações, mais diminui a amplitude das "sacadas" e mais elevado é o número de regressões, isto é, de saltos para trás.

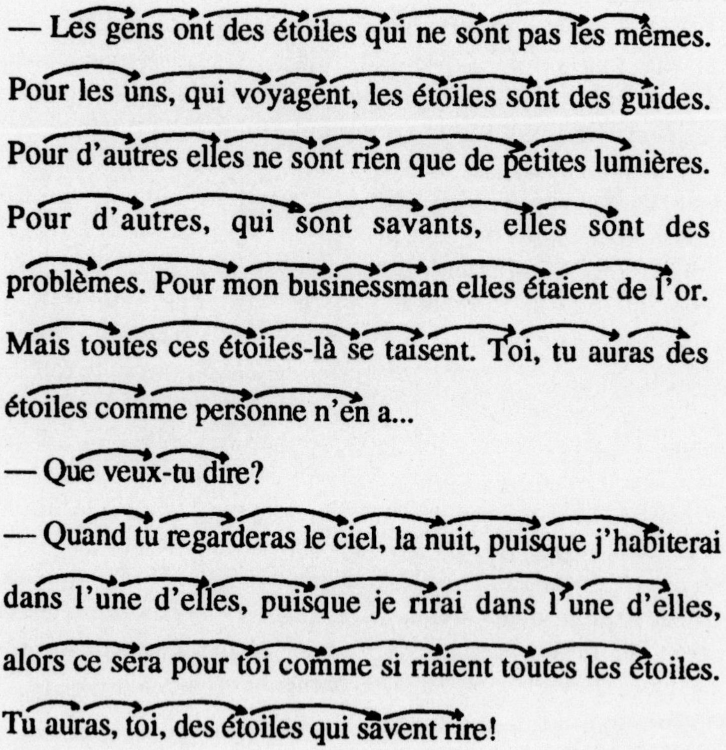

— Les gens ont des étoiles qui ne sont pas les mêmes. Pour les uns, qui voyagent, les étoiles sont des guides. Pour d'autres elles ne sont rien que de petites lumières. Pour d'autres, qui sont savants, elles sont des problèmes. Pour mon businessman elles étaient de l'or. Mais toutes ces étoiles-là se taisent. Toi, tu auras des étoiles comme personne n'en a...

— Que veux-tu dire?

— Quand tu regarderas le ciel, la nuit, puisque j'habiterai dans l'une d'elles, puisque je rirai dans l'une d'elles, alors ce sera pour toi comme si riaient toutes les étoiles. Tu auras, toi, des étoiles qui savent rire!

FIGURA 19 – Exemplo de comportamento ocular durante a leitura de um texto. As flechas representam as "sacadas", com as pontas indicando os pontos fixados. As regressões não estão representadas.
[– As pessoas têm estrelas que não são as mesmas./ Para uns, que viajam, as estrelas são guias./ Para outros elas nada mais são que pequenas luzes. / Para outros, que são sábios, elas são/ problemas. Para o meu businessman elas eram ouro./ Mas todas essas estrelas se calam. Mas tu, tu terás/ estrelas como ninguém tem .../ – Que queres dizer com isso?/ – Quando olhares para o céu, à noite, pois estarei habitando/ numa delas, estarei rindo numa delas,/ então para ti será como se todas as estrelas rissem./ Tu, só tu, terás estrelas que sabem rir!]

O PSICÓLOGO – O que você acaba de lembrar é muito importante. Você sabe que, apesar do que você e seus colegas pioneiros mostraram, ainda recentemente muitos julgavam que a capacidade de leitura, mais que a causa, é uma consequência da velocidade dos movimentos dos olhos durante a leitura. Eles raciocinam da seguinte maneira: já que os melhores leitores fazem menos fixações, fixações mais curtas, e menos movimentos regressivos, é preciso treinar as pessoas para encurtar a duração de suas fixações e para reduzir o número de fixações e de regressões. A premissa do raciocínio está baseada numa observação bem estabelecida. Com efeito (diz ele consultando suas anotações[8]), tome uma criança do segundo ano primário. Ela faz em média 10,7 fixações por linha (2,3 das quais são regressões), de uma duração média de 364 milésimos de segundo. Uma criança do quinto ano mostra um progresso considerável: 7,3 fixações por linha (1,3 das quais é regressão), caindo a duração das fixações para 252 milésimos de segundo. Num estudante universitário, o progresso continua, essencialmente para o número de fixações por linha (5,9) e para o número de regressões (0,5). Mas dessa correlação tirou-se uma conclusão que toma o efeito pela causa...

ESPINOSA – É um absurdo...

O PSICÓLOGO – ...de tal modo que alguns chegaram até a propor programas de treinamento dos movimentos oculares como tratamento da dislexia e como meio de desenvolver a leitura rápida. Na verdade, o padrão dos movimentos oculares de um mesmo leitor, seja qual for o seu nível, varia amplamente segundo o grau de dificuldade do texto. Quando o leitor hábil tem que ler um texto muito difícil, seu padrão de movimentos oculares desvia como o de um mau leitor. É o nível de leitura e o grau de dificuldade que determinam os movimentos dos olhos, não o contrário. A duração média de fixação no leitor hábil pode ir de 200 milésimos de segundo, para um texto de ficção leve, a mais de 260 milésimos de segundo, para um texto de física ou de biologia. O comprimento médio da "sacada" passa de 9,2 letras para 6,8. Quanto à porcentagem média de regressão, ela varia de 3% a 18% (6% para um artigo de jornal, 10% para um clássico da literatura). A consequência é evidentemente uma redução da velocidade de leitura com a dificuldade do texto (365 palavras por minuto, em média, para a ficção leve, 321 para o jornal, 305 para o texto clássico e 235 para o texto científico). É evidente que, mesmo entre os leitores hábeis, constata-se que existe uma ampla variabilidade na velocidade de leitura. Assim, constatou-se, por exemplo, que, na leitura de um artigo de jornal, o leitor mais rápido fazia 3,8 fixações por linha, com uma duração média de 160 milésimos de segundo, enquanto o leitor mais lento fazia mais fixações (5,4) e estas eram mais longas (400 milésimos de segundo).[9] Essa variabilidade, por sua vez, está ligada a uma série de fatores em relação a diferenças individuais nas estratégias cognitivas de tratamento de informação. Em geral, se forçarmos alguém a fazer menos fixações, fixações mais curtas, e a voltar menos para trás, a consequência só pode ser uma extração empobrecida de informação, ou seja, o preço do lucro anula o lucro. A única maneira verdadeiramente eficaz de obter uma mudança nos padrões oculares na leitura, portanto, é fazer progredir a capacidade de leitura.

ESPINOSA – Mas por que é necessário fazer tantas fixações, por que não se pode apreender toda a informação contida numa linha numa única imobilização do olhar?

O PSICÓLOGO – Essencialmente por causa da redução muito rápida da acuidade a partir de cada lado do ponto de fixação, redução essa ligada à distribuição das células receptoras (cones e bastonetes) na retina. O máximo de acuidade tem lugar na região fóvea, que corresponde a cerca de 2º de ângulo em torno do ponto de fixação. A região parafóvea estende-se em seguida até 5º, e além desse ponto fala-se de região periférica. Quando ocorre uma única fixação, percebemos muitas vezes uma palavra, às vezes duas, e mais raramente três palavras, desde que sejam bem curtas. Digamos que, para uma escrita que se lê da esquerda para a direita, podemos identificar a parte de texto que se estende de quatro caracteres à esquerda do ponto de fixação até sete caracteres à direita.[10]

JAVAL – Suponho que essa assimetria não está ligada às propriedades da retina.

O PSICÓLOGO – Não, claro, trata-se de um efeito atencional ligado à direcionalidade da leitura. O campo perceptivo dos leitores bilíngues francês-hebraico (você sabe que o hebraico se escreve da direita para a esquerda) é mais extenso à direita quando eles leem um texto em francês, mas mais extenso à esquerda quando leem um texto em hebraico.[11]

ESPINOSA – Descreva para nós as novas técnicas...

O PSICÓLOGO – A questão é saber quanto e que tipo de informação se pode extrair da visão parafóvea. Para isso, elaborou-se uma técnica que permite mudar o texto em virtude dos movimentos oculares do leitor. A "janela móvel" é uma variante dessa técnica.[12] Vejam esta figura [Figura 20]. A linha de texto só é intacta dentro de uma janela cujo comprimento é fixado pelo experimentador, e o resto da linha, fora da janela, é substituído por uma sequência de "x" não informativos. A janela é centralizada no ponto que o leitor fixa e ela se desloca para a direita com a progressão das fixações. Quando, após efetuar uma "sacada", o leitor fixa um ponto correspondente a *n* caracteres para a direita do ponto de fixação precedente, a janela foi simultaneamente deslocada na mesma proporção que o número de caracteres, de tal modo que ela acompanha sem falha os movimentos oculares do leitor.

JAVAL – Isso vai perturbar muito a leitura, não?

O PSICÓLOGO – Quase nada! Isso praticamente não afeta a velocidade da leitura. O comprimento da janela tem uma influência, mas os limites da capacidade de leitura são rapidamente atingidos. Se a fixação corresponde *grosso modo* a uma palavra, a velocidade de leitura é cerca de duzentas palavras por minuto. Se ela permitir visualizar cerca de duas palavras, o número de palavras lidas por minuto aumenta 50%. Acima disso, o efeito sobre a velocidade de leitura é fraco: uma fixação correspondente a três palavras só permite um aumento suplementar da velocidade de leitura de 10%. Por outro lado, se a informação sobre a delimitação das palavras pode ser obtida numa janela que vai até 14 ou 15 caracteres para a direita, a informação sobre a significação só pode ser extraída numa janela muito mais estreita (três a seis caracteres para a direita).

ESPINOSA – Suponho que a informação fóvea é particularmente importante para o processo de leitura.

O PSICÓLOGO – Sem dúvida! Se apresentarmos todo o texto normalmente, com exceção de sua parte central, escondendo os três caracteres à esquerda do ponto de fixação, assim como os três caracteres à direita, em outros termos, quando a leitura só pode ser feita utilizando a informação fóvea, a velocidade de leitura cai brutalmente de 330 palavras por minuto para somente 12 palavras.

ESPINOSA – Na realidade, que parte das palavras é fixada?

JAVAL – Dada a assimetria do campo útil, fixa-se provavelmente cada palavra próxima ao seu meio, ligeiramente à esquerda, não é?

A. Texto normal
Na leitura corrente, as palavras são fixadas uma a uma.

B. Janela de 13 caracteres (espaços preenchidos)
xxxxxxxleitura correxxxxxxxxxxxxxxxxxxxxxxxxxxxxxxxx
F
xxxxxxxxxxxxa corrente, lxxxxxxxxxxxxxxxxxxxxxxxxxxx
F

C. Janela de 13 caracteres (espaços preservados)
xxxx xx leitura correxxx, xxx xxxx xxxx xxxxx xx x xx
F

xxxx xx xxxxxxa corrente, lxx xxxx xxxx xxxxx xx x xx
F

FIGURA 20 – Na técnica da janela móvel, a linha de texto apresentada em A pode tomar a forma indicada em B ou em C, conforme os espaços sejam, além das letras, substituídos ou não por "x". F indica o ponto de fixação (adaptado de Balota & Rayner[13]).

O PSICÓLOGO – Exatamente, e a tendência à assimetria aumenta com o comprimento da palavra. Assim, reconhece-se melhor uma palavra de 11 letras quando se fixa a terceira ou a quarta letra do que quando se fixa outro ponto.[14] O fato de as primeiras letras serem em geral mais informativas que as outras provavelmente contribui para essa assimetria.

ESPINOSA – Examinemos, entretanto, a leitura de um ponto de vista um pouco mais dinâmico. Compreendo que é importante avaliar o que se pode extrair do texto a partir de uma única fixação, mas, já que nós lemos realizando uma série de fixações, é igualmente importante, se não mais, saber como nós integramos essas diferentes informações.

O PSICÓLOGO – Essa é uma boa questão. De fato, a informação extraída nas fixações sucessivas não é simplesmente adicionada. A visão parafóvea de uma palavra prepara o tratamento que será realizado sobre essa palavra quando da fixação seguinte. Para estudar esse problema, os cientistas utilizam a técnica chamada "fronteira".[15] No momento da "sacada", a palavra apresentada em visão parafóvea sofre uma mudança. Retomemos a frase que citei antes como exemplo: "Na leitura corrente, as palavras são fixadas..." etc. Suponhamos que no momento em que o leitor fixa "corrente", havia "dois" no texto em lugar de "palavras". No momento em que a "sacada" atravessa a fronteira que faria que "dois" não estivesse mais em visão parafóvea mas em visão fóvea, substituímos "dois" por "palavras". Se o comportamento do leitor não é afetado pela mudança, isso significa que ele não pôde extrair nada de "dois" enquanto "dois" se encontrava em visão parafóvea. Em compensação, se a duração da fixação seguinte for afetada, isso significa que a visão parafóvea traz normalmente uma informação que permite encurtar o tratamento seguinte. Vocês estão vendo as utilizações que podem ser feitas dessa técnica... Podemos notadamente realizar mudanças parciais no momento da "sacada", de modo a colocar em evidência o tipo de informação que se extrai de uma palavra em visão parafóvea. Assim, constatou-se que, no momento da "sacada", se substituirmos "palavras" por "PALAVRAS" ou vice-versa, ou mesmo "pAlAvRaS" por "PaLaVrAs", não se observa nenhuma diferença no comportamento do leitor em relação à situação (que chamamos controle) na qual não há qualquer mudança na palavra.[16]

JAVAL – Compreendo... Esse resultado é sensacional! Mostra que o que é utilizado da visão parafóvea e integrado no tratamento fóveo seguinte não é uma representação puramente física da palavra, mas uma representação mais abstrata sobre a identidade da palavra ou das letras que a constituem.

O PSICÓLOGO – Esse não é o único resultado sensacional. Suponha que a palavra apresentada em visão parafóvea era *moka*. Sua substituição por "*mots*" afeta menos a leitura do que se, antes de "*mots*", houvesse algo totalmente diferente em visão parafóvea, por exemplo "*cave*". Isso mostra que a identidade das primeiras letras pode ser analisada em visão parafóvea. Em compensação, basta que a primeira letra não seja mais a mesma (por exemplo, no caso em que "*pots*" substitui "*mots*") para que toda a vantagem da visão parafóvea seja perdida.[17] Por outro lado, mesmo que a informação extraída em visão parafóvea seja suficientemente abstrata para permitir especificar a identidade da palavra, ela não é suficiente para representar suas propriedades semânticas. Assim, a visão parafóvea de *dança* não permite qualquer encurtamento da visão de *canção*, apesar da existência de uma relação semântica entre as duas palavras, em relação ao caso em que se apresentasse *mesa*, que não tem qualquer relação semântica com *canção*.[18] Esse tipo de observação sugere que não ocorre nenhum tratamento semântico das palavras fora da região estreita da fóvea. O tratamento semântico sistemático de um texto, levando à compreensão, exige que todas as palavras ou quase todas sejam fixadas uma a uma. Nenhum treinamento para a leitura rápida pode superar essa dificuldade. Pedimos a estudantes de cursos de leitura rápida que lessem textos para nós e registramos seus movimentos oculares. A menos que as palavras críticas não tenham sido fixadas, esses sujeitos revelaram-se incapazes de responder às questões de compreensão que implicavam a identificação dessas palavras.[19] Nenhum treinamento nos torna capazes de compreender uma palavra que não tenhamos lido.

JAVAL – Mas será que o contexto que precede cada palavra, e que por conseguinte já foi tratado, não pode ser utilizado para reduzir o tempo de tratamento dessa palavra, e portanto a sua fixação?

O PSICÓLOGO – Naturalmente que sim. E não só o contexto da frase. A frequência de uso da palavra na língua tem também uma influência. Mas essa influência não é grande, a diferença entre o tempo de fixação das palavras frequentes e o tempo de fixação das palavras raras é de apenas 30 milésimos de segundo.

ESPINOSA – E como são determinadas as "sacadas", o que é que influencia a distância que elas vão percorrer?

O PSICÓLOGO – Inicialmente, é preciso saber que elas são movimentos balísticos. Uma vez iniciadas, nada as detém, não há meio de corrigi-las. Mas o comprimento do movimento é influenciado por vários fatores. Um deles é o comprimento da palavra seguinte. Quando essa palavra é longa, o olho dá um salto maior do que quando é curta.[20] Portanto, o sistema que controla a atividade ocular parece realizar um cálculo que leva em conta os limites da palavra. As variáveis ligadas à língua podem também desempenhar um papel.[21] Com efeito, as palavras que podemos facilmente prever com base no contexto frásico prévio são fixadas menos frequentemente que as palavras menos previsíveis. Ocorre frequentemente que se tenha necessidade de fixar mais de uma vez uma mesma palavra. Quanto às regressões, elas são mais prováveis quando a palavra fixada é incompatível com a análise prévia da frase, acarretando portanto uma reavaliação desta última. Enfim, a duração das fixações mostra, certamente de modo mais claro que o comprimento das "sacadas", os aspectos mais tipicamente linguísticos do tratamento. Ela é afetada por variáveis morfológicas (trata--se de um verbo ou de um substantivo?) e lexicais (por exemplo, o número de significações da palavra). Ela é afetada também pela dificuldade do tratamento sintático e semântico.[22] A duração da fixação de um pronome aumenta com a distância na frase entre esse pronome e o nome correspondente lido previamente.[23] As fixações são mais longas no fim das frases do que no meio, o que provavelmente reflete em parte a carga devida ao tratamento adicional necessário à integração dos componentes da frase.[24]

ESPINOSA – É maravilhoso tudo o que se faz ao ler! A riqueza das determinações do nosso comportamento ocular é espantosa, ao passo que só temos uma consciência muito fraca desses movimentos.

O PSICÓLOGO – Mesmo que o controle dos movimentos na leitura seja amplamente inconsciente e automatizado, trata-se de um controle cognitivo, realizado por um sistema que aprendeu a considerar certo número de propriedades da língua, inclusive a forma ortográfica e a forma física das palavras.

Espinosa, Javal e o psicólogo deixaram o Café dos Marranos da Razão com um profundo sentimento de admiração pela complexidade (e a harmonia, a coerência, pensava também Espinosa) do sistema cognitivo que se manifestava em tais comportamentos. A atividade óculo-motriz que ocorre durante a leitura revela uma atividade mental muito importante à qual não podemos ter acesso pela introspecção. Lendo um texto, utilizamos, sem saber, um mecanismo de comando dos movimentos oculares muito bem adaptado às propriedades físicas e linguísticas do texto. Entretanto, as limitações da apreensão de informação durante a leitura são enormes porque nossa acuidade só é suficiente para uma parte muito estreita do campo visual. Portanto, nós tratamos cada palavra. Definitivamente, ler não é sobrevoar.

Quando estavam saindo, o psicólogo reconheceu um homem que se preparava para entrar. "Ah, meu caro Sigmund, é você?"

O SISTEMA EM PEDAÇOS

> A menos que cada letra seja vista normalmente por duas vias, uma que permita percebê-la como um objeto visual comum, e outra como um símbolo de fala.
>
> S. Freud,
> *Sobre a afasia*: um estudo crítico, 1891.

Essa frase que acabam de ler foi escrita por Freud na sua primeira vida, a de jovem afasiologista, num ambicioso ensaio teórico sobre os distúrbios da linguagem. Ele de fato duvidava de que a leitura implica as duas vias mencionadas na frase. Estava errado num sentido. Mas tinha razão quando escrevia, no mesmo ensaio, que "a leitura ... é uma função complexa que pode ser afetada por uma grande variedade de lesões".[25] As páginas que seguem pretendem demonstrar isso.[26]

A capacidade de leitura é exercida, no início, sobre um estímulo físico. A primeira informação extraída durante a fixação diz respeito às propriedades puramente físicas desse estímulo. A presença de linhas, retas, curvas, verticais, horizontais, oblíquas, longas ou curtas deve ser registrada. Esse trabalho de análise visual não é específico da palavra escrita. Ele se exerce da mesma maneira sobre outros estímulos visuais. Ainda não pertence propriamente à capacidade de leitura, mas esta última o pressupõe. Por conseguinte, uma lesão que afete a análise visual afeta inevitavelmente o exercício da capacidade de leitura. Pelo menos dois tipos de dislexia adquirida (isto é, que atinge um leitor hábil, por oposição à dislexia de desenvolvimento, que se manifesta durante a aprendizagem da leitura) estão provavelmente ligados a lesões do sistema de análise visual. Trata-se da *dislexia visual*, em que os erros de leitura do paciente mostram uma semelhança visual com as palavras escritas apresentadas, e da *dislexia de negligência* em que o paciente se engana sistematicamente sobre certas partes (geralmente a parte inicial) das palavras escritas ou então as ignora.

A análise puramente visual das letras seria insuficiente para levar à identificação das palavras que as contêm. Uma mesma letra pode assumir muitas aparências físicas diferentes, em virtude principalmente da escolha entre maiúsculas e minúsculas, da escolha dos caracteres, e (para as letras manuscritas) da grande variedade das caligrafias individuais. O subsistema de análise visual geral não pode extrair a identidade de uma letra de todas as suas formas físicas possíveis. Para isso, é necessário um subsistema que possua o conhecimento da identidade abstrata das letras (A, A, A, **A**, a, a, a, **a** pertencem todas à mesma categoria linguística). O primeiro caso de dislexia adquirida descrito na história, pelo que sei, é o de um homem ferido durante uma batalha, e que parece ter conservado a capacidade de análise visual precoce, mas perdido o conhecimento das letras. Segundo o Sieur Chanet, que escrevia em 1649, esse homem era capaz de copiar letras, mas "não só esqueceu seu nome ... como também toda sorte de palavras, até não conhecer mais nenhuma letra do Alfabeto".[27]

As letras nas palavras são tratadas simultaneamente, em paralelo. O tratamento em paralelo das letras pode ser seletivamente afetado por uma lesão cerebral. Assim, na *leitura letra-por-letra*, o paciente só consegue ler corretamente a palavra inteira depois de soletrar cada uma das letras.[28] Esse déficit perturba a utilização das representações abstratas das letras na ativação de unidades ortográficas mais longas (sílabas, por exemplo).

Em outra forma de dislexia, chamada *dislexia atencional*,[29] a identificação em paralelo das letras é preservada, mas a codificação das posições respectivas das letras pode sofrer interferências. A leitura de palavras isoladas é muitas vezes correta, mas a leitura das mesmas palavras apresentadas juntas leva a muito mais erros, em razão de "migrações" de letras de uma palavra para outra, por exemplo o par de palavras SEAU VERT pode levar à resposta SERT (é interessante constatar que as letras migrantes geralmente conservam a posição que tinham na palavra de origem). Por outro lado, quando se pede a esses pacientes que identifiquem a letra que ocupa determinada posição numa palavra, eles tendem a indicar outra letra da mesma palavra. A dificuldade desses pacientes poderia ser a de manter uma "janela atencional" estável. Quando há informação demais a tratar (mais de uma palavra para ler ou uma letra para identificar quando essa letra se acha numa palavra), o leitor não consegue mais focalizar eficazmente sua atenção.

Além de codificar corretamente a posição das letras na palavra (de outro modo CAL e LAC poderiam ser confundidos), o leitor leva em consideração regras que governam a sequência das letras. Nem toda combinação de letras é aceitável pelos leitores de uma língua particular. Assim, um leitor francófono jamais aceitaria que uma sequência de letras como "xpulr" pudesse constituir uma palavra. Em compensação, mesmo não reconhecendo "apule" como palavra, ele admitiria que essa sequência de letras, que ele pode facilmente pronunciar, poderia constituir uma palavra (daí a expressão "pseudopalavra", para designar essas não palavras); em outros termos, "*apule*" obedece às regras fonotáticas de formação das palavras.

A ideia de que a arquitetura do sistema de leitura comporta um subsistema de representações ortográficas, isto é, sequências de letras aceitáveis na língua, foi reforçada por dados obtidos por meio de uma técnica que permite visualizar o grau de atividade metabólica das áreas do cérebro implicadas numa atividade mental (tomografia por emissão de pósitrons, ou TEP).[30] Com efeito, enquanto uma área relativamente posterior (mais exatamente, ocípito-temporal) do hemisfério direito é ativada tanto por palavras como por pseudopalavras e por sequências "ilegais" de consoantes, uma outra área, no hemisfério esquerdo, é ativada tanto por palavras como por pseudopalavras, mas não por sequências de consoantes. Tal subsistema só compreende, portanto, as formas ortográficas das palavras. Sua função é aparentemente de efetuar a codificação ortográfica da informação escrita, ou seja, como sequência aceitável do ponto de vista das convenções de escrita da língua, independentemente do fato de a sequência constituir ou não uma palavra. Por outro lado, o fato de esse subsistema de representação ortográfica depender do hemisfério esquerdo sugere que ele se desenvolveu em estreita conexão com as representações fonológicas dos segmentos de fala correspondentes.

A noção de representação mental da forma ortográfica das palavras não é recente, mas os grandes neurologistas do fim do século passado que se debruçaram sobre os distúrbios da leitura não se mostraram unânimes a esse respeito. Os franceses Charcot, em 1883, e Dèjerine, em 1891, recorreram a essa noção para explicar o comportamento de leitura de pacientes que eles estudaram, mas Wernicke, um pouco mais tarde, tratou esses casos como exceções e afirmou que existem "imagens de memória" unicamente para as letras, e não para palavras inteiras. Wernicke recusava a noção de um léxico mental de natureza ortográfica porque, para ele, a leitura ocorria convertendo sequências de letras em sons.

A compreensão das dislexias adquiridas conheceu um desenvolvimento extraordinário nos últimos vinte anos. Operou-se uma guinada realmente revolucionária com a utilização de modelos teóricos da psicolinguística cognitiva e dos métodos experimentais no exame de pacientes disléxicos. Em compensação, os resultados obtidos com esses pacientes levaram a um refinamento dos modelos teóricos. John Marshall e Freda Newcombe ficarão na história da neuropsicologia por terem posto em evidência a *dislexia profunda* e a *dislexia de superfície*, duas patologias bastante raras mas altamente informativas sobre os diferentes mecanismos utilizados na leitura de palavras.

A característica mais aparente da dislexia profunda[31] é a ocorrência de erros semânticos. O paciente pode ler "sábado" por "domingo", quando a semelhança tanto ortográfica como fonológica entre as duas palavras é praticamente inexistente (ver a descrição do caso de Samuel na "Introdução"). O paciente pode também emitir uma paráfrase ou uma ideia associada, por exemplo "ir à escola" por "aprender". Um paciente que meus colegas e eu examinamos dizia, tentando ler a palavra MARIDO: "Ele, o homem, o homem da mulher, o cara, ora...". Outra característica maior da dislexia profunda é a leitura extremamente pobre de pseudopalavras. A incapacidade de ler pseudopalavras atesta um sério distúrbio do processo de conversão grafofonológica. Esses pacientes não mostram uma leitura melhor de palavras regulares em relação a palavras irregulares nem uma tendência a fazer regularizações. Esse conjunto de fenômenos, inclusive o fato de que eles não parecem perceber a disparidade fonológica muito importante entre algumas de suas respostas e a palavra que devem ler, indica que a via fonológica é inutilizável nos disléxicos profundos.

A explicação exata dos erros semânticos cometidos por esses pacientes ainda é objeto de debates. A ideia de um distúrbio adicional no sistema semântico ou no acesso a este é que justificou a caracterização dessa forma de dislexia como "profunda". Não tratarei dessa questão aqui. Deve-se observar, por outro lado, que certos pacientes que apresentam um sério distúrbio do processo de conversão grafofonológica não cometem absolutamente qualquer erro semântico. Eles são chamados *disléxicos fonológicos*. Essa patologia altamente seletiva foi inicialmente descrita por Marie-France Beauvois e Jacqueline Dérouesné em 1979.[32]

O fato de que os disléxicos fonológicos não conseguem ler corretamente todas as palavras que deviam conhecer sugere que a via fonológica pode ser indispensável para uma leitura plenamente eficaz. Por outro lado, apesar da gravidade do distúrbio da via fonológica, esses pacientes, assim como os disléxicos profundos, conseguem ler um grande número de palavras, o que significa que é possível ler palavras sem juntar as pronúncias das letras ou dos grupos de letras. A forma ortográfica das palavras pode ser reconhecida sem que haja mediação fonológica nesse processo. O conjunto das representações mentais da forma ortográfica das palavras é o que nós chamamos de léxico ortográfico.

A dislexia de superfície,[33] por sua vez, parece refletir um distúrbio do léxico ortográfico. Os erros cometidos por esses pacientes durante a leitura de palavras foram inicialmente interpretados também como resultantes, em parte, de uma má aplicação das regras de correspondência grafema-fonema. É por essa razão que foi proposto o qualificativo "de superfície". Entretanto, as características teoricamente importantes da dislexia de superfície são: que esses pacientes leem palavras e pseudopalavras quase no mesmo nível de *performance*; que muitos erros na leitura de palavras não formam palavras; que as palavras regulares são lidas muito melhor que as irregulares, e que a leitura de palavras irregulares frequentemente dá lugar a regularizações. Esse tipo de comportamento em leitura pode ser explicado pela utilização predominante, ou até exclusiva, da via fonológica, e pela incapacidade de reconhecer as palavras com base apenas em suas propriedades ortográficas.

O estudo de pacientes disléxicos, vale dizer, de sistemas individuais que têm determinadas "peças" com defeito ou desconectadas de outras "peças", permite, como vimos, especificar algumas das peças mais importantes do sistema normal de leitura. A Figura 21 esquematiza os constituintes do sistema que foram considerados na presente descrição.

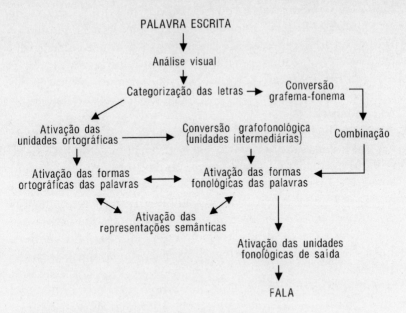

FIGURA 21 – Modelo do sistema de leitura de palavras.

A palavra escrita sofre uma análise visual não específica, ou seja, como qualquer outro objeto visual. Em seguida, são categorizadas as letras que o constituem. O resultado dessa operação alimenta tanto um subsistema de extração das unidades ortográficas como um subsistema de conversão grafema-fonema. A partir daqui, duas vias são operacionais.

Na via que eu chamo de "ortográfica" (à esquerda na figura), o subsistema chamado das unidades ortográficas engloba unidades mais amplas que a letra. Poderíamos considerar o grafema a primeira dessas unidades. O dígrafo CH, por exemplo, é um grafema, porque é lido como um único fonema, seja [ʃ], como em "*chameau*", seja [k], como em "*orchestre*". A inclusão desse subsistema das unidades ortográficas não é sugerida pelos dados da patologia descritos acima, mas sim pelos resultados da tomografia por emissão de pósitrons e por um número importante de estudos experimentais sobre leitor normal, que veremos na seção seguinte. O fato de haver, por ocasião de registros por TEP, uma área cerebral que reage a sequências de letras que são ortograficamente "legais", quer essas sequências sejam ou não palavras, mas que não responde a sequências "ilegais", impõe considerar a existência de uma estrutura entre as representações das letras e as representações das palavras. As unidades ortográficas servem à ativação das formas ortográficas das palavras, e estas por sua vez levam à ativação das representações semânticas e das representações fonológicas correspondentes.

No primeiro estágio da via fonológica (ver a parte direita da Figura) as letras são agrupadas em grafemas (não com base na familiaridade ortográfica, mas nas regras de pronúncia), e estes são convertidos em representações de fonemas. Os fonemas, por um processo de combinação, servem à ativação das formas fonológicas das palavras que, por sua vez, levam à ativação das representações semânticas e ortográficas correspondentes. Mas, já que admitimos a existência de unidades ortográficas mais amplas que a letra e o grafema, é plausível que as representações dessas unidades ativem também, diretamente, as unidades fonológicas suprafonêmicas correspondentes (chamadas unidades intermediárias na figura). Como se pode ver na parte inferior da figura, a leitura em voz alta (ou pronúncia) da palavra supõe uma ativação de seus constituintes fonológicos (ou unidades fonológicas de saída) a partir de sua forma fonológica global. Enfim, pode-se notar que liguei por flechas duplas os três tipos de representação das palavras, ortográfico, fonológico e semântico, a fim de exprimir o fato de que essas representações estão em mútua interação.

De maneira aproximativa, pode-se dizer que no disléxico de superfície a ativação das formas ortográficas das palavras é perturbada, enquanto no disléxico profundo ou fonológico a lesão afeta a conversão grafema-fonema. Existe "dupla dissociação", no sentido de que num paciente é uma via que está danificada, enquanto em outro é outra via que não pode funcionar eficazmente. No leitor normal, naturalmente, as duas vias estão disponíveis.

Por uma questão de simplicidade, não foi evocada até aqui a distinção entre um léxico ortográfico de entrada (que intervém no reconhecimento de palavras escritas) e um léxico ortográfico de saída (que intervém na escrita de palavras), assim como a distinção entre um léxico fonológico de entrada (que intervém no reconhecimento de palavras faladas) e um léxico fonológico de saída (que intervém na leitura em voz alta, assim como na produção oral de palavras). O leitor viu as coisas de maneira correta se suspeitou da existência de uma disgrafia de superfície, implicando que o léxico ortográfico de saída está perturbado (esses pacientes podem escrever, por exemplo, "*ramo*" por "*rameau*"), e de uma disgrafia fonológica, que põe fora de circuito o processo de conversão fonema--grafema – o inverso do processo de conversão grafema-fonema utilizado em leitura (esses pacientes são incapazes de escrever pseudopalavras).

O sistema de leitura, por sua vez, faz parte de um sistema mais geral consagrado ao conjunto das funções linguísticas. Frequentemente, o distúrbio de uma parte pode ser superado pelo recurso a estratégias que fazem intervir outras partes. A título de ilustração, evoquemos aqui o caso de uma jovem de vinte e seis anos que sofreu um acidente vascular cerebral alguns dias depois de ter dado à luz seu terceiro filho, caso que foi descrito por Bramwell em 1897.[34] Após algumas semanas de recuperação, ela era capaz de ler e escrever, e falava corretamente; mas era totalmente incapaz de compreender o que lhe diziam, embora não tivesse ficado surda (ela própria dizia: "Não é estranho que eu possa ouvir o tique-taque do relógio e não ouvir quando vocês falam?"). Felizmente para ela, essa mulher encontrou o meio de compreender seus interlocutores. Depois de ouvir uma frase, ela era capaz de repeti-la, em seguida a escrevia, e depois relia, o que lhe permitia compreender. Vejam a Figura 22, na qual é possível seguir a longa viagem mental (com paradas em "pousadas" comportamentais) que essa pessoa era forçada a fazer. O itinerário é indicado pelas flechas em negrito. O percurso em flechas mais finas pode ser considerado opcional ou trazendo uma ajuda não indispensável.

Dada a aparente ausência de dificuldade para escrever palavras irregulares, isto é, aquelas que não respeitam as regras de correspondência fonema-grafema, podemos pensar que essa paciente não seguia o caminho mais à esquerda (que leva do sistema de análise acústico-fonético para o nível de representação dos constituintes fonológicos para a produção da fala, e prolongada pela utilização da conversão fonema-grafema), mas sim a via mais eficaz (sem ser um atalho) que vai do sistema de análise acústico-fonética ao léxico fonológico de entrada (na Figura, o termo "formas das palavras" é utilizado como sinônimo de "léxico"), deste ao léxico fonológico de saída, e deste ao léxico ortográfico de saída. Notemos que, qualquer que seja o caminho seguido até aqui, a repetição em voz alta da frase não parece estritamente necessária. Entretanto, a repetição pode ajudar a paciente, permitindo-lhe notadamente certificar-se (pela reação do interlocutor) de que a frase ouvida é mesmo aquela, e oferecendo-lhe uma ocasião suplementar de análise acústico-fonética.

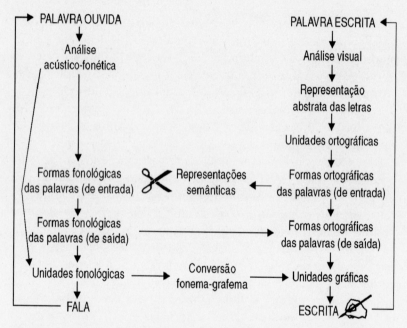

FIGURA 22 – Processos utilizados pela paciente de Bramwell para compreender o que lhe diziam.

Continuemos nossa viagem mental. A ativação do léxico ortográfico de saída leva à dos constituintes ortográficos para a escrita (vamos chamá-los de "unidades gráficas") e, por processos de execução, ao ato de escrita. A paciente de Bramwell pode ler palavras escritas. Ela pode utilizar sua via ortográfica e, por meio do léxico ortográfico de entrada, ativar o sistema semântico. Enfim, ela compreende...

Passei algumas páginas descrevendo perturbações da capacidade de leitura. A título de compensação, eis aqui um caso em que as capacidades de escrita e de leitura normais podem ajudar a superar um *handicap* em outro componente do sistema global, neste caso a compreensão da linguagem falada.

A LEITURA DOS ADULTOS CONTADA ÀS CRIANÇAS

> As palavras se propõem aos homens como coisas a decifrar.
> M. Foucault
> *As palavras e as coisas.*

No País Imaginário, onde jamais se cresce, também existem bibliotecas. É lá que Wendy, nas noites em que lhe falta imaginação, vai buscar elementos para saciar a curiosidade inesgotável de todo o grupo. Peter (Pan é o seu sobrenome) e Jean, os únicos que, além de Wendy, sabem ler, às vezes a ajudam. Um livro causou sensação durante algumas semanas. Se foi necessário tanto tempo para chegar ao fim, não foi por falta de interesse, mas por causa dos dias estafantes que passaram maltratando o Capitão Gancho e o Barrica. Esse livro chamava-se *A leitura dos adultos contada às crianças*, de autor desconhecido. Eis aqui os principais trechos, acompanhados de algumas peripécias.

AS LETRAS E AS PALAVRAS

Assim como nós, os adultos leem palavras que são grupos de letras. Suas palavras também são formadas a partir das vinte e seis letras do nosso alfabeto, mas eles conseguem ler muito mais palavras do que nós. Parece que eles conhecem facilmente mais de cinquenta mil. Além disso, eles leem numa velocidade alucinante. Viu, leu!

Eles passam tão depressa sobre as palavras que até podemos perguntar: o que eles fazem das letras? Será que as veem? É tão fantástico que alguns já pensaram que os adultos não veem as letras, que eles leem as palavras diretamente, sem passar pelas letras.[35] Pensaram que os adultos leem as palavras baseando-se nas suas formas globais, seus contornos diferentes. Assim as palavras de quatro letras como "*lard*" (toucinho) [um dos meninos perdidos fez "miam"], "*foie*" (fígado) [puahh!], "*pain*" (pão), "*oeuf*" (ovo), "*chou*" (repolho), "*café*" [os cílios da excitada Sininho tremeram], "*thon*" (atum) e "soja", têm todas elas formas globais diferentes umas das outras. Em "*lard*", há segmentos ascendentes no começo e no fim, em "*foie*" somente no começo, em "*pain*" o segmento inicial é descendente etc. Mas, se apenas a forma global fosse considerada, como poderiam eles distinguir "*lard*" de "*lait*" (leite), que têm ambos segmentos ascendentes no começo e no fim?

Na realidade, a forma global desempenha um papel mínimo no reconhecimento das palavras escritas pelos adultos. QuAnDo LHeS DamOs TExtOs pArA LeR cOm uMa AlTeRnÂnCiA De MaIúScUlAs E MiNúScUlAs ElEs NãO FiCaM MuItO PeRtURbAdOs. Eles se adaptam rapidamente. Deve-se concluir que a forma global das palavras tem pouca importância. Mesmo a forma física concreta de cada letra é rapidamente convertida numa representação abstrata de sua categoria. Foram feitas experiências em que os adultos deviam ler textos desse tipo, e constatou-se que eles manifestavam uma grande habilidade para fazer abstração da forma física das letras, após um treinamento relativamente curto.[36] Se a leitura das palavras não passava pela categorização perceptiva das letras, é difícil ver como esses sujeitos poderiam aprender a reconhecer tão depressa palavras cuja aparência física era totalmente inabitual.

– O que é categorização perceptiva?, pergunta Michel.

– Se compreendi bem, responde Wendy, é o que nos permite ver um A com pernas longas e finas [A] e um A cuja cintura é uma barriga estufada [A] como a mesma letra; que nos permite também ver o Capitão Gancho como o mesmo homem, quer ele pareça arrogante ou enfurecido, quer ele lance olhares ternos para convencer Sininho a lhe entregar Peter, ou esteja assustado e infeliz ao ouvir o terrível tique-taque que anuncia a aproximação do crocodilo.

– E a minha sombra?, pergunta Peter, que tentava conservá-la bem colada a seus pés, será que podem me confundir com ela?

Sininho se agita; não diz nada porque não fala, mas tendo estudado filosofia, ela pensa: "Sua sombra faz parte das sombras, e você faz parte dos meninos que voam, como eu das meninas que voam. A categoria das sombras e dos seres que voam não são categorias perceptivas mas conceituais".

Wendy, sem saber o que responder a Peter, opta por continuar a leitura:

As letras de uma palavra são categorizadas em paralelo. Monique Radeau, pesquisadora da universidade de Bruxelas, e seus colaboradores mostraram isso mandando classificar palavras como "*spaghetti*" e "*voyageuse*" como masculinas ou femininas. Se você consultar o dicionário, constatará que, quando chega à quarta letra (o "g"), partindo do começo da palavra, a sequência inicial "*spag*" só é compatível com a palavra "*spaghetti*". Em outros termos, teoricamente, você não precisa ler o resto da palavra para saber que se trata de "*spaghetti*". Mas para "*voyageuse*", você precisa ir até a oitava letra (o "s") para ler "*voyageuse*" e não "*voyageur*". Será que o leitor identifica as letras das palavras de maneira sequencial, começando pela primeira? Pois bem, não! Constatou-se que o tempo gasto pelo leitor para encontrar o gênero de um substantivo apresentado por escrito não depende da posição precoce ou tardia da letra a partir da qual a palavra poderia ser reconhecida.[37] Entretanto, se fizermos a experiência apresentando as mesmas palavras oralmente, constatamos que o ouvinte encontra muito mais rapidamente o gênero do substantivo quando a posição ocupada pelo "pequeno som" crítico é precoce do que quando é tardia (no exemplo, o [p] e o [ʒ], respectivamente).[38] O ouvinte pode tirar proveito do fato de que a palavra se desenvolve no tempo. Em compensação, o leitor tira proveito da apresentação simultânea das letras de uma palavra categorizando-as em paralelo.

O que acontece exatamente durante esse tratamento em paralelo? As representações abstratas das letras ativam unidades ortográficas mais amplas que a letra, e estas ativam representações ortográficas de palavras. Todos esses conjuntos de representações são de fato grandes enxames de vaga-lumes.

Sininho aproxima-se de Wendy, manifestando um vivo interesse.

Tomemos, por exemplo, o léxico ortográfico. Se pudéssemos entrar no cérebro de um adulto quando ele está lendo, veríamos o enxame cintilar brilhar com uma luz sempre cambiante. Ele é constituído de uma multidão de vaga-lumes, vaga-lumes com mil bracinhos, dando as mãos uns aos outros. Cada um brilha um pouco, brilha medianamente, brilha muito, brilha intensamente, ou não brilha nada. Em determinado momento, alguns luzem muito, outros pouco, e em outros momentos aqueles que antes luziam muito não luzem mais, e vice-versa. Assim, a cada forma ortográfica corresponde um padrão de luzes.

Dessa maneira, com um número fixo de vaga-lumes – poderíamos dizer também de células – os leitores podem representar dez palavras, mil palavras, ou ainda cem mil, e se for preciso até um milhão de palavras. Não há limites para o aumento do vocabulário. Imaginem que cada palavra seja uma célula, e que cada vez que eles aprendem uma palavra uma célula deve formar-se no cérebro, ou pelo menos estar disponível para essa palavra nova. Que bagunça e que falta de previdência! Não! É muito mais cômodo que todas as células já estejam lá. Elas já estão no nosso cérebro, no cérebro das crianças. Aparece uma palavra nova? Nada de pânico, basta que o enxame brilhe de uma maneira nova, diferente de todas as outras vezes. Isso é que é um conjunto de representações, e isso é que é um léxico ortográfico.

Sininho interroga-se: "Será que esses tais de vaga-lumes poderiam luzir tanto quanto ela? De qualquer modo, seria melhor que eles não existissem na ilha..."

Entre todos esses enxames há relações complexas. O enxame de letras envia energia ao enxame das unidades ortográficas mais amplas para fazê-lo luzir de determinada maneira, mas será que este último também envia energia ao primeiro? Simples devolução das coisas, para agradecer ou para importunar, não é educado bancar o indiferente ... Do mesmo modo, será que o léxico ortográfico envia pequenas cintilações aos níveis inferiores? Essa questão é muito importante. Será que os níveis infralexicais de tratamento são autônomos em relação ao léxico, ou o sistema é interativo?

Essa pergunta foi feita a propósito da categorização das letras. Já que esta é um pouco mais árdua quando há alternância entre maiúsculas e minúsculas, será que o efeito de alternância interage com variáveis lexicais, isto é, será que ele difere, por exemplo, conforme as palavras sejam utilizadas frequentemente ou raramente na língua? Pois bem, o efeito de alternância não interage com a frequência de uso das palavras.[39] Os enxames das letras parecem então autônomos em relação aos enxames das palavras.

Entretanto, os enxames das letras não seriam autônomos em relação aos enxames das unidades ortográficas mais amplas. O efeito de alternância interage com a medida na qual a sequência de letras respeita as associações habituais entre as letras: por exemplo, quanto mais uma sequência é bem-constituída, mais a apresentação alternada interfere sobre a habilidade para decidir que essa sequência não forma uma palavra.[40] O conhecimento dos padrões ortográficos da língua influencia portanto a categorização das letras. Por outro lado, pode-se pensar que, quanto mais a sequência de letras é coerente com esses padrões, mais chances haverá de que o tratamento das letras, antes mesmo de terminar, leve à ativação de unidades ortográficas mais amplas.

A propósito dos argumentos que os adultos utilizaram para julgar as relações entre as letras e as palavras na leitura, podemos perturbá-los um pouco. Embora pensem o contrário, os adultos não são menos crédulos que as crianças. Um dia, um deles tem uma ideia sedutora, veste essa ideia com argumentos persuasivos, a máquina da contaminação intelectual se põe em marcha, e anos depois, apesar do desmoronamento de outros castelos imaginários construídos com o mesmo tipo de peças, este ainda continua de pé. Foi exatamente o que ocorreu com a interpretação que eles deram sobre o efeito de superioridade das palavras.[41] Identificamos melhor uma letra (a "letra-alvo") se ela for apresentada numa palavra do que se for apresentada sozinha.

– Eu nunca erro meus alvos, onde quer que eles estejam, garante Peter peremptoriamente, roendo com gosto uma maçã.

A interpretação era de que os vaga-lumes das palavras, que recebem um primeiro toque de energia dos vaga-lumes das letras, reenviam ativação para os vaga-lumes das letras, de tal maneira que o padrão de ativação no nível dos vaga-lumes das letras, que antes disso era insuficiente para permitir a identificação completa da letra-alvo, depois disso é muito mais discriminativo.[42] Essa interpretação supõe portanto que o sistema é inteiramente interativo.

O que mais supõe essa interpretação, que de razoável se torna não plausível? Ela supõe que o sujeito pode tomar sua decisão sobre a identidade da letra examinando diretamente o enxame dos vaga-lumes das letras. Ora, nada é mais improvável. Os primeiros estágios da percepção são geralmente inacessíveis à consciência, esta é incapaz de ir fuçar em toda essa "maquinaria" complicada.

Peter, saboreando outra maçã, faz uma careta dubitativa, nada lhe é proibido.

Portanto, a fonte imediata da resposta do sujeito provavelmente não seja a informação expressa pelo enxame das letras, mas outro tipo de representação ao qual o sujeito pode ter um acesso consciente. A informação proveniente dos vaga-lumes das letras é enviada a uma outra estrutura, que recebe também informação proveniente dos vaga-lumes das palavras, e no qual o conjunto das informações pode interagir, influenciar-se mutuamente. Essa outra estrutura fornece os materiais para as decisões conscientes do sujeito. Em resumo, a informação expressa pelos vaga-lumes das letras sofre influências lexicais; entretanto, não se trata mais de um padrão de ativação do enxame das letras, mas de um novo tipo de representação (não um *fac-símile*, mas uma espécie de descrição). O enxame de letras é e permanece autônomo em relação ao enxame de palavras.

A interpretação tradicional do efeito de superioridade das palavras não levou na devida conta o fato de que esse efeito está na dependência de fatores atencionais. Os adultos identificam melhor uma letra numa palavra se prestarem atenção na palavra do que se prestarem atenção na letra-alvo.[43] Em outros termos, eles identificam melhor uma letra se explorarem intencionalmente informações contextuais. O próprio fato de que o efeito de superioridade das palavras tem um componente atencional permite pensar que esse efeito perceptivo é tardio, já que os processos perceptivos mais precoces são geralmente pré-atencionais, automáticos e obrigatórios. Quando se lê prestando atenção na palavra, é em detrimento da atenção na letra, e as informações provenientes do tratamento perceptivo precoce da letra são subestimadas pelo mecanismo de avaliação que fornece os dados para as decisões conscientes do sujeito. Em compensação, quando os adultos leem para corrigir provas, sua atenção é voluntariamente desviada dos aspectos significativos; é preciso opor a influência que o conhecimento lexical poderia ter sobre a percepção da letra para que a letra possa ser declarada desviante no contexto de uma palavra. Nessa tarefa, para poder comparar eficazmente a informação sobre a letra e sobre a palavra, é necessário que a letra e a palavra sejam primeiro avaliadas independentemente uma da outra.

No momento em que Michel, Jean e os outros garotos perdidos, pasmados, de queixo caído, deixavam ecoar em suas cabeças essas palavras notáveis, ouviu-se um clamor abafado pela distância, vindo do outro lado da ilha. Os sobreviventes do naufrágio do Truculento, um barco fretado por psicólogos cognitivistas para um congresso-cruzeiro, começavam a preparar seu festim: um pouco de picanha e algumas dezenas de piranhas.

ENTRE AS LETRAS E AS PALAVRAS

Já dissemos que entre as letras e as palavras existem unidades ortográficas das quais os adultos se servem para identificar as palavras. Ainda não sabemos exatamente quais são todos os tipos de unidades que intervêm nesse processo. Há o grafema, que às vezes se limita a uma letra, outras vezes estende-se para mais de uma letra. Também há com certeza o ataque e a rima, e a sílaba. É disso que vamos tratar.

Ao ataque? O quê? Quem?, diz Michel sobressaltado, porque já começava a sentir uma nuvenzinha de areia fina turvar-lhe os olhos.

O ataque e a rima são componentes da sílaba. Comecemos então por ver o que é uma sílaba. Se isto não fosse um texto mas uma conferência, neste momento o orador faria uma pausa, limparia a garganta, encolheria os ombros e, um tanto confuso, recomeçaria a falar meio baixo demais. Os adultos sabem o que é uma sílaba, mas não sabem defini-la. Já dissemos que os adultos utilizam as mesmas letras que nós e, portanto, também consoantes e vogais. Não existem palavras que sejam constituídas apenas de consoantes, e pouco numerosas são as palavras constituídas unicamente de vogais. As letras-vogais correspondem àqueles belos sons vocalizados, regulares, estáveis, que podemos emitir aproveitando bem nosso sopro e abrindo bem a boca. São os núcleos da fala, geralmente cercados de sons menos melodiosos – as consoantes – produzidos por bizarras configurações que fazemos com a boca. Os adultos, por sinal, chamam as vogais de núcleos, sem pensar que estão desmentindo a natureza, já que a parte suculenta, polpuda, carnuda de uma fruta não é o seu núcleo, que é um caroço.

Jean, que, apesar da pouca idade, já começava a interessar-se por física, protesta vivamente contra essa comparação: "Mas o que é que você conhece da natureza? O núcleo das partículas é em grande parte responsável pela massa, não?".

A sílaba tem portanto um núcleo, um polo de atração, que é a vogal, às vezes uma combinação de vogais. As consoantes rodeiam esse núcleo, e a dificuldade pode surgir do fato de que essas consoantes podem ser duas, três, e às vezes se pergunta a que sílaba pertence esta ou aquela consoante. O ataque e a rima também são determinados em relação ao núcleo. Aquilo que precede o núcleo se chama ataque; o núcleo e o mais que se segue constituem a rima. Mais exatamente, a rima é a unidade fonológica, e cada vez mais se utiliza o termo "corpo da sílaba" para referir-se à unidade ortográfica correspondente. Para evitar de entulhar-lhes a memória, falaremos de rima nos dois casos.

As crianças impedem Wendy de continuar, porque lhes veio o desejo de praticar esgrima com rimas, mas depois, um pouco cansadas dessa pesquisa mental, querem terminar a noite cantando. Essa propensão poética e musical fez concorrência à *Leitura dos adultos contada às crianças* durante três noites seguidas, mas depois eles pediram a Wendy que retomasse a leitura.

Tomemos a palavra francesa GRAND. Ela é constituída do ataque GR e da rima AND. Se apresentarmos essa palavra introduzindo no meio um elemento perturbador (//), de tal modo que o estímulo seja tanto GR//AND como GRA//ND, constatamos que o reconhecimento da palavra é mais rápido no primeiro caso.[44] Com efeito, em GR//AND, cada um dos componentes principais da sílaba (o ataque GR e a rima AND) é apresentado intacto, ao passo que em GRA//ND a rima é cortada artificialmente (A//ND), tornando provavelmente mais incômoda a sua identificação. A presença de um elemento estranho na fronteira entre o ataque e a rima não é realmente perturbadora, porque de qualquer maneira o leitor faz uma análise do estímulo em seus dois constituintes; o que é perturbador é a explosão de uma unidade perceptiva.

Consideramos o ataque e a rima. Mas o que acontece com a combinação de ambos, isto é, com a sílaba? A importância da sílaba na identificação das palavras escritas está amplamente demonstrada. Uma dessas demonstrações é a seguinte: apresentamos uma palavra por grupos de letras, primeiro um grupo, depois outro, depois eventualmente um terceiro, da esquerda para a direita, respeitando a posição espacial relativa a esses grupos. Constata-se que o leitor identifica melhor a palavra quando o agrupamento das letras é silábico do que quando não é. Por exemplo, reconhece-se melhor CHIMPANZÉ, quando apresentamos primeiro CHIM, depois PAN, depois ZÉ [Como? Eu estou num chimpanzé?, pergunta Peter gracejando], do que quando apresentamos CHI, depois MPA, depois NZÉ. Essa vantagem do agrupamento silábico sobre o agrupamento não silábico é observada também tanto para as pseudopalavras como para as palavras.⁴⁵ Isso quer dizer que o processo de segmentação silábica não é condicionado pelos conhecimentos lexicais, mas exclusivamente pelo conhecimento que o leitor tem das sílabas possíveis na língua e das fronteiras prováveis entre as sílabas.

Outra demonstração é baseada num fenômeno chamado "conjunção ilusória". Vejamos o que isso significa com o auxílio de uma analogia simples. Tomemos uma dupla célebre, Peter Pan e o Capitão Gancho.

– O quê? Eles falam de nós?, pergunta Peter embaraçado e excitado.

A roupa colante de Peter Pan é verde e a longa túnica do Capitão Gancho é vermelha. Imaginemos que ambos se empenham num combate fatal, e que a velocidade de seus movimentos é tal que tudo se mistura em nosso olhar. Um ignorante poderia ter a impressão de que o colante de Peter é vermelho e a túnica do Capitão Gancho, verde. O fato de poder recombinar erroneamente duas propriedades implica que, num certo momento, representamos cada uma delas separadamente da outra.

– Besteiras! Jamais alguém me confundiria com o Capitão Gancho, diz Peter plantando seu punhal na maçã que acabava de pegar.

Voltemos então às sílabas, e consideremos por exemplo a palavra VODKA.

– Ah, ah!, gargalha Peter, agora eu compreendo, deve ser o Barrica que de tanto beber me confundiu com o Capitão Gancho.
– Não, replica Jean, você esqueceu que o Barrica só bebe rum.

A palavra VODKA contém duas sílabas, VOD e KA. As letras são apresentadas em cores diferentes, e a questão posta ao sujeito é indicar a cor de uma letra-alvo, neste caso a cor do D. Para obter conjunções ilusórias, apresentamos a palavra durante um tempo muito curto, precedida e seguida de um padrão visual de mascaramento, por exemplo um rabisco. É preciso saber, aliás, que as conjunções ilusórias têm mais chances de se produzir dentro de uma unidade perceptiva do que entre duas unidades perceptivas. Se a palavra VODKA, durante seu reconhecimento, for analisada em duas sílabas, VOD e KA, então há mais chances de que o sujeito indique erroneamente que o D tinha a cor do V ou do O do que a do K ou do A. E é exatamente isso que acontece. Ademais, esse efeito silábico é observado tanto com pseudopalavras quanto com palavras.⁴⁶

A representação silábica que intervém no tratamento das palavras escritas pode ter um caracter altamente abstrato, como mostra uma experiência realizada com palavras hebraicas. O hebraico tem a propriedade de ser escrito pelos adultos, quando estes escrevem a outros adultos, omitindo as vogais. Uma mesma sequência de consoantes pode por conseguinte corresponder a várias palavras e, nesse caso, só o contexto é que determina a leitura apropriada da palavra. Na experiência,[47] os sujeitos viam uma frase que continha a palavra ambígua, frase que deviam ler em voz alta. Em seguida, apresentava-se de novo a palavra ambígua e os sujeitos deviam indicar a cor de uma letra-alvo. As sequências de letras eram tais que, seguindo o contexto, elas levavam a palavras diferentes, com vogais diferentes e padrões silábicos diferentes. Por exemplo, a sequência MFKDIM podia ter uma fronteira silábica seja antes, seja depois do K. Observou-se que as conjunções ilusórias entre o K e a cor das letras vizinhas eram função da silabificação induzida pelo contexto. Elas eram sempre mais frequentes dentro das sílabas, que só o contexto podia determinar, do que entre essas sílabas. A representação silábica deve ser de natureza abstrata, já que a análise silábica e o efeito silábico observados nessa experiência eram função de vogais que não estavam presentes fisicamente no estímulo e que haviam sido induzidas pelo contexto.

Um psicólogo, que tinha devorado muitas piranhas e se desgarrado durante seu passeio digestivo, ouviu essas palavras e afastou-se do grupo de crianças, monologando: – A representação silábica pode ser determinada num nível pré-lexical, já que ela intervém no tratamento de pseudopalavras, mas o resultado obtido com as palavras hebraicas mostra que a representação silábica pode também ser derivada de conhecimentos lexicais. O léxico ortográfico pode portanto influenciar, por sua vez, o nível das unidades ortográficas mais amplas que a letra, em todo caso algumas dessas unidades.

Durante esse tempo, Peter tentava convencer Wendy de seus talentos de cientista amador: – Essa história de confusão de identidade e de cor da letra poderia ser aplicada aos grafemas. Pegue duas palavras, SAUNA e TYRAN, inspiradas por essa cena do Barrica esquentando os pés do Capitão Gancho. Em SAUNA, NA corresponde a dois grafemas, mas em TYRAN as mesmas letras, embora na ordem inversa, constituem um único grafema. Deveria então haver mais conjunções ilusórias entre a cor e a identidade dessas duas letras em TYRAN do que em SAUNA, você não acha?

Sininho vai embora, balançando os quadris mais do que de costume: "Esses troços vão deixá-lo maluco...".

As representações ortográficas que os adultos utilizam quando escrevem têm também uma estrutura complexa. Os pacientes disgráficos cometem erros que revelam essa estrutura. Por exemplo, eles podem omitir uma consoante num grupo de consoantes (*"Cochette"* por *"Clochette"*) ou uma vogal num grupo de vogais (*"Moche"* por *"Mouche"*), mas praticamente nunca omitem uma consoante entre vogais (*"Peer* por *Peter"*) ou uma vogal entre consoantes (*"Crocht* por *Crochet"*). Do mesmo modo, as substituições de letras são em geral substituições de consoante por outra consoante e de vogal por outra vogal. Mais raramente, o distúrbio pode afetar de maneira seletiva as vogais.[48] O paciente pode escrever as consoantes, o que não contraria mas até reforça a ideia de que as consoantes e as vogais são unidades grafêmicas que desempenham papéis diferentes na organização da sílaba.

Em italiano, língua em que existem consoantes geminadas (por exemplo, "*mato*" e "*matto*" têm significações diferentes), os pacientes disgráficos não cometem erros de ortografia que separem as duas consoantes geminadas ("*solerla*" em lugar de "*sorella*"), ao passo que podem separar as duas consoantes de um outro tipo de grupo consonântico (por exemplo, podem escrever "*sdatio*" em lugar de "*stadio*"). Os erros que eles cometem ao escrever palavras que têm consoantes geminadas (por exemplo, "*sorrela*" em lugar de "*sorella*") indicam que a informação sobre a propriedade de geminação é independente da identidade das consoantes geminadas.[49]

Em suma, as representações das palavras escritas, tanto as usadas no reconhecimento como as utilizadas na produção, não são unidades lineares de letras, mas comportam uma estrutura interna organizada segundo diferentes princípios.

É COMO PROCURAR UMA AGULHA NUM PALHEIRO, ... ENTRETANTO ELES A ENCONTRAM EM MENOS DE MEIO SEGUNDO!

Identificar uma palavra é escolher essa palavra no conjunto das palavras conhecidas. Ora, os adultos conhecem mais de cinquenta mil. Como é que eles fazem? A apresentação de uma palavra ativa as representações mentais não apenas dessa palavra mas de todas as outras palavras que compartilham qualquer informação com ela. Identificar uma palavra, portanto, é discriminá-la de suas "vizinhas", isto é, das palavras que lhe são próximas ortograficamente.

A partir dessa ideia, podemos supor que a vizinhança ortográfica de uma palavra influencia seu tempo de identificação. Quanto mais vizinhos tiver uma palavra, mais difícil será selecioná-la no meio de seus competidores. Os resultados das experiências realizadas até agora não são inteiramente conclusivos, embora alguns sejam conformes à previsão.[50] Uma das dificuldades nessa pesquisa concerne à maneira de determinar a vizinhança. Por exemplo, a diferença no nível de uma única letra pode ser considerada em termos de substituição (CALME e PALME), ou de inclusão (BAVE e BRAVE), e cada uma pode ainda oferecer graus de dificuldade diversos conforme a diferença se situe no início (BAR e CAR; AIR e PAIR), no meio (CAR e COR; CODE e CORDE) ou no fim (BAR e BAL; POULE e POULET).

– Eu tenho um exemplo melhor, interrompe Jean: Gancho e Rancho.

Os garotos retomam em coro: – Rancho podre, rancho podre ...

Dois experimentadores que trabalham em Paris, Juan Segui e Jonathan Grainger, mostraram que a frequência dos vizinhos pode também ser pertinente.[51] Tomemos palavras (todas de mesma frequência de uso) como BREF, que não possui vizinhos ortográficos se considerarmos as substituições de uma única letra, JUPE, que possui vizinhos mas nenhum deles tem uma frequência de uso superior à sua, NERF, que tem só um vizinho mais frequente (neuf), e FOIN, que possui vários vizinhos mais frequentes (*coin, loin, fois* etc.). Esses psicólogos utilizaram uma técnica de revelação progressiva da palavra, provavelmente inspirados por uma atividade que os adultos adoram e que se chama *strip-tease*. O que é exatamente? Os estímulos são apresentados por ciclos sucessivos de mesma duração total, sendo cada ciclo composto de uma máscara visual e do estímulo propriamente dito. A cada novo ciclo, a duração do estímulo-alvo aumenta e a da máscara diminui, até que o sujeito indique ter identificado a palavra apertando um botão o mais rapidamente possível. Os resultados mostram que o número de ciclos necessários para a identificação é maior para os estímulos que têm pelo menos um vizinho mais frequente, ou seja, ele é maior para NERF e FOIN do que para JUPE e BREF.

Que relações esses processos discriminativos, que são processos lexicais, mantêm com os processos pré-lexicais? Eles são provavelmente condicionados pelos processos mais precoces de tratamento das letras e das outras estruturas ortográficas infralexicais. Sabe-se, por exemplo, que as letras iniciais contribuem mais para a identificação das palavras do que as letras finais, o que pode explicar por que o efeito de frequência dos vizinhos aparece para CHOPE-CHOSE (a segunda palavra é muito mais frequente que a primeira), mas não para ASTRE-AUTRE (quando aqui também uma é mais frequente que a outra). O S de ASTRE (pouco frequente), supondo que todo o resto é equivalente, tem mais chances de ser identificado corretamente que o P de CHOPE, pois sua segunda posição o deixa a salvo das influências lexicais, enquanto a quarta posição do P é de relativa fraqueza em relação às influências provenientes de CHOSE. Com efeito, basta fazer que o sujeito fixe a quarta posição e não a segunda, aumentando assim a discriminabilidade do P, para que diminua o efeito de frequência dos vizinhos sofrido por CHOPE.[52] O processo de discriminação entre candidatos lexicais se acha, portanto, sob a dependência de fatores pré-lexicais.

Outros resultados permitem perceber a influência das estruturas ortográficas infralexicais, em particular a representação da sílaba, sobre o processo discriminativo. Numa tarefa em que se deve decidir se uma sequência de letras constitui uma palavra ou não (tarefa de decisão lexical), observou-se um efeito da frequência das sílabas constitutivas das palavras apresentadas, no sentido de que a latência das respostas era mais curta para as palavras cujas sílabas eram pouco frequentes.[53] Como se pode explicar esse fenômeno? As sílabas pouco frequentes participam de um número de palavras menor que as sílabas mais frequentes. Dado que a ativação das sílabas pouco frequentes leva à ativação de um conjunto menor de representações de palavras, compreende-se que a fraca frequência das sílabas facilita o processo de discriminação. Por outro lado, o efeito de frequência das sílabas não mostrava nenhuma interação com o efeito de frequência de uso das palavras. Isso mostra que, mesmo se a frequência das sílabas tem um efeito no nível da discriminação entre as palavras, a ativação da representação silábica não é nem facilitada nem desfavorecida pelo fato de as palavras serem frequentes ou não; em outros termos, ela é pré-lexical.

Em resumo, os processos que permitem aos adultos identificar a forma ortográfica das palavras são certamente muito complexos. Estamos bem longe da ideia de uma apreensão global, uma olhada rápida, mesmo que a palavra seja identificada num tempo relativamente curto. Eles exercem com tanta frequência sua capacidade de identificação das palavras escritas, que têm a impressão de atingir diretamente o sentido das palavras. Entretanto, nesse aspecto, as palavras não são como as coisas. Se pedirmos aos adultos que nomeiem imagens de objetos, dizer, por exemplo, "macaco" quando lhes apresentamos a imagem de um macaco, constatamos que não o fazem tão depressa quanto para ler em voz alta a palavra "macaco". Inversamente, se lhes pedirmos que digam, a propósito dos mesmos estímulos, se estes se referem a um ser vivo ou a um objeto, eles são mais rápidos para a imagem do que para a palavra.[54] Esses resultados opostos refletem o fato de que o tratamento dos nomes das coisas e o das próprias coisas não seguem o mesmo percurso. O processo de identificação das palavras escritas leva à ativação das formas fonológicas correspondentes sem ter que passar primeiro pelo sistema semântico. Podemos dizer antes mesmo de saber o que é. Em compensação, o sistema semântico é uma ligação obrigatória de nossa pesquisa dos nomes e das coisas que vemos. Sabemos o que é antes de poder dizer.

AS RESSONÂNCIAS MISTERIOSAS

A ideia de que, nos adultos, a capacidade de leitura implica o conhecimento das formas ortográficas das palavras, e de que essas formas podem ser reconhecidas sem passar pela fonologia, poderia, em última instância, ser dispensada de qualquer verificação experimental. De outro modo, como se poderia explicar a capacidade de identificar palavras escritas homófonas (que se pronunciam da mesma maneira) tais como SAINT, SAIN, CEINT ou SCEAU, SEAU, SAUT, SOT, apresentadas fora de qualquer contexto? Os resultados experimentais confirmam a necessidade de uma via ortográfica não fonológica. Depois de numerosos trabalhos,[55] constatou-se principalmente que, quando se trata de palavras de uso frequente, os adultos não identificam as palavras irregulares mais lentamente que as regulares, o que sugere que eles reconhecem geralmente as palavras frequentes por uma via não fonológica.

Por outro lado, a necessidade de uma via fonológica parece igualmente indiscutível. Se não fosse por agrupamento fonológico, como se poderia ler "*corfagron licramoux navrol panantribaloupe*"?

— Parece que estou ouvindo as palavras do nosso feiticeiro, exclama Lilly, a Tigresa.

— Oh, mas é certamente a expressão preferida dos grandes feiticeiros, comenta Jean.

Para as palavras de uso pouco frequente, observa-se um efeito de regularidade, sendo a latência de pronúncia das palavras irregulares mais longa que a das palavras regulares. A via ortográfica perderia sua corrida de velocidade com a via fonológica quando as palavras são pouco frequentes, principalmente porque o processo discriminativo no interior do léxico ortográfico se acha mais lento.

A leitura fonológica não é uma leitura "letra após letra", por soletração. Exatamente como a via ortográfica, a via fonológica repousa sobre a categorização em paralelo das letras. Mas na via fonológica, as letras, depois de categorizadas, são convertidas, parcialmente em paralelo pelo menos, em unidades fonológicas, por um processo altamente automatizado.

Quais são as unidades ativadas na via fonológica? Aliás, o que são unidades fonológicas? Descrevemos a sílaba como unidade ortográfica de uma maneira que faz referência ao seu fundamento fonológico. A sílaba é um segmento de fala, ela pode ser pronunciada isoladamente. Isso é muito menos evidente para o caso do fonema.

No início de "*car*" e de "*bar*", existe um som que não é realmente um som, nós o ouvimos sem poder fazer corresponder-lhe um segmento acústico. Ele nos aparece como uma misteriosa ressonância, presente e imponente, mas sem corpo e imaterial.

Nos adultos, o processo de conversão grafema-fonema, à força de ser exercido, provavelmente matou essa ressonância. O fonema não é "ouvido", ele é representado de maneira inconsciente e automática, tanto quanto o grafema. Ao ler uma palavra nas condições habituais, a única ressonância que se pode atingir é sua pronúncia global, e ninguém saberia determinar, ouvindo seu eco, se essa pronúncia foi obtida por via ortográfica ou por via fonológica.

Foram encontradas entre os adultos indicações de uma ativação de propriedades fonológicas durante etapas relativamente precoces de identificação de palavras escritas. Numa série de trabalhos,[56] a tarefa pedida ao sujeito era identificar uma palavra-alvo precedida temporariamente de outro estímulo (a pista) e seguida de uma máscara. Suponhamos que o alvo seja "*pain*" [pão]. A pista apresentava ou um vínculo grafêmico (POIN), ou um vínculo ao mesmo tempo grafêmico e fonêmico (PEIN), ou vínculo nenhum (FUJE). O vínculo grafêmico resulta do fato de que todas as letras são idênticas exceto uma, e o vínculo fonêmico é a identidade de pronúncia (PEIN e POIN só diferem de PAIN por uma letra, mas PEIN se pronuncia como PAIN). Observou-se uma melhor *performance* de identificação do alvo na condição grafêmica do que na condição neutra, quer dizer, o vínculo grafêmico permitia reduzir o efeito de mascaramento provocado pela pista neutra. O aspecto interessante dos resultados é o fato de que essa redução do efeito de mascaramento era ainda mais substancial na condição do vínculo grafêmico e fonêmico. Isso só seria possível se, além da representação ortográfica, fosse constituída uma representação fonológica.

Resta ainda situar essas representações na arquitetura do sistema de reconhecimento. Trata-se de representações pré-lexicais ou de representações lexicais? Uma experiência similar foi realizada em chinês, utilizando caracteres logográficos, que representam palavras ou morfemas (pequenas unidades de significação) e não propriedades fonológicas. O efeito grafêmico foi obtido, mas o efeito fonêmico estava ausente.[57] Naturalmente, os leitores chineses representam para si mesmos a pronúncia das palavras que leem. A ausência de efeito fonêmico entre eles implica, por conseguinte, que a observação de um efeito fonêmico para os estímulos escritos alfabeticamente resulta da ativação de representações fonológicas pré-lexicais, isto é, constituídas antes da identificação lexical e servindo a esta. Por outro lado, o fato de que, nas experiências com sujeitos de língua inglesa, o efeito fonêmico era obtido independentemente da frequência de uso das palavras pende também em favor da natureza pré-lexical das representações fonológicas implicadas.

Um estudo francês bem recente aponta nessa mesma direção.[58] O alvo, por exemplo LONG, era precedido ou de um pseudo-homófono, isto é, uma pseudopalavra que se pronuncia como o alvo ("*lont*"), ou de uma pseudopalavra ortograficamente vizinha ("*lonc*"), ou de uma pseudopalavra sem vínculo fonológico ou ortográfico com ele. A pista permanecia escondida pela máscara, fazendo que esta não pudesse ser identificada conscientemente. A influência eventual da representação ortográfica ou fonológica derivada da pista não podia portanto ser intencional ou estratégica. Quando o intervalo entre o início da apresentação da pista e o início da apresentação do alvo era muito curto (64 mseg), os pseudo-homófonos deram lugar a um efeito de facilitação. Esse efeito pode ser considerado fonológico, já que para o mesmo intervalo as pseudopalavras ortograficamente similares não levaram a nenhum efeito. Por outro lado, o efeito fonológico não era influenciado pela frequência das palavras-alvos. O fato de utilizar como alvos pseudopalavras que eram ou não eram pseudo-homófonos (isto é, que se pronunciavam como palavras) também não afetou o efeito fonológico. A representação fonológica que está na origem desses efeitos de facilitação é, portanto, uma representação pré-lexical, anterior e autônoma em relação aos conhecimentos lexicais.

Ao virar a página, depois de ler para as crianças essa última frase erudita com uma voz bem empostada, foi que Wendy percebeu que todas as páginas seguintes estavam em branco. Não havia fim, ou em todo caso, se o que ela acabava de ler era um fim, ele era surpreendente.

A FARÂNDOLA DAS PALAVRAS

No dia seguinte, Peter, Wendy, Jean, Michel e os garotos perdidos tiveram visitas: Mary, Bert, Jane e Michael. A pedido de Bert, todos fizeram um passeio aéreo. O Capitão Gancho, Barrica e alguns psicólogos tentaram evitá-los, escondendo-se por detrás das araucárias, das palmeiras e dos hibiscos de folhas grandes, mas Mary orquestrou uma dança das árvores que revelou esses personagens um por um. Os garotos perdidos aplicaram-se em mostrar seu conhecimento de palavras mágicas: "Supercali...", começou um deles. Outro tomou mais impulso: "Supercalifragili...". Michael e Jane abafaram seus acessos de riso contra a palma da mão, e cantando... "pa-la-vra-to-tal-men-ta-troz".

Wendy confiou a Mary sua decepção pelo pseudofim inesperado e irritante do livro sobre a leitura. Mary explicou-lhe como deveria fazer para encontrar as palavras finais. Depois do piquenique na relva, ela releu as últimas frases do texto fazendo a voz subir progressivamente no momento das últimas palavras. Virando a última página escrita com um movimento harmonioso, outras palavras vieram subitamente inscrever-se nas páginas em branco. Mary devolveu o livro a Wendy que, com a voz vacilante de emoção, prosseguiu a leitura.

Numa frase, as palavras giram como num carrossel. Na última volta, elas passam na mesma ordem da primeira. Às vezes, felizmente, o leitor se agarra na palavra que está cavalgando e abandona o carrossel, levado por seu espírito aventureiro.

(1) Peter... (2) Peter Pan... (3) Peter Pan procurava... (4) Peter Pan procurava sua... Se, em seguida, apresentamos a palavra "sombra", constatamos que o tempo de exposição necessário à identificação dessa palavra é bem mais curto quando o contexto é rico (contexto 4) do que quando é pobre (contexto 1).[59] É claro que o contexto influencia o reconhecimento das palavras. Mas... em que momento do processo de reconhecimento essa influência ocorre? Na verdade, o reconhecimento inclui não só a identificação perceptiva mas também uma tomada de decisão sobre a palavra apresentada.

As medidas da duração de fixação de uma palavra em razão da possibilidade de antecipação dessa palavra com base no contexto prévio são suscetíveis de trazer informações importantes sobre o papel do contexto. Os dados recolhidos mostram que a duração da primeira fixação de uma palavra não é influenciada pelo contexto prévio, mas a duração total de fixação, sim.[60] Essa diferença poderia refletir o prazo ligado à consideração do contexto no controle da atividade ocular. Por outro lado, o contexto parafóveo ulterior só ajuda o reconhecimento na medida em que comporte uma semelhança física com a palavra-alvo. Nenhum efeito semântico desse tipo de contexto pôde ser observado.[61]

Quando se apresenta, antes da palavra-alvo, outra palavra que tem um vínculo semântico ou associativo com ela, o reconhecimento da palavra-alvo é facilitado, ou seja, é mais rápido.[62]

– Acho que compreendi, diz Michel, o Capitão Gancho é o alvo do crocodilo...

– Quem, ele? Ele é a pista, acrescenta Jean, quando se vê o crocodilo, e conhecendo sua gulodice pela mão tão deliciosa do Capitão, já se sabe que este último não está muito longe...

Considera-se que a apresentação de COUTEAU ("faca"), por exemplo, ativa todas as representações de palavras que têm um vínculo com COUTEAU. Se em seguida for apresentado FOURCHETTE ("garfo"), a representação mental dessa palavra encontra-se num estado de ativação mais elevado e, por conseguinte, exige menos tratamento para atingir o limiar de reconhecimento do que se for apresentado PANTALON ("calça"). Estudos realizados sobre esse efeito de pista semântica mostraram que é preciso distinguir entre efeitos ligados a um processo automático de ativação e efeitos ligados a um processo atencional, mais tardio.[63]

O efeito de pista semântica parece resultar de interações entre as representações das palavras. Ele é atenuado quando a palavra-pista é apresentada no contexto de uma frase.[64] Por outro lado, nenhum efeito semântico é obtido sobre palavras-alvos que são adequadas ao contexto da frase mas que são dificilmente previsíveis (em "La Castafiore ri de se ver tão bela no cinema", "cinema" é coerente com o contexto, mas dificilmente previsível). Quando as palavras-alvos são altamente previsíveis (como em "La Castafiore ri de se ver tão bela no espelho"), o efeito semântico aparece numa tarefa que inclui um componente decisional importante como a decisão lexical, mas ele não aparece quando a tarefa é pronunciar essas palavras. A identificação perceptiva das palavras não parece portanto ser influenciada pela informação já extraída da frase. É importante que seja assim, de outro modo não se poderia detectar erros em textos.

– Evidentemente, diz Peter, "o crocodilo perseguiu mais uma vez o Capitão Rancho" não é exatamente o que se espera ler no jornal da ilha, e ainda menos no diário de bordo do capitão, ah, ah...

Entretanto, nos limites colocados pela identificação perceptiva, a significação da frase pode influenciar a extração da significação das palavras. Muitas palavras – chamadas homógrafas – têm várias significações. A palavra MOUSSE não tem a mesma significação em VOCÊ COME "MOUSSE" DEMAIS ("doce") e em UM CAPITÃO E NENHUM "MOUSSE" A BORDO ("grumete")? É possível, embora não esteja ainda claramente demonstrado, que a significação mais apropriada ao contexto seja ativada mais rapidamente que as outras. As significações não apropriadas são também ativadas.[65] Entretanto, geralmente elas não chegam à consciência do leitor, embora isso pudesse acontecer, principalmente quando o autor do texto procura manter a ambiguidade ou sugerir, por meio de uma mesma palavra, um vínculo entre duas significações.

Na frase, existe não apenas uma significação que se constrói ao longo de sua leitura, mas também uma estrutura sintática que se elabora, se confirma ou eventualmente se corrige. Será que o reconhecimento de uma palavra pode ser afetado por sua função sintática na frase? Parece que não.[66] Não se reconhece mais depressa "lemos" quando essa palavra segue "nós" do que quando segue "xxxx". De maneira geral, a ativação de uma estrutura sintática não parece facilitar o reconhecimento das palavras que estão integradas nela.

Os adultos desenvolveram uma capacidade gigantesca de leitura. Eles a utilizam tanto e tão bem que a própria leitura deixou de reconhecer-se na adução gulosa de informação. Oxalá as crianças possam ajudá-los a reencontrar as fontes e os subterrâneos da leitura, como o prazer de avistar o navio pirata contra as nuvens ao luar.

Assim que Wendy acabou a leitura dessa história estranha, a tribo dos Peles-Vermelhas apareceu com Lilly, a Tigresa, à frente. Mary, com sua sombrinha-papagaio debaixo do braço, e Sininho, que iluminava o caminho com sua varinha de pó de ouro, guiaram o grupo, e todos os que quiseram acompanhá-lo, até a grande clareira. Foi ali que as crianças executaram a farândola das palavras mágicas, com seus pés desenhando caligramas sobre a relva úmida ao redor de uma prodigiosa maçã-totem (vejam seus traços a seguir).

Os Peles-Vermelhas, em estado de exaltação metalinguística, urravam: "Por que ele diz porquei?". Darling, Mr. Burns e um psicólogo irreverente insinuaram-se entre as crianças, começaram a misturar palavras e pseudopalavras sem sentido de gosto nem gosto de sentido: "Amstramgram, existem missougres serpis até nos criches tomes, e colicoligram". Mary controlou a situação e pediu gentilmente a todos que voltassem para casa.

Que ideias principais devem ser retidas a respeito da leitura hábil?

O reconhecimento de palavras escritas constitui a capacidade específica da leitura. A primeira etapa do processo de reconhecimento é consagrada à categorização das letras, que se faz em paralelo. Representações ortográficas e representações fonológicas de unidades mais amplas que a letra são em seguida ativadas, sempre de maneira automática. Essas unidades podem ser grafemas compostos de mais de uma letra, mas também de sílabas e partes de sílaba. As representações ortográficas das palavras familiares podem ser ativadas diretamente, o que faz que, para muitas palavras, a via chamada ortográfica, isto é, sem mediação fonológica, seja mais rápida que a via chamada fonológica. Entretanto, a via fonológica é muito importante para o reconhecimento de palavras pouco familiares e, com mais forte razão, para a obtenção da pronúncia das palavras que o leitor encontra pela primeira vez. Interações entre as representações ortográficas e fonológicas de partes de palavras ocorrem provavelmente no leitor hábil, mesmo se esses dois tipos de representação dependem de áreas cerebrais distintas.

NOTAS

1 SPENCER, L. P. The Reading Process and Types of Reading. In: *Claremont College Reading Conference 11th Yearbook.* Claremont, CA: 1946, citado por DECHANT, E. *Understanding and Teaching Reading:* An Interactive Model. Hillsdale: LEA, 1991.

2 Este fato é mencionado em CROWDER, R. G. *The Psychology of Reading:* An Introduction. Oxford: Oxford University Press, 1982.

3 VIGENÈRE, B. de. *Traité des chiffres et secrètes manières d'écrire.* Paris: 1585; DURET, C. *Trésor de l'histoire des langues.* Cologne, 1613; VICO, G. *Scienza nuova.* Napole, 1744 (citado por HAGÈGE, C. *L'Homme de paroles.* Paris: Fayard, 1985).

4 Esta apresentação de Espinosa é fortemente influenciada pela minha leitura de YOVEL, Y. *Spinoza et autres hérétiques.* Paris: Seuil, 1991.

5 JAVAL, É. Sur la physiologie de la lecture. *Annales d'oculistique*, 1878 et 1879.

6 Pode-se encontrar uma descrição desses trabalhos em HUEY, E. B. *The Psychology and Pedagogy of Reading,* Cambridge, MA: MIT Press, 1968. (1.ed., 1908).

7 A maioria das informações apresentadas abaixo sobre os movimentos oculares na leitura pode ser encontrada em RAYNER, K., POLLATSEK, A. *The Psychology of Reading*. Englewood Cliffs, NJ: Prentice-Hall, 1989. Para uma exposição mais detalhada que o presente capítulo, ver MORAIS, J. Perception et traitement du langage écrit. In: RICHELLE, M., REQUIN, J., ROBERT, M. (Ed.) *Traité de psychologie expérimentale*. Paris: Presses Universitaires de France, 1994.

8 BUSWELL, G. T. Fundamental Reading Habits: A Study of their Development. *Education Monographs (Supplement)*, v.21, 1922.

9 RAYNER, POLLATSEK, op. cit., 1989.

10 RAYNER, K., WELL, A. D., POLLATSEK, A. Asymmetry of the Effective Visual Field in Reading. *Perception and Psychophysics*, v.27, p.537-44, 1980.

11 POLLATSEK, A. Asymmetries in the Perceptual Span for Israeli Readers. *Brain and Language*, v.14, p.174-80, 1981.

12 McCONKIE, G. W., RAYNER, K. The Span of the Effective Stimulus During a Fixation in Reading. *Perception and Psychophysics*, v.17, p.578-86, 1975.

13 Adaptação de uma ilustração apresentada em BALOTA, D. A., RAYNER, K. Word Recognition Processes in Foveal and Parafoveal Vision: The Range of Influence of Lexical Variables. In: BESNER, D., HUMPHREYS, G. W. (Ed.) *Basic Processes in Reading, Visual Word Perception*. Hillsdale, NJ: Erlbaum, 1991.

14 O'REGAN, J. K. et al. Convenient Fixation Location Within Isolated Words of Different Lenght and Structure. *Journal of Experimental Psychology: Human Perception and Performance*, v.10, p.250-57, 1984; O'REGAN, J. K., JACOBS, A. M. The Optimal Viewing Position Effect in Word Recognition: A Challenge to Current Theory. *Journal of Experimental Psychology: Human Perception and Performance*, v.18, p.185-97, 1992.

15 RAYNER, K. The Perceptual Span and Peripheral Cues in Reading. *Cognitive Psychology*, v.7, p.65-81, 1975.

16 McCONKIE, G. W., ZOLA, D. Is Visual Information Integrated Across Successive Fixations in Reading? *Perception and Psychophysics*, v.25, p.221-4, 1979.

17 Idem, ibid.

18 LIMA, S. D. Morphological Analysis in Sentence Reading. *Journal of Memory and Language*, v.26, p.84-9, 1987.

19 JUST, M. A., CARPENTER, P. A. *The Psychology of Reading and Language Comprehension*. Newton, MA: Allyn and Bacon, 1987.

20 O'REGAN, J. K. *Structural and Contextual Constraints on Eye Movements in Reading*. Dissertation (Doctorale) – Université de Cambridge, GB, 1975;

O'REGAN, J. K. Eye Guidance in Reading: Evidence for the Linguistic Control Hypothesis. *Perception and Psychophysics*, v.25, p.501-9, 1979.

21 O'REGAN, ibid., 1979; O'REGAN, J. K. The Control of Saccade Size and Fixation Duration in Reading: The Limits of Linguistic Control. *Perception and Psychophysics*, v.28, p.112-7, 1980; BALOTA, D. A., POLLATSEK, A., RAYNER, K. The Interaction of Contextual Constraints and Parafoveal Visual Information in Reading. *Cognitive Psychology*, v.17, p.364-90, 1985; EHRLICH, S. F., RAYNER, K. Contextual Effects on Word Perception and Eye Movements During Reading. *Journal of Verbal Learning and Verbal Behavior*, v.20, p.641-55, 1981.

22 HOLMES, V. M., O'REGAN, J. K. Eye Fixation Patterns During the Reading of Relative-Clause Sentences. *Journal of Verbal Learning and Verbal Behavior*, v.20, p.417-30, 1981; RAYNER, K. Visual Attention in Reading: Eye Movements Reflect Cognitive Processes. *Memory and Cognition*, v.4, p.443-8, 1977; FRAZIER, L., RAYNER, K. Making and Correcting Errors During Sentence Comprehension: Eye Movements in the Analysis of Structurally Ambiguous Sentences. *Cognitive Psychology*, v.14, p.178-210, 1982.

23 EHRLICH, K., RAYNER, K. Pronoun Assignment and Semantic Integration During Reading: Eye Movements and Immediacy of Processing. *Journal of Verbal Learning and Verbal Behavior*, v.22, p.75-87, 1983; SCHUSTACK, M. W., EHRLICH, S. F., RAYNER, K. The Complexity of Contextual Facilitation in Reading: Local and Global Influences. *Journal of Memory and Language*, v.26, p.322-40, 1987.

24 JUST, CARPENTER, op. cit., 1987.

25 FREUD, S. *On Aphasia:* A Critical Study. International Universities Press, 1953. (Edição original, 1891).

26 A obra de ELLIS, A. W., YOUNG, A. W. *Human Cognitive Neuropsychology*. London: Erlbaum, 1988, contém uma excelente análise da leitura provocada por lesão cerebral.

27 Ver HOWARD, D., HATFIELD, F. M. *Aphasia Therapy:* Historical and Contemporary Issues. London: Erlbaum, 1987.

28 Ver, entre outros, KINSBOURNE, M., WARRINGTON, E. K. A Variety of Reading Disability Associated with Right Hemisphere Lesions. *Journal of Neurology, Neurosurgery and Psychiatry*, v.25, p.339-44, 1962; PATTERSON, K. E., KAY, J. Letter-by-Letter Reading: Psychological Descriptions of a Neurological Syndrome. *Quarterly Journal of Experimental Psychology*, v.34A, p.411-22, 1982.

29 SHALLICE, T., WARRINGTON, E. K. The Possible Role of Selective Attention in Acquired Dyslexia. *Neuropsychologia*, v.15, p.31-41, 1977.

30 COMPTON, P. et al. A Cognitive Anatomical Approach to Attention in Lexical Access. *Journal of Cognitive Neuroscience*, v.3, p.304-12, 1991; PETERSON, S. E. et al. Activation of Extrastriate and Frontal Cortical Areas by Visual Words and Word-Like Stimuli. *Science*, v.249, p.1041-4, 1990. A existência de um sistema de codificação ortográfica já tinha sido proposto em WARRINGTON, E. K., SHALLICE, T. Word-Form Dyslexia. *Brain*, v.103, p.99-102, 1977.

31 MARSHALL, J. C., NEWCOMBE, F. Syntactic and Semantic Errors in Paralexia, *Neuropsychologia*, v.4, p.169-76, 1966. Ver também COLTHEART, M., PATTERSON, K., MARSHAL, J. C. (Ed.) *Deep Dyslexia*. London: Routledge & Kean Paul, 1980.

32 BEAUVOIS, M. F., DÉROUESNÉ, J. Phonological Alexia: Three Dissociations. *Journal of Neurology. Neurosurgery and Psychiatry*, v.42, p.1115-24, 1979.

33 MARSHALL, J. C., NEWCOMBE, F. Patterns of Paralexia: A Psycholinguistic Approach. *Journal of Psycholinguistic Research*, v.2, p.175-200, 1973.

34 BRAMWELL, B. Illustrative Cases of Aphasia. *The Lancet*, v.1, p.1256-9, 1897 (Reimpresso em *Cognitive Neuropsychology*, v.1, p.245-58, 1984).

35 Este ponto de vista foi expresso notadamente em SMITH, F. *Understanding Reading*: A Psycholinguistic Analysis of Reading and Learning to Read. New York: Holt, Rinehart & Winston, 1971.

36 SMITH, F., LOTT, D., CRONNELL, B. The Effect of Type Size and Case Alternation on Word Identification. *American Journal of Psychology*, v.82, p.248-53, 1969.

37 RADEAU, M. et al. A Listener's Investigation of Printed Word Processing. *Journal of Experimental Psychology: Human Perception and Performance*. v.18, p.861-71, 1992.

38 RADEAU, M., MOUSTY, P., BERTELSON, P. The Effect of the Uniqueness Point in Spoken Word Recognition. *Psychological Research*, v.51, p.123-98, 1989.

39 BECKER, C. A., KILLION, T. H. Interaction of Visual and Cognitive Effects in Word Recognition. *Journal of Experimental Psychology: Human Perception and Performance*, v.3, p.389-401, 1977; STANNERS, R. F., JASTRZEMBSKI, J. E. WESTBROOK, A. Frequency and Visual Quality in a Word-Nonword Classification Task. *Journal of Verbal Learning and Verbal Behavior*, v.14, p.259-64, 1975; BESNER, D. Basic Decoding Components in Reading: Two Dissociable Feature Extraction Processes. *Canadian Journal of Psychology*, v.37, p.429-38, 1983.

40 KINOSHITA, S. Case Alternation Effect: Two Types of Word Recognition. *Quartery Journal of Experimental Psychology*, v.39A, p.701-20, 1987.

41 O efeito de superioridade das palavras foi descoberto por CATTELL, J. M. The Time it Takes to See and Name Objects. *Mind*, v.11, p.63-5, 1885; ele foi confirmado em condições experimentais rigorosas por REICHER, G. M. Perceptual Recognition as a Function of Meaningfulness of Stimulus Material. *Journal of Experimental Psychology*, v.81, p.275-80, 1969.

42 Ver, por exemplo, o modelo proposto por McCLELLAND, J. L., RUMELHART, D. E. An Interactive Activation Model of Context Effects in Letter Perception: Part I. An Account of Basic Findings. *Psychological Review*, v.88, p.375-407, 1981.

43 JOHNSTON, J. C., McCLELLAND, J. L. Perception of Letters in Words: Seek Not and Ye Shall Find. *Science*, v.184, p.1192-94, 1974.

44 TREIMAN, R., CHAFETZ, J. Are There Onset – and Rime-Like Units in Printed Words? In: COLTHEART, M. (Ed.) *Attention and Performance XII, The Psychology of Reading*. Hillsdale, NJ: Erlbaum, 1987.

45 MEWHORT, D. J. K., BEALE, A. L. Mechanisms of Word Identification. *Journal of Experimental Psychology: Human Perception and Performance*, v.3, p.629-40, 1977.

46 PRINZMETAL, W., TREIMAN, R., RHO, S. H. How to See a Reading Unit. *Journal of Memory and Language*, v.25, p.461-75, 1986; PRINZMETAL, W., HOFFMAN, H., VEST, K. Automatic Processes in Word Perception: An Analysis from Illusory Conjunctions. *Journal of Experimental Psychology: Human Perception and Performance*, v.17, p.902-23, 1991.

47 PRINZMETAL, W., KEYSAR, B. A Functional Theory of Illusory Conjunctions and Neon Colors. *Journal of Experimental Psychology: General*, v.118, p.165-90, 1989.

48 CUBELLI, R. A Selective Deficit for Writing Vowels in Acquired Dysgraphia. *Nature*, v.353, p.258-60, 1991.

49 CARAMAZZA, A., MICELI, G. The Structure of Graphemic Representations. *Cognition*, v.37, p.243-97, 1990.

50 COLTHEART, M. et al. Access to the Internal Lexicon. DORNIC, S. (Ed.) *Attention and Performance VI*. New York: Academic Press, 1977; GUNTHER, H., GREESE, B. Lexical Hermits and the Pronunciation of Visually Presented Words. *Forschungsberichte des Instituts für Phonetik und Spachlite Kommunication des Universitat Munchen*, v.21, p.25-52, 1985; GRAINGER, J. *Neighbourhood Frequency Effects in Word Recognition and Naming* (Annual Progrexx Rep. n.23). Eindhoven, Pays-Bas: Institute for Perception Research, 1988; ANDREWS, S. Frequency and Neighbourhood Size Effects on Lexical Access: Activation or Search? *Journal of Experimental Psychology: Learning, Memory, and Cognition*, v.15, p.802-14, 1989.

51 GRAINGER, J. et al. On the Role of Competing Word Units in Visual Word Recognition: The Neighbourhood Frequency Effect. *Perception and*

Psychophysics, v.45, p.189-95, 1989; GRAINGER, J., SEGUI, J. Neighbourhood Frequency Effects in Visual Word Recognition. A Comparison of Lexical Decision and Masked Identification Latencies. *Perception and Psychophysics,* v.47, p.191-8, 1990.

52 GRAINGER, J. et al. Neighbourhood Frequency Effects and Letter Visibility in Visual Word Recognition. *Perception and Psychophysics,* v.51, p.49-56, 1992.

53 CARREIRAS, M., ALVAREZ, C. J., VEGA, M. de. Syllable Frequency and Visual Word Recognition in Spanish. *Journal of Memory and Language,* v.32, p.766-80, 1993.

54 POTTER, M. C., FAULCONER, B. Time to Understand Pictures and Words. *Nature,* v.253, p.437-8, 1975.

55 Ver, entre outros, SEIDENBERG, M. S. et al. When Does Irregular Spelling or Pronunciation Influence Word Recognition? *Journal of Verbal Learning and Verbal Behavior,* v.23, p.383-404, 1984.

56 PERFETTI, C. A., BELL, L. C., DELANEY, S. M. Automatic (Prelexical) Phonetic Activation in Silent Word Reading: Evidence from Backward Masking. *Journal of Memory and Language,* v.27, p.59-70, 1988; PERFETTI, C. A., BELL, L. Phonemic Activation During the First 40 ms of Word Identification: Evidence from Backward Masking and Priming. *Journal of Memory and Language,* v.30, p.473-85, 1991.

57 PERFETTI, C. A., ZHANG, S. Phonemic Processes in Reading Chinese Words. *Journal of Experimental Psychology: Learning, Memory, and Cognition,* v.17, p.633-43, 1991.

58 FERRAND, L., GRAINGER, J. Phonology and Orthography in Visual Word Recognition: Evidence from Masked Nonword Priming. *Quarterly Journal of Experimental Psychology,* v.45A, p.353-72, 1992.

59 TULVING, E., GOLD, C. Stimulus Information and Contextual Information as Determinants of Tachistoscopic Recognition of Words. *Journal of Experimental Psychology,* v.66, p.319-27, 1963.

60 BALOTA, D. A., POLLATSEK, A., RAYNER, K. op. cit., 1985; PYNTE, J., KENNEDY, A., MURRAY, W. S. Within-Word Inspection Strategies in Continuous Reading: Time Course of Perceptual, Lexical, and Contextual Effects. *Journal of Experimental Psychology:* Human Perception and Performance, v.17, p. 458-70, 1991.

61 RAYNER, K., BALOTA, D. A., POLLATSEK, A. Against Parafoveal Semantic Preprocessing During Eye Fixations in Reading. *Canadian Journal of Psychology,* v.40, p.473-83, 1986.

62 Ver, por exemplo, MEYER, D. E., SCHVANEVELDT, R. W. Facilitation in Recognizing Pairs or Words: Evidence of a Dependence Between

Retrieval Operations. *Journal of Experimental Psychology*, v.90, p.227-34, 1971.

63 NEELY, J. H. Semantic Priming and Retrieval from Lexical Memory: Evidence for Facilitatory and Inhibitory Processes. *Memory and Cognition*, v.4, p.648-54, 1976.

64 FORSTER, K. I. Priming and the Effects of Sentence and Lexical Context on Naming Time: Evidence for Autonomous Lexical Processing. *Quarterly Journal of Experimental Psychology*, v.33A, p.465-95, 1981. Ver uma discussão em TAFT, M. *Reading and the Mental Lexicon*. Hilldale, NJ: Erlbaum, 1991.

65 Ver, entre outros, SWINNEY, D. A. Lexical Access During Sentence Comprehension: (Re)consideration of Context Effects. *Journal of Verbal Learning and Verbal Behavior*, v.18, p.645-59, 1979; TABOSSI, P. Accessing Lexical Ambiguity in Different Types of Sentential Context. *Journal of Memory and Language*, v.27, p.324-340, 1988; SIMPSON, G. B., BURGESS, C. Activation and Selection Processes in the Recognition of Ambiguous Words. *Journal of Experimental Psychology:* Human Perception and Performance, v.11, p.28-39, 1985.

66 SEIDENBERG, M. S. et al. Pre- and Postlexical Loci of Contextual Effects on Word Recognition. *Memory and Cognition*, v.12, p.315-28, 1984.

CAPÍTULO 3

O LEITOR PRINCIPIANTE

> Eu dormia muitas vezes com o dicionário debaixo do travesseiro. Eu estava persuadido de que, à noite, as palavras o atravessariam e viriam instalar-se em compartimentos preparados para elas. As palavras deixariam assim as páginas e viriam imprimir-se em minha cabeça. Eu seria sábio no dia em que, no livro, só houvesse páginas em branco.
>
> Tahar Ben Jelloun,
> *Les yeux baissés.*

DECODIFICAÇÃO E COMPREENSÃO

> Um dia, me deu um clique na cabeça. Mamãe tinha aberto sobre a mesa da sala de jantar o método Regimbeau: contemplei a imagem de uma vaca e as duas letras, c, h, da palavra "*vache*", que se pronunciavam ch. Compreendi subitamente que elas não possuíam um nome à maneira dos objetos, mas que representavam um som: compreendi o que é um signo. Aprendi a ler depressa.
>
> Simone de Beauvoir,
> *Memórias de uma moça bem comportada.*

A psicologia cognitiva fez progressos importantes no conhecimento dos processos de leitura no leitor hábil. Em particular, ela mostrou que a leitura hábil põe em ação processos específicos complexos e que sua aprendizagem passa pela descoberta e a utilização do princípio alfabético de correspondência entre letras e fonemas. Infelizmente, essa ideia permanece pouco apreciada e até mesmo desacreditada pelos partidários daquilo que se pode chamar de concepção romântica da leitura. Para estes, não existe mecanismo na leitura, e nenhuma criança deveria ser levada a fazer decodificação. Na visão da psicologia científica, essas proposições não são apenas contraverdades, elas são também perigosas.

As estimativas do número de palavras escritas cuja significação é comunicada à criança em sala de aula variam entre duzentas e quinhentas por ano. Esses números são inferiores àqueles relativos ao aumento, durante a escola primária, do número de palavras que a criança pode ler. Com efeito, foi calculado que a criança reconhece em média, cada ano, pelo menos mil palavras novas escritas.[1] De onde vem o conhecimento da significação dessas palavras? Tal crescimento só é possível porque a criança se serve de uma estrutura cada vez mais complexa e eficaz de identificação dos padrões ortográficos, que lhe permite relacionar a forma fonológica e ortográfica das palavras com seu sistema semântico.

Salvo casos excepcionais, como o de Rosine, descrito na "Introdução", o domínio do princípio alfabético é necessário para conseguir identificar a grande maioria das palavras conhecidas. Ela é indispensável para a identificação de palavras novas.

Não é difícil nos imaginarmos na situação do leitor principiante que ainda não conhece o código alfabético. Tentemos ler a frase seguinte, escrita por meio de um alfabeto artificial:[2] *Dpnnfou wpvmfa-wpvt dpnqsfoesf dfuuf qisbtf tj wpvt of efdpefa qbt sbqjefnfou mft tjhoft hsbqijrvft rvj mb dpotujuvfou?* Essa frase é uma mensagem codificada. É preciso então decodificá-la. Ela significa de fato: *"Comment voulez-vous comprendre cette phrase si vous ne décodez pas rapidement les signes graphiques qui la constituent?"* ["Como você quer compreender essa frase se você não decodifica rapidamente os sinais gráficos que a constituem?"]. Essa sequência de letras, ilegível à primeira vista, foi obtida utilizando uma regra muito simples, que consiste em pegar, para cada letra da versão habitual da frase, a letra seguinte na ordem de nosso alfabeto (o "Z" é substituído pelo "A"). Assim, evitei criar símbolos que poderiam ser chamados de não familiares. A familiaridade dos símbolos utilizados não pode ser a causa da impossibilidade de compreender a frase. Imaginem então o que seria aprender a ler sem considerar o código alfabético, isto é, o fato de que as letras correspondem aos fonemas da língua. Quanto tempo nos seria necessário e quantos erros cometeríamos, antes de conseguir reconhecer não só as duas dezenas de palavras diferentes contidas nessa frase, mas também os milhares e milhares de palavras que cada um de nós conhece? Não me digam que não se começa dando à criança frases parecidas, que somos sensatos, razoáveis, e que só lhe damos frases interessantes do seu ponto de vista, como por exemplo: "gosto muito de bombons". A aprendizagem da leitura não se limita a "papai", "mamãe", "escola", "casa", "bombons" e outras palavras desse tipo.

Voltemos à nossa frase codificada. Armados de nosso conhecimento do alfabeto e de nossa capacidade de leitura, podemos decodificá-la. Na verdade, a mensagem é "cifrada" mais que codificada, porque a cada letra de nosso alfabeto corresponde outra letra desse "alfabeto deslocado". Nosso alfabeto, em compensação, é menos uma "cifra" do que um código, não só porque, dadas as convenções da ortografia, muitas palavras não correspondem de maneira biunívoca a fonemas, mas também e sobretudo porque o fonema não é um segmento de fala e precisa ser descoberto. A representação fonêmica como código da fala, e como classe de fones (independentemente do fato, por exemplo, de que os marselheses e os parisienses pronunciam o "R" de maneira diferente) só é descoberta no momento da aprendizagem do alfabeto. Aprender o alfabeto, portanto, é também aprender um código de fala. Segue-se necessariamente que, para aprender a ler, é crucial aprender o código alfabético e conseguir automatizar o processo de conversão grafofonológica.

Em certos meios que ignoram a literatura experimental, existe a ideia segundo a qual a pronúncia das palavras escritas é conseguida a partir de seu sentido e não das letras que a constituem. A argumentação procede da maneira seguinte. "Tomemos as letras MO. Como posso saber de que maneira devo pronunciar MO se não apreendi primeiro o sentido da palavra na qual essas letras estão incluídas? É porque compreendi o sentido de MOT (palavra), MOINS (menos) e MOINE (monge), que eu leio como /mo/, /mwẽ/ e /mwa/, respectivamente.[3] Entretanto, esse argumento escamoteia o fato de que os grafemas são associados à sua pronúncia não apenas por regras simples, unívocas ou um por um, mas também por regras complexas que levam em conta as vizinhanças dos grafemas. Assim, O seguido de T em posição final pronuncia-se /o/, OI seguido de N pronuncia-se /wẽ/ quando o N faz parte da mesma sílaba, ao passo que se pronuncia /wa/ quando o N inicia uma nova sílaba. A pronúncia dessas palavras escritas não é determinada pelo sentido. Qualquer leitor hábil teria atribuído às partes críticas as mesmas pronúncias caso se tratasse de VOT, VOINS, VOINE ou CHOT, CHOINS, CHOINE, que não têm significação alguma.

Em francês, é verdade, existe um pequeno número de palavras cuja pronúncia é parcialmente irregular ou então determinada pela sua função na frase (por exemplo, *"les poules du couvent couvent"* [as galinhas do convento chocam]). Mas não passam de exceções à regra. Como em muitos casos de exceção à regra, veremos que aqui é mais fácil aprender a regra e as exceções do que aprender os padrões utilizados sem se basear nas regras.

Apoiando-se na ideia de que o objetivo da leitura é a compreensão de textos escritos, alguns julgam que a capacidade de decodificação provém do nível de compreensão que o aprendiz de leitor pode atingir, e não o inverso. Essa ideia é falsa, como demonstra um estudo realizado nos Estados Unidos. Ele consistiu em avaliar a rapidez de pronúncia de palavras escritas apresentadas isoladamente e a capacidade de compreensão de textos das mesmas crianças, de primeiro e terceiro ano primário.[4] Os autores desse trabalho constataram que a latência de pronúncia de palavras no primeiro ano permitia muito bem prever o nível de compreensão de frases no terceiro ano, ao passo que as medidas de compreensão no primeiro ano não permitiam prever a rapidez de pronúncia dois anos mais tarde. Essa assimetria na força de associação entre as duas *performances*, medida de maneira prospectiva, sugere que a rapidez com que se pode identificar uma palavra facilita o processo de compreensão da frase, mas o inverso não é verdadeiro. Essa ideia é fácil de compreender. Quanto mais rápida é a identificação de cada palavra, mais resta memória de trabalho a ser consagrada às operações de análise sintática, de integração semântica dos constituintes da frase e de integração das frases na organização textual. Imaginem a situação oposta do pobre leitor principiante que gasta cinco, dez segundos, para identificar cada palavra. Sem fôlego depois desse esforço exaustivo, o que querem mais que ele faça?

Já se acha assim esboçada a ideia que veremos muitas vezes confirmada nos trabalhos que descreverei mais adiante: a impulsão à leitura é dada pela atividade de decodificação. A capacidade de decodificação é uma espécie de propulsor, cuja única função é pôr em órbita os processos do leitor hábil para em seguida desaparecer nos esconderijos da infância.

A LEITURA É UMA ADIVINHAÇÃO?

As pessoas que defendem a concepção romântica da leitura evidentemente não gostam que lhe apresentem, como argumento para justificar a necessidade da decodificação, o tipo de frase-enigma da qual demos um exemplo. Eles preferem colocar o leitor hábil diante de outra situação, igualmente difícil, que lhes parece corresponder melhor ao que deve fazer o leitor-aprendiz. Assisti um dia a uma sessão de informação aos pais numa escola em que se pratica o método global de ensino da leitura. A professora deu-me uma fotocópia de receitas médicas cuidadosamente escolhidas pela sua caligrafia impenetrável. Todos nós, exceto talvez os próprios médicos, sabemos como estes escrevem... Essas fotocópias pretendiam simular a situação em que se encontra a criança pequena que inicia a aprendizagem da leitura. Por analogia, devíamos concluir daí que o problema do leitor principiante consiste em adivinhar as palavras escritas e que a única maneira de conseguir isso é levar em consideração o contexto.

Na verdade, nessa demonstração, esquecia-se de que o contexto, ele próprio, é constituído de palavras escritas. Por conseguinte, o problema da identificação das palavras permanece. Nós, leitores hábeis, somos capazes de identificar qualquer palavra, no contexto ou fora dele, e até mesmo palavras desconhecidas. O material escrito que se dá à criança para que aprenda a ler não é um rabisco infame, ele é claro e nítido. Se lhe ensinarmos o código alfabético, ela não tem de adivinhar as palavras; pode identificá-las como nós.

O que pensar da utilização do contexto na identificação das palavras para o leitor principiante? A concepção romântica da leitura inspira-se em ideias que foram introduzidas nos Estados Unidos por pesquisadores como K. Goodman & F. Smith, nos anos 60 e 70, e que hoje são totalmente refutadas. Para Smith,[5] as unidades de análise em leitura não podem ser as letras. Se fosse assim, a leitura seria lenta demais. Ademais, pensa ele, já que só se pode prestar atenção num tipo de informação de cada vez, ler consiste em extrair diretamente ideias contidas no texto. Para isso, o leitor utilizaria inconscientemente seu conhecimento da redundância linguística. A incoerência dessa argumentação é patente: se se deve admitir que a extração das ideias do texto se baseia em processos inconscientes, por que não considerar a possibilidade de que a análise das letras e das outras unidades contidas nas palavras seja um desses processos? Por que rejeitar *a priori* a ideia de que essa análise possa ser muito rápida? Ademais, se a análise em questão é automática e inconsciente, ela não pode distrair o leitor de sua elaboração consciente da mensagem do texto. A teoria de Smith implica que a melhor maneira de aprender a ler é começar a ler imediatamente textos significativos e que o aumento da capacidade de leitura depende unicamente do exercício da leitura.

Para Goodman,[6] a leitura é uma "adivinhação psicolinguística". A fim de chegar à compreensão da mensagem escrita, o leitor faria julgamentos hipotéticos, apostas, que deveriam em seguida ser verificados e corrigidos se necessário. No que concerne ao leitor hábil, os dados de que dispomos sobre os movimentos oculares na leitura e os que mostram que a rapidez do acesso à representação ortográfica e fonológica das palavras é relativamente insensível ao conhecimento que o leitor pode derivar da frase que está lendo põem em causa essa concepção.

No leitor principiante, Goodman observou 60% a 80% de erros a menos na leitura de palavras quando estas eram lidas no contexto de frases do que quando eram lidas no meio de listas de palavras.[7] Esse resultado contribuiu naturalmente para reforçar a ideia de que a leitura é essencialmente uma atividade de elaboração de hipóteses sobre o sentido das palavras, sem identificação completa de cada palavra. Hoje, entretanto, parece que o resultado de Goodman era provavelmente devido a artefatos, ou seja, a fatores não controlados que lhe retiravam qualquer significação interessante. O principal artefato era possivelmente o fato de que, no estudo de Goodman, a leitura de palavras isoladas era testada em primeiro lugar, e a leitura das mesmas palavras apresentadas em contexto era testada depois. Essa característica da experiência levava a confundir o efeito do contexto com um efeito de aprendizagem ligado à ordem de aplicação dos dois testes. A reprodução desse estudo controlando a ordem de aplicação não mostrou que o contexto tinha um efeito, a não ser nos maus leitores e entre os leitores mais jovens apenas.[8]

Deve-se observar, porém, que Goodman não distinguiu entre bons e maus leitores. Ora, muitos estudos posteriores mostraram que, entre os leitores principiantes, os bons leitores, definidos aqui como aqueles que compreendem bem os textos, são menos sensíveis ao contexto no reconhecimento de palavras escritas do que os maus leitores.[9] O papel do contexto diminui igualmente com a idade: assim, um leitor normal de sexto ano primário é menos influenciado pelo contexto que um leitor normal de segundo ano. Esses resultados são totalmente contrários à crença difundida entre um amplo público. Na realidade, eles não se devem nem a uma capacidade menor dos bons leitores de levar em consideração o contexto, nem a uma decisão estratégica dos maus leitores de recorrer mais a ele. Trabalhos incontestáveis mostraram que a utilização mais importante do contexto pelos maus leitores é uma consequência de sua inferioridade no nível da decodificação. É porque a decodificação é insuficiente ou lenta que o conhecimento derivado do contexto intervém para permitir o reconhecimento da palavra. O contexto desempenha portanto um papel compensatório. Com efeito, Charles Perfetti, nos Estados Unidos, descobriu que os bons leitores são menos influenciados pelo contexto quando as palavras que devem ler são apresentadas de maneira clara do que quando elas são degradadas visualmente (sem ir tão longe como no caso das receitas médicas, façam a comparação pois no fundo é o mesmo problema).[10] A degradação visual do estímulo tem por efeito aproximar o efeito de contexto manifestado pelo bom leitor do efeito apresentado pelo mau leitor. O efeito do contexto, portanto, não está ligado de maneira exclusiva nem à palavra-estímulo nem ao nível de compreensão do texto. Esse efeito depende do tempo de identificação da palavra. Se esse tempo for curto, o conhecimento contextual não tem tempo de intervir; se for longo, então esse conhecimento pode afetar a identificação da palavra. É o grau de capacidade de identificação da palavra, portanto, que governa o processo.

Dado que o desenvolvimento da capacidade de leitura vai no sentido de um tratamento cada vez mais rápido, preciso e automatizado das palavras, o desaparecimento dos efeitos contextuais com o aumento do nível de leitura não é de surpreender. Por outro lado, certas características estatísticas dos contextos habituais em leitura fazem que não seja necessário atingir níveis de capacidade muito elevados para que o papel do contexto se torne desprezível. Com efeito, foi possível mostrar que só o reconhecimento de um número considerável de palavras na frase pode criar um contexto suficientemente restritivo para permitir adivinhar corretamente a palavra-alvo. Além disso, a maioria das palavras de uma frase, embora compatíveis com o contexto, não são absolutamente previsíveis graças a esse contexto. Enfim, as palavras mais significativas e mais difíceis de identificar tendem a ser justamente as menos previsíveis.[11] O papel do contexto na identificação das palavras só se torna realmente importante quando estas se apresentam de forma embaralhada, degradada.

Entretanto, sem colocar em questão a interpretação dos efeitos contextuais, a realidade para o leitor principiante é mais complexa do que descrevi. Os dados de Perfetti foram obtidos numa situação em que o próprio contexto era facilmente identificável. Em condições em que o contexto é mais difícil de identificar, podem aparecer diferenças entre o bom e o mau leitor na identificação de palavras-contexto, de tal modo que se o mau leitor não consegue reconhecer corretamente o contexto, ele pode evidentemente utilizá-lo para identificar uma palavra particular. A relação entre efeito de contexto e nível de leitura pode inverter-se.[12] Entretanto, esse resultado não contraria, pelo contrário até apoia, a ideia de que o contexto é utilizado, quando possível, para compensar eventuais dificuldades na identificação de palavras. A ausência de efeito de contexto pode então ter três origens: ou uma capacidade muito elevada de identificação de palavras; ou uma capacidade de identificação de palavras fraca demais para permitir o reconhecimento do contexto; ou ainda um conhecimento insuficiente da significação das palavras que fazem parte da frase.

Tudo isso diz respeito à utilização do contexto na identificação de palavras conhecidas. Quando se trata de palavras desconhecidas do leitor, sua forma fonológica pode ser rapidamente obtida se a capacidade de decodificação for elevada, mas a significação não pode evidentemente ser obtida diretamente. As únicas maneiras de obter a significação dessas palavras consiste em pedi-la a alguém ou inferi-la a partir do contexto. Assim, para ser justo com o contexto, devo sublinhar aqui sua grande importância, não para identificar as palavras, mas para apreender sua significação.

O léxico ortográfico aumenta de maneira considerável durante a escola primária. Essa asserção é igualmente válida para o aumento do conhecimento da significação das palavras. Um estudo sobre crianças de quinto ano primário mostrou que, em média, elas encontram, dentro e fora da escola, a cada ano, mais de um milhão de palavras escritas, das quais 16 a 24 mil são palavras desconhecidas.[13] As diferenças individuais são naturalmente enormes, alguns não leem praticamente nada fora da escola, e outros encontram até seis milhões de palavras, conhecidas e desconhecidas. A mesma equipe tentou calcular a probabilidade que a criança tem de adquirir a significação de uma palavra escrita desconhecida encontrada num texto, após um único encontro. Se a criança for testada imediatamente após a leitura e se nos contentarmos com um conhecimento vago da significação da palavra, a probabilidade é de 20%. Ela baixa a 10% para um conhecimento mais preciso. Se a criança for testada mais tarde com a ajuda de um teste de múltipla escolha, a probabilidade de reconhecer a significação da palavra é de 5%. Em outros termos, levando em conta o número médio de palavras desconhecidas encontradas cada ano, supondo que cada palavra desconhecida é encontrada só uma vez, e tomando 5% como probabilidade de aprendizagem, pode-se estimar em cerca de mil, em média, o número de palavras novas adquiridas por ano por meio da leitura.[14]

De maneira mais analítica, pode-se pensar que a utilização do contexto na aprendizagem de palavras novas tem uma dupla influência, negativa e positiva. A influência negativa pode ocorrer num nível consciente, estratégico. Atingindo a significação de uma palavra desconhecida graças ao contexto, o leitor pode ser desencorajado de analisá-la intencionalmente, mais a fundo, no nível de suas propriedades ortográficas. Ora, a constituição de representações ortográficas é muito útil para uma identificação rápida, por ocasião de encontros posteriores. Por outro lado, a associação em nível consciente entre a ativação das representações semântica, ortográfica e fonológica correspondentes a uma palavra escrita, por ocasião de cada encontro com essa palavra, permite constituir conexões entre essas representações que tornarão mais fáceis e mais prováveis reconhecimentos posteriores da mesma palavra.

Penso ter provado suficientemente a importância dos processos de identificação de palavras, em particular a decodificação, para a aprendizagem da leitura. Isso leva a considerar uma questão maior: como treinar a criança nesse caminho? Nas páginas seguintes, analiso o que me parece constituir as duas condições principais da aprendizagem da leitura: primeiro, permitir à criança compreender o que é a leitura, o que representam os textos e os livros em relação à linguagem falada, e em seguida, de maneira mais enfática, permitir-lhe descobrir o princípio alfabético. A primeira descoberta pode ser feita muito cedo. A esse respeito, os pais desempenham, ou deveriam desempenhar, um papel de primeiríssima importância.

VAMOS LER HISTÓRIAS PARA ELE...

Ler.
Em voz alta.
Gratuitamente.
Suas histórias preferidas.

E mesmo que não contássemos absolutamente nada, mesmo que nos limitássemos a ler em voz alta, nós éramos o romancista dele, o contador único, pelo qual, todas as noites, ele deslizava nos pijamas do sonho, antes de dissolver-se nos lençóis da noite. Melhor ainda, nós éramos o Livro.

Daniel Pennac,
Comme um roman.

Como é belo o livro de Pennac! Sem qualquer referência à psicologia científica, ele nos convence do prazer e da importância da leitura em voz alta.

Antes de aprender realmente a ler, a criança precisa fazer uma ideia do que é a leitura. Como é que ela pode abordar a leitura sem compreender que espécie de objeto é um livro e que o texto escrito transcreve a linguagem? "Em suma, escreve Pennac, nós lhe ensinamos tudo sobre o livro naqueles tempos em que ele não sabia ler ... A tal ponto, lembrem-se, a tal ponto que *ele tinha pressa de aprender a ler* [grifado no texto]". Não se pode ter desejo de ler sem saber o que é isso. A leitura em voz alta feita pelos pais cria na criança o desejo de ler por si mesma, tão irresistível quanto o desejo de começar a andar sozinha. A melhor demonstração disso é o fato de que, muitas vezes, a criança para a qual se lê à noite, antes de dormir, pede para ficar sozinha, só mais um pouquinho, com o livro entre os joelhos abertos, olhando-o, refazendo o que o papai ou a mamãe acabam de fazer, tentando encontrar o eco mágico das palavras lidas.

O primeiro passo para a leitura é a audição de livros. A audição da leitura feita por outros tem uma tripla função: cognitiva, linguística e afetiva. No nível cognitivo geral, ela abre uma janela para conhecimentos que a conversação sobre outras atividades cotidianas não consegue comunicar. Ela permite estabelecer associações esclarecedoras entre a experiência dos outros e a sua própria. Mais importante ainda, talvez: pela própria estrutura da história contada, pelas questões e comentários que ela sugere, pelos resumos que provoca, ela ensina a compreender melhor os fatos e os atos, a melhor organizar e reter a informação, a melhor elaborar os roteiros e os esquemas mentais.[15]

No nível linguístico, a audição de livros permite esclarecer um conjunto muito variado de relações entre a linguagem escrita e a linguagem falada: o sentido da leitura, as fronteiras entre as palavras, a relação entre o comprimento das palavras faladas e das palavras escritas, a recorrência das letras e dos sons (ver "L'oiseau des îles est pris au zoom...", em *Exercice en forme de Z*, sem entretanto aconselhar toda a leitura de Serge Gainsbourg às crianças da escola maternal...), as correspondências letra-som, os sinais de pontuação etc. Essa audição leva a criança a aumentar e a estruturar seu repertório de palavras e a desenvolver estruturas de frases e de textos, já que muitas palavras, certas estruturas sintáticas (orações adjetivas, voz passiva, inversão do sujeito e do verbo etc.) e certas regras de coesão discursiva aparecem menos frequentemente na linguagem oral que na escrita. A criança habitua-se a parafrasear, a dizer de outro modo, a compreender e a utilizar figuras de estilo. Essas capacidades lhe serão particularmente úteis após os dois primeiros anos de aprendizagem da leitura, durante os quais os textos a serem lidos são ainda relativamente simples. Com efeito, os conhecimentos linguísticos adquiridos durante a audição de histórias proporcionam-lhe um trunfo considerável para enfrentar uma leitura progressivamente mais sofisticada.

No nível afetivo também, a criança descobre o universo da leitura pela voz, plena de entonação e de significação, daqueles em quem ela tem mais confiança e com quem se identifica. Para dar o gosto das palavras, o gosto do conhecimento, essa é a grande porta!

Essa relação intensamente afetiva faz frutificar mais vigorosamente os subsídios cognitivos e linguísticos. Muitas vezes, e não necessariamente de maneira deliberada, o comportamento dos pais favorece esses subsídios. Eles comentam e explicam as partes mais difíceis do texto, certificam-se de que as crianças conhecem as palavras utilizadas e dão provas de muita paciência para repetir *ad infinitum* as histórias favoritas da criança. A repetição acaba por permitir à criança conhecer a história palavra por palavra, dando-lhe assim a oportunidade de fixar melhor sua atenção sobre os aspectos formais do texto e sobre as relações entre os signos e a fala.

A leitura em voz alta de livros de histórias não deveria entretanto ser uma prerrogativa dos pais. Ela deveria fazer parte das atividades da escola maternal. A leitura para o grupo suscita interações e formas de partilha intelectual entre colegas que a relação pai-criança não pode fornecer. Ela tem a grande vantagem democrática de contribuir para não deixar definitivamente a reboque as crianças cujos pais não leem para elas ou simplesmente não leem.

Sabemos, com efeito, por meio de numerosos estudos, que o sucesso na aprendizagem da leitura está correlacionado positivamente com o estímulo intelectual e "literário" fornecido pela família. Ao imergir a criança nesse banho, atenção entretanto para o perigo que consistiria em olhar apenas o resultado cognitivo. Ao ler para a criança, não nos tornemos seu instrutor, quer sejamos pai ou professor. Nada melhor do que ter como meta seu prazer... e o nosso! Nesse sentido, Pennac tem razão ao afirmar que "o verbo ler não suporta o imperativo".

A ideia de que a leitura de histórias para crianças contribui para o sucesso da aprendizagem da leitura é confirmada por vários estudos. Num deles, feito por Dina Feitelson e seus colegas em Israel, sobre crianças de primeiro ano,[16] durante os vinte últimos minutos de cada período os professores liam histórias ou então continuavam a instrução da leitura e da escrita. Seis meses mais tarde, as crianças às quais se faziam regularmente leituras erravam menos frequentemente na leitura de textos em voz alta, compreendiam melhor os textos lidos silenciosamente e utilizavam uma linguagem mais sofisticada para contar histórias a partir de séries de desenhos, em comparação com as crianças que tinham seguido as atividades habituais. Outros estudos, na Inglaterra e nos Estados Unidos, revelaram que o fato de se dar livros de histórias para os pais de classes sociais desfavorecidas para que os leiam para seus filhos surte efeito positivo na aprendizagem da leitura.[17] Em alguns desses estudos, feitos por Jana Mason e sua equipe,[18] crianças de diferentes meios (rural, urbano e de aldeias de pescadores) recebiam esses livros quando ainda estavam na escola maternal. Suas *performances* de leitura de textos, de leitura em voz alta de palavras e de escrita em ditados, um ano mais tarde, no primeiro ano da escola primária, eram superiores às das crianças do grupo-controle, cujos pais tinham recebido livros para fazer desenhos.

Leia para mim, por favor... Antes de encerrar esta passagem, não resisto à tentação de evocar o fato de que os textos, entre os antigos gregos e romanos, e também na Idade Média, eram escritos para serem lidos em voz alta e ouvidos. Excelente meio de revelar a leitura à criança, ler em voz alta e ouvir ler pode ser também um prazer de adulto. Conheço uma livraria onde, uma noite por semana, pessoas se reúnem para ouvir poesia ou prosa. Mas quantos fazem isso? "Não há mais o direito de pôr as palavras na boca antes de enfiá-las na cabeça? Não há mais ouvido? Não há mais música? Não há mais saliva? As palavras não têm mais gosto?"

(Daniel Pennac). O que é preciso mudar, no hábitat, na administração do tempo, na relação com a mídia, para que o homem de hoje reencontre esse prazer?

VAMOS FALAR-LHE DO FONEMA, MAS COMO?

> *The discovery of a strong relationship between children's phonological awareness and their progress in learning to read is one of the great successes of modern psychology.*
>
> [A descoberta de uma forte relação entre a consciência fonológica das crianças e seus progressos na aprendizagem da leitura é um dos grandes sucessos da psicologia moderna.]
>
> Bryant & Goswami, 1987.

Dezenas de trabalhos mostraram invariavelmente que a *performance* nas diferentes provas construídas pelos pesquisadores para pôr em evidência a consciência fonêmica está altamente relacionada com o nível de leitura nos primeiros anos da escola primária.[19] Quando, por meio de técnicas estatísticas apropriadas, tenta-se determinar quais fatores contribuem mais para demonstrar a variabilidade individual nas *performances* de leitura, constata-se que as medidas de habilidade fonêmica encontram-se entre os principais, e muitas vezes em primeiro lugar, sobretudo no primeiro ano primário.[20]

Uma simples associação entre duas variáveis, por mais poderosa que seja, não constitui uma indicação de relação causal e muito menos ainda de relação causal num sentido particular. Não insistirei muito sobre o fato de que, se o aumento da minha idade e o do preço dos bens de consumo estão altamente relacionados, não tenho motivos para desenvolver um sentimento paranoico em relação à sociedade (e você também não; portanto, você não tem motivos para me querer mal...). Por conseguinte, no que diz respeito à relação entre a consciência fonêmica e a aprendizagem da leitura, é essencial investigar diretamente sobre a existência de uma relação causal. Dois tipos de métodos são geralmente utilizados. O primeiro consiste em observar se uma das competências pode estar presente na ausência da outra; se for esse o caso, a primeira não pode ser apenas uma consequência da segunda. Outro tipo de método consiste em treinar pessoas sobre uma das competências, e observar se esse treinamento produz efeitos positivos sobre a outra; se for esse o caso, podemos concluir que a primeira competência tem uma influência causal sobre a segunda.

O leitor deste livro está a par, desde a "Introdução", do fato de que os adultos iletrados não têm consciência dos fonemas. Parece, portanto, que a consciência fonêmica não precede a aprendizagem da leitura.[21] Os estudos realizados sobre crianças levam à mesma conclusão. Naturalmente, muitas crianças dão indicações de consciência fonêmica antes de entrar na escola primária. Entretanto, é claro que se pode entrar na escola primária já sabendo ler, ou em todo caso tendo já adquirido o princípio alfabético. Nos Estados Unidos, por exemplo, parece que 2% a 3% das crianças de quatro anos podem identificar palavras isoladas, e conhecem quase todas as letras do alfabeto. Muitos programas americanos para a escola maternal incluem uma preparação à leitura para crianças de cinco anos, com explicitação do código alfabético. Pelo meio do ano, muitas dessas crianças compreendem o princípio alfabético, e algumas começam a ler.[22] Num estudo sobre crianças do meio urbano industrializado, cujos pais têm rendimentos baixos ou médios, constatou-se que 47% das crianças que acabavam de entrar no primeiro ano primário já completaram um programa parcialmente fônico de preparação à leitura, isto é, um programa comportando uma informação sobre as correspondências entre as letras e seus "sons".[23] Não nos esqueçamos de que certos programas de televisão para crianças também lhes fornecem esse tipo de preparação à leitura.

Por outro lado, muitos pais instruem os filhos sobre o código alfabético dando-lhes os correspondentes fonêmicos de algumas letras pelo menos. Essa informação está na origem de um comportamento lúdico, chamado "ortografia inventada", observado em crianças de famílias que geralmente possuem muitos livros e valorizam a leitura.[24] Expostas ao alfabeto, essas crianças tomam gosto em tentar escrever palavras e, para isso, interrogam os pais sobre as correspondências fonêmicas das letras. Não é de admirar que crianças que conhecem um pouco o código alfabético mostram certa consciência dos fonemas, mesmo que ainda não sejam capazes de ler palavras. Em outros termos, antes de afirmar que a consciência fonêmica nunca precede a capacidade de leitura, é mais exato dizer que a consciência fonêmica nunca precede a aquisição de um conhecimento, mesmo parcial, do código alfabético. Com efeito, em nenhum estudo se encontram crianças pré-leitoras que, não tendo qualquer conhecimento das correspondências entre letras e "som", tenham sucesso em testes fonêmicos sem treinamento intensivo.

Pode-se dizer o mesmo da relação inversa. As crianças que podem ler palavras novas, em particular pseudopalavras, têm sucesso em testes fonêmicos. Lembremos o caso de Rosine: ela lê bem palavras familiares, mas é incapaz de ler pseudopalavras e igualmente incapaz de efetuar manipulações fonêmicas. A consciência fonêmica não é, portanto, obrigatória para toda forma de leitura de palavras, mas é indispensável para a utilização do processo de conversão grafofonológica na leitura.

Numa palavra, a consciência fonêmica e o conhecimento do código alfabético surgem simultaneamente. Nenhuma é a "causa" da outra. Entretanto, veremos que elas se influenciam e se reforçam mutuamente. Juntas, elas contribuem para o sucesso da aprendizagem da leitura e da escrita.[25]

Uma série de trabalhos comparou os efeitos de diversos programas de treinamento (cada um para um grupo diferente de crianças) sobre a evolução da *performance* em leitura e em escrita.[26] Uma constante desses estudos é o fato de que os programas que exercitam ao mesmo tempo a habilidade de análise fonêmica intencional e o conhecimento das correspondências entre as letras e os "sons" permitem progressos significativamente mais importantes em leitura e em escrita do que os programas que só exercitam uma dessas duas competências. O treinamento sobre a análise fonêmica unicamente ou então sobre as correspondências não leva a progressos que se destacam significativamente dos que são registrados por grupos-controle, os quais, durante o mesmo período de tempo, são treinados para a utilização de conceitos ou para o cálculo. Parece, portanto, que, para obter efeitos tangíveis no nível da leitura e da escrita, o treinamento sobre correspondências é pouco eficaz se não fizermos aparecer explicitamente um dos termos – o fonema – dessas correspondências; e parece também que o treinamento para a análise da fala em fonemas é pouco eficaz se não tornarmos explícita sua relação com os signos escritos. É necessário que a criança receba uma informação explícita ao mesmo tempo sobre as correspondências e sobre a presença de fonemas na fala.

Nesse contexto, um estudo recente efetuado por pesquisadores da universidade de York, na Inglaterra, sobre crianças de sete anos que eram leitores medianos merece toda a nossa atenção.[27] Essas crianças receberam um programa de treinamento compreendendo quarenta sessões de trinta minutos, que se estendiam por vinte semanas. Foram constituídos quatro grupos de crianças. As crianças de um grupo (chamado controle) seguiam simplesmente a aprendizagem habitual da leitura em classe. As outras eram submetidas a um programa adicional particular. Assim, as crianças do grupo "fonologia" recebiam um treinamento fonológico (versando sobre a rima, a sílaba e o fonema). As do grupo "fonologia + leitura" recebiam esse treinamento, embora menos intenso, e seguiam ainda um treinamento que incluía atividades de aplicação das correspondências e, de maneira mais geral, de utilização de estratégias fonológicas na leitura e na escrita. Enfim, as crianças do grupo "leitura" praticavam a leitura e a escrita durante toda a duração do programa, mas sem nenhuma referência à fonologia. Os resultados mostraram que só o grupo "fonologia + leitura" tinha progredido mais em leitura de pseudopalavras, de palavras isoladas, de palavras em contexto e em compreensão de textos do que o grupo-controle.

Escolhi descrever sucintamente esse estudo em vez de outros, igualmente bem conduzidos, por duas razões. A primeira é que ele mostra, talvez melhor que os outros, que o treinamento exclusivamente fonológico é insuficiente. Nesse estudo, é o grupo "fonológico" que progrediu mais em testes de análise fonológica, inclusive a manipulação de fonemas. Por conseguinte, o treinamento fonológico é eficaz nesse nível, entretanto, esse progresso não se generaliza para a leitura. A segunda razão é que o grupo "fonologia + leitura" progrediu mais em leitura que o grupo "leitura", enquanto passava menos tempo que este último em atividades de leitura.

Esse resultado vai então contra a ideia segundo a qual a melhor maneira de utilizar o tempo de aprendizagem de uma capacidade é consagrá-lo inteira e diretamente a essa capacidade. Quando se trata de aprender a ler, não utilizemos todo o tempo disponível só para a leitura, mas em parte também para pôr em evidência competências que constituem o fundamento da leitura, e para mostrar o vínculo entre essas competências e a leitura.

Esta última ideia foi explorada por um pesquisador da universidade de Berkeley, num trabalho que compara os efeitos de dois tipos de programa de treinamento fonêmico.[28] Um programa, chamado procedural, consistia em treinar as crianças para analisar e sintetizar fonemas em expressões de fala; outro, chamado procedural + conceitual, chamava mais a atenção das crianças para o fato de que a análise e a síntese fonêmicas são utilizadas na leitura e na escrita, para as vantagens da utilização dessas habilidades e para a maneira como elas devem ser utilizadas. Em outros termos, este último programa situava as habilidades de análise e de síntese fonêmica no contexto da leitura e explicitava o vínculo que elas têm com a leitura. As crianças que seguiram esses programas estavam na escola maternal ou no primeiro ano primário. Os dois programas tiveram efeitos positivos similares sobre o nível de leitura na escola maternal, mas no primeiro ano primário o programa procedural + conceitual revelou-se mais eficaz que o outro. Assim, a explicitação do vínculo entre a habilidade fonêmica e a leitura tem um efeito positivo adicional, com a condição de que as crianças já se encontrem em situação de aprendizagem da leitura. Já que a habilidade fonêmica tem por função servir no quadro de atividades de leitura e escrita, convém não apenas instruir a criança explicitamente sobre a estrutura fonêmica da fala, mas também instruí-la explicitamente sobre os vínculos entre a habilidade fonêmica e a leitura, no contexto da leitura.

Segundo os trabalhos que passamos em revista até aqui, parece claro que a explicitação do fonema e das correspondências grafema-fonema desempenha um papel muito importante na aprendizagem da leitura, provavelmente na aquisição do processo de decodificação fonológica. Entretanto, será que se pode considerar que a aquisição desse processo exige uma instrução explícita dos fonemas e das correspondências? Será que não podemos imaginar que, em confronto com as regularidades do material alfabético, a própria criança acaba por descobrir o fonema, assim como as correspondências? Notemos que o método que consiste em ensinar as crianças a ler palavras sem jamais explicitar-lhes o código alfabético (vamos chamá-lo de método global) dá uma resposta afirmativa a essa questão. Embora eu não trate aqui do problema dos métodos, que está reservado para o capítulo 5, vejamos o que as astúcias da experimentação de laboratório nos ensinam sobre a necessidade de explicitação do código.

Um psicólogo australiano, Brian Byrne, tornou-se particularmente ilustre nesse trabalho. Tratando de estudantes universitários, ele demonstrou de início a fraqueza de nossa capacidade para perscrutar o reverso íntimo da linguagem. Ele tentou ensiná-los a ler uma escrita que corresponde não a fonemas mas a traços fonéticos (sonoridade e ponto de articulação das consoantes).[29] Na Figura 23 (1), podem-se ver símbolos similares aos utilizados na fase de treinamento. Os sujeitos aprendiam essas associações signo-consoante e, em seguida, perguntava-se a eles qual dos dois signos apresentados em (2) representa a consoante "v". Fracasso total! Os sujeitos foram incapazes de descobrir que cada elemento de um signo corresponde a um valor de traço fonético, que ❁ e ▼ correspondem a dois pontos de articulação diferentes, e que ✚ e ✧ correspondem aos dois graus de sonoridade das consoantes de sua língua. Se tivessem descoberto essa regra, sabendo que o v é uma consoante sonora, como o b e o z, eles poderiam facilmente associar o v ao signo da esquerda em (2). Fracassaram porque não tinham consciência dos traços fonéticos. Evidentemente, quando Byrne, antes de submeter outros sujeitos à experiência, lhes fez uma preleção sobre as noções de ponto de articulação e sonoridade, eles puderam descobrir a associação entre cada elemento e um valor de traço, e utilizar esse conhecimento no teste de transferência.

Brian Byrne visitou nosso laboratório várias vezes; nós nos encontramos em vários congressos, e ele veio da Austrália para participar de um colóquio organizado em homenagem a Paul Bertelson, o inspirador dos trabalhos do grupo de Bruxelas sobre a leitura.[30] Nessa ocasião, ele ficou alguns dias em minha casa e fez amizade com nosso gato persa. Foi assim que, numa noite, Brian e o Sr. Gato, deitado sobre seus joelhos, nos contaram o que eu tenho vontade de chamar uma bela história experimental e uma bela história de amor de crianças. Se não tivemos exatamente essa conversa, poderíamos tê-la tido.

Você se lembra daquela situação que eu utilizei para verificar em quais condições os letrados alfabetizados podem descobrir um sistema de escrita que representa traços fonéticos? Pois bem, fiz algo semelhante com crianças de cinco anos que, eu tinha certeza, não conheciam as letras, mas utilizando desta vez um código fonêmico.[31] As coisas se passam da seguinte maneira: apresento à criança as palavras escritas FAT e BAT, digo-lhe como são pronunciadas, e me certifico de que ela aprendeu bem a relação entre a pronúncia e a palavra escrita. Em seguida, mostro-lhe a palavra escrita FUN, e lhe pergunto se se trata de "*fun*" ou de "*bun*". Ela ainda não tinha visto as letras UN, mas tinha visto o B e o F. Se, pelo fato de que BAT se lê [bat] e FAT se lê [fat], ela pudesse deduzir que B e F correspondem, respectivamente, a [b] e [f], então ela poderia escolher "fun". Não, ela respondeu ao acaso, não descobriu o princípio alfabético.

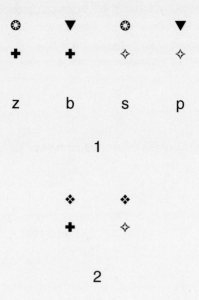

FIGURA 23 – Tipos de estímulos utilizados numa experiência de generalização de aprendizagem com base numa representação gráfica dos traços fonéticos.

Você sabe tanto quanto eu que essa única constatação é insuficiente. Muitos fatores poderiam ser responsáveis pela incapacidade manifestada pela criança! Eu precisava tentar tudo o que estivesse ao meu alcance, mas sem explicitar o princípio alfabético, para levar a criança a descobrir esse princípio por si mesma.

Será que as palavras escritas eram muito pouco distintas para uma criança de cinco anos? Utilizo então formas coloridas, um triângulo vermelho ou um círculo azul, como consoante inicial, seguido de um quadrado amarelo. Depois, apresento um deles seguido de uma estrela verde, e faço a pergunta: Qual deles é FUN? Mesmo resultado. Será que a criança tem muita dificuldade para fazer deduções numa tarefa desse tipo ou para transferir a regra que teria descoberto? Para considerar essa possibilidade, utilizo grupos de palavras. Dou um exemplo: "cadeira limpa" e "mesa limpa". Cada elemento de um signo corresponde a uma palavra particular. Apresento-lhe dois outros signos e pergunto: Qual deles representa cadeira suja? Agora, certo número de crianças consegue. Portanto, esse tipo de dedução está ao alcance de crianças de cinco anos, contanto que incidam sobre entidades que podem manipular porque têm um acesso consciente a elas. Elas podem fazer deduções sobre a representação das palavras. Se os fonemas que escolhi apresentam dificuldades particulares, utilizo outros, mas sem maior sucesso. As crianças que não conhecem as letras são claramente incapazes de extrair das palavras escritas uma regra de representação fonêmica.

Coloco-me então a questão de saber se a criança não pode ter maior sucesso com a representação da rima. Mostro-lhe signos de dois elementos que representam as palavras "*hug*" e "*hot*". O primeiro elemento corresponde ao ataque (a consoante inicial), e o segunda à rima. Em seguida, apresento à criança outro signo que compreende o elemento correspondente a "ug" e lhe pergunto: É "*mug*" ou "*mog*". Fracasso! As crianças são incapazes de descobrir uma correspondência baseada na rima.

Evidentemente, nas salas de aula, não se apresenta à criança um exemplo único de correspondência. É comum, por exemplo, fazê-la aprender famílias de palavras começando pela mesma consoante. Por analogia, faço novas experiências nas quais apresento dois itens para ilustrar cada elemento, numa experiência a consoante inicial, em outra a rima. Não melhora nada. É claro que o processo que consiste em esperar que a criança descubra o fonema, ou a rima, apresentando-lhe famílias de palavras com o fonema inicial ou a rima em comum, sem jamais chamar a sua atenção para esse elemento comum, não funciona.

– *Terrific!* Tudo isso tem consequências enormes no nível pedagógico. Precisamos divulgar seu trabalho junto a todos os que se ocupam do ensino da leitura.

– Bom, você se lembra que na experiência em que cada palavra correspondia ao elemento de um signo, muitas crianças puderam descobrir essa relação. Eu disse para mim mesmo: por que não começar levando a criança a fazer algo que está ao seu alcance? Nessas condições, talvez ela seja capaz de chegar depois à descoberta da correspondência fonêmica... Fracasso de novo! Todas as crianças que tinham tido sucesso no nível da palavra fracassaram quando se passou ao fonema. Esses resultados são perfeitamente coerentes com aqueles que Jesus [trata-se de Jesus Alegria] e você, José, obtiveram com crianças que aprendem a ler pelo método global.[32]

– Por favor, Brian, não fale disso ainda. Pretendo tratar desse assunto no capítulo 5.

– *Sorry,* José. Eu ainda queria dizer uma coisa a vocês dois.

Embora essa incapacidade da criança pré-letrada para descobrir o fonema sem instrução explícita confirme nossa teoria, eu estava um pouco desapontado. É sempre mais agradável constatar que as crianças conseguem. Tentei então pôr em evidência os caminhos que levam a criança à compreensão do princípio alfabético. Para isso, eu lhe fornecia uma informação cada vez mais completa sobre os fonemas e sobre as correspondências entre as letras e os fonemas, a fim de determinar a partir de que tipo de informação ele pode chegar à compreensão do princípio.

Começo por ensinar as crianças a fazer uma segmentação de palavras monossilábicas em ataque e rima: "m...at, m...ow" etc., utilizando um processo de correção das respostas erradas da criança, como Alain Content fazia no seu laboratório.[33] Depois, pego as crianças que conseguiram essa forma de segmentação e submeto-as ao tipo de experiência de transferência que já descrevi antes. Eu as treino para ler SAT e MAT, apresento-lhes SOW e pergunto: "Essa palavra escrita representa 'sow' ou '*mow*'?" Nenhuma criança consegue passar nesse teste.

Na experiência seguinte, começo enfim a obter resultados positivos.[34] Primeiro, treino as crianças para realizar tarefas fonêmicas (subtrair o fonema inicial, reconhecer sua identidade); em seguida, a estabelecer associações entre letras e fonemas, de tal modo que possam dizer qual símbolo representa /m/ e qual símbolo representa /s/. Todas as crianças realizam a aprendizagem das correspondências, mas somente a metade (seis entre 12) tem sucesso nas tarefas fonêmicas. Submeto-as depois ao teste de transferência. As crianças que tinham fracassado nas tarefas fonêmicas fracassam também no teste de transferência. Portanto, já que elas tinham aprendido as correspondências letra-fonema, podemos concluir que esta aprendizagem não é suficiente para treinar a compreensão do princípio alfabético e sua utilização no reconhecimento de novas palavras. O que acontece com as outras seis crianças, aquelas que tinham tido sucesso nos dois tipos de treinamento? Cinco, entre as seis, realizam o teste de transferência. Ufa..., até que enfim! O que significa isso? Que o treinamento para a análise fonêmica e a aprendizagem de associações letra-fonema desempenham um papel complementar: são como os ovos e o açúcar, sem os quais não se pode fazer bolo (um bom bolo, em todo caso!). São os ramos do princípio alfabético. Quando se adquirem essas duas competências, adquire-se também a compreensão do princípio alfabético. Depois, para discriminar entre as palavras escritas, as crianças precisam apenas perceber que podem conseguir utilizando esse princípio. E, para decodificar palavras novas, outras habilidades devem intervir, como a habilidade de síntese fonêmica, mas se os elementos a sintetizar estão disponíveis, a própria síntese não constitui uma dificuldade maior.

Estou tão excitado por tudo o que Brian acaba de nos contar que não posso deixar de intervir.

– Tenho vontade de recolocar a pergunta: será que a criança descobriu alguma coisa? Parece-me que sim. Ela é treinada em provas fonêmicas sobre /s/ e /m/, aprende a ler SAT e MAT, apresentamos-lhe FIN e BIN, ensinamos-lhe os "sons" correspondentes a F e a B, e constatamos que ela pode transferir esse conhecimento para a discriminação entre as pronúncias de "*fun*" e de "*bun*". Em outros termos, nessas condições, ela não precisou de um treinamento fonêmico sobre /f/ e /b/. A aprendizagem fonêmica realizada sobre /s/ e /m/ pode ser aplicada a novos fonemas. Tendo aprendido a existência de alguns fonemas, a criança tornou-se capaz de analisar a fala para encontrar outros e de servir-se dessa descoberta para utilizar o princípio alfabético. O conhecimento do princípio alfabético pode ser posto em evidência nos fonemas para os quais não houve treinamento. Isso significa que não é preciso ter dominado todo o alfabeto para possuir o princípio alfabético. Crianças que só conhecem algumas correspondências entre letras e fonemas conhecem provavelmente o princípio alfabético tanto quanto as que conhecem todo o alfabeto. A única diferença entre elas é que as primeiras não saberão decodificar tantas palavras novas quanto as segundas. O princípio alfabético não deve ser aprendido a cada nova letra. Então, a criança descobriu realmente alguma coisa. A partir de alguns elementos e relações, ela extraiu uma regra de análise e de correspondência, regra que em nenhum momento foi explicitada de maneira geral. A criança realmente aprendeu um princípio abstrato.

– Sem dúvida!, retoma Brian, com um ímpeto que provoca um sobressalto no Sr. Gato. Aliás, quando eu treino a criança sobre um fonema particular em posição inicial de palavra, ela pode aplicar esse conhecimento quando a discriminação entre as palavras escritas incide sobre a posição final, e reciprocamente. A eficácia do treinamento fonêmico não é condicionada pela posição do fonema na palavra. Por outro lado, a natureza dos exemplos fornecidos à criança é importante. Os acertos no teste de transferência são mais elevados para consoantes que podem ser pronunciadas isoladamente, como /s/, /m/ e /ʃ/, do que para consoantes oclusivas, como /t/, /d/, /k/ e /g/, que são impronunciáveis sem contexto vocálico.[35] Os caminhos que levam ao princípio alfabético são cheios de obstáculos. A criança que parece possuir o princípio, ao ser testada quanto às consoantes isoláveis, revela talvez não possuí-lo totalmente. Essas consoantes constituem certamente degraus úteis, para a medida de seus passos, mas é necessário que, de toda maneira, ela atinja o pico.

A LEITURA DAS CRIANÇAS CONTADA PELOS ADULTOS

Acolher um Congresso Internacional de Psicologia é um privilégio ao qual mesmo as grandes metrópoles só podem aspirar uma vez a cada cem anos. Assim, quando minha cidade adotiva sediou esse Congresso em julho de 1992, e alguns especialistas sobre a aprendizagem da leitura se encontraram entre quatro mil participantes, eu disse para mim mesmo que seria a ocasião sonhada para jantar com Rebecca Treiman,[36] Linnea Ehri,[37] Phip Seymour,[38] Peter Bryant,[39] Heinz Wimmer[40] e Brian Byrne. O jantar, que aconteceu num bom restaurante, foi excelente. O cozinheiro caprichou, certamente porque meu filho Sérgio, que trabalhava lá, lhe disse que, para nós, os odores e os sabores são partes muito importantes do psiquismo.

As atividades do Congresso se desenvolviam sem interrupção, e alguns de nós tinham que voltar para lá sem falta. O relato que segue é quase tão imaginário quanto os licores que não degustamos, mas é fiel às ideias de cada autor. Com exceção de Brian, vocês sem dúvida ainda não conhecem esses cientistas. Heinz é um austríaco fervilhante de humor. Becky e Linnea são duas americanas adoráveis e muito *"british"* (na América do Norte, há dois tipos de temperamento, o temperamento *"cricket"* e o temperamento *"base-ball"*; elas são do primeiro). Philip e Peter são britânicos autênticos, tanto de raiz como de espírito. Entretanto, eles são muito diferentes: um é reservado, meio tímido; o outro é jovial, descontraído talvez pelas suas temporadas no país do Carnaval. Nenhum desses adultos recusou-se a crescer, mas conservam algo da infância, uma espécie de graça e de fragilidade, preservadas certamente pelos seus intercâmbios permanentes com as crianças. Uma coisa é certa: nós lhes devemos muito do que sabemos atualmente sobre a aprendizagem da leitura.

Outra figura importante da literatura nesse campo estava infelizmente ausente: Uta Frith, pesquisadora da Universidade de Londres, igualmente especialista em autismo. Ela apresentou em 1985 uma teoria cognitiva da aprendizagem da leitura que exerceu uma grande influência sobre as pesquisas posteriores.[41] Uta propôs que a aprendizagem da leitura passa por três fases, cada uma caracterizada por uma estratégia particular. A criança utilizaria de início, digamos desde a idade de três anos, uma estratégia *logográfica*, que consiste em reconhecer as palavras por meio de seus traços físicos mais salientes. Assim, ela conhece a apresentação habitual da marca "Coca-Cola", mas é incapaz de reconhecer as mesmas palavras se forem escritas de maneira não habitual. Por outro lado, se apresentarmos "Cora-Cota" conservando a forma, a cor etc., a criança não nota a diferença. Mais tarde, a criança começaria a utilizar uma estratégia *alfabética*, baseada na análise das palavras em letras, a associação das letras a "sons" e a síntese desses "sons". O tratamento seria sequencial, do começo ao fim da palavra. Enfim, a utilização cada vez mais eficaz da estratégia alfabética faria aparecer uma terceira estratégia, chamada *ortográfica*, que permite o reconhecimento instantâneo das partes significativas da palavra (os morfemas), levando em consideração a ordem das letras (contrariamente à estratégia logográfica) mas não seus sons (contrariamente à estratégia alfabética).

PHILIP – Eu compartilho com Uta a ideia de que o processo alfabético favorece a constituição de representações ortográficas, mas me parece que ele não é o único, o processo logográfico também contribui.

EU – Devo dizer que nunca compreendi como o reconhecimento de tipo logográfico, reconhecimento global, baseado em traços visuais físicos, pode contribuir para o desenvolvimento de um léxico ortográfico, que consiste em representações de outra natureza, muito mais abstratas, já que permitem o reconhecimento de uma palavra seja qual for a sua aparência (escrita impressa, cursiva, em maiúsculas, em minúsculas etc.). Mas sou forçado a admitir que é possível chegar à constituição do léxico ortográfico sem passar pelos processos de tipo alfabético. De outro modo, eu teria de negar a existência de Rosine, coisa que Ruth (Campbell) e Brian (Butterworth) não me perdoariam.

LINNEA – A associação entre a forma visual global de uma palavra e a significação dessa palavra é arbitrária. Por conseguinte, a forma visual só pode ter uma fraca utilidade na aprendizagem da leitura. Já foi mostrado, por exemplo, que a criança pré-letrada que acaba de aprender a ler com uma base logográfica três ou quatro palavras de uma lista de dez não é mais capaz de lê-las 15 minutos mais tarde. Não é raro também que, nesse estágio, a criança inclua números entre as letras quando tenta escrever palavras. As letras para ela ainda não constituem uma categoria particular.

EU – A leitura de tipo logográfico ainda não é realmente leitura.

PHILIP – Outro ponto sobre o qual não estou de acordo com Uta é que, para mim, os processos de tipo logográfico e alfabético não se sucedem necessariamente. Eles podem surgir paralelamente. De fato, a ordem de aparecimento depende sobretudo do método de instrução. Se o código alfabético for explicado à criança muito cedo, em casa ou na escola maternal, não há anterioridade do processo logográfico em relação ao processo alfabético.

EU – É provável que você tenha razão.

LINNEA – De qualquer modo, o que é importante é não perder de vista a diferença fundamental entre os dois tipos de processo. Permitam-me lembrar um dos meus estudos.[42] Dei duas listas de "palavras", escritas de maneira arbitrária, para crianças de escola maternal. Uma lista comportava itens que, pela utilização combinada de maiúsculas e minúsculas e de diferentes fontes, distinguiam-se bem visivelmente uns dos outros (por exemplo, uHE para "*masque*"). Em outra lista, os itens eram simplificações fonéticas (por exemplo, MSQ para a mesma palavra). Estudei um grupo de crianças que só conheciam algumas letras. Elas aprenderam a ler mais facilmente os itens baseados em distinções visuais do que os itens que eram simplificações fonéticas. Estudei também dois outros grupos, que eu chamo de calouros e veteranos. Todos eles conhecem a maioria das letras do alfabeto, mas os veteranos eram capazes de ler muito mais palavras do que os calouros. Pois bem, esses dois grupos não só eram globalmente melhores que os pré-letrados, mas também aprenderam a ler muito mais facilmente as simplificações fonéticas. Portanto, quando as crianças conhecem um número considerável de letras, elas utilizam uma estratégia alfabética.

EU – Dito de outro modo, para a grande maioria das crianças, a estratégia logográfica é abandonada rapidamente em favor da estratégia alfabética. Ela só continua sendo utilizada pelas crianças que sentem dificuldades para adquirir a estratégia alfabética. No que concerne aos processos alfabético e ortográfico é diferente.

Pode-se considerar que, de maneira geral, o processo alfabético, tomado no sentido de uma decodificação sequencial, é dominante no início da aprendizagem. Depois, progressivamente, ele perde importância em favor do processo ortográfico. Entretanto, a criança é capaz de reconhecer certo número de palavras com uma base ortográfica já no primeiro ano da escola primária. A própria Uta, num estudo em colaboração com Maggie Snowling,[43] mostrou que o conhecimento das formas ortográficas das palavras está presente desde a idade de seis anos, pelo menos. Vocês estão lembrados, elas fizeram as crianças ler frases como "*Mothur gaiv Tom a wredd bocks*" (em francês, poderíamos ter, por exemplo, "*Mament a donnez une bouate à Piairî*"...) [em português, algo como: "Mamãi deo uma caicha au Paolo)]. Elas constataram que, mesmo que essas frases possam ser reconhecidas por decodificação fonológica, sua leitura é nitidamente mais vagarosa em relação à leitura das mesmas frases escritas corretamente do ponto de vista ortográfico. As crianças mais velhas, de quarto ano primário, jamais aceitam como corretas frases em que uma palavra comum foi mal escrita, mesmo se o erro de ortografia não afeta a pronúncia.

LINNEA – A questão sobre a qual Uta foi pouco explícita é a das relações entre o processo alfabético e o processo ortográfico. Para mim, não se trata de dois processos independentes. É pouco provável que o leitor-aprendiz constitua representações ortográficas sem considerar as relações sistemáticas entre grupos de letras e sua pronúncia. Vocês sabem, sempre encontramos correlações muito elevadas entre a leitura de palavras regulares e a leitura de palavras irregulares, e entre estas e a leitura de pseudopalavras.[44]

BRIAN – As palavras irregulares são em geral palavras regulares com exceção da pronúncia de uma ou duas letras. Em outros termos, sua pronúncia não é completamente arbitrária. O leitor principiante pode, portanto, lê-las utilizando seu conhecimento das correspondências e reduzindo assim os alvos potenciais. Ele pode até lembrar-se da existência de uma exceção num ponto particular, o que lhe permite fazer a correção necessária na pronúncia agrupada. No nosso laboratório, verificamos que são os bons decodificadores, entre o segundo e o terceiro ano da escola primária, que registram os progressos mais importantes, não apenas na compreensão de textos e na leitura de palavras irregulares, mas também na leitura de palavras irregulares.[45] Esse resultado foi confirmado por outras equipes. Assim, por exemplo, na universidade de Houston, foram testados dois grupos de crianças de primeiro ano primário, um dos quais recebia muito mais treinamento nas correspondências letra-"som" do que o outro. Os testes foram feitos em três momentos diferentes do ano. Os resultados mostraram uma aceleração mais importante da capacidade de ler palavras nas crianças que recebiam mais instrução sobre as correspondências, e isso ocorria tanto para as palavras regulares como para as irregulares. Notem que resultados similares foram obtidos na escrita.[46]

EU – Essas correlações elevadas e a dependência da leitura de palavras regulares e irregulares em relação à capacidade de decodificação não implica que um único processo é posto em ação. Elas sugerem apenas que o processo ortográfico deve sua filiação, em grande parte, ao processo de decodificação sequencial. Eu penso que o processo alfabético dá o impulso principal, mas não o concebo como necessariamente anterior ao processo ortográfico. A criança que aprende a reconhecer o seu nome, seja qual for a forma como é escrito, certamente não tem ainda um conhecimento suficiente do código alfabético para poder ler qualquer palavra regular. O que me parece importante não é estabelecer uma anterioridade absoluta mas especificar a direção das influências principais. Um resultado de Linette Bradley mostra bem essa relação de causalidade entre a decodificação fonológica sequencial e a capacidade ortográfica. Ela verificou que a habilidade de análise fonológica intencional (que podemos supor como subjacente à decodificação fonológica), avaliada na idade de seis anos, permite predizer o nível do conhecimento ortográfico (medido por meio de um teste de memorização de palavras irregulares) na idade de sete anos, ao passo que o nível de conhecimento ortográfico aos seis anos não permite predizer o nível de análise fonológica intencional na idade de sete anos.[47] Essa relação assimétrica sugere que o desenvolvimento de um léxico é influenciado pela decodificação fonológica. Por outro lado, a leitura ortográfica deve implicar capacidades diferentes das que intervêm na decodificação. Anne Cunningham e Keith Stanovich[48] mostraram, testando crianças de primeiro ano primário, que as medidas de tratamento ortográfico contribuem para explicar uma parte das variações na capacidade de reconhecimento de palavras, mesmo depois de se considerar a contribuição das medidas de análise fonêmica da fala para essas mesmas variações.

Para tornar essa formulação técnica mais acessível ao leitor que jamais ouviu falar dos métodos de regressão, permito-me inserir aqui um comentário. Vamos desenvolver o mesmo tipo de raciocínio sobre relações que todo mundo conhece. O peso das crianças, como se sabe, é muito variável. Essas variações se explicam em grande parte pelo fator idade, já que, em geral, as crianças mais velhas são mais pesadas que as mais jovens. Mas a idade afeta também a altura, já que, em geral, as crianças mais velhas são mais altas. Coloca-se então a questão de saber se a altura intervém nas variações de peso, independentemente da contribuição da idade para essas variações. A resposta poderia ser negativa, já que os mais altos poderiam ser também mais magros e os magros altos poderiam ter o mesmo peso que os gordos baixos. Retomemos agora as variáveis que nos interessam. Os autores do estudo citado descobriram que uma parte da contribuição do tratamento ortográfico para o reconhecimento de palavras (o peso, no nosso exemplo) não pode ser explicada pela covariação entre o tratamento ortográfico (a altura) e a habilidade de análise da fala (a idade). (Por analogia, um alto pesaria mais que um baixo da mesma idade.)

Continuando, dirijo-me particularmente a Philip: o que me parece faltar no seu modelo, como na maioria dos modelos atuais de aprendizagem da leitura, é a distinção entre o processo de decodificação fonológica sequencial, que Uta chama alfabético, e um processo de conversão fonológica operando paralelamente sobre o conjunto da palavra e de maneira automática. Esse processo existe no leitor hábil (ver capítulo 2), por conseguinte deve-se admitir que ele se constitui durante a aprendizagem, não é mesmo? Em poucas palavras, eis aqui o meu modelo da aprendizagem [desenho numa folha de papel o esquema da Figura 24].

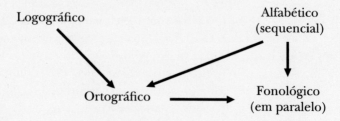

FIGURA 24 – Modelo da aprendizagem da leitura.

BECKY, com um brilho nos olhos e um sorriso nascente no canto dos lábios – Quanto a mim, penso que a questão das relações entre o processo alfabético e o processo ortográfico corre o risco de ser esvaziada do seu conteúdo se não considerarmos a natureza das unidades que são codificadas pelo sistema de reconhecimento, se não especificarmos a estrutura linguística das representações que garantem o acesso ao léxico.

Aprovo com um sinal de cabeça e retomo a palavra: – Essa é uma outra questão, mas uma questão inevitável. Vamos lá, então... É claro que a utilização de unidades mais amplas que a letra torna o processo de reconhecimento muito mais rápido, já que permite evitar uma parte das operações de síntese dos fonemas. Mas em que momento do processo de aprendizagem aparecem essas unidades mais amplas?

BECKY, de novo – Você conhece a minha posição. Sempre considerei que a estrutura intrassilábica em termos de ataque e de rima constitui uma unidade de acesso mais imediata e mais fácil que os fonemas. A criança que aprende a ler poderia então ser levada muito cedo a estabelecer correspondências entre o ataque e a rima, de um lado, e os grupos de letras em questão, de outro. Um resultado já clássico mostra que quando se "divide" em dois, por um espaço em branco, uma palavra como BREST, o leitor de segundo ano primário lê BR EST, que corresponde a um corte entre ataque e rima, mais rapidamente que BRE ST, que é uma divisão arbitrária.[49] Por outro lado, sabemos que o reconhecimento de palavras na criança é mais rápido quando o grupo de letras que corresponde à rima tem uma frequência elevada na língua escrita. Penso que a utilização da rima na leitura, tanto na criança como no adulto, está ligada ao fato de que a rima é um constituinte fonológico natural, mas admito que outros fatores também possam desempenhar um papel. Notadamente, se eu codifico a palavra PROUST sob a forma PR+OUST, não há ambiguidade na atribuição da pronúncia à vogal O; não é esse o caso, entretanto, se eu o codifico sob a forma PRO+UST, já que o O em PRO... pode receber o valor /ɔ/, /õ/, /u/, ou /o/, em razão do que vem a seguir.

PETER – Concordo inteiramente com esse ponto de vista. Vocês sabem que a minha colega Usha Goswami encontrou indicações claras de aprendizagem da forma escrita das palavras, na criança pré-letrada, explorando analogias baseadas na rima.[50]

EU – Peter, *please!* Não vamos discutir essa questão. Todos os que leem nossos trabalhos devem imaginar que nós nos detestamos, a tal ponto parece áspera a polêmica entre o grupo de Oxford e o grupo de Bruxelas. Entretanto, quando nos encontramos, temos tendência a estar de acordo. Saboreamos juntos um assado preparado pelo Jesus e uma feijoada preparada pela Terezinha (ambos deliciosos), caminhamos juntos por quilômetros de areia ao longo do dique perto de Kortgene, você me fez visitar os *colleges* de Oxford, eu o fiz admirar as casas Art Nouveau da avenida Palmerston, sabemos que só conseguimos nos enfrentar em ciência com toda a nossa verve através de artigos intercalados. Não vamos discutir nem sobre rima nem sobre aliteração.

PETER, com seu riso redondo rolando em cascata – Tem razão. Vamos ouvir os outros...

BECKY – Repito, eu creio que o ataque e a rima intervêm no reconhecimento de palavras escritas, assim como intervêm na codificação de palavras faladas. Mas os dados que eu própria obtive recentemente me fazem pensar que a utilização de analogias baseadas na rima é de uma utilidade muito limitada no início da aprendizagem da leitura.[51] Se ensinarmos crianças principiantes a ler uma lista de dez palavras consoante-vogal-consoante (CVC), o número de tentativas necessárias para aprender a ler em seguida uma palavra que tem alguma coisa em comum com as outras é maior se a parte comum for ou a vogal e a consoante inicial, ou a vogal, do que se for a vogal e a consoante final, portanto a rima. Em outros termos, esse resultado parece apoiar o interesse de uma aprendizagem que chama a atenção sobre a rima. Entretanto, essa vantagem é transitória. Parece que a representação da rima é muito afetada pelo esquecimento, já que um novo teste realizado no dia seguinte não revelou mais a vantagem da rima sobre as outras partes. Ao contrário, a *performance* era até menos boa para a rima do que para as outras unidades. Além disso, quando se testou a generalização da aprendizagem para a leitura de pseudopalavras, constatou-se que a condição de analogia que leva ao maior efeito de transferência não é a rima, mas a vogal. Por outro lado, as respostas das crianças quando tentavam ler pseudopalavras indicavam que elas tinham tendência a segmentá-las em fonemas. Na aprendizagem da leitura, os leitores principiantes parecem, portanto, utilizar sobretudo a informação sobre as correspondências grafema-fonema. A analogia baseada na vogal é mais útil que as outras porque ela chama a atenção da criança para as relações entre os grafemas e os fonemas. Tentar ensinar unidades amplas como a rima não é suficiente, nem é a melhor técnica no início da aprendizagem.

LINNEA – Eu estou mais ou menos de acordo com o que diz Becky. Num dos meus estudos,[52] dividi um grupo de crianças da escola maternal e do primeiro ano primário em "decodificadores" e "não decodificadores", conforme elas eram capazes ou não de ler pseudopalavras CVC. Os não decodificadores revelaram-se incapazes de utilizar a analogia de rima. Nesse estágio, eles não têm conhecimento alfabético suficiente para poder fundir um ataque novo com uma rima conhecida. A fase de utilização eficaz da rima pode ser muito curta. Com efeito, os melhores decodificadores também não tiraram proveito da analogia de rima entre as palavras conhecidas e as palavras novas. Sua elevada competência de decodificação parece tornar inútil a utilização de analogias.

HEINZ – Não tenho certeza se posso aprovar sua última sugestão, Linnea. Como você sabe, eu mostrei que as crianças austríacas, que aprendem a ler uma ortografia muito mais regular que a dos seus pequenos americanos, utilizam com muita eficácia as correspondências desde o primeiro ano primário.[53] Aliás, elas são bem melhores que as crianças anglófonas para ler pseudopalavras. Os anglófonos de quarto ano cometem, em média, sempre mais erros que os germanófonos de segundo ano. Os leitores principiantes ingleses e austríacos utilizam estratégias diferentes: os ingleses (não todos, mas cerca de 60% deles) utilizam essencialmente um reconhecimento de tipo ou logográfico, ou ortográfico, e os austríacos um reconhecimento de tipo alfabético. As características da ortografia inglesa e alemã, e os métodos de instrução utilizados nos dois países estão certamente na origem dessas diferenças. Em outro estudo sobre crianças austríacas,[54] constatei que a habilidade metafonológica sobre a rima, medida antes da entrada na escola, não é correlata com a *performance* de leitura no primeiro ano primário. Mas a correlação aparece quando se toma a *performance* de leitura no terceiro ano. Concluo daí que a criança austríaca que dominou completamente a utilização do princípio alfabético evolui para a constituição de unidades ortográficas mais amplas, entre as quais a rima, e o grau de habilidade da avaliação intencional da rima torna-se então um reflexo dessa evolução.

PHILIP – Estou de acordo com você, Heinz, mas eu iria ainda mais longe. De fato, ao contrário do que pensam alguns (rápido olhar lateral para Peter), não é verdade que a criança desenvolve uma representação consciente da rima como unidade antes de adquirir representações conscientes de fonemas. Evidentemente, não falo de uma utilização inconsciente da rima, que pode atingir níveis muito elevados de habilidade mesmo na ausência de representação isolada, como no caso dos poetas iletrados [ele olha na minha direção]. Meus sujeitos são britânicos, eles aprendem essa ortografia inglesa que parece tão confusa. Quando peço a crianças de primeiro ano que segmentem uma pequena expressão do tipo CCVCC em duas partes, elas não mostram nenhuma tendência a fazer isso em ataque (CC) e rima (VCC). Entretanto, já são capazes de segmentar essa expressão em fonemas.[55] O fonema é alcançado primeiro, em associação com a necessidade de utilizar as correspondências grafema-fonema na leitura e na escrita. A representação isolada da rima aparece mais tarde, talvez em relação à constituição de unidades ortográficas correspondentes à rima.

LINNEA – Eu queria acrescentar que a observação do comportamento de leitura do leitor-aprendiz mostra que, pelo menos no início da aprendizagem, ele é incapaz de efetuar uma decodificação estritamente sequencial. A criança produz respostas de leitura nas quais os fonemas iniciais e também os terminais do alvo tendem a ser preservados. Parece, portanto, que a criança começa definindo um quadro grafêmico que vai enriquecer-se progressivamente, de fora para dentro, até que ela possa representar a forma ortográfica da palavra em todos os seus detalhes. Isso certamente não é coerente com a ideia de um desenvolvimento ortográfico que partiria de uma representação em termos de ataque e rima. Mas são observações sobre crianças anglófonas, não sei em que medida se pode aplicá-las a línguas em que a estrutura fonológica e ortográfica das palavras é muito diferente.

EU – Sobre as unidades do reconhecimento de palavras escritas no leitor principiante, você falou sobretudo da distinção entre o ataque e a rima. Fiz um pacto com Peter para que não disséssemos nada sobre isso, mas esse pacto não me obriga a calar-me sobre as outras unidades. Por conseguinte, quero apenas acrescentar algumas palavras ao que você acaba de dizer. É claro que o leitor principiante se torna cada vez mais sensível à estrutura das palavras. Uma das características que ele percebe em primeiro lugar é o fato de que as palavras comportam consoantes e vogais, segundo uma alternância relativamente grosseira. Os leitores de segundo ano primário levam mais tempo para considerar como não palavra uma sequência como "kugapf" do que uma sequência como "dtscfk".[56] Mais tarde, o leitor principiante adquire uma sensibilidade mais específica à estrutura silábica das palavras. É a partir do quarto ano primário que as crianças se tornam muito mais hábeis na leitura de palavras plurissilábicas (helicóptero, congelador etc.) e capazes de ler pseudopalavras plurissilábicas ("prolativité", "indourritation"...).[57] A partir do momento em que a sensibilidade às sílabas é atingida, resta provavelmente pouco caminho a percorrer para a consolidação de representações completas das formas ortográficas das palavras. Assim, é também a partir do quarto ano primário que se observa um nítido aumento da capacidade de ler palavras cercadas de letras não pertinentes, como na sequência "hnmoparcdfuz" [Espero que tenham encontrado a palavra "*parc*"].

Nós nos separamos com sentimentos diversos. Tínhamos não só a convicção de estar no bom caminho na formulação de questões importantes para a compreensão da aprendizagem da leitura e na escolha dos conceitos teóricos, mas também a deprimente impressão de apreender o processo de aprendizagem apenas em linhas muito (demasiado) gerais.

Em linhas gerais, o que nós sabemos? Sabemos que o leitor hábil identifica as palavras com base ao mesmo tempo em representações ortográficas e representações fonológicas, em diversos níveis de estrutura a partir da letra e do fonema, respectivamente. Para chegar à constituição desses processos ortográfico e fonológico, o leitor-aprendiz baseia-se essencialmente no princípio alfabético.

A aprendizagem da língua escrita segue um curso muito diferente do desenvolvimento fonológico na aquisição da língua falada. Enquanto a aquisição das palavras faladas parte de representações globais para a emergência dos fonemas, a aprendizagem da língua escrita constitui-se a partir das menores unidades representadas pela escrita alfabética. Não haveria contudo estágios claramente marcados na aprendizagem da leitura, já que, para além da súbita descoberta do princípio alfabético por parte da criança, os diferentes tipos de processo parecem sobrepor-se. O leitor principiante conhece a forma ortográfica completa de certas palavras antes mesmo de conhecer todas as letras do alfabeto. Ele começa muito cedo a agrupar letras ("ch" equivale a um único fonema) e a analisar a sequência grafêmica em sílabas (porque "ain" se pronuncia [ɛ̃] em "*pain*", mas [ɛ] em "*laine*". A constituição das estruturas ortográficas e das estruturas fonológicas correspondentes, mais amplas que a letra e o fonema, seria um processo essencialmente inconsciente. Se o fonema deve ser representado de maneira consciente para que a criança possa aprender um *corpus* elementar de correspondências grafema-fonema, não ocorreria o mesmo para numerosas regras grafofonológicas e exceções a essas regras que a criança deve aprender a fim de ler corretamente. Às regras simples de correspondência grafema-fonema acrescenta-se pouco a pouco o conhecimento, em grande parte implícito, das regras fonológicas contextuais e posicionais (em francês, por exemplo, a letra "d" se pronuncia [d] em posição inicial, mas não se pronuncia em posição final: "*dard*", "*lard*" etc.). Notemos, aliás, que o conhecimento dessas regras se desenvolve provavelmente em interação com conhecimentos morfológicos (o "d" mudo de "*lard*" é pronunciado na palavra derivada "*lardon*").

De que modo o conhecimento consciente dos fonemas e das correspondências grafema-fonema simples contribui para o estabelecimento do léxico ortográfico? Não sabemos exatamente. Depois do jantar entre amigos, que serviu de roteiro para esta apresentação da aprendizagem da leitura, eu li um trabalho que me deixou meditativo. Trata-se de um estudo, descrito por Thompson & Fletcher-Flinn,[58] que comporta uma situação de aprendizagem em laboratório. Ele se baseia na hipótese de que o leitor principiante pode implicitamente extrair relações entre os componentes fonológicos e os componentes ortográficos das palavras escritas e utilizar essas relações para ler palavras novas. Em inglês, a letra "b", por exemplo, é muito frequente em posição inicial de palavra, mas rara em posição final, enquanto a letra "t" aparece em posição tanto final como inicial. Os autores verificaram que, na leitura de pseudopalavras CV ou VC, crianças de primeiro ano primário omitiam mais frequentemente o "b" final que o "t" final, enquanto sua *performance* é tão boa para o "b" como para o "t" em posição inicial. O leitor-aprendiz seria então sensível à frequência posicional das letras nas palavras às quais é exposto. Essas crianças foram em seguida divididas em dois grupos. No grupo experimental, os sujeitos eram treinados a ler frases que incluíam palavras terminando por um "b", enquanto no grupo-controle eles tinham o mesmo treinamento mas as palavras terminando por um "b" estavam apagadas e era o experimentador que as fornecia oralmente. Os autores constataram que, depois desse treinamento, as crianças do grupo experimental, mas não as do grupo-controle, pronunciavam o "b" final em pseudopalavras mais frequentemente do que faziam antes do treinamento. A estrutura ortográfica das palavras parece, portanto, ser analisada de maneira implícita. Essa análise forneceria um conhecimento das relações grafofonológicas que seria distinto do conhecimento das correspondências grafema-fonema obtido por uma instrução explícita.

Daí, eu me fiz a seguinte pergunta: já que uma aprendizagem implícita de relações grafofonológicas parece ser possível, será necessário realmente passar por uma aprendizagem explícita do código? Em todo caso, eu estava, e continuo, persuadido das grandes vantagens que essa aprendizagem explícita proporciona. Minha convicção é firmemente apoiada pelas observações mostrando que o leitor-aprendiz que é capaz de fazer decodificação intencional torna-se também capaz de reconhecer um grande número de palavras, em particular de encontrar a pronúncia de palavras escritas não familiares, mais rapidamente do que aquele que não tem um conhecimento explícito do código. Mas, no plano teórico, a ideia de que uma forma implícita de decodificação fonológica poderia ser alcançada sem passar pela decodificação intencional de tipo alfabético inquietava-me. Haveria contradição entre as descobertas de Brian Byrne, que descrevi acima, e as de Thompson e Fletcher-Flinn? A comparação dos dois tipos de estudos faz surgir uma diferença importante: os estudos de Byrne mostrando a incapacidade de utilizar relações grafema-fonema sistemáticas na leitura, na ausência de uma aprendizagem explícita, eram feitos com crianças da escola maternal que não tinham qualquer conhecimento nem dos fonemas nem das correspondências, enquanto os estudos dos outros autores referiam-se a crianças de primeiro ano primário no decurso da aprendizagem da leitura. Mesmo se o método utilizado em sala de aula não comportava explicitação do código, essas crianças já conheciam os correspondentes fonêmicos de certo número de letras. Parece, portanto, que a interpretação mais razoável do conjunto dos dados é que o conhecimento explícito dos fonemas e das correspondências grafema-fonema, por rudimentar que seja, abre o caminho para o estabelecimento de um conhecimento implícito de outros tipos de relações mais complexas (contextuais, posicionais). Essa pressão sobre o desenvolvimento de uma estrutura implícita de relações grafofonológicas não diminui em nada a importância do desenvolvimento dessa estrutura para a aquisição de um processo de mediação fonológica altamente automatizado.

APRENDER A LER, APRENDER A ESCREVER

O velho que lia romances de amor, que Luis Sepúlveda nos apresentou, sabia ler mas não sabia escrever. Essa dissociação era relativamente frequente na Idade Média. Vimos que, para aprender a ler uma escrita alfabética, é necessário, em princípio, constituir representações conscientes de fonemas. Entretanto, a atividade de leitura em si não comporta análise fonêmica. Comporta a ativação de representações de fonemas pelos grafemas correspondentes e a sua fusão. Não ocorre o mesmo com a escrita. Para escrever uma palavra para a qual não se dispõe de representação ortográfica, é preciso poder analisá-la em fonemas. Portanto, a escrita parece mais exigente que a leitura.

Ela o é também por outra razão. Ler uma palavra é reconhecê--la, e o reconhecimento é possível com base em índices parciais. Escrevê-la é evocá-la, lembrá-la, e a lembrança exige dispor do conjunto da informação. Quantas vezes não reconhecemos um nome de pessoa, um título de livro ou de filme dos quais não conseguimos mais nos lembrar...

Entretanto, no leitor principiante, assim como no leitor adiantado, a capacidade de leitura e a capacidade de escrita são em geral altamente correlacionadas. Os melhores leitores tendem a ser também os melhores escrevedores.

Uma célebre pedagoga, Maria Montessori, aconselhava mandar escrever primeiro e em seguida, ler. Não se deve certamente impor uma ordem na aprendizagem dessas capacidades, mas o conselho de Montessori deve ser compreendido como um convite a dedicar uma grande atenção à escrita nas primeiras atividades da criança em relação com a língua escrita. Constatou-se que nas crianças que sabem ler antes mesmo de entrar na escola, a escrita foi muitas vezes a primeira atividade claramente estabelecida.[59] As crianças que desenvolvem uma ortografia espontânea, após a aprendizagem de algumas correspondências fonema-grafema, acham-se geralmente neste caso. Elas escrevem de maneira fonética, sem transcrever todos os fonemas de uma palavra, e muitas vezes, pelo menos no início, são incapazes de reler o que escreveram.

Os exercícios precoces de escrita de letras contribuem para a familiarização com elas e o seu reconhecimento. Mais tarde, a escrita dos dígrafos mais frequentes estimula o estabelecimento de unidades ortográficas úteis à leitura. A cópia de palavras que se acaba de aprender permite concentrar a atenção sobre a sequência de letras, favorecendo por conseguinte a constituição de representações ortográficas completas e não apenas de imagens logográficas.

O traço mais inovador da teoria da aprendizagem de Uta Frith é a sua consideração das relações entre a aprendizagem da leitura e a da escrita. As exigências diferentes da escrita e da leitura introduzem um elemento dinâmico no processo de aprendizagem.

Tal como na leitura logográfica, a ordem das letras não é levada em consideração na escrita logográfica. Assim, o filho de uma psicóloga alemã, Scheerer-Neumann, podia transcrever /opa/ (avô) por OPA, mas também por APO e OAP.[60] O respeito à ordem das letras é essencial para uma escrita suficientemente discriminativa, e as primeiras formas de escrita alfabética (que se observam na ortografia espontânea evocada acima) a leva em consideração: nesse estágio, o filho de Scheerer-Neumann escreve TT por "*Tante*",

LP por "*Lampe*" e KF por "*Kaffee*". O seu próprio nome, que ele escrevia corretamente (HANNO) segundo a imagem logográfica com que se tinha familiarizado, tornou-se HNO.

A utilização do princípio alfabético na escrita, segundo Uta Frith, vai ser transferida para a leitura, na qual terá muito mais sucesso do que podia ter a estratégia logográfica. O reconhecimento das palavras como imagens, típica da leitura logográfica, constitui uma carga pesada demais para a memória visual. Ela leva a erros grosseiros, como a substituição de uma palavra por outra com a qual o alvo mantém relações visuais ou mesmo semânticas. A leitura alfabética, mesmo se no início se baseia em índices parciais, permite um aumento importante do número de palavras reconhecíveis.

Entretanto, o modo alfabético de transcodificação da informação escrita é lento. A sequencialidade da transcodificação contrasta com a simultaneidade do tratamento logográfico. O processo alfabético, portanto, é apropriado para a escrita, mas pouco natural para a leitura. Sua lentidão acarreta a sua própria superação. Será o processo ortográfico que permitirá essa superação. A leitura volta a ser rápida, simultânea, mas desta vez ela é também segura e precisa. A leitura alfabética é abandonada para todas as palavras que não podem ser reconhecidas pela via ortográfica. Aliás, haveria dificuldade para ler ainda essas palavras por decodificação sequencial. Por exemplo, só depois de ler estes dois versos de Louise de Vilmorin, em *L'Alphabet des aveux* ("*Étonnament monotone et lasse / est ton âme en mon automne, hélas!*"), é que se nota que eles são inteiramente homófonos. E quanto tempo seria necessário para conseguir ler o início da *Lettre à sa cousine Laure,* de Charles Fourier: "*Geai ressue mât chair l'or, lin vite à sion queue tu mats à dresser pourras l'air dix nez*"... [*J'ai reçu ma chère Laure l'invitation que tu m'as adressée pour aller diner..* ("Eu recebi minha cara Laure o convite que tu me enviaste para ir jantar...")].[61] O processo ortográfico se desenvolve essencialmente no quadro da leitura. Será, portanto, a leitura que irá, por sua vez, influenciar a escrita, trazendo-lhe um instrumento que permite a escrita de todas as palavras.

A descrição que Uta Frith faz dessa evolução é sedutora. Entretanto, ela é demasiado influenciada pela perspectiva desenvolvimentista, que faz cada capacidade surgir da outra. As forças e as fraquezas relativas dos diferentes processos são aquelas que Frith descreve, mas sua teoria não leva suficientemente em conta o fato de que a aprendizagem da leitura não é o produto espontâneo de uma evolução de tipo biológico. A aprendizagem da leitura é um produto cultural, baseado sem dúvida em capacidades naturais, mas pressionado por aquilo que as famílias e as instituições educacionais oferecem à criança. Os casos de ortografia espontânea, que geralmente aparecem nas famílias altamente "letradas", por razões que não têm nada a ver com a evolução natural, não nos deve fazer perder de vista que essas crianças recebem de seus pais a informação sobre as correspondências. Assim, muitas crianças adquirem o princípio alfabético na escola, onde muitas vezes a atividade privilegiada no início é a leitura. Por conseguinte, para muitas crianças, a descrição de Frith não é correta, já que no caso delas a escrita alfabética não precede a leitura alfabética.

Em compensação, é provável que a leitura ortográfica preceda a escrita ortográfica. A constituição de representações ortográficas não é o produto direto de uma instrução explicitamente orientada para esse objetivo. Como já vimos, é o resultado de um ajustamento não intencional das capacidades cognitivas do indivíduo ao reconhecimento de um tipo particular de objeto, a palavra escrita. É uma forma de aprendizagem implícita.[62] Essa aprendizagem é iniciada no quadro da leitura mas, posteriormente, ela é reforçada pela atividade de escrita.

Voltemos à utilização do princípio alfabético na escrita. Eu disse que a escrita implica uma atividade mental de análise das palavras em fonemas. Essa análise às vezes cria problemas, mesmo para as crianças que compreenderam o princípio alfabético. Em outros termos, entre a compreensão e o domínio do princípio alfabético há uma certa distância, como mostram os fenômenos seguintes. Vários autores, entre os quais Maggie Bruck, Rebecca Treiman e Linnea Ehri, puseram em evidência o fato de que na escrita dos grupos consonânticos iniciais do tipo "br-", "pl-" etc., os principiantes fazem muitas omissões da segunda letra.[63] Essas omissões parecem estar ligadas a uma dificuldade de analisar exaustivamente em fonemas as expressões que contêm grupos consonânticos. Outra observação, que se pode também atribuir a uma dificuldade de análise, é a omissão frequente das vogais que podem ser assimiladas ao nome da consoante seguinte.[64] "*Ferme*" pode ser escrito "*frme*" em francês (a observação original é a palavra inglesa "*farm*" que a criança pode escrever "frm"). A criança parece utilizar seu conhecimento de que a letra "r" se lê /ɛr/ em francês (/ar/ em inglês). A análise fonêmica que a criança faz de "*ferme*" a leva a separar /f/, /ɛr/ etc. Como ela encontra /ɛr/ no nome da letra "r" em francês, ela escreve essa letra imediatamente depois de "f". Esse erro implica a existência de uma dificuldade de análise fonêmica. É interessante observar que esse tipo de erro ocorre mais frequentemente para "r" e "l" do que para "m", "n", "s" e "f". A análise fonêmica do nome de uma consoante líquida pode ser mais difícil de fazer porque o grau de coarticulação da consoante com a vogal precedente é mais importante no caso de uma líquida do que no de uma nasal ou de uma fricativa.

A escrita apresenta, em francês, dificuldades mais consideráveis do que a leitura, uma vez que um mesmo fonema pode ser escrito de diversas maneiras. Essa variabilidade é essencialmente determinada por fatores morfológicos e sintáticos. Assim, formas escritas diferentes correspondentes a uma mesma pronúncia podem assinalar o tempo ou o número do sujeito de uma forma verbal ("*aimer*" e "*aimê*"; "*aime*" e "*aiment*"). Certos fonemas se escrevem seja segundo uma regra simples (/b/ se escreve sempre "b"), seja segundo uma regra contextual (/ʒ/ se escreve sempre "j" antes de "a", "ou" e "u"). Outros, porém, se escrevem de maneiras que não podem ser deduzidas de uma regra de conversão grafofonológica. Uma simulação feita em computador[65] sobre cinquenta regras grafofonológicas mostrou que a utilização exclusiva dessas regras permite escrever corretamente cerca da metade apenas das palavras francesas.

Um estudo recente de meus colegas Jesus Alegria e Philippe Mousty[66] mostra que as crianças francófonas de segundo ano primário quase nunca levam em conta as regras contextuais, ao passo que não têm qualquer dificuldade para escrever os fonemas que entram em regras simples. Essa má *performance* está provavelmente ligada à instrução dada na escola, que evita ensinar regras contextuais nos dois primeiros anos. A *performance* melhora de maneira muito nítida no terceiro ano. Entre as ortografias imprevisíveis, as que são pouco frequentes (por exemplo, a letra "c" por /s/ ou a letra "z" por /z/) praticamente nunca são respeitadas pela criança de segundo ano. Em compensação, as variantes mais frequentes ("s" ou "ss" por /s/, e "s" por /z/) são geralmente seguidas, provavelmente porque são ensinadas na escola como se fossem sistemáticas.

Também é interessante observar que, segundo esse estudo, as crianças que são maus leitores permanecem inferiores em ortografia aos leitores normais mais jovens, que se igualam a elas em idade de leitura. Esse resultado mostra claramente que, em francês, a escrita é bem mais difícil que a leitura.

No capítulo seguinte, examinaremos as razões de fracasso e de distúrbio na aprendizagem da leitura e da escrita. Sem antecipar essa análise, notemos que, em francês, a maioria dos jovens leitores que fracassam são provavelmente do tipo fonológico. Eles não conseguem desenvolver suficientemente o processo alfabético de leitura. Daí sua tendência a adotar uma leitura do tipo logográfico. Suas dificuldades em ortografia são evidentemente ainda mais consideráveis. Entretanto, como a leitura é menos exigente que a escrita, certo número de crianças cuja habilidade fonológica não é excelente conseguem ser leitores normais, mas fracassam em escrita. Como a escrita logográfica é totalmente ineficaz, eles permanecem fixados a uma escrita alfabética que é pouco eficaz, já que as regras de conversão por si sós não permitem escrever corretamente um grande número de palavras. Eles escrevem de maneira fonética, recebendo por conseguinte a designação de disgráficos de superfície. Vemos assim aparecer, na leitura, uma maioria de "disléxicos fonológicos" (que são também disgráficos), e, na escrita, uma maioria de "disgráficos de superfície" (muitos dos quais não são disléxicos).

NOTAS

1 ANDERSON, R. C., FREEBODY, P. Reading Comprehension and the Assessment and Acquisition of Word Knowledge. In: HUTSON, B. (Ed.) *Advances in Reading/Language Research*. Greenwich, CT: JAI Press, 1983; NAGY, W. E., ANDERSON, R. C., HERMAN, P. A. Learning Word Meanings from Context During Normal Reading. *American Educational Research Journal*, v.24, p.237-70, 1987; NAGY, W. E., HERMAN, P. A.,

ANDERSON, R. C. Learning Words from Context. *Reading Research Quarterly*, v.20, p.233-53, 1985.

2 Este argumento foi inspirado numa demonstração análoga apresentada em ADAMS, M. J. *Beginning to Read:* Learning and Thinking About Print. Cambridge, MA: MIT Press, 1990.

3 Ver CHARMEUX, E. Faut-il passer par la combinatoire pour comprendre?... et si oui, n'est-ce pas la même chose que le décodage? In: BENTOLILA, A., CHEVALIER B., FALCOZ-VIGNE, D. (Ed.) *La Lecture, apprentissage, évaluation, perfectionnement.* Paris: Nathan, 1991.

4 LESGOLD, A. M., RESNICK, L. B., HAMMOND, K. Learning to Read: A Longitudinal Study of Word Skill Development in Two Curricula. In: WALLER, T. G., MCKINNON, G. E. (Ed.) *Reading Research*: Advances in Theory and Practice. New York: Academic Press, 1985. v.4.

5 SMITH, F. *Understanding Reading.* New York: Holt, Rinehart & Winston, 1971.

6 GOODMAN, K. S. Reading: A Psycholinguistic Guessing Game. *Journal of the Reading Specialist*, v.6, p.126-35, 1967.

7 GOODMAN, K. S. A Linguistic Study of Cues and Miscues in Reading. *Elementary English*, v.42, p. 639-43, 1965.

8 NICHOLSON, T. Reading is Not a Guessing Game: The Great Debate Revisited. *Reading Psychology*, v.7, p.197-210, 1986; NICHOLSON, T., HILL, D. Good Readers Don't Guess: Taking Another Look at the Issue of Whether Children Read Words Better in Context or in Isolation. *Reading Psychology*, v.6, p.181-98, 1985; NICHOLSON, T. Do Children Read Words Better in Context or in Lists? A Classic Study Revisited. *Journal of Educational Psychology*, v.83, p.444-50, 1991.

9 Ver, entre outros, STANOVITCH, K. E. Toward an Interactive-Compensatory Model of Individual Differences in the Development of Reading Fluency. *Reading Research Quarterly*, v.16, p.32-71, 1980; STANOVICH, K. E. Matthew Effects in Reading: Some Consequences of Individual Differences in the Acquisition of Literacy. *Reading Research Quarterly*, v.21, p.360-407, 1986; WEST, R. F., STANOVICH, K. E. Automatic Contextual Facilitation in Readers of Three Ages. *Child Development*, v.49, p.717-27, 1978; WEST, R. F. et al. The Effect of Sentence Context on Word Recognition in Second and Sixth-Grade Children. *Reading Research Quarterly*, v.19, p.6-15, 1983.

10 PERFETTI, C. A., ROTH, S. F. Some of the Interactive Processes in Reading and their Role in Reading Skill. In: LESGOLD, A. M., PERFETTI, C. A. (Ed.) *Interactive Processes in Reading.* Hillsdale, NJ: Erlbaum, 1981.

11 GOUGH, P. B. Context, Form, and Interaction. In: RAYNER, K. (Ed.) *Eye Movements in Reading:* Perceptual and Language Processes. Orlando FL:

Academic Press, 1983; GOUGH, P. B., ALFORD Jr. J. A., HOLLEY-WIL-COX, P. Words and Contexts. In: TZENG, O. J. L., SINGER, H. (Ed.) *Perception of Print.* Hillsdale, NJ: Erlbaum, 1981.

12 Ver STANOVICH, op. cit., 1986,

13 NAGY, HERMAN, ANDERSON, op. cit., 1987.

14 Idem, ibidem.

15 MASON, J. M. Reading Stories to Preliterate Children: A Proposed Connection to Reading. In: GOUGH, P. B., EHRI, L. C., TREIMAN, R. (Ed.) *Reading Acquisition.* Hillsdale, NJ: Erlbaum, 1992.

16 FEITELSON, D., KITA, B., GOLDSTEIN, Z. Effects of Reading Series Stories to First Graders on their Comprehension and Use of Language. *Research in the Teaching of English,* v.20, p.339-56, 1986.

17 HEWISON J., TIZARD, J. Parental Involvement and Reading Attainment. *British Journal of Educational Psychology,* v.50, p.209-15, 1980; TIZARD, J., SCHOFIELD, W., HEWISON, J. Collaboration Between Teachers and Parent in Assisting Children's Reading. *British Journal of Educational Psychology,* v.52, p.1-15, 1982.

18 McCORMICK, C., MASON, J. Fostering Reading for Head Start Children with Little Books. In: ALLEN, J., MASON, J. (Ed.) *Risk Makers, Risk Takers, Risk Breakers*: Reducing the Risks for Young Learners. Portsmouth, NH: Heinemann, 1989; MASON, J. et al. Shared Book Reading in an Early Start Program for At-Risk Children. In: *Thirty-Ninth Yearbook, National Reading Conference.* Chicago, IL: 1990; PHILLIPS, L. et al. Effect of Early Literacy Intervention on Kindergarten Achievement. In: *Thirty-Ninth Yearbook, National Reading Conference.* Chicago, IL, 1990.

19 Ver, entre outros, ADAMS, op. cit., 1990; STANOVICH, K. E., CUNNINGHAM, A. E., FEEMAN, D. J. Intelligence, Cognitive Skills, and Early Reading Progress. *Reading Research Quarterly,* v.19, p.278-303, 1984.

20 STANOVICH, CUNNINGHAM, FEEMAN, op. cit.

21 MORAIS, J. et al. Does Awareness of Speech as a Sequence of Phones Arise Pontaneously? *Cognition,* v.7, p.323-31, 1979; MORAIS, J. et al. Literacy Training and Speech Segmentation. *Cognition,* v.24, p.45-64, 1986.

22 Ver BOWEY, J. A., FRANCIS, J. Phonological Analysis as a Function of Age and Exposure to Reading Instruction. *Applied Psycholinguistics,* v.12, p.91-121, 1991.

23 PERFETTI, C. A. Phonemic Knowledge an Learning to Read are Reciprocal: A Longitudinal Study of First-Grade Children. *Merrill-Palmer Quarterly,* v.33, p.283-319, 1987.

24 READ, C. *Children's Creative Spelling.* London: Routledge & Kegan Paul, 1986.

25 MORAIS, J., ALEGRIA, J., CONTENT, A. The Relationships Between Segmental Analysis and Alphabetic Literacy: An Interactive View. *Cahiers de Psychologie Cognitive*, v.7, p.415-38, 1987.

26 BALL, E. W., BLACHMAN, B. A. Phoneme Segmentation Training: Effects on Reading Readiness. *Annals of Dyslexia*, v.38, p. 208-25, 1988; BALL, E. W., BLACHMAN, B. A. Does Phoneme Awareness Training in Kindergarten Make a Difference in Early Word Recognition and Developmental Spelling? *Reading Research Quarterly*, v.26, p.49-96, 1991; BRADLEY, L., BRYANT, P. E. Categorizing Sounds and Learning to Read: A Causal Connection. *Nature*, v.301, p.419-21, 1983; HELFGOTT, J. Phoneme Segmentation and Blending Skills of Kindergarten Children: Implications for Beginning Reading Acquisition. *Contemporary Educational Psychology*, v.1, p.157-69, 1976; LUNDBERG, I., FROST, J., PETERSEN, O.-P. Effects of an Extensive Program for Stimulating Phonological Awareness in Preschool Children. *Reading Research Quarterly*, v.23, p.263-84, 1988; WILLIAMS, J. P. Teaching Decoding with an Emphasis on Phoneme Analysis and Phoneme Blending. *Journal of Educational Psychology*, v.72, p.1-15, 1980; WARRICK, N., RUBIN H., ROWE-WALSH, S. Phoneme Awareness in Language--Delayed Children: Comparative Studies and Intervention. *Annals of Dyslexia*, v.43, p.153-73, 1993.

27 HATCHER, P., HULME, C., ELLIS, A. W. Ameliorating Early Reading Failure by Integrating the Teaching of Reading and Phonological Skills: The Phonological Linkage Hypothesis. *Child Development*, v.65, p.41-57, 1994.

28 CUNNINGHAM, A. E. Explicit Versus Implicit Instruction in Phonemic Awareness. *Journal of Experimental Child Psychology*, v.50, p.429-44, 1990.

29 BYRNE, B. On Teaching Articulatory Phonetics Via an Orthography. *Memory and Cognition*, v.12, p.181-89, 1984.

30 ALEGRIA, J. et al. (Ed.) *Analytic Approaches to Human Cognition*. Amsterdam: Elsevier, 1992.

31 BYRNE, B. Studies in the Acquisition Procedure for Reading: Rationale, Hypotheses, and Data. In: GOUGH, P. B., EHRI, L. C., TREIMAN, R. (Ed.) *Reading Acquisition*. Hillsdale, NJ: Erlbaum, 1992.

32 ALEGRIA, J., PIGNOT, E., MORAIS, J. Phonetic Analysis of Speech and Memory Codes in Beginning Readers. *Memory and Cognition*, v.10, p.451-6, 1982.

33 CONTENT, A. et al. Phonetic Segmentation in Prereaders: Effect of Corrective Information. *Journal of Experimental Child Psychology*, v.42, p.49-72, 1986.

34 BYRNE B., FIELDING-BARNSLEY, R. Acquiring the Alphabetic Principle. A Case for Teaching Recognition of Phoneme Identity. *Journal of Educational Psychology*, v.82, p.805-12, 1990.

35 BYRNE, B., FIELDING-BARNSLEY, R. Evaluation of a Program to Teach Phonemic Awareness to Young Children. *Journal of Educational Psychology*, v.83, 451-5, 1991.

36 O leitor pode familiarizar-se com as ideias deste autor lendo TREIMAN, R. The Role of Intrasyllabic Units in Learning to Read and Spell. In: GOUGH, P. B. et al. (Ed.) *Reading Acquisition*. Hillsdale, NJ: Erlbaum, 1992.

37 Ver EHRI, L. C. Reconceptualizing the Development of Sigth Word Reading and its Relationship of Recoding. In: GOUGH, EHRI, TREIMAN (Ed.) op. cit., 1992.

38 Ver SEYMOUR, P. H. K. *Cognitive Analysis of Dyslexia*. London, Routledge & Kegan Paul, 1986; Idem, Developmental Dyslexia. In: EISENCK, M. W. (Ed.) *Cognitive Psychology:* An International Review. Chichester: Wiley, 1990.

39 Ver GOSWAMI, U., BRYANT, P. Rhyme, Analogy, and Children's Reading. In: GOUGH, P. B., EHRI, L. C., TREIMAN, R. (Ed.) *Reading Acquisition*. Hillsdale, NJ: Erlbaum, 1992.

40 Ver WIMMER, H. et al. The Relationship of Phonemic Awareness to Reading Acquisition: More Consequence than Precondition but Still Important. *Cognition*, v.40, p.219-49, 1991.

41 FRITH, U. Beneath the Surface of Developmental Dyslexia. In: PATTERSON, K. E., MARSHALL, J. C., COLTHEART, M. (Ed.) *Surface Dyslexia:* Neuropsychological and Cognitive Studies of Phonological Reading. Hillsdale, NJ: Erlbaum, 1985.

42 EHRI, L. C., WILCE, L. S. Movement Into Reading: Is the First Stage of Printed Word Learning Visual or Phonetic? *Reading Research Quarterly*, v.20, p.163-79, 1985.

43 SNOWLING, M., FRITH, U. The Role of Sound, Shape, and Orthographic Cues in Early Reading. *British Journal of Psychology*, v.72, p.83-7, 1981.

44 Ver, entre outros, TREIMAN, R., BARON, J. Individual Differences in Spelling: The Phoenician-Chinese Distinction. *Topics in Learning and Learning Disabilities*, v.3, p.33-40, 1983.

45 FREEBODY, P., BYRNE, B. Word-Reading Strategies in Elementary School Children: Relations to Comprehension, Reading Time, and Phonemic Awareness. *Reading Research Quarterly*, v.23, p.441-53, 1988; BYRNE, B. FREEBODY, P., GATES, A. Longitudinal Data on the Relations of Word-Reading Strategies to Comprehension, Reading Time, and Phonemic Awareness. *Reading Research Quarterly*, v.27, p.141-51, 1992.

46 FOORMAN, B. R. et al. How Letter-Sound Instruction Mediates Progress in First-Grade Reading and Spelling. *Journal of Educational Psychology*, v.83, p.456-69, 1991.

47 BRADLEY, L. Making Connections in Learning to Read and to Spell. *Applied Cognitive Psychology*, v.2, p.3-18, 1988. Deve-se observar que a relação preditiva entre a habilidade fonológica intencional aos seis anos e a capacidade ortográfica aos sete anos era observada mesmo quando as variações do nível desta última capacidade aos seis anos era levada em conta.

48 CUNNINGHAM, A. E., STANOVICH, K. E. Children's Literacy Environments and Early Word Recognition Subskills. *Reading and Writing*, v.5, p.193-204, 1993.

49 SANTA, C. M. Spelling Patterns and the Development of Flexible Word Recognition Strategies. *Reading Research Quarterly*, v.12, p.125-44, 1976/1977.

50 Ver GOSWAMI, BRYANT, op. cit.

51 BRUCK, M., TREIMAN, R. Learning to Pronounce Words: The Limitations of Analogies. *Reading Research Quarterly*, v.27, p.375-88, 1992.

52 EHRI, L. C., ROBBINS, C. Beginners Need Some Decoding Skill to Read Words by Analogy. *Reading Research Quarterly*, v.27, p.13-26, 1992.

53 WIMMER, H. op. cit.

54 WIMMER, H. Characteristics of Developmental Dyslexia in a Regular Writing System. *Applied Psycholinguistics*, v.14, p.1-33, 1993; WIMMER, H. L'acquisition de la lecture dans une orthographe plus régulière que celle de l'anglais: points de divergence. In: JAFFRÉ, J.-P., SPRENGER-CHAROLLES, L., FAYOL, M. (Ed.) *Lecture-écriture*: Acquisition. Les Actes de la Villette. Paris: Nathan, 1993.

55 SEYMOUR, P. H. K., EVANS, H. M. Levels of Phonological Awareness and Learning to Read. *Reading and Writing*, 1994. (No prelo).

56 HENDERSON, L., CHARD, J. The Readers' Implicit Knowledge of Orthographic Structure. In: FRITH, U. (Ed.) *Cognitive Processes in Spelling*. New York: Academic Press, 1980.

57 ADAMS, M. J. et al. *A Prototype Test of Decoding Skills*. BBN Report, n.4316, Bethesda, MD, National Institute of Child Health and Human Development, 1980.

58 THOMPSON, G. B., FLETCHER-FLINN, C. M. A Theory of Knowledge Sources and Procedures for Reading Acquisiton. In: THOMPSON, G. B., TUNMER, W. E., NICHOLSON, T. (Ed.) *Reading Acquisition Processes*. Clevedon: Multilingual Matters, 1993.

59 DURKIN, D. *Children who Read Early*: Two Longitudinal Studies. New York: Teachers College Press, 1996.

60 SCHEERER-NEUMANN, G. Communication présentée à Arbeitstagnung: Tehrein und Probleme des Lesenlernens. Bielefeld, mai 1987, citado

em MORTON, J. An Information-Processing Account of Reading Acquisition. In: GALABURDA A. M. (Ed.) *From Neurons to Reading.* Cambridge, MA: MIT Press, 1989.

61 O leitor pode divertir-se lendo a íntegra dessa carta e outros textos "omófonos" em DUCHESNE A., LEGUAY, T. *Petite fabrique de littérature.* Magnard, 1993.

62 Para uma discussão desses mecanismos, ver CLEEREMANS, A. *Mechanisms of Implicit Learning.* Cambridge, MA: MIT Press, 1993.

63 BRUCK, M., TREIMAN, R. Phonological Awareness and Spelling in Normal Children and Dyslexics: The Case of Initial Consonant Clusters. *Journal of Experimental Child Psychology,* v.50, p.156-78, 1990; TREIMAN, op. cit., 1992; EHRI, L. C. How Orthography Alters Spoken Language Competencies in Children Learning to Read and Spell. In: DOWNING, J., VALTIN, R. (Ed.) *Language Awareness and Learning to Read.* New York: Springer-Verlag, 1984.

64 Ver TREIMAN, ibid., 1992.

65 VÉRONIS, J. From Sound to Spelling in French: Simulation on a Computer. *Cahiers de psychologie cognitive (European Bulletin of Cognitive Psychology),* v.8, p.315-34, 1988.

66 ALEGRIA, J., MOUSTY, P. On the Development of Lexical and Non--Lexical Spelling Procedures of French-Speaking, Normal, and Disabled Children. In: BROWN, G. D. A., ELLIS, N. C. (Ed.) *Handbook of Normal and Disturbed Spelling Development:* Theory, Processes and Interventions. Chichester: Wiley, 1994. (No prelo).

CAPÍTULO 4

O LEITOR FRACASSADO

> To ask how prevalent dyslexia is in the general population will be as meaningful, and as meaningless, as asking how prevalent obesity is. The answer will depend upon where the line is drawn.
>
> A. Ellis, 1985.

> [A questão da taxa de ocorrência da dislexia na população geral tem tanto sentido, e falta de sentido, quanto a da taxa de ocorrência da obesidade. A resposta dependerá inteiramente do lugar em que se faz passar a linha de fronteira.]

Falar do jovem leitor fracassado, no espírito de muitos, é falar do disléxico. O que é a dislexia? Uma doença? Nascemos com ela ou devemos atribuir a culpa ao meio circunstante? Existe uma diferença entre disléxicos e maus leitores? Há diferentes tipos de disléxicos? O que podemos fazer por essas crianças?

Poucos problemas ligados à infância foram objeto de tantas ideias falsas. Como veremos, nenhuma base científica séria permite pensar que a dislexia resulta de uma má lateralidade do cérebro ou da manualidade, ou que os disléxicos são aqueles que fazem inversões de letras.

Poderíamos chamar dislexia todo distúrbio que afeta a capacidade de ler (e, por extensão, de escrever). Mas essa definição é ampla demais. Não se diria do cego que ele é disléxico. As dificuldades devidas a fatores físicos ou sensoriais, a privações socioculturais, à falta de oportunidade de aprendizagem, ou a bloqueios afetivos também não têm nada de específico. Durante muito tempo, tanto nos meios científicos como nos meios clínicos e educativos, foram consideradas disléxicas as crianças que, embora dispondo de uma inteligência normal, e até mesmo superior, e de todas as condições circunstantes necessárias, apresentam dificuldades graves na leitura. Essa definição foi fixada em 1968 pela Federação Mundial de Neurologia, que ainda acrescentou a ideia de uma origem constitucional. Ela contribuiu para consagrar a imagem do disléxico como um gênio nascido com um estigma mental altamente específico. Mais que a criança que não lê bem porque é pouco inteligente, o disléxico tem, portanto, direito à solicitude da sociedade, a um ensino especial, a uma reeducação individualizada. Será que devemos, então, como pensam os meios médicos e educativos, distinguir dois tipos de deficientes da leitura, os disléxicos inteligentes e os maus leitores "burros"?

A SEGUNDA CORCOVA DO DROMEDÁRIO

Muitas *performances* se distribuem de uma maneira que lembra a corcova única do dromedário. Quando se trata de uma bela corcova, bem simétrica de cada lado do ponto mais alto, nós a chamamos de distribuição normal. A inteligência seria distribuída dessa maneira na população. O problema é que ninguém sabe o que é a inteligência. A psicologia científica contemporânea não tem o que fazer com esse conceito, mesmo se cada um de nós, na sua vida relacional, tem o sentimento de que certas pessoas são mais inteligentes que outras. Entretanto, há quase um século, mede-se a inteligência com instrumentos de classificação e de seleção que se chamam testes de inteligência. Os testes mais utilizados compreendem provas verbais e provas de *performance* (não verbais). Umas e outras referem-se de maneira um tanto intuitiva, sem validação realmente científica, a um conjunto de capacidades mentais que não se pode especificar exatamente, mas que parecem ter relação com aquilo que um indivíduo deve conhecer e ser capaz de fazer para responder adequadamente às exigências da nossa sociedade. A aplicação desses testes permite calcular um QI (quociente de inteligência) total, assim como um QI verbal e um QI de *performance*, conforme o subconjunto de provas. O QI médio é igual a 100.

Em muitas provas relacionadas com capacidades mentais, inclusive as provas chamadas de inteligência, a distribuição das pontuações individuais tem uma aparência normal: ela é semelhante a uma corcova de dromedário. Entretanto, depois de um estudo que teve grande influência,[1] no caso da leitura, quando se colocam medidas dessa capacidade em relação com o QI, o dromedário sonha em transformar-se em camelo. Imaginem esse dromedário-camelo com a cauda (as piores pontuações em leitura em relação ao QI) à esquerda e a cabeça (as melhores) à direita. Constata-se que uma pequena corcova começa a aparecer na cauda do dromedário. Essa pequena corcova compreenderia então os disléxicos, isto é, os maus leitores inesperados, aqueles que não deveriam encontrar-se nessa parte da distribuição se fossem capazes de ler no nível previsto pelo seu QI.

Entretanto, percebeu-se rapidamente que o problema não é tão simples. Outros estudos não mostraram corcova suplementar,[2] de tal modo que a segunda corcova do dromedário seria apenas uma miragem ou, mais exatamente, o resultado de um artefato experimental. Tome-se um teste em que se apresentam diversas questões muito difíceis. Veremos aparecer uma corcova perto da cauda: a dificuldade dessas questões explica que maior número de sujeitos apresentam más *performances*. Tome-se um teste em que, pelo contrário, diversas questões são muito fáceis. Agora, a corcova surge perto do pescoço! Não se pode pensar que existe uma categoria de leitores específicos – os disléxicos – com base em tais fenômenos. Ela não reflete uma diferença de natureza mas uma diferença quantitativa...

A atribuição da etiqueta "disléxico" a maus leitores depende, inevitavelmente, numa óptica psicométrica, de decisões arbitrárias. Será que devemos considerar disléxicos os leitores que apresentam em leitura um atraso de 24 meses ou mais em relação ao nível previsto pelo seu QI? Se quisermos aumentar o número de disléxicos, basta colocar a barra em 18 meses, mas teremos menos se a colocarmos em trinta meses. Além disso, será que esse critério deve ser constante seja qual for a idade cronológica da criança? O que é que nos permite pensar que um atraso de 24 meses aos oito anos é comparável a um atraso de 24 meses aos 14 anos?

Se o problema do critério pode ser resolvido, definir como disléxico o leitor que mostra um desvio importante entre sua pontuação de leitura e sua pontuação de inteligência leva a paradoxos. Será que se deve considerar disléxica a criança cuja pontuação de leitura é a de um leitor médio de sua idade, simplesmente porque o seu QI é de 140? Considerando que não há nada de mais normal que a criança pouco inteligente seja mau leitor, faz-se da inteligência uma condição necessária (embora não suficiente) da capacidade de leitura. Será esse, realmente, o caso? Se for assim, deveria ser impossível encontrar bons leitores cujo QI é fraco. Ora, muitas crianças pouco inteligentes podem aprender a ler; elas leem tão bem quanto as crianças cujo QI é elevado.[3] Por conseguinte, as crianças cujo QI é baixo e que fracassam em leitura não devem esse fracasso ao seu QI. Elas apresentam uma deficiência cuja natureza talvez não seja diferente da das crianças disléxicas.

Será que não é perigoso esquecer assim o mau leitor simplesmente porque sua pontuação de leitura não é inferior ao seu QI? A concepção tradicional da dislexia penaliza as crianças que vivem em ambientes culturais pobres. Como seu QI é mais baixo, elas são mais facilmente afastadas de reeducação sistemática.[4] O QI, seja como fator na determinação de atrasos na capacidade de leitura, seja como critério de classificação das crianças no sistema escolar, é o instrumento de uma política de exclusão.

Estabelecendo uma distinção arbitrária entre os maus leitores e os disléxicos, coloca-se o mau leitor numa situação desfavorável em relação às possibilidades de ajuda que ele merece tanto quanto a criança diagnosticada como disléxica. Além disso, corre-se o risco de tornar mais difícil a compreensão da natureza dos déficits.

Vários estudos demonstraram que as medidas de inteligência só permitem explicar uma parte muito pequena da capacidade de leitura no primeiro ano primário.[5] As competências que estão mais altamente relacionadas com a leitura principiante são a habilidade de análise fonêmica e a rapidez da decodificação na leitura de pseudopalavras. A correlação entre as medidas de inteligência e as medidas da capacidade de leitura aumenta nos anos seguintes, sem jamais atingir valores muito elevados. Esse aumento pode explicar--se não por uma influência unidirecional da inteligência sobre a leitura mas, em grande parte, pela relação causal inversa. Lendo melhor e lendo mais, desenvolvemos nossas bases de conhecimentos, nossos processos de tratamento da informação, e nos tornamos mais capazes de resolver os testes chamados de inteligência. De maneira geral, pode-se dizer que aprender a ler não tem nada a ver com a inteligência. É o exercício da leitura, ele próprio dependente do nível de habilidade atingido, que torna "inteligente" no sentido dos testes de inteligência. É por isso que os adultos iletrados têm todos um QI muito baixo.

De maneira geral, a *performance* de leitura de palavras e de pseudopalavras é relativamente independente do QI. As crianças que têm um QI de 80 obtêm pontuações de leitura de palavras e de pseudopalavras tão boas (ou tão más) quanto as crianças que têm um QI de 110.[6] Quando comparamos as crianças chamadas disléxicas e os maus leitores de mesmo nível geral de leitura, constatamos que, para além da diferença de QI, que serve de critério para a separação desses grupos, não há nenhuma diferença seletiva no nível da leitura. Assim, elas se equivalem na leitura de palavras regulares e irregulares, na leitura de pseudopalavras e na escrita. Também não há diferença nas habilidades fonológicas (análise fonêmica, julgamento de rimas, memória fonológica, denominação de imagens), que são competências em geral positivamente relacionadas com a capacidade de leitura. Não há, portanto, nenhuma razão para separar esses grupos.

A compreensão da linguagem escrita é a resultante de duas capacidades: a capacidade de reconhecimento das palavras escritas e a capacidade de compreensão da linguagem falada (ver a Figura 25). Por conseguinte, as diferenças individuais (inclusive as deficiências) na compreensão da linguagem escrita podem ser devidas a uma ou outra dessas capacidades, ou às duas.

Vimos, no capítulo 2, que o reconhecimento das palavras escritas é o componente específico da compreensão da linguagem escrita. Ele não é suficiente, já que as crianças hiperléxicas, que reconhecem bem as palavras, apresentam grandes deficiências na compreensão de textos.[7] Entretanto, suas deficiências não se limitam à leitura. Essas crianças compreendem igualmente mal a linguagem falada. Elas têm um QI extremamente baixo, muitas vezes da ordem de 50, o que confirma a necessidade de dissociar o QI da leitura. De maneira mais geral, é preciso indagar se toda deficiência na compreensão da linguagem escrita não acompanhada de uma inferioridade no reconhecimento de palavras escritas pode ser atribuída a uma anomalia na compreensão da linguagem falada. É o que parece acontecer. Um estudo recente realizado na Universidade de York[8] referia-se a crianças que tinham dificuldades importantes de compreensão em leitura, ao passo que sua capacidade de reconhecimento de palavras escritas era comparável à dos leitores normais de sua idade. Constatou-se que elas tinham dificuldades totalmente similares na compreensão de histórias apresentadas oralmente.

Parece não haver exceções a essa regra: quando a compreensão da linguagem escrita é má, pelo menos uma de suas origens, seja o reconhecimento de palavras escritas, seja a compreensão da linguagem oral deve ser deficiente. Em compensação, quando ela é boa, as duas capacidades que a tornam possível são boas também.

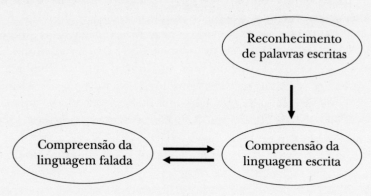

FIGURA 25 – Componentes da compreensão da linguagem escrita.

Existem atualmente muitos dados empíricos que permitem pensar que o reconhecimento de palavras escritas e a compreensão da linguagem oral contribuem de maneira parcialmente independente para as diferenças individuais na compreensão da linguagem escrita.[9]

A contribuição do reconhecimento de palavras escritas é mais importante no início da aprendizagem do que mais tarde. Entretanto, as indicações de um aumento da importância das capacidades gerais de compreensão devem ser matizadas numa perspectiva de desenvolvimento.

Com efeito, se há aumento da contribuição das capacidades gerais de compreensão, é porque estas foram alimentadas pela própria leitura. Portanto, o reconhecimento de palavras escritas cria as condições de um processo altamente interativo entre a compreensão na modalidade auditiva e na modalidade visual de entrada da informação linguística. Também não se deve esquecer de que os processos de reconhecimento de palavras escritas no início da aprendizagem e mais tarde não são da mesma natureza. Como já vimos no capítulo anterior, o processo alfabético sequencial cede lugar a um sistema complexo, mas automatizado e mais eficaz, que compreende um processo ortográfico e um processo de conversão fonológica, podendo estes dois intervir paralelamente.

Se compararmos leitores deficientes de relativamente bom nível intelectual a crianças mais novas que apresentam o mesmo nível de reconhecimento de palavras escritas, observamos evidentemente que os leitores deficientes são superiores tanto em termos de compreensão da linguagem falada como da escrita. Se tomarmos dois grupos que têm o mesmo nível de compreensão da linguagem escrita, o que nos obriga a tomar um grupo-controle um pouco mais velho que o anterior, constataremos naturalmente que os leitores deficientes são inferiores em reconhecimento de palavras escritas. Se quisermos especificar o nível de leitura em relação a uma capacidade distinta da capacidade de leitura (distinta não significa independente), parece que o melhor critério de referência é, como propõe Keith Stanovich, a capacidade de compreensão da linguagem falada.[10] Evidentemente, os leitores deficientes que mostram uma deficiência da mesma ordem na compreensão da linguagem falada não nos informam nada sobre a leitura em si. As crianças que não compreendem bem a linguagem não podem ler com compreensão. Os que possuem um bom nível de compreensão da linguagem falada é que são suscetíveis de nos revelar o que a leitura tem de específico.

OS DISTÚRBIOS DA LEITURA SÃO DE NATUREZA VISUAL?

A concepção segundo a qual os distúrbios da aprendizagem da leitura são devidos essencialmente a deficiências das capacidades relacionadas com a linguagem, mais exatamente das capacidades fonológicas, é hoje a concepção amplamente dominante nos meios científicos. Entretanto, não é ainda a concepção dominante nos meios praticantes, tanto quanto também não era nos meios científicos há uns vinte anos.

Nos anos 70, os trabalhos de Frank Vellutino, um pesquisador americano, aplicaram um sério golpe na concepção "visual" das dificuldades na aprendizagem da leitura.[11] Ele pediu a leitores deficientes e a leitores normais que não liam hebraico que desenhassem caracteres hebraicos que lhes foram apresentados brevemente. Os leitores deficientes não se saíram menos bem que os leitores normais nessa tarefa de lembrança visual. Os leitores deficientes não têm, portanto, um distúrbio visual intrínseco; eles só se revelam inferiores quando os estímulos visuais constituem códigos de linguagem.

Os estudos sobre os erros de leitura mostram, por outro lado, que os erros de inversão de letras só representam 20% a 25% do total dos erros. Os leitores normais os cometem na mesma proporção, mas, evidentemente, em números absolutos, cometem menos. Não é surpreendente tomar "*cas*" (caso) por "*sac*" (saco) quando ainda há um conhecimento insuficiente das letras e de seus valores fonêmicos, e quando se apreende cada palavra como um padrão visual global. Vellutino ensinou crianças (leitores normais ou deficientes, de segundo e de sexto ano da escola primária) a identificar "palavras" escritas com a ajuda de um alfabeto artificial.[12] Esse ensino seguia um método tanto global como baseado num agrupamento "letra-som". As crianças que aprenderam esses estímulos segundo o método global cometiam mais erros de inversão que as outras. No grupo de método global, os leitores deficientes não cometiam mais inversões que os leitores normais. As confusões espaciais não são, portanto, responsáveis por dificuldades de leitura. É o desconhecimento das correspondências que engendra confusões espaciais.

Contudo, apesar desses trabalhos, continua-se a propor explicações "visuais" para os distúrbios da leitura. Assim, por exemplo, pretende-se que esses distúrbios, em mais da metade dos casos, estariam associados à ausência de dominância ocular, que tornaria incapaz de determinar com precisão onde as palavras e as letras se encontram na página. Essa síndrome foi chamada de "dislexia óculo-motora".[13] Estudos posteriores mostraram, porém, que a ausência de dominância ocular não é menos frequente nos bons leitores que nos maus.[14] Os criadores dessa síndrome imaginária pretenderam, numa revista médica das mais importantes, *Lancet*, que se poderia ajudar esses disléxicos fechando-lhes um olho.[15] Como era de esperar, essa sugestão também foi desmentida.[16]

Outra tentativa para recuperar a concepção visual das dificuldades de leitura, desta vez sob a forma de uma síndrome de "sensibilidade escotópica",[17] teve uma grande divulgação na mídia americana e britânica. A ideia se deve a uma oftalmologista americana, Helen Irlen, que fundou um Instituto cujos textos propõem uma abordagem pretensamente baseada numa pesquisa bastante extensa. Essa síndrome afetaria a metade da população dos leitores deficientes. Tratar-se-ia de uma disfunção perceptiva que se manifestaria por dificuldades subjetivas relacionadas com a intensidade da luz, com a cor e o contraste. As crianças atingidas veriam as páginas escritas de maneira diferente dos leitores normais. As palavras se deslocariam sobre as páginas, desapareceriam (mas isso jamais foi demonstrado), e o cansaço e o desconforto que esses leitores sentiriam os impediriam de manter a atenção durante a leitura (na realidade, a expressão sensibilidade escotópica é inadequada, já que esta é a capacidade de percepção quando a luz é muito fraca).

O tratamento aconselhado pelo Instituto Irlen consiste em usar óculos especiais com lentes coloridas.[18] Alguns estudos não mostraram qualquer efeito do uso dessas lentes sobre a leitura. Assim, um estudo em que se comparava a procura visual de letras por meio de quatro condições (uso de lentes Irlen, de lentes não coloridas, de lentes opacas, e sem lente nenhuma) não mostrou nenhuma diferença na *performance* de leitura.[19] Em geral, os trabalhos que mostraram benefícios do uso dessas lentes não consideraram a possibilidade de efeitos placebo, não sendo portanto confiáveis.[20]

A publicidade suscita confiança no tratamento, o que pode favorecer a autossugestão e aumentar a atenção durante a experiência. Por outro lado, o uso de lentes, combinado com uma motivação para ler melhor, pode contribuir para reduzir a ansiedade dos leitores deficientes. Curiosamente, a análise das características de absorção da luz das lentes Irlen não indica nenhuma seletividade particular no nível dos comprimentos de onda. Do ponto de vista teórico, parece, em todo caso, inadequado querer reduzir por esse meio déficits que, para a grande maioria dos leitores deficientes, estão ligados a distúrbios linguísticos.

Se as dificuldades de reconhecimento dos leitores deficientes fossem devidas a distúrbios de percepção visual ou de óculo-motricidade, era de esperar que eles tivessem problemas tanto para ler palavras como para ler pseudopalavras. Ora, como veremos, a grande maioria dos leitores deficientes é particularmente deficiente na leitura de pseudopalavras e, portanto, de palavras jamais ou raramente encontradas. Essa deficiência só pode ser compreendida fazendo intervir fatores linguísticos.

Certas particularidades dos leitores deficientes nas tarefas de percepção visual são provavelmente mais uma consequência do que uma causa de seu nível de leitura. Assim, parece que os leitores deficientes mostram efeitos mais importantes de agrupamento perceptivo (maior dificuldade em perceber separadamente os elementos de uma figura) que os leitores normais.[21] Entretanto, no capítulo 1, já vimos dados que mostram que os adultos iletrados são praticamente incapazes de detectar numa figura uma parte constituída de segmentos separados.[22] Uma das coisas que caminham paralelamente com o exercício da leitura é o desenvolvimento de uma capacidade de análise atencional dos estímulos complexos.

EXISTEM DIVERSOS TIPOS DE LEITORES DEFICIENTES?

Quando nos defrontamos com deficiências funcionais, uma boa providência é começar por caracterizar essas deficiências no plano *comportamental* (quais *performances* são más?), tentando em seguida interpretar essas deficiências em termos de processos subjacentes, isto é, no nível *cognitivo*, e finalmente colocar a questão de sua *origem* biológica ou cultural. Na realidade, a escolha dos instrumentos que permitem avaliar as *performances* já é influenciada por concepções teóricas sobre os processos postos em ação.

A aprendizagem da leitura implica essencialmente a aquisição de dois modos de identificação de palavras escritas: o modo fonológico e o modo ortográfico. Os processos utilizados nos dois casos não são evidentemente os mesmos e não se baseiam, portanto, nas mesmas capacidades. Conforme um ou outro desses tipos de capacidade apresente deficiências, podem aparecer padrões diferentes de déficit no comportamento de leitura. A eficiência da decodificação pode ser avaliada pela leitura de pseudopalavras. A eficiência do processo ortográfico, por sua vez, pode ser avaliada pela capacidade de julgar qual das duas sequências de letras, tais como "sot" e "çau", constitui uma palavra. Com efeito, só o conhecimento da forma ortográfica permite fazer tal escolha.

Certos autores sustentam que existem diversos tipos de leitores deficientes.[23] As diferentes categorizações apresentadas se equivalem essencialmente, apesar das diferenças de terminologia. Existiriam "disléxicos fonológicos", caracterizados por uma incapacidade de decodificação fonológica muito grave que se manifesta por uma *performance* muito má na leitura de pseudopalavras. Existiriam "disléxicos ortográficos", também chamados "disléxicos de superfície" (ver "O sistema em pedaços", no capítulo 2), que apresentam uma incapacidade no nível do tratamento ortográfico revelada por dificuldades na leitura de palavras irregulares (por exemplo, "*porc*" ou "*thym*"), assim como no reconhecimento de palavras homófonas (por exemplo, "*vert*" e "*verre*" podem ser confundidos). Existiriam "disléxicos mistos", apresentando distúrbios ao mesmo tempo na decodificação fonológica e no processo ortográfico. Finalmente, existiriam leitores simplesmente retardados. São aqueles cujo padrão de leitura não difere daquele das crianças leitores normais mais jovens que leem no mesmo nível que eles. Segundo os autores, os "fonológicos" constituiriam cerca de 35% a 60% dos leitores deficientes, os "de superfície" de 10% a 30%, os mistos de 15% a 25%, e os retardados de 20% a 30%.

É claro que os leitores deficientes não formam uma população homogênea. Entretanto, a heterogeneidade não diz respeito necessariamente à presença de duas ou de várias categorias de fronteiras bem nítidas. Ela pode resultar de uma ampla dispersão de *performances* sobre duas ou diversas variáveis. Veja-se a Figura 26, que representa as previsões que podem ser derivadas de cada um desses dois modelos teóricos.[24] O que as distingue é a maneira como a população de leitores se distribui num espaço bidimensional, onde o eixo vertical se refere à capacidade de decodificação fonológica (estimada por meio da leitura de pseudopalavras) e o eixo horizontal ao processo ortográfico (calculado por meio da leitura, seja de palavras irregulares, seja de palavras homófonas). À esquerda, pode-se ver o modelo categorial. Ele compreende subconjuntos bem caracterizados de maus leitores (os "fonológicos", os "de superfície" e os "mistos"), assim como subconjuntos de bons leitores que leriam bem com base num único processo. À direita, esses subconjuntos se diluem numa nuvem de pontos que não apresenta descontinuidade.

A questão se resume então em saber se existe ou não uma gradação de leitores deficientes entre os subconjuntos. Existe uma variação contínua ou constelações separadas espacialmente? O céu da leitura é salpicado de estrelas ou dividido em galáxias?

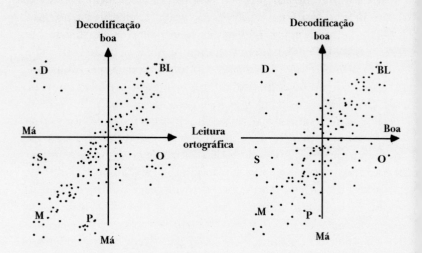

FIGURA 26 – Modelo categorial (à esquerda) e não categorial (à direita) da distribuição dos leitores com relação a suas capacidades de decodificação fonológica e de acesso ortográfico. BL: bons leitores; D: leitores com dominância "decodificação"; O: leitores com dominância "ortográfica"; S: leitores deficientes "de superfície", isto é, que apresentam um déficit ortográfico; F: leitores deficientes fonológicos, isto é, que apresentam um déficit em decodificação; M: leitores deficientes "mistos".

Os dados obtidos sobre amostras bastante amplas de leitores tendem a apoiar o modelo não categorial.[25] Existem, evidentemente, casos extremos, mas não parece fácil traçar linhas de separação entre as categorias. Não existem síndromes dislexicas, já que não temos subconjuntos precisos de leitura deficiente.

Os modelos da Figura 26 têm por objetivo refletir a alternativa entre uma visão categorial e uma visão não categorial da distribuição dos padrões de leitura. Eles não levam em conta a evolução da contribuição relativa dos dois processos para o reconhecimento de palavras, conforme as fases da aprendizagem. Para isso, seria necessário traçar modelos tridimensionais. Por outro lado, representando as duas capacidades por eixos ortogonais, ignora-se a relação de dependência que parece existir entre o desenvolvimento do processo de decodificação e o desenvolvimento do processo ortográfico (voltarei a esta relação mais adiante). Todavia, no plano prático, é muito útil situar cada leitor deficiente num espaço processual bidimensional como o que já vimos. Isso nos dá uma ideia do seu padrão de leitura, o que é necessário se quisermos encontrar uma fórmula de reeducação que convenha às suas insuficiências.

O exame das *performances* mostra, repito, déficits muito importantes na leitura e na escrita de pseudopalavras, na maioria dos leitores deficientes. É exatamente o caso quando comparamos os leitores deficientes a leitores normais mais jovens, nivelados aos primeiros em termos de *performance* de reconhecimento de palavras. Em outros termos, quem é mau para reconhecer palavras muitas vezes é pior ainda para identificar pseudopalavras. Notemos que os leitores deficientes têm um déficit seletivo na identificação de pseudopalavras que não é apresentado por crianças atingidas por outros tipos de distúrbios do desenvolvimento, como os autistas por exemplo. Uta Frith e Margaret Snowling[26] compararam três grupos de crianças cujo nível de compreensão em leitura era similar: leitores deficientes (cujo QI ia de 100 a 133), autistas (cujo QI ia de 54 a 103) e leitores normais (mais jovens que os outros, naturalmente). Elas constataram que a pontuação em leitura de pseudopalavras era inferior à de leitura de palavras em todos os grupos, mas essa inferioridade era muito mais importante nos dislexicos (pode-se estimar em 55% em relação à pontuação obtida para as palavras) do que nos leitores normais e nos autistas (16% e 26%, respectivamente).

Uma recente revista especializada[27] mostrou que entre 16 estudos, dez, sobre um total de 428 leitores deficientes e um número comparável de leitores normais nivelados em reconhecimento de palavras, mostraram uma inferioridade dos leitores deficientes na identificação de pseudopalavras oscilando entre diferenças médias de 9% e 43%. Nenhum estudo revelou uma superioridade dos leitores deficientes na identificação de pseudopalavras. Deve-se notar que, nesses estudos, os leitores deficientes são comparados a leitores normais que leem palavras no mesmo nível que eles e que são portanto mais jovens. Nessas condições, encontrar um componente do reconhecimento de palavras que permanece atrasado em relação à *performance* de reconhecimento global de palavras equivale a pôr o dedo sobre a causa ou uma das causas de suas dificuldades de leitura. Aliás, como o nível de reconhecimento de palavras é o mesmo nas duas populações, pode-se esperar que a inferioridade na decodificação fonológica seja compensada por uma superioridade nos outros componentes.

Foram observados efetivamente alguns sinais mostrando a superioridade relativa dos maus leitores no conhecimento ortográfico em relação aos leitores mais jovens nivelados em termos de reconhecimento de palavras. Vários estudos revelam que os leitores deficientes apresentam, na escrita, uma maior sensibilidade para as propriedades ortográficas que os sujeitos controlados.[28] Em leitura, constatou-se o mesmo tipo de resultado numa tarefa que consiste em escolher, entre duas pseudopalavras (imaginemos, em francês, "*vort*"-"*vorg*"), aquela que mais se assemelha a uma palavra (o conhecimento da ortografia de palavras "vizinhas" e das frequências de ocorrência de letras em relação à posição permite escolher "*vort*" neste exemplo).[29]

Entre os leitores deficientes que apresentam uma inferioridade na identificação de pseudopalavras, muitos não teriam adquirido o processo de decodificação fonológica sequencial, grafema por grafema. Certamente eles permanecem no estágio que Linnea Ehri chamou "semifonético": eles podem utilizar alguns índices mas são incapazes de fazer uma decodificação completa da sequência de letras.[30] Outros já estariam mais avançados mas não teriam ainda adquirido o conhecimento das regras contextuais e posicionais de correspondência. O conhecimento dessas regras, como vimos no capítulo anterior, é em grande parte inconsciente e se confunde com o conhecimento de estruturas mais globais de correspondência entre a ortografia e a fonologia, ou seja, mais amplas que a correspondência grafema-fonema.

Em compensação, os que não apresentam inferioridade na identificação de pseudopalavras, mas uma inferioridade na leitura de palavras irregulares e de palavras homófonas, dispõem da decodificação fonológica. Entretanto, eles não fazem a ligação entre suas representações fonológicas e ortográficas dos constituintes das palavras que lhes permita codificar e reter as irregularidades como exceções às regras de correspondência. No caso deles, o processo de constituição de representações grafofonológicas mais globais não parece ter avançado até uma representação eficaz da forma ortográfica completa das palavras.

Retomemos a situação mais frequente de deficiência da leitura, aquela que está associada a uma inferioridade na leitura de pseudopalavras. Essa má leitura de pseudopalavras reflete uma capacidade de decodificação fonológica insuficiente. Trata-se então de remontar pouco a pouco na cadeia de causalidade e perguntar de onde provém essa insuficiência. Tudo indica que a dificuldade para tomar consciência da estrutura fonêmica da fala é a responsável por isso. Cabe lembrar principalmente que as pontuações de leitura de pseudopalavras estão altamente correlacionadas com as medidas de habilidade de análise fonêmica intencional. Estas últimas medidas constituem bons indicadores do sucesso em leitura, inclusive do reconhecimento de palavras e, o que é mais, da compreensão de textos.[31] De maneira coerente com a ideia de que a consciência fonêmica é um ingrediente da aprendizagem do código alfabético e um determinante maior do sucesso dessa aprendizagem, os treinamentos fonológicos efetuados no quadro da leitura levam (como vimos no capítulo 2) a melhoras importantes dessa capacidade.

Dois estudos incorporaram ao mesmo tempo medidas de habilidade fonêmica e de leitura de palavras e pseudopalavras. Um é devido ao sueco Ingvar Lundberg e a seus colegas dinamarqueses e norugueses.[32] O acompanhamento de quatrocentas crianças dinamarquesas ao longo dos três primeiros anos de escola primária mostrou que os 35 piores leitores apresentavam sempre deficiências em habilidade fonêmica. Por outro lado, o exame de 19 leitores altamente deficientes, provindos da população total de crianças de 15 anos de uma cidade norueguesa, mostrou que essas crianças realizam menos bem testes de síntese fonêmica, do mesmo modo que leem menos bem e mais lentamente pseudopalavras, em comparação com controles nivelados pelo nível global de leitura.

No estudo realizado por Connie Juel, da Universidade do Texas, em Austin,[33] constatou-se que, no que concerne à análise fonêmica, os maus leitores eram, no fim do terceiro ano primário, sempre inferiores em termos de pontuações absolutas aos bons leitores de primeiro ano. A leitura de pseudopalavras distinguia igualmente os bons dos maus leitores. Assim, nove entre 29 maus leitores eram incapazes, no fim do primeiro ano, de ler uma única pseudopalavra, apesar de uma instrução de tipo fonêmico. No fim do quarto ano, os maus leitores ainda não liam pseudopalavras simples e curtas (por exemplo, "*bur*") tanto quanto os bons leitores do começo do segundo ano. Esse resultado não é excepcional. Outros autores verificaram que crianças de 13 e 14 anos que apresentavam sérias dificuldades de aprendizagem da leitura tinham uma pontuação em leitura de pseudopalavras comparável à de um grupo de leitores normais de sete a oito anos.[34] Em outros termos, os primeiros levaram sete ou oito anos para adquirir um grau de competência que os segundos atingiram em menos de dois anos.

Não se deve esquecer: as diferenças em leitura tendem a radicalizar-se no decorrer do tempo. Um acesso tardio à consciência fonêmica e à decodificação fonológica não permite realmente recuperar o tempo perdido. O mau leitor aprende a ser mau leitor e até mesmo não leitor, mais do que aprende a ler. Ele se desinteressa pela leitura, e passa muito menos tempo lendo, na escola ou fora dela, do que o bom leitor. A lição a lembrar é a seguinte: o ensino da análise fonêmica e da decodificação fonológica não deve esperar que a criança prove ela própria o fracasso.

O déficit fonológico apresenta geralmente correlações muito fracas com as medidas de inteligência. As capacidades cognitivas gerais contribuem para a capacidade de compreensão de textos, mas têm pouca influência sobre a capacidade de reconhecimento de palavras, e ainda menos sobre a capacidade de decodificação. A decodificação aparece como uma competência modular, isto é, baseada em conhecimentos específicos e funcionando de maneira autônoma em relação às outras competências implicadas na leitura. Quando há déficit na capacidade de decodificação, trata-se então de um déficit seletivo. Além disso, na medida em que a habilidade de análise fonológica intencional da fala está estreitamente ligada ao processo de aprendizagem de palavras escritas, espera-se que essa habilidade fonológica seja independente das capacidades semânticas e sintáticas. Nos leitores-aprendizes as *performances* nos testes fonológicos não se relacionam com a utilização do contexto (esta última capacidade foi avaliada tentando fazer o sujeito ler, em frases, palavras que não foi capaz de ler isoladamente).[35]

Só existe um número limitado de maneiras de ler uma palavra. O leitor deficiente não tem uma maneira própria de ler palavras. Sua deficiência na decodificação fonológica sequencial tem repercussões praticamente inevitáveis no acesso ao modo superior (ortográfico) de reconhecimento de palavras. A correlação entre a medida da decodificação e a medida do acesso ortográfico é por sinal geralmente mais elevada nos leitores normais que nos leitores deficientes,[36] o que sugere que o desenvolvimento de representações ortográficas precisas depende de uma boa capacidade de decodificação. Tal capacidade permite ao leitor concentrar sua atenção nos detalhes da ortografia, em todas as letras da palavra. A concepção científica, predominante nos dias atuais, da leitura deficiente é, portanto, uma concepção em termos de *déficit fonológico*. As implicações pedagógicas dessa concepção serão desenvolvidas no capítulo seguinte. Entretanto, sublinhemos desde já que a instrução fônica, impelindo o leitor a tratar cada letra, certamente facilita a elaboração de representações ortográficas precisas.

O fato de que a decodificação fonológica constitui uma alavanca poderosa da constituição de representações ortográficas de palavras não exclui uma contribuição específica que ela tem para o reconhecimento de palavras. Diversos estudos, referentes a alunos de terceiro ano primário e além, tanto leitores normais como leitores deficientes, mostraram que a competência fonológica é responsável pela maior parte da variabilidade interindividual no reconhecimento de palavras. Entretanto, mesmo depois da extração dessa parte da variância, a competência ortográfica pode ainda explicar uma parte suplementar das diferenças interindividuais.[37]

Além disso, nos leitores que apresentam sérios atrasos, os programas de reeducação intensiva levam a progressos relativamente importantes na sua competência ortográfica. Eles contribuem para melhorar a *performance* de reconhecimento de palavras muito além do que poderiam fazer esperar os fracos progressos registrados nas capacidades fonológicas, em particular aquelas que concernem ao nível fonético de representação.[38]

O conhecimento de títulos de livros geralmente está bastante relacionado com a competência ortográfica mais, em todo caso, do que com a competência fonológica. Pode-se testar essa variável pedindo ao sujeito que discrimine entre títulos verdadeiros e falsos, (por exemplo, entre *Le rouge et le noir, Le vert et le bleu, Les affreux, Les misérables, Le lundi de la vie, Le médianoche amoureux, Pnine, La valse aux oeillets*, quais títulos são verdadeiros e quais são falsos?). Esse conhecimento reflete a intensidade do exercício da leitura para além do quadro escolar. Enquanto a leitura na escola pode ser suficiente para lançar e alimentar a capacidade de decodificação fonológica no leitor normal, a leitura extraescolar desempenha um papel importante no desenvolvimento da competência ortográfica. Além do mais, refletindo o princípio segundo o qual as carências nas capacidades específicas são parcialmente compensadas pela contribuição de conhecimentos mais gerais, a leitura extraescolar (tal como é avaliada pelo conhecimento de títulos) contribui para mostrar diferenças de compreensão em leitura entre leitores deficientes.[39]

Passamos em revista as principais manifestações da leitura deficiente. Examinamos também em que medida a leitura está ligada ou não a variáveis como o QI, o conhecimento de títulos de livros etc. Mas para compreender plenamente as dificuldades sentidas na aprendizagem da leitura, é necessário referir-se ao desenvolvimento dos processos de leitura. No capítulo anterior, examinamos a teoria da aprendizagem da leitura proposta por Uta Frith, que distingue entre três fases, cada uma marcada pela predominância de um processo, primeiro logográfico, depois alfabético e finalmente ortográfico. De que modo ela explica os distúrbios da aprendizagem da leitura?

Frith[40] considera os distúrbios graves da aprendizagem da leitura paradas num processo de desenvolvimento, que fazem que a criança não progrida normalmente da fase logográfica para a fase alfabética, e desta para a fase ortográfica. Como a parada pode ocorrer em momentos diferentes, é provável que diferentes configurações de distúrbios sejam observadas. Essa concepção implica que capacidades que aparecem mais tarde na sequência de desenvolvimento não possam estar intactas quando capacidades mais precoces estão ausentes ou incompletamente estabelecidas.

Para Frith, a dislexia de desenvolvimento clássica corresponde ao fracasso do processo alfabético, ou seja, a uma parada do desenvolvimento no estágio logográfico. Essa parada seria determinada por um distúrbio das capacidades fonológicas. A partir daí, a sequência de desenvolvimento se tornaria normal. Com a ajuda de um treinamento fônico, a criança obteria certo grau de competência alfabética, mas esta não se automatizaria o suficiente para ser aplicada sem esforço. Haveria então um desenvolvimento de estratégias compensatórias, notadamente uma utilização acentuada da estratégia logográfica, que permitiria progredir na leitura de palavras. Para outros autores, entretanto, não se trataria mais ou somente de uma estratégia logográfica, mas do desenvolvimento de um léxico ortográfico, menos completo, todavia, que aquele que se constrói a partir da utilização intensiva do processo alfabético.

O segundo momento de parada possível ocorreria entre a fase alfabética e a fase ortográfica. Assim, todas as crianças aptas a decodificar não se tornariam necessariamente bons leitores. Isso não seria devido apenas ao fato de que lhes faltariam boas capacidades de compreensão da linguagem. O reconhecimento rápido e eficaz de palavras depende do estabelecimento de representações ortográficas precisas; poderiam sobrevir dificuldades na constituição dessas representações. As representações ortográficas não são representações visuais, mas representações categoriais, portanto abstratas. Infelizmente, sabemos muito pouco sobre a natureza exata das competências necessárias para a constituição dessas representações. Por outro lado, os autores não estão de acordo sobre a questão de saber qual a origem de uma parada na entrada da fase ortográfica. Será uma deficiência do próprio componente ortográfico ou uma insuficiência da decodificação? As duas possibilidades não são excludentes.

Seja como for, a maioria dos autores hoje não compartilha mais a concepção segundo a qual apareceriam fases tão marcadas de desenvolvimento. Muito provavelmente, o processo de aquisição da leitura apresenta-se essencialmente em forma de cascata. Em lugar de estágios, poderíamos falar de uma hierarquia de condições mínimas. A primeira condição mínima é a conjunção entre uma consciência fonêmica rudimentar e o conhecimento de algumas correspondências grafema-fonema: essa conjunção constitui a condição mínima do aparecimento da decodificação sequencial. A consciência fonêmica e o conhecimento das correspondências continuam a aprofundar-se durante e para além da decodificação sequencial. A conjunção entre esta e uma capacidade de elaboração de relações grafo-fonêmicas mais amplas do que o par grafema-fonema constitui a segunda condição mínima; mais precisamente, essa segunda conjunção é a condição do aparecimento de uma decodificação fonológica parcialmente paralela. As decodificações sequencial e paralela coexistem durante muito tempo, juntamente com o processo que acarretará a terceira condição mínima. Esta é representada pela conjunção entre a decodificação paralela e a capacidade de constituição de representações correspondentes à palavra; essa conjunção põe em ação o processo ortográfico.

A sucessão das condições mínimas e dos processos que essas condições engendram é tão rápida que os diferentes processos podem provavelmente coexistir após algumas semanas de aprendizagem da leitura. Essa descrição em termos de condições mínimas tem uma função essencialmente teórica que permite determinar relações de dependência. Mas a importância da sobreposição dos diferentes processos no tempo faz que a aprendizagem tenha uma aparência de continuidade. Por outro lado, como o que distingue as crianças com dificuldades de leitura é o ritmo com que se desenvolvem os processos instaurados por essas condições mínimas, as *performances* dos leitores, bons ou maus, têm também uma aparência de continuidade. A ausência de categorias ou de tipos de maus leitores claramente separados dos outros pode ser compreendida no quadro dessa abordagem, que reconhece todavia a existência de deficiências específicas. Seja qual for a idade, nos níveis mais rudimentares de leitura, vemos aparecer assim uma maioria de "disléxicos fonológicos", ao passo que nos níveis mais avançados cresce a proporção dos "disléxicos de superfície".

Essa concepção permite compreender a sobreposição de competências que todavia mantêm relações de causalidade entre si. Os bons leitores-aprendizes já são capazes de decodificar em paralelo embora seu conhecimento das correspondências grafema-fonema seja ainda incompleto, ao passo que os maus leitores mais velhos podem permanecer incapazes de decodificação em paralelo embora tenham passado há muito tempo pelo alfabeto.

A primeira das nossas condições mínimas para uma aprendizagem bem-sucedida da leitura faz intervir a conscientização dos fonemas. Se essa conscientização dos fonemas fracassa, apesar de uma instrução fônica adequada, a quem, ou melhor, a que se deve imputar a culpa?

A CULPA DO MÓDULO FONOLÓGICO

Os leitores deficientes apresentam um déficit considerável na habilidade de análise fonêmica intencional, e isso apesar de um treinamento fônico intensivo na aprendizagem da leitura. Alguns exemplos nos darão uma ideia melhor.

Na França, Pierre Lecocq,[41] da Universidade de Lille, verificou que leitores deficientes de sete e oito anos só obtinham, em média, no teste de subtração de fonema (ver "Introdução"), 55% e 61% de respostas corretas, respectivamente. Grupos de leitores normais do mesmo nível de leitura (portanto, muito mais jovens) obtiveram bem mais: 86% e 98%.

Na Bélgica, testando também crianças francófonas, observamos que um grupo delas (com idade média de oito anos), diagnosticadas como disléxicas por um órgão oficial e frequentando uma escola especializada em dislexia, só obteve em média 14% de respostas corretas no teste de subtração da consoante inicial. Leitores normais do primeiro ano primário (com média de idade de seis anos e meio) obtiveram por sua vez 71% de respostas corretas. Leitores normais de segundo ano primário, pouco mais jovens em média que os "disléxicos", praticamente não mostraram dificuldade em segmentação fonêmica: sua *performance* era, em média, de 95%.[42] A diferença entre os leitores altamente deficientes e os leitores normais é, portanto, dramática.

No mesmo estudo, introduzimos um teste de subtração da nota inicial de uma curta sequência de notas tocadas no xilofone. Formalmente, o teste é comparável ao anterior. Entretanto, o teste de subtração da nota implica uma subtração de som, ao passo que o teste de subtração da consoante incide sobre uma unidade fonológica abstrata. Os resultados no teste de subtração da nota inicial mostraram porcentagens de respostas corretas que aumentam com a idade, mas que são quase do mesmo nível nos leitores normais e nos leitores deficientes. A dificuldade de análise da fala que caracteriza os "disléxicos" não é portanto uma dificuldade geral de análise auditiva, ela é específica da fonologia. Os leitores altamente deficientes não são atingidos no nível de toda função que faz intervir habilidades de tipo analítico. Felizmente! Assim, eles não estão necessariamente condenados a nunca mais poder tornar-se matemáticos ou músicos.

Os déficits da análise fonêmica consciente resultam provavelmente de anomalias mais profundas do sistema fonológico.[43] São, portanto, essas anomalias mais profundas que importa colocar em evidência. Como, de qualquer modo, as capacidades mais profundas não são diretamente observáveis (só as *performances* o são), uma boa estratégia de pesquisa pode consistir em examinar capacidades elementares como a percepção da fala. O leitor verá que existem atualmente indicações sérias de déficits aparentemente sutis, mas potencialmente devastadores, da percepção da fala em leitores deficientes.

É útil comparar esses dados com aquilo que fazem, nas mesmas tarefas, adultos iletrados e adultos letrados. Esse confronto permite distinguir entre capacidades que poderiam eventualmente estar na dependência do nível de leitura alcançado (neste caso, os adultos iletrados deveriam ser pelo menos tão maus nessas tarefas quanto os leitores deficientes) e capacidades que, não estando na dependência da capacidade de leitura, constituiriam condições necessárias ou favoráveis (neste caso, os adultos iletrados funcionariam como os leitores normais).

Uma revisão exaustiva não cabe aqui. Tomemos então um único exemplo de anomalia da percepção da fala observada nos leitores deficientes. Certos estudos trataram do fenômeno de percepção categorial. Fala-se de percepção categorial quando o sujeito não percebe todas as variações físicas no interior de um sinal, e só as distingue quando elas se situam de um lado e de outro de uma fronteira de categoria.[44] Eis aqui um exemplo. A transição do segundo formante (o formante é uma região do espectro caracterizada por uma intensidade elevada; ver "2005, Odisseia do espírito", no capítulo 1) permite distinguir entre /ba/ (a transição é ascendente), /da/ (a transição é quase horizontal) e /ga/ (a transição é descendente). O fato de que a transição suba um pouco mais ou um pouco menos não leva a uma diferença de percepção. O ouvinte a ouve sempre como /ba/. Para ouvir /da/, é necessário que a transição do segundo formante caia dentro da gama de variações que o sistema perceptivo atribui à categoria /da/. As diferenças acústicas internas à categoria, essas, não são percebidas. No nível da percepção, não existe categoria intermediária entre /ba/ e /da/, não existe um híbrido que se assemelhe aos dois, como uma criança pode parecer-se com a mãe pelos olhos e com o pai pela boca.

Os leitores deficientes, embora mostrem uma percepção da fala de tipo categorial, tendem a ter fronteiras de categoria fonética menos nítidas que os leitores normais.[45] Ora, os adultos iletrados não mostram diferença em relação aos letrados.[46] Parece, portanto, que a diferença entre leitores deficientes e normais reflete realmente uma anomalia do sistema de percepção da fala nos primeiros e não é uma consequência de seu nível mais fraco de leitura.

Observou-se, além disso, que certos leitores deficientes apresentam um déficit seletivo para a categorização das consoantes, ao passo que outros são seletivamente atingidos para a categorização das vogais. No primeiro grupo, o tipo particular de distinção que cria problema não é o mesmo para todos.[47] Esses leitores deficientes sofrem portanto de anomalias em pontos particulares do sistema de tratamento fonético. Nesse estudo, como em outros, os leitores deficientes eram adultos. Parece, por conseguinte, que não estamos em presença de simples atrasos de desenvolvimento, mas de anomalias estáveis.

Esses déficits da percepção da fala são muitas vezes sutis demais para serem notados em situações de comunicação corrente, mas, como acabamos de ver, podemos detectá-los em laboratório. Eles podem estar na origem das dificuldades sentidas pela criança-leitor deficiente para elaborar representações conscientes de fonemas. A ideia de que os distúrbios da leitura e da análise fonêmica podem ter origem em distúrbios fonológicos mais primitivos, inclusive no nível da percepção da fala, tem implicações práticas importantes. Podemos perguntar se é possível ajudar o leitor deficiente a superar seus déficits de percepção e, em caso de resposta positiva, gostaríamos de saber se a melhora da percepção da fala pode contribuir para uma melhora de sua habilidade de análise fonêmica consciente. Essas questões suscitaram alguns estudos experimentais.

Um primeiro estudo mostrou que é possível, por meio de um treinamento, melhorar a discriminação fonética das crianças-leitores deficientes.[48] O treinamento incidia primeiro sobre sons sem transições (vogais) e passava em seguida a sons com transições (sílabas consoante-vogal). Neste caso, utilizavam-se consoantes líquidas (r-l) antes de apresentar oclusivas. Em outros termos, aumentava-se progressivamente a dificuldade da discriminação. A *performance* de discriminação foi melhor depois, do que antes do treinamento.

Num estudo posterior,[49] foi examinado o efeito eventual do treinamento fonético sobre a habilidade de análise fonêmica. A análise fonêmica era avaliada com o auxílio de um teste do tipo "diga *bac* sem o som /b/". Os leitores deficientes que foram treinados para a discriminação fonética aumentaram consideravelmente suas pontuações de análise fonêmica entre o pré-teste (antes do treinamento sobre a discriminação fonética) e o pós-teste (depois do treinamento). A possibilidade de que a melhora seja devida apenas à repetição do teste pode ser descartada, já que sujeitos-controle (leitores deficientes que não receberam treinamento fonético) não apresentaram tal melhora.

Esses resultados são encorajadores. Por meio de um treinamento adequado, parece possível melhorar primeiro a capacidade de discriminação fonética do leitor deficiente, e depois a sua habilidade de análise fonêmica consciente. Resta demonstrar que a melhora desta última habilidade é suficientemente substancial e profunda para ter efeitos sobre a decodificação fonológica na leitura.

Vimos no capítulo 1 que durante o desenvolvimento fonológico normal da criança pré-letrada parece haver uma substituição progressiva de representações relativamente globais, caracterizadas por uma predominância dos índices coarticulatórios, por representações mais segmentais. Uma hipótese interessante a considerar nesse contexto é que as representações fonológicas dos leitores deficientes são menos segmentais do que deveriam ser para a idade da criança, tornando assim mais difícil a conscientização dos fonemas.[50]

Até aqui, só consideramos as anomalias da percepção da fala dos leitores deficientes. O estudo rigoroso de anomalias similares no nível da produção da fala apresenta-se muito menos avançado. Todavia, se se confirmasse, por exemplo, que a fala produzida pelos leitores deficientes tem características menos segmentais que a produzida por leitores normais, poder-se-ia compreender o fato de que os leitores deficientes sentem grande dificuldade para fazer a correspondência entre fonemas apresentados oralmente e desenhos do conduto vocal representando a articulação desses fonemas. Foi possível mostrar que essa habilidade já está parcialmente presente na criança de cinco anos, e que os adultos iletrados obtêm boas *performances* nesse tipo de tarefa.[51] A capacidade de atenção aos índices articulatórios dos fonemas pode ser importante para conseguir representar conscientemente essas unidades. Nosso poeta iletrado descrito no capítulo 1, no momento em que começava a poder isolar corretamente os dois fonemas de uma sílaba CV, articulava silenciosamente a consoante antes de pronunciá-la em voz alta, e comentou esse comportamento dizendo: "Eu a digo com a boca para ver se acho o jeito".[52] Diversos programas de treinamento fônico da leitura incluem, por sinal, exercícios de focalização da atenção da criança sobre sua própria articulação, e parece que os resultados desses programas são positivos.[53] Os leitores deficientes não parecem aproveitar, na mesma medida que os leitores normais, a pista articulatória de acesso ao fonema. As razões dessa incapacidade acham-se, provavelmente, no nível de suas próprias produções de fala.

A percepção e a produção da língua falada são servidas por um módulo de tratamento fonológico.[54] Eu o chamo de módulo porque suas operações, muito rápidas e automáticas, não são nem influenciadas por outros tipos de conhecimento nem acessíveis pela consciência.[55] Anomalias no nível desse módulo afetam necessariamente toda uma série de atividades mentais que se baseiam em seu trabalho. Assim, essas anomalias tornam difíceis ao mesmo tempo a conscientização fonêmica e a aprendizagem da decodificação fonológica na leitura. Entretanto, outras atividades podem também ser afetadas, entre outras, a manutenção na memória imediata de um traço da informação verbalizada[56] e a organização temporal dos atos de fala.[57]

Esses tipos de distúrbios foram encontrados frequentemente nos leitores deficientes. Constatou-se, por exemplo, que muitos desses leitores têm dificuldades mais importantes que os leitores normais para sincronizar seu ritmo de fala com as batidas de um metrônomo ou para repetir sequências de sílabas respeitando sua ordem.[58] Não é porque essas competências são necessárias para o reconhecimento de palavras; é porque elas são manifestações colaterais da anomalia subjacente aos distúrbios do reconhecimento de palavras escritas.

O estudo aprofundado de cada criança que parece apresentar um distúrbio específico da leitura deve, nessa perspectiva, colocar em evidência outros distúrbios, tanto os derivados de um defeito do módulo fonológico como os associados à capacidade cognitiva que está na base da elaboração de representações abstratas, categoriais, dos padrões visuais das palavras.

FATORES BIOLÓGICOS E AMBIENTAIS DAS DEFICIÊNCIAS DE LEITURA

Uma criança pode tornar-se leitor deficiente por múltiplas razões: porque ela não conhece a língua em que aprende a ler, porque o ensino na sua escola é insuficiente, porque ela não vai à escola por causa de uma longa doença, porque a leitura não é um valor importante no seu meio, porque ela sofre de visão ou de audição deficiente, ou ainda porque suas capacidades de atenção e de concentração são insuficientes.

Os efeitos da deficiência auditiva sobre a competência em leitura merecem um comentário particular, porque demonstram, por si sós, a importância dos componentes fonológicos na leitura. Encontrei recentemente um brilhante oftalmologista que se interessou ocasionalmente pelos problemas da leitura. Ele ignorava que os deficientes auditivos apresentam atrasos muito sérios na aprendizagem da leitura. Chamei sua atenção para um paradoxo aparente. A leitura corrente utiliza os olhos, não os ouvidos. Entretanto, os cegos congênitos podem aprender a ler tatilmente a escrita alfabética e atingem um nível de capacidade de leitura extraordinário, limitado apenas pelas imposições do modo particular de apreensão da informação sensorial. São os surdos, pelo contrário, que apresentam grandes dificuldades na aprendizagem da leitura e da escrita. Por quê? Porque a insuficiência de experiência auditiva da palavra perturba, e até inibe, o desenvolvimento dos códigos fonológicos indispensáveis para a compreensão e a produção da linguagem, tanto falada como escrita. Vários trabalhos mostram que as crianças surdas que mais progridem em leitura e em ortografia são justamente aquelas que têm uma fala mais inteligível, que têm uma maior habilidade de leitura labial, e que recebem uma educação visando a desenvolver uma discriminação maior dos contrastes fonéticos.[59]

A maioria dos leitores deficientes apresenta um déficit fonológico. É possível que a exploração das capacidades fonológicas no quadro da leitura seja particularmente vulnerável a todos os fatores de fracasso evocados no início desta seção. É possível também que o déficit fonológico tenha uma origem genética. Não existem, certamente, genes da leitura normal ou da leitura deficiente. Entretanto, as capacidades fonológicas têm sua função principal no quadro da linguagem falada, para a qual a seleção natural certamente desempenhou um papel. A regulação genética e fenotípica das capacidades fonológicas pode então estar na origem de uma parte importante das variações individuais em leitura.

Uma primeira abordagem da questão genética consiste em tentar determinar se há famílias de leitores deficientes. A resposta é afirmativa: muitos leitores deficientes têm pais leitores deficientes.

Num estudo sobre quarenta crianças leitores deficientes e seus pais, constatou-se que pelo menos um dos dois pais em cada família apresenta um déficit da decodificação fonológica. Além disso, a análise dos padrões de déficit (fonológico e ortográfico) revela um alto grau de concordância familiar no que concerne ao déficit fonológico, mas não mostra concordância no que concerne ao déficit ortográfico.[60]

Outro estudo permitiu acompanhar, a partir da idade de dois anos, crianças chamadas de risco porque os pais são leitores deficientes. Observou-se que 65% dessas crianças tornam-se efetivamente leitores deficientes no fim do segundo ano primário, ao passo que numa amostra de controle (cujos pais não são leitores deficientes) somente 2% também leem mal.[61] O acompanhamento de crianças-leitores deficientes com pais-leitores deficientes revelou alguns fatos interessantes. Na idade de cinco anos, antes da instrução formal da leitura, elas conhecem menos letras e fazem menos nivelamento entre os objetos e seus respectivos nomes escritos com base nas correspondências entre os fonemas e os grafemas iniciais em comparação com as crianças que se tornaram leitores normais. Ousaríamos até dizer: elas são leitores deficientes ... "*avant la lettre*". Mais cedo ainda, na idade de trinta meses, elas já mostram déficits tanto fonológicos como sintáticos, embora a extensão de seu vocabulário seja normal. Antes de entrar na escola primária, os futuros leitores deficientes leem menos sozinhos que os futuros leitores normais cujos pais são leitores deficientes. Eles também pedem menos ao pai (mas não à mãe) para que lhes conte histórias de livros, independentemente do fato de que o pai (ou a mãe) seja ou não leitor deficiente. Existem, portanto, características intrínsecas à criança que influenciam seu interesse pelos livros, e o grau de interesse manifestado pela criança pode afetar o comportamento dos pais a seu respeito. Em outros termos, o genótipo da criança influencia a reação do ambiente e o tipo de "nicho" que a criança constrói para si, de tal modo que um fenótipo comportamental relacionado com o que será mais tarde a leitura aparece desde a idade de dois anos e meio.

Entretanto, ter um pai ou uma mãe leitor deficiente não compromete necessariamente toda oportunidade de aprendizagem normal da leitura. As crianças que, nascidas de pais leitores deficientes, se tornam leitores normais têm um desenvolvimento sintático, fonológico e lexical comparável ao dos leitores normais de famílias que não comportam leitores deficientes.

Uma pesquisa sobre as variáveis que poderiam estar associadas à leitura deficiente foi realizada com famílias que apresentavam leitores chamados disléxicos em três gerações sucessivas.[62] Os membros "não disléxicos" das mesmas famílias serviram de controle. Os resultados dessa pesquisa desmentem certas crenças populares sem fundamento científico que tinham sido veiculadas pela clínica tradicional da "dislexia". Assim, a relação entre os sexos não era diferente de um, contradizendo a ideia de que o número mais elevado de leitores deficientes do sexo masculino resulta de uma determinação genética (veremos mais adiante outros dados que apontam na mesma direção). Comparados aos controles, os leitores deficientes não apresentavam maiores lesões perinatais, queixas de tipo neurológico, problemas visuais ou óculo-motores, confusões entre a esquerda e a direita (outra crença muito difundida), alergias ou distúrbios autoimunitários. Finalmente, não havia maior número de canhotos entre os leitores deficientes do que no grupo-controle. Isso apenas confirma outras observações de ausência de relação entre a leitura deficiente e o fato de ser canhoto (essa afirmação pode ser estendida à lateralidade cruzada).[63]

A fim de estabelecer a origem genética do déficit fonológico dos leitores deficientes de maneira mais convincente do que pelo estudo das correlações familiares, vários pesquisadores utilizaram o método chamado dos gêmeos.[64] Esse método consiste em comparar as semelhanças de nível e de padrões de leitura entre gêmeos monozigotos (os "verdadeiros" gêmeos, que compartilham os mesmos genes) e gêmeos dizigotos (os "falsos" gêmeos, que compartilham em média 50% dos genes como quaisquer outros irmãos e irmãs). Quando se trata de gêmeos que compartilham o mesmo ambiente (criados pelos pais, indo à mesma escola etc.), toda diferença no sentido de uma maior semelhança entre os monozigotos poderia ser interpretada como tendo uma origem genética.

Pôde-se assim constatar que a diferença de *performance* entre o "pior" e o "melhor" num par de gêmeos é mais fraca, em média, para os monozigotos que para os dizigotos, quando se mede a capacidade de reconhecimento de palavras escritas. Num estudo realizado por Richard Olson e sua equipe, da Universidade do Colorado, a diferença é ligeiramente inferior a um ano de leitura para os monozigotos, ao passo que é de quase dois anos para os dizigotos.[65] O reconhecimento de palavras escritas parece ter, então, pelo menos parcialmente, uma origem genética.

Pode-se perguntar se essa diferença entre monozigotos e dizigotos é observada para os dois processos de reconhecimento de palavras escritas. Para responder a essa questão, Olson e sua equipe utilizaram dois tipos de teste, um de leitura de pseudopalavras, para nos informar sobre o processo fonológico, e outro consistindo em dizer qual das duas sequências de letras homófonas (por exemplo, SOD e SOT) constitui uma palavra. Este último nos informa sobre o conhecimento de padrões ortográficos.

As análises realizadas mostraram diferenças importantes e estatisticamente significativas entre os monozigotos e os dizigotos no que concerne ao processo fonológico, mas diferenças mais fracas e não significativas no que concerne ao processo ortográfico. Essas diferenças foram utilizadas para calcular a "correlação genética" entre o reconhecimento de palavras e um ou outro de seus componentes. Os resultados dos primeiros estudos mostraram que a correlação genética com o processo fonológico era significativa, ao passo que a correlação genética com o processo ortográfico não o era. A diferença entre as duas correlações não era significativa.[66] Mais recentemente, em seguida ao aumento da amostra, que atingiu em 1993 o número de 459 pares de gêmeos, incluindo pelo menos um gêmeo com dificuldades de leitura, Olson e sua equipe refizeram essas análises e constataram que as duas correlações genéticas eram significativas e muito similares quantitativamente.[67]

O processo fonológico apoia-se, portanto, em capacidades que têm uma origem genética e, na medida em que o processo fonológico contribui de maneira importante para o estabelecimento do processo ortográfico, não é de admirar que este apresente também uma determinação genética. Entretanto, dizer que esses processos têm uma origem genética pode constituir uma simplificação perigosa. São as capacidades fonológicas subjacentes que têm tal origem. O componente genético dessas capacidades repercute sobre as competências que derivam delas. Assim, as habilidades de segmentação fonêmica e de "fluidez" fonêmica (esta é medida pelo número de palavras começando por certo fonema que o sujeito pode encontrar num minuto) revelam diferenças muito grandes entre monozigotos e dizigotos, quando se consideram os leitores que apresentam um déficit do processo fonológico.[68] A habilidade fonêmica, portanto, é herdeira, ela também, da determinação genética do módulo fonológico.

Já que os leitores deficientes têm essencialmente um déficit da decodificação fonológica, já que a decodificação fonológica se constrói sobre capacidades fonológicas, e já que essas capacidades fonológicas são determinadas geneticamente, somos levados a perguntar quais genes influenciam, por meio dessas variáveis intermediárias, a ocorrência de deficiências de leitura.

Os genes estão alinhados ao longo dos cromossomos. Por conseguinte, como os cromossomos, eles se apresentam em pares. Os dois genes de um par podem transportar códigos diferentes, chamados alelos. Os genes vizinhos num mesmo cromossomo têm tendência a ser transmitidos juntos, mas, no momento da meiose, pode haver uma separação dos alelos, e a probabilidade de recombinação dos alelos é função da distância entre os *locus* dos genes. Comparando a transmissão familiar do traço "leitura deficiente" com a de alelos marcadores conhecidos, tenta-se estabelecer a localização do gene responsável pela anomalia.[69] A procura dessa localização, assim como da identidade molecular do gene em questão, não responde apenas a um interesse intelectual: o reconhecimento da presença de um gene responsável pelo déficit de leitura numa criança de alto risco permitiria providenciar uma intervenção precoce.

É preciso confessar que a pesquisa genética das capacidades associadas aos distúrbios da leitura não está ainda muito avançada.[70] De qualquer modo, parece haver uma heterogeneidade genética, já que o exame das famílias põe em evidência genes diferentes. As associações genéticas já reveladas por esse tipo de trabalho só se encontram num pequeno número de famílias ou em cariótipos muito raros (como o dos meninos 47, XXY).[71] De todo modo, é importante observar mais uma vez que não existe gene da dislexia. O que há certamente é uma transmissão genética de potencialidades que, moduladas pela experiência linguística, leva a capacidades fonológicas, as quais, por sua vez, desempenham um papel importante na aprendizagem da leitura.

Em geral, as estatísticas de leitura deficiente fazem aparecer uma diferença entre os sexos. Os meninos que apresentam esse distúrbio seriam de três a quatro vezes mais numerosos que as meninas. Já evoquei o fato de que essa diferença foi considerada por alguns uma consequência de uma diferença genética. Entretanto, as pesquisas genéticas não permitiram confirmar essa ideia.[72] É possível que a taxa mais elevada de ocorrência da leitura deficiente entre os meninos esteja ligada à maneira como os estímulos linguísticos precoces das meninas e dos meninos interagem com suas disposições genéticas.

Atualmente, não se sabe nada da bioquímica da leitura deficiente. Em compensação, os dados neuroanatômicos de que dispomos são muito interessantes: eles se devem em grande parte a Alberto Galaburda.[73] O Banco Orton do Cérebro, em Boston, já forneceu uma dezena de cérebros de pessoas adultas que tinham sido diagnosticadas como disléxicas durante a infância. Seus cérebros foram objeto de um exame *post-mortem*. Em todos os casos examinados (oito), o *planum temporale*, uma região médio-posterior implicada na associação e compreensão de informações auditivas, era equivalente nos dois hemisférios, ao passo que era maior à esquerda do que à direita em mais de dois terços dos indivíduos. A simetria parece estar associada a um *planum temporale* direito maior que de costume. Entretanto, o vínculo com os distúrbios da leitura está longe de ser perfeito, já que a simetria existe em muitos indivíduos que não apresentam dificuldades de leitura.

Por outro lado, sete dos oito cérebros de "disléxicos" apresentavam anomalias no nível celular. Essas anomalias, que tendem a afetar a região perissilviana implicada na linguagem e na leitura, podem ter sua origem na vida intrauterina no momento da migração dos neurônios para as camadas corticais mais superficiais. Elas assumem principalmente a forma de ninhos ectópicos (conglomerados de células não ligadas às camadas subjacentes ou que estão ligadas por uma ponte celular) e são mais frequentes à esquerda do que à direita.[74] Infelizmente, o diagnóstico de "dislexia" das pessoas cujo cérebro foi examinado não era acompanhado de nenhum estudo dos padrões de leitura, o que impede de procurar associações mais sutis entre os distúrbios anatômicos e as deficiências da capacidade de leitura.

Essas observações levaram um neurologista americano, professor de psicologia da educação, a dizer recentemente que a previsão "pessimista" dos anos *sessenta*, segundo a qual não se encontraria qualquer anomalia nos cérebros dos leitores deficientes, está hoje desmentida.[75] É um pouco inquietante constatar que a evidência de anomalias anatômicas pode ser considerada uma coisa boa.

Em todo caso, algumas das hipóteses anatômicas não foram confirmadas. Assim, o corpo caloso, um grande feixe de fibras que liga os dois hemisférios e intervém na transferência inter-hemisférica da informação, não apresenta qualquer anomalia anatômica nos leitores deficientes, seja qual for o tipo de processo de reconhecimento de palavras mais afetado. Foi o norueguês Jan Larsen quem demonstrou isso, utilizando uma técnica de visualização do cérebro por ressonância magnética.[76]

Existem também dados neurofisiológicos e de imagens cerebrais (obtidas por intermédio de tomografia por emissão de pósitrons) que permitem comparar a atividade do cérebro dos leitores deficientes e dos leitores normais. Esses dados começam a mostrar-nos quais regiões são mais especificamente ativadas nuns e noutros, em diferentes tarefas de leitura. Foram postos em evidência padrões particulares de ativação nos leitores deficientes.[77] Já que a atividade cognitiva é desviante, seria de admirar que esse desvio não se manifestasse no nível da atividade cerebral. O interesse desses estudos é indiscutível. Entretanto, é preciso cuidado para não ver no desvio da atividade cerebral a causa do desvio na atividade cognitiva. É antes o contrário que acontece. É porque certos processos cognitivos se desenvolvem de maneira insuficiente ou anormal, acarretando eventualmente a utilização por compensação de outros processos, que a atividade cerebral mostra um padrão inabitual. Aliás, as aprendizagens cognitivas têm efeitos não apenas sobre a atividade do cérebro, mas também sobre a própria matéria cerebral. O cérebro de um iletrado é diferente do cérebro de um letrado, já que a aprendizagem (inclusive a da leitura) e o exercício intensivo da nova habilidade afetam as conexões sinápticas entre neurônios e a ramificação dendrítica. No nível anatômico, as influências genéticas sobre a aprendizagem devem passar por outros parâmetros, tais como o número de neurônios, a migração neuronal e as conexões axonais.

Entre as "explicações" neuropsicológicas tradicionais da leitura deficiente figura a ideia de que os leitores deficientes sofrem de uma lateralização hemisférica incompleta, ou até de uma predominância do hemisfério direito. Parece que hoje essa hipótese pode ser descartada. No teste de escuta dicótica (isto é, com apresentação simultânea de estímulos diferentes nos dois ouvidos), os leitores deficientes mostram o mesmo efeito de superioridade do ouvido direito na identificação de material verbal que os leitores normais.[78]

Outra hipótese consiste em relacionar a leitura deficiente com uma disfunção atencional inter-hemisférica (notemos que a ausência de diferenças anatômicas no nível do corpo caloso entre leitores deficientes e leitores normais não implica a inexistência de anomalias funcionais). A utilização da situação de escuta dicótica sugere, por exemplo, que os leitores deficientes podem ter dificuldades tanto em prestar atenção no ouvido esquerdo quanto em reorientar a atenção para o ouvido direito depois de tentar identificar, a pedido do experimentador, os estímulos apresentados ao ouvido esquerdo.[79] O tratamento da linguagem implica um esforço atencional, em particular nas condições da escuta dicótica; por outro lado, a ativação de um hemisfério provoca uma orientação involuntária da atenção para o lado oposto do espaço. Como o hemisfério esquerdo é muito ativo durante as tarefas linguísticas, uma dificuldade crescente desse tratamento pode acarretar uma falta de flexibilidade no controle atencional. Mais uma vez, é a dinâmica dos tratamentos cognitivos que parece determinar as relações inter-hemisféricas, e não o contrário. Diferenças no nível das relações inter-hemisféricas entre os leitores deficientes e os leitores normais apenas refletiriam as diferenças na dinâmica dos tratamentos cognitivos.

O fato de haver imposições ao mesmo tempo genéticas e neuroanatômicas sobre o processo de aprendizagem da leitura não implica que os fatores ligados ao ambiente e à experiência sejam menos importantes. As interações entre os dois tipos de fatores são tão poderosas desde o nascimento que tentar quantificar a parte de cada um é totalmente sem sentido. É útil, contudo, pôr em evidência a maneira como cada tipo de fator pode influenciar a aprendizagem em diferentes momentos do processo.

Se considerarmos o conjunto dos leitores deficientes, é claro que eles são recrutados mais nas classes socialmente desfavorecidas que nas classes favorecidas. Essa constatação é demasiado grosseira para servir a outra coisa que não seja a propaganda política, por mais louvável que seja. O que é preciso é tentar determinar de que maneira a variável "origem sociocultural" afeta os diferentes componentes da capacidade de leitura. O grupo de Oxford publicou resultados interessantes a esse respeito.[80] Esse estudo evidencia que as diferenças sociais afetam separadamente o componente "reconhecimento de palavras escritas" e o componente "compreensão da linguagem". Com efeito, a contribuição das diferenças sociais para as diferenças individuais no reconhecimento de palavras escritas explica-se inteiramente por diferenças no nível da consciência fonêmica. Mas essa contribuição das diferenças sociais para as diferenças no reconhecimento de palavras constitui apenas uma parte da contribuição das diferenças sociais para as diferenças individuais na compreensão de textos. A contribuição residual provém, segundo toda probabilidade, das diferenças sociais na compreensão da linguagem.

Dada a importância da consciência fonêmica na aprendizagem do reconhecimento de palavras e o caráter relativamente tardio da emergência da consciência fonêmica, gostaríamos de saber quando e até que ponto a consciência fonêmica é afetada pelas diferenças sociais. Segundo o mesmo estudo, as crianças socialmente favorecidas não parecem ter conhecimentos metafonológicos mais avançados que os outros, antes da instrução da leitura. As diferenças sociais instalam-se progressivamente a partir desse momento. Que papel desempenha a instrução? Ela pode desempenhar vários papéis não exclusivos. Um papel possível é o de revelar, à medida que vai aparecendo a consciência fonêmica, diferenças sociais nas capacidades que estão subjacentes a essa tomada de consciência. Outra possibilidade, que põe mais em questão a escola, é a qualidade diferente da instrução conforme ela se dirija a crianças socialmente favorecidas ou desfavorecidas. Qualquer que seja o fator discriminante que age na instalação de diferenças de competência metafonológicas entre os meios sociais, existem possibilidades de intervenção. Compete à escola, desde antes da instrução formal da leitura, estimular em todas as crianças as capacidades que intervêm na conscientização dos fonemas e na aprendizagem do código alfabético.

O exercício da leitura tem um efeito sobre a capacidade de leitura e, por conseguinte, constitui um fator poderoso de diferenças individuais. Os que leem pouco correm o risco de ser considerados leitores medíocres. É lendo cada vez mais que o leitor automatiza seus mecanismos de conversão grafofonológica e consolida seu conhecimento da estrutura ortográfica das palavras. Diversos estudos mostraram a importância do exercício da leitura para a melhora da capacidade de leitura. Mesmo quando se consideram as variáveis de inteligência, memória e capacidade de tratamento fonológico, o número de horas passadas lendo contribui de maneira significativa para as diferenças individuais no conhecimento dos padrões ortográficos das palavras e, por conseguinte, no reconhecimento de palavras escritas.[81]

Os bons leitores não somente leem melhor, mas também muito mais que os leitores medíocres. Já no primeiro ano primário, o número de palavras lidas durante uma semana pode ser cem vezes maior num grupo de bons leitores do que num grupo de maus leitores.[82] O exercício da leitura, e por conseguinte a exposição ao escrito, são, portanto, muito variáveis: no fim da escola primária, enquanto o leitor pouco motivado não lê mais que cem mil palavras por ano, o leitor voraz pode ler cinco milhões de palavras.[83] O exercício intensivo da leitura cria portanto um número extraordinário de oportunidades para aprender novas palavras, até então desconhecidas. Os que leem melhor leem mais, aumentam mais depressa seu vocabulário, e por conseguinte leem ainda melhor e ainda mais, segundo um efeito de bola de neve que contribui para aumentar a diferença entre os bons e os maus leitores.

Os leitores melhores são positivamente estimulados pelos que os cercam, são mais confiantes e apreciados, e isso os estimula ainda mais a exercer uma atividade em que se sentem eficazes e gratificados. Eles têm tendência a escolher parceiros de jogo que também leem muito e a pedir livros como presente, criando assim um ambiente altamente propício para a melhora constante de sua capacidade de leitura.

Vários estudos mostram que uma criança, seja qual for seu nível intelectual, faz mais progressos se frequentar uma escola com uma maioria de alunos que têm boas *performances* cognitivas do que uma criança que se encontra num meio "cognitivamente" mais fraco.[84] A criança que tem capacidades importantes tende, por sinal, a encontrar-se com seus pares na escola. Os grandes espíritos se encontram, mas não porque seus respectivos genes se reconhecem. Eles se encontram porque as famílias de nível social e cultural elevado, cujos filhos chegam à escola com um desenvolvimento cognitivo favorecido pelos intercâmbios de seu meio, tendem a morar no mesmo bairro e a escolher escolas que podem servir às suas aspirações sociais.

Já evoquei a importância da habilidade em analisar intencionalmente a fala em fonemas para a aprendizagem da leitura. Num estudo muito amplo[85] sobre mais de quinhentas crianças oriundas de classes e de escolas diferentes, foi possível avaliar essa capacidade no fim da escola maternal. Atribuiu-se a cada criança, além das pontuações de habilidade fonêmica, a pontuação média de sua classe e a pontuação média de sua escola. Constatou-se (utilizando certos procedimentos estatísticos) que não somente a habilidade fonêmica de cada criança estava associada positivamente à sua capacidade de leitura, mas também que, levando em conta a pontuação de cada criança e de toda uma série de variáveis relativas ao seu meio familiar, a pontuação média da escola e a pontuação média da classe contribuíam cada uma em certa medida para a *performance* de leitura da criança. Quais são os mecanismos dessa aceleração da aprendizagem da leitura? As interações entre as crianças seriam tanto mais favoráveis quanto as crianças são competentes? Ou será o professor que estimula mais as crianças mais eficientes? Sejam quais forem as respostas a essas questões, destaca-se claramente desse estudo que o meio escolar contribui de maneira não desprezível para esse processo em que os "ricos" se enriquecem.

Em termos de política da educação, a implicação desses dados é clara. Não pode haver verdadeira democratização da leitura se não houver uma redistribuição da frequência às escolas que permita obstar, e não favorecer ainda mais, a desigualdade cultural das crianças no momento em que entram na escola. A democracia não implica que todas as crianças saiam da escola com o mesmo nível. Ela implica simplesmente que todas as crianças tenham as mesmas oportunidades, quer dizer, que não se considere uma igualdade de oportunidades o simples fato de que cada criança esteja em classes que têm a mesma denominação. É preciso que se leve em conta a grande diversidade que existe entre as escolas.

Os efeitos diferenciais do exercício da leitura estendem-se para além da capacidade de leitura propriamente dita. Eles concernem ao conjunto das capacidades linguísticas. É o que mostra o estudo longitudinal realizado por Connie Juel,[86] sobre 54 crianças americanas, todas de baixo nível sociocultural. Essas crianças foram acompanhadas do primeiro ao quarto ano da escola primária. Dois grupos de crianças, bons e maus leitores, foram constituídos no primeiro ano em virtude de seus resultados num teste de compreensão em leitura. Os bons leitores eram também melhores num teste de habilidade de análise fonêmica intencional. Apesar dessas diferenças em leitura e em análise fonêmica intencional, os dois grupos não se distinguiam em termos de compreensão de histórias apresentadas oralmente nem em termos de produção oral de histórias. As coisas evoluíram muito em seguida. No que concerne às competências relativas à linguagem falada, uma diferença entre os dois grupos começou a aparecer no segundo ano e aumentou de ano para ano. Esses resultados sugerem que uma diferença na capacidade de leitura pode suscitar o aparecimento de diferenças nas capacidades linguísticas mais gerais, diferenças que não existiam no início da aprendizagem da leitura.

Um leitor deficiente não está condenado à prisão perpétua na sua deficiência. Entretanto, o realismo impõe que se reserve o prognóstico (o que é mais uma razão para intensificar o esforço de ajuda e de reeducação do que para atenuá-lo). As deficiências nas capacidades fonológicas são muito tenazes. Diversos estudos sobre leitores deficientes desde a infância, testados na idade adulta, mostram isso.[87] Muitos deles fizeram estudos superiores, o que indica que eles dispõem das capacidades cognitivas necessárias para fazer face às exigências do sistema educativo. Entretanto, sua capacidade de leitura continua deficiente. Ela é marcada essencialmente por uma leitura muito pobre de pseudopalavras, sinal de um déficit da decodificação fonológica sequencial, e por um efeito de regularidade na leitura de palavras frequentes, sinal de um desenvolvimento insuficiente do léxico ortográfico. Linnea Ehri[88] descreve o caso de um jovem de 22 anos que fez estudos superiores mas que lê e escreve como uma criança de segundo ano primário. Ele escreve "CHREAT", depois "CHEAN" por "CHICKEN", e "BORT" por "BOAT", antes de conseguir escrever corretamente esta última palavra. Ele tem consciência de alguns grupos de letras muito frequentes em inglês, tais como "EA", mas sua enorme experiência do escrito não lhe permitiu superar sua incapacidade de estabelecer as correspondências entre as letras e os sons e de apreender as regularidades ortográficas de sua língua.

Esses adultos, leitores deficientes desde o início da aprendizagem, utilizam amplamente o contexto para compensar um reconhecimento muito lento de palavras. Se o tempo de leitura for livre, sua deficiência pode passar despercebida, mas se for consideravelmente limitado, eles tornam-se incapazes de compreender o texto. Sua habilidade de manipulação fonêmica é muito pobre, mesmo quando comparados a crianças que têm o mesmo nível de leitura que eles. Um estudo mostrou que os melhores leitores deficientes adultos, que leem num nível superior ao sétimo ano de instrução formal, obtiveram pontuações de manipulação fonêmica inferiores ao de crianças de terceiro ano primário.[89] Essa habilidade evolui pouco com a idade, e esse déficit continua sendo a pedra no caminho que freia todo progresso em leitura e em escrita. Não estamos diante de um atraso que é absorvido pouco a pouco com a idade, mas diante de uma verdadeira anomalia.

Nada de pessimismo! Xeque, mas não necessariamente xeque-mate; fracasso, mas não fracasso definitivo. Existem assim mesmo leitores deficientes que acabam por compensar seus déficits. Segundo um estudo realizado na Universidade de Denver, no Colorado, entre 51 adultos que durante a infância foram diagnosticados como leitores altamente deficientes ("disléxicos", segundo a terminologia dos autores), 13 (ou cerca de 25%) puderam atingir um nível de leitura nos limites da normalidade.[90] Os autores desse estudo tentaram responder a várias questões. Esses leitores deficientes "recuperados" são diferentes dos "não recuperados" e dos leitores normais? Que tipos de déficit podem ainda ser observados neles? E, sobretudo, por que certos leitores deficientes alcançam os leitores normais, e outros não?

O estudo mostrou que os leitores deficientes recuperados conservam uma característica dos não recuperados: embora leiam mais rapidamente que estes últimos, eles continuam a ler mais lentamente que os leitores normais. A lentidão relativa de sua leitura é devida provavelmente a um conhecimento insuficiente das regras complexas de correspondência grafema-fonema (ou seja, regras que dependem do contexto grafêmico). Na verdade, embora superiores aos leitores deficientes não recuperados na escrita de palavras que obedecem a essas regras, eles permanecem inferiores nessa habilidade aos leitores normais do mesmo nível de QI e que tiveram o mesmo tipo de experiência educativa. Quando essas variáveis e as diferenças de *status* socioeconômico dos sujeitos são controladas, as diferenças entre os três grupos de leitores se mantêm. Em outros termos, o nível socioeconômico, educativo e intelectual não é responsável pela recuperação. A relação de causalidade atua, certamente, no sentido oposto: é a recuperação que permite atingir um nível socioeconômico, educativo e cognitivo mais elevado. Esse estudo da Universidade de Denver confirma, a propósito da recuperação, a ausência de um papel causal dessas variáveis na aprendizagem da leitura, mas não nos informa sobre aquilo que permite a recuperação. Pode-se imaginar que a recuperação em leitura beneficiou-se de progressos importantes nas capacidades fonológicas, mas ignoramos o que permitiu esses progressos.

Entre os fatores não biológicos que explicariam o déficit da capacidade de leitura, é preciso considerar as características do próprio sistema ortográfico. Certos autores pretenderam que a leitura deficiente é muito menos frequente em línguas que, como o italiano ou o alemão, têm uma ortografia transparente, superficial, no sentido de que a pronúncia e a escrita das palavras podem ser inteiramente especificadas a partir de relações simples entre os grafemas e os fonemas (tal fonema corresponde a tal grafema e vice-versa, seja qual for o contexto), ou de um *corpus* limitado de regras, do que em línguas que, como o inglês, têm uma ortografia opaca ou profunda, isto é, comportam muitas exceções às regras. Um estudo comparando o italiano e o inglês fez aparecer, respectivamente, 3,6% e 7,3% de leitores deficientes.[91]

Mais interessante, tanto do ponto de vista teórico como prático, é a pesquisa de diferenças qualitativas entre os leitores deficientes que aprendem uma ortografia transparente ou então uma ortografia opaca. É o que fazem Heinz Wimmer e Usha Goswami. Eles mostraram que o leitor deficiente (como também, aliás, o leitor normal principiante) que aprende o alemão comete muito menos erros na leitura de pseudopalavras que o leitor deficiente (ou o leitor normal principiante) que aprende o inglês. Entretanto, em alemão, o leitor deficiente demonstra uma grande lentidão na leitura dessas mesmas pseudopalavras. Do mesmo modo, embora responda corretamente nos testes de análise fonêmica, mostrando assim que a consciência dos fonemas está presente, suas respostas são anormalmente lentas.[92] Parece, portanto, que, embora a transparência da ortografia facilite a aprendizagem das correspondências grafema-fonema, a automatização da decodificação continua sendo um problema.

Seja qual for o grau de transparência da ortografia, existem leitores deficientes em todas as línguas. A presença de numerosas regras contextuais, assim como de numerosas exceções, pode exacerbar a dificuldade da aprendizagem, mas não é a causa prioritária.

Os leitores deficientes não constituem tampouco um privilégio dos sistemas alfabéticos. As comparações entre diferentes sistemas de escrita são difíceis, já que essa diferença se combina com diferentes sistemas educativos. Um estudo comparando crianças de quinto ano primário de Taipé (Taiwan), Sendai (Japão) e Minneapolis (Estados Unidos) mostrou que a porcentagem de crianças maus leitores (do nível do segundo ano ou menos) é de 7,5%, 5,4% e 6,3%, respectivamente.[93] Em outros termos, pode-se fracassar na aprendizagem da leitura mesmo quando o sistema de escrita não exige uma análise da língua no nível do fonema. Cada sistema de escrita tem suas dificuldades próprias e, em cada comunidade, pressões de seleção fazem que certo número de leitores não correspondam aos padrões fixados pela própria comunidade.

NOTAS

1 RUTTER, M., TIZARD, J., WHITMORE, K. *Education, Health, and Behaviour*. London: Longman, 1970; YULE, W. Differential Prognosis of Reading Backwardness and Specific Reading Retardation. *British Journal of Educational Psychology*, v.43, p.244-8, 1973; YULE, W. et al. Over and Under Achievement in Reading: Distribution in the General Population. *British Journal of Educational Psychology*, v.44, p.1-12, 1974; RUTTER, M., YULE, W. The Concept of Scientific Reading Retardation. *Journal of Child Psychology and Psychiatry*, v.16, p.181-97, 1975.

2 ROGERS, B. The Identification and Prevalence of Specific Reading Retardation. *British Journal of Educational Psychology*, v.53, p.369-73, 1983; SHA-

RE, D. L. et al. Further Evidence Relating to the Distinction Between Specific Reading Retardation and General Reading Backwardness. *British Journal of Developmental Psychology*, v.5, p.35-44, 1987; SILVA, P. A., McGEE, R., WILLIAMS, S. Some Characteristics of 9-Year-Old Boys with General Reading Backwardness or Specific Reading Retardation. *Journal of Child Psychology and Psychiatry*, v.26, p.407-2, 1985; WISSEL, A. Van der, ZEGERS, F. C. Reading Retardation Revisited. *British Journal of Developmental Psychology*, v.3, p.3-9, 1985; SHAWITZ, S. E. et al. Evidence that Dyslexia May Represent the Lower Tail of a Normal Distribution of Reading Ability. *The New England Journal of Medicine*, v.326, p.145-50, 1992. Uma corcova muito pequena foi encontrada por ROBBINS, D. A. Yule's "Hump" Revisited. *British Journal of Educational Psychology*, v.58, p.338-44, 1988.

3 SIEGEL, L. S. Evidence that IQ Scores Are Irrelevant to the Definition and Analysis of Reading Disability. *Canadian Journal of Psychology*, v.42, p.201-15, 1988.

4 FLETCHER, J. M. The Validity of Distinguishing Children with Language and Learning Disabilities According to Discrepancies with IQ: Introduction to the Special Series. *Journal of Learning Disabilities*, v.25, p.546-8, 1992.

5 STANOVICH, K. E., CUNNINGHAM, A. E., FEEMAN, D. J. Intelligence, Cognitive Skills, and Early Reading Progress. *Reading Research Quarterly*, v.19, p.278-303, 1984.

6 SIEGEL, L. S. IQ is Irrelevant to the Definition of Learning Disabilities. *Journal of Learning Disabilities*, v.22, p.469-79, 1989; SIEGEL, L. S. An Evaluation of the Discrepancy Definition of Dyslexia. *Journal of Learning Disabilities*, v.25, p.618-29, 1992; SIEGEL, L. S. Alice in IQ Land or Why IQ is Still Irrelevant to Learning Disabilities. In: JOSHI, R. M., LEONG, C. K. (Ed.) *Reading Disabilities*: Diagnosis and Component Processes. Dordrecht: Kluwer, 1993.

7 SILBERBERG, N. E., SILBERBERG, M. C. Hyperlexia: Specific Word Recognition Skills in Young Children. *Exceptional Children*, v.34, p.41-2, 1967; SEYMOUR, P. H. K., EVANS, H. M. Beginning Reading Without Semantics: A Cognitive Study of Hyperlexia. *Cognitive Neuropsychology*, v.9, p.89-122, 1992.

8 STOTHARD, S. E., HULME, C. Reading Comprehension Difficulties in Children. *Reading and Writing*, v.4, p.245-56, 1992.

9 Ver, por exemplo, OLSON, R. et al. Organization, Heritability, and Remediation of Component Word Recognition and Language Skills in Disabled Readers. In: CARR, T. H., LEVY, B. A. (Ed.) *Reading and its Development*: Component Skills Approach. New York: Academic Press, 1990.

10 STANOVICH, K. E. Has the Learning Disabilities Field Lost its Intelligence? *Journal of Learning Disabilities*, v.22, p.487-502, 1989.
11 Ver VELLUTINO, F. R. *Dyslexia*: Theory and practice. Cambridge, MA: MIT Press, 1979.
12 Ver VELLUTINO, F. R. Dyslexia. *Scientific American*, v.256, p.20-7, 1987. Para dados que contrariam a hipótese de um déficit da memória visual na origem dos distúrbios da leitura, ver por exemplo AARON, P. G. Is there a Visual Dislexia? *Annals of Dyslexia*, v.43, p.110-24, 1993.
13 STEIN, J. F., FOWLER, S. Ocular Motor Dyslexia. *Dyslexia Review*, v.5, p.25-8, 1982.
14 NEWMAN, S. P. et al. Ocular Dominance, Reading and Spelling: A Re-assessment of a Measure Associated with Specific Reading Difficulties. *Journal of Research in Reading*, v.8, p.127-8, 1985.
15 STEIN, J. F., FOWLER, S. Effect of Monocular Occlusion on Visuomotor Perception and Reading in Dyslexic Children. *Lancet*, 13 jul. 1985.
16 BISHOP, D. V. M. Unfixed Reference, Monocular Occlusion and Developmental Dyslexia – a Critique. *British Journal of Ophtalmology*, v.73, p.81-5, 1989.
17 Ver uma apresentação detalhada dessa proposição e as críticas que lhe foram dirigidas em PUMFREY, P. D., REASON, R. *Specific Learning Difficulties (Dislexia)*. London: Routledge, 1991.
18 GIDDINGS, E. H., CARMEAN, S. L. Reduced Brightness Contrast as a Reading aid. *Perceptual and Motor Skills*, v.69, p.383-6, 1989; IRLEN, H., LASS, M. J. Improving Reading Problems Due to Symptoms of Scotopic Sensitivity Using Irlen Lenses and Overlays. *Education*, v.109, p.413-17, 1989; MEARES, O. Background, Brightness, Contrast, and Reading Disabilities. *Visible Language*, v.14, p.13-9, 1980.
19 WINTER, S. Irlen Lenses: an Appraisal. *Australian Educational Developmental Psychologist*, v.4, p.1-5, 1987.
20 Ver ROBINSON, G. L., MILES, L. The Use of Coloured Overlays to Improve Visual Processing – a Preliminary Survey. *The Exceptional Child*, v.34, p.65-70, 1987; ROSNER, J., ROSNER, J. The Irlen Treatment: a Review of the Literature. *Optician*, p.26-33, 25 set. 1987; BLASKEY, P. et al. The Effectiveness of Irlen Filters for Improving Reading Performance: A Pilot Study. *Journal of Learning Disabilities*, v.23, p.604-10, 1990; HOYT, C. S. III. Irlen Lenses and Reading Difficulties. *Journal of Learning Disabilities*, v.23, p.624-6, 1990.
21 BRANNAN, J. R., WILLIAMS, M. C. Developmental Versus Sensory Deficit Effects on Perceptual Processing in the Reading Disabled. *Perception and Psychophysics*, v.44, p.437-44, 1988.

22 KOLINSKY, R. et al. Finding Parts Within Figures: A Developmental Study. *Perception*, v.16, p.399-407, 1987.

23 Para a distinção entre "disfonéticos" e "diseidêiticos", ver BODER, E. Developmental dyslexia: A Diagnostic Approach Based on Three Atypical Reading-Spelling Patterns. *Developmental Medicine and Child Neurology*, v.15, p.663-87, 1973. Essa distinção corresponde aproximativamente àquela entre "dislexia fonológica" e "dislexia de superfície", utilizada inicialmente no campo das dislexias adquiridas. Outra distinção em termos de modos de leitura utilizados pelo leitor normal é aquela entre "feníciós" e "chineses": ver BARON, J. Mechanisms for Pronouncing Printed Words: Use and Acquisition. In: LABERGE, D., SAMUEL, S. J. (Ed.) *Basic Processes in Reading*: Perception and Comprehension. Hillsdale, NJ: Erlbaum, 1977.

24 ELLIS, A. W. The Cognitive Neuropsychology of Developmental (and Acquired) Dyslexia: A Critical Survey. *Cognitive Neuropsychology*, v.2, p.169-205, 1985.

25 Ver STANOVICH, K. E. Explaining the Differences Between the Dyslexic and the Garden-Variety Poor Reader: The Phonological-Core Variable-Difference Model. *Journal of Learning Disabilities*, v.21, p.590-604, 1988.

26 FRITH, U., SNOWLING, M. Reading for Meaning and Reading for Sound in Autistic and Dyslexic Children. *British Journal of Developmental Psychology*, v.1, p.329-42, 1983.

27 RACK, J. P., SNOWLING, M. J., OLSON, R. K. The Nonword Reading Deficit in Developmental Dyslexia: A Review. *Reading Research Quarterly*, v.27, p.29-53, 1992.

28 Ver, por exemplo, PENNINGTON, B. F. et al. Spelling Errors in Adults with a Form of Familial Dyslexia. *Child Development*, v.57, p.1001-13, 1986.

29 SIEGEL, L. S., GEVA, E., SHARE, D. *The Development of Orthographic Skills in Normal and Disabled Readers*. (Manuscrito não publicado).

30 EHRI, L. C. Sources of Difficulty in Learning to Spell and Read. In: WOLRAICH, M. L., ROUTH, D. (Ed.) *Advances in Developmental an Behavioral Pediatrics*. Greenwich, CT: JAI Press, 1986.

31 JUEL, C. Learning to Read and Write: A Longitudinal Study of 54 Children from First through Fourth Grades. *Journal of Educational Psychology*, v.80, p.437-47, 1988; TUNMER, W. E., NESDALE, A. R. Phonemic Segmentation Skill and Beginning Reading. *Journal of Educational Psychology*, v.77, p.417-27, 1985.

32 LUNDBERG, I., HOIEN, T. Phonemic Deficits: A Core Symptom of Developmental Dyslexia? *Irish Journal of Psychology*, v.10, p.579-92, 1989.

33 JUEL, op. cit., 1988.

34 SIEGEL, L. S., RYAN, E. B. Development of Grammatical Sensitivity, Phonological, and Short-Term Memory Skills in Normally Achieving and Learning Disabled Children. *Developmental Psychology*, v.24, p.28-37, 1988.

35 REGO, L. L. B., BRYANT, P. E. The Connection Between Phonological, Syntactic and Semantic Skills and Children's Reading and Spelling. *European Journal of Psychology of Education*, v.3, p.235-46, 1993.

36 OLSON, R. et al., op. cit., 1990.

37 CUNNINGHAM, A. E., STANOVICH, K. E. Assessing Print Exposure and Orthographic Processing Skill in Children: A Quick Measure of Reading Experience. *Journal of Educational Psychology*, v.82, p.733-40. Contudo, estes resultados não foram confirmados por MANIS, F. R., CUSTODIO, R., SZESZULSKI, P. A. Development of Phonological and Orthographic Skill: A 2-Year Longitudinal Study of Dyslexic Children. *Journal of Experimental Child Psychology*, v.56, p.64-86, 1993.

38 MANIS, F. R., CUSTODIO, R. SZESZULSKI, P. A., ibidem, 1993.

39 MCBRIDE-CHANG, C. et al. Print Exposure as a Predictor of Word Reading and Reading Comprehension in Disabled and Nondisabled Readers. *Journal of Educational Psychology*, v.85, p.230-8, 1993.

40 FRITH, U. Beneath the Surface of Developmental Dyslexia. In: PATTERSON, K. E., MARSHALL, J. C., COLTHEART, M. (Ed.) *Surface Dyslexia*: Neuropsychological and Cognitive Studies of Phonological Reading. Hillsdale, NJ: Erlbaum, 1985.

41 LECOCQ, P. Sensibilité à la similarité phonétique chez les enfants dyslexiques et les bons lecteurs. *L'Année psychologique*, v.86, p.201-21, 1986.

42 MORAIS, J., CLUYTENS, M., ALEGRIA, J. Segmentation Abilities of Dyslexics and Normal Readers. *Perceptual and Motor Skills*, v.58, p.221-2, 1984.

43 Ver MORAIS, J., MOUSTY, P. The Causes of Phonemic Awareness. In: ALEGRIA, J. et al. (Ed.) *Analytic Approaches to Human Cognition*. Amsterdam: Elsevier, 1992; FOWLER, A. E. How Early Phonological Development Might Set the Stage for Phoneme Awareness? In: BRADY, S. A., SHANKWEILER, D. P. (Ed.) *Phonological Processes in Literacy, a Tribute to Isabelle Y. Liberman*. Hillsdale, NJ: Erlbaum, 1991.

44 LIBERMAN, A. M. et al. Perception of the Speech Code. *Psychological Review*, v.24, p.431-61, 1967.

45 GODFREY, J. J. et al. Performance of Dyslexic Children on Speech Perception Tests. *Journal of Experimental Child Psychology*, v.32, p.401-24, 1981; REED, M. A. Speech Perception and the Discrimination of Brief Auditory Cues in Reading Disabled Children. *Journal of Experimental Child Psychology*, v.48, p.270-92, 1989; WERKER, J. F., TEES, R. C. Speech

Perception in Severely Disabled and Average Reading Children. *Canadian Journal of Psychology*, v.41, p.48-61, 1987.

46 Ver MORAIS, J., CASTRO, S. L., KOLINSKY, R. La reconnaissance des mots chez les illettrés. In: KOLINSKY, R., MORAIS, J., SEGUI, J. (Ed.) *La Reconnaissance des mots dans les différentes modalités sensorielles*: Études de psycholinguistique cognitive. Paris: Presses Universitaires de France, 1991.

47 LIEBERMAN, P. On the Genetic Basis of Linguistic Variation. In: PERKELL, J. S., KLATT, D. H. (Ed.) *Invariance and Variability in Speech Process*. Hillsdale, NJ: Erlbaum, 1986.

48 HURFORD, D. P., SANDERS, R. E. Assessment and Remediation of a Phonemic Discrimination Deficit in Reading Disabled Second and Fourth Graders. *Journal of Experimental Child Psychology*, v.50, p.396-415, 1990.

49 HURFORD, D. P. Training Phonemic Segmentation Ability with a Phonemic Discrimination Intervention in Second – and Third-Grade Children with Reading Disabilities. *Journal of Learning Disabilities*, v.23, p.564-69, 1990.

50 MORAIS, MOUSTY, op. cit., 1992.

51 Idem, ibidem.

52 MORAIS, J. Constraints on the Development of Phonemic Awareness. In: BRADY, S. A., SHANKWEILER, D. P. (Ed.) op. cit., 1991.

53 Ver, entre outros, ALEXANDER, A. W. et al. Phonological Awareness Training and Remediation of Analytic Decoding Deficits in a Group of Severe Dyslexics. *Annals of Dyslexia*, v.41, p.193-206, 1991.

54 LIBERMAN, A. M., MATTINGLY, I. G. The Motor Theory of Speech Perception Revised. *Cognition*, v.21, p.1-36, 1985; MATTINGLY, I. G., STUDDERT-KENNEDY, M. (Ed.) *Modularity and the Motor Theory of Speech Perception*. Hillsdale, NJ: Erlbaum, 1991.

55 FODOR, J. A. *The Modularity of Mind*. Cambridge, MA: MIT Press, 1983.

56 Ver, entre outros, PENNINGTON, B. F. et al. What is the Causal Relation Between Verbal STM Problems and Dyslexia? In: BRADY, S. A., SHANKWEILER, D. P. (Ed.) op. cit., 1991.

57 Ver, por exemplo, WOLFF, P. H. et al. Rate and Timing Precision of Motor Coordination in Developmental Dyslexia. *Developmental Psychology*, v.26, p.349-59, 1990; NAGLIERI, J. A., REARDON, S. M. Traditional IQ is Irrelevant to Learning Disabilities – Intelligence is Not. *Journal of Learning Disabilities*, v.26, p.127-33, 1993.

58 WOLFF et al., op. cit., 1990.

59 Ver ALEGRIA, J., LEYBAERT, J. Mécanismes d'identification des mots chez le sourd. In: KOLINSKY, R., MORAIS, J., SEGUI, J. (Ed.) op. cit., 1991.

60 SZESZULSKI, P. A., MANIS, F. R. An Examination of Familial Resemblance Among Subgroups of Dyslexics. *Annals of Dyslexia*, v.40, p.180-91, 1990.

61 SCARBOROUGH, H. S. Antecedents to Reading Disability: Preschool Language Development and Literacy Experiences of Children from Dyslexic Families. *Reading and Writing*, v.3, p.219-233, 1991.

62 LUBS, H. A. et al. Familial Dyslexia: Genetic and Medical Findings in Eleven Three-Generation Families. *Annals of Dyslexia*, v.43, p.44-60, 1993.

63 Ver WHITTINGTON, J. E., RICHARDS, P. N. The Stability of Children's Laterality Prevalences and their Relationship to Measures of Performance. *British Journal of Educational Psychology*, v.57, p.45-55, 1987; MOOSELEY, D. V. Dominance, Reading and Spelling. *Bulletin d'Audiophonologie*, Annales scientifiques de l'Université Franche-Comté, 1988. p.443-64.

64 Ver, entre outros, OLSON, R. et al., op. cit.; OLSON, R. K. et al. Genetic Etiology of Individual Differences in Reading Disability. In: FEAGANS, L. V., SHORT, E. J., MELTZER, L. J. (Ed.) *Subtypes of Learning Disabilities, Theoretical Perspectives and Research*. Hillsdale, NJ: Erlbaum, 1991; PENNINGTON, B. F. Using Genetics to Understand Dyslexia. *Annals of Dyslexia*, v.39, p.81-93, 1989; PENNINGTON, B. F. Genetic and Neurological Influences on Reading Disability: An Overview. *Reading and Writing*, v.3, p.191-201, 1991.

65 OLSON, R., WISE, B. *Heritability of Phonetic and Orthographic Word-Decoding Skills in dyslexia*. Comunicação apresentada durante o encontro anual da Psychonomic Society, New Orleans, nov. 1986.

66 OLSON, R. et al., op. cit.; OLSON, R. K. et al., op. cit.; OLSON R. K. et al. Confirmatory Factor Analysis of Word Recognition and Process Measures in the Colorado Reading Project. *Reading and Writing*, v.3, p.235-48, 1991.

67 OLSON, R. K., FROSBERG, H., WISE, B. Genes, Environment, and the Development of Orthographic Skills. In: BERNINGER, V. W. (Ed.) *The Varieties of Orthographic Knowledge I:* Theoretical and Developmental Issues. Dordrecht: Kluwer, 1994.

68 OLSON, R. et al. Specific Deficits in Component Reading and Language Skills: Genetic and Environmental Influences. *Journal of Learning Disabilities*, v.22, p.339-48, 1989; OLSON, R. K., FROSBERG, H., WISE, B., ibid.

69 Ver SMITH, S. D., KIMBERLING, W. J., PENNINGTON, B. F. Screening for Multiple Genes Influencing Dyslexia. *Reading and Writing*, v.3, p.285-98, 1991.

70 Poderia haver ao mesmo tempo poligenia (vários genes agindo juntos para produzir o traço) e um *locus* maior, cf. PENNINGTON, B. F., op. cit., 1989; PENNINGTON, B. F., op. cit., 1991.

71 BENDER, B. G., LINDEN, M., ROBINSON, A. Cognitive and Academic Skills in Children with Sex Chromosome Abnormalities. *Reading and Writing*, v.3, p.315-27, 1991.

72 PENNINGTON, B. F. et al. External Validity of Age – Versus IQ-Discrepancy Definitions of Reading Disability: Lessons from a Twin Study. *Journal of Learning Disabilities*, v.25, p.562-73; OLSON, et al., op. cit., 1989.

73 GALABURDA, A. M., KEMPER, T. L. Cytoarchitetonic Abnormalities in Developmental Dyslexia: A Case Study. *Annals of Neurology*, v.6, p.94-100, 1979; GALABURDA, A. M. et al. Developmental Dyslexia: Four Consecutive Patients with Cortical Anomalies. *Annals of Neurology*, v.18, p.222-33, 1985; GALABURDA, A. M. Ordinary and Extraordinary Brain Development: Anatomical Variation in Developmental Dyslexia. *Annals of Dyslexia*, v.39, p.67-80, 1989; STEINMETZ, H., GALABURDA, A. M. Planum Temporale Asymmetry: In-Vivo Morphometry Affords a New Perspective for Neuro-Behavioral Research. *Reading and Writing*, v.3, p.331-43, 1991.

74 Cf. referências da nota anterior.

75 HYND, G. W., SEMRUD-CLIKEMAN, M. Dyslexia and Neurodevelopmental Pathology: Relationships to Cognition, Intelligence, and Reading Skill Acquisition. *Journal of Learning Disabilities*, v.22, p.204-16, 1989.

76 LARSEN, J. P., HÖIEN, T., ÖDEGAARD, H. Magnetic Resonance Imaging of the Corpus Callosum in Developmental Dyslexia. *Cognitive Neuropsychology*, v.9, p.123-34, 1992.

77 Ver, por exemplo, DUFFY, F. H. et al. Neurophysiological Studies in Dyslexia. *Research Publications – Association for Research in Nervous and Mental Disease*, v.66, p.149-70, 1988; ORTIZ, T. et al. Brain Mapping in Dysphonemic Dyslexia: In Resting and Phonemic Discrimination Conditions. *Brain and Language*, v.42, p.270-85, 1992.

78 KERSHNER, J. R., STRINGER, R. W. Effects of Reading and Writing on Cerebral Laterality in Good Readers and Children with Dyslexia. *Journal of Learning Disabilities*, v.24, p.560-67, 1991; KERSHNER, J., MICALLEF, J. Cerebral Laterality in Dyslexic Children: Implications for Phonological Word Decoding Deficits. *Reading and Writing*, v.3, p.395-411, 1991.

79 KERSHNER, STRINGER, ibidem; KERSHNER, MICALLEF, ibidem.

80 RAZ, I. S., BRYANT, P. Social Background, Phonological Awareness and Children's Reading. *British Journal of Developmental Psychology*, v.8, p.209-25, 1990.

81 CUNNINGHAM, A. E., STANOVICH, K. E. Tracking the Unique Effects of Print Exposure in Children: Associations with Vocabulary, General Knowledge, and Spelling. *Journal of Educational Psychology*, v.83, p.264-74, 1991; STANOVICH, K. E., CUNNINGHAM, A. E. Studying the Conse-

quences of Literacy Within a Literate Society: The Cognitive Correlates of Print Exposure. *Memory and Cognition*, v.20, p.51-68, 1992.

82 ALLINGTON, R. L. Content Coverage and Contextual Reading in Reading Groups. *Journal of Reading Behavior*, v.16, p.85-96, 1984.

83 NAGY, W. E., ANDERSON, R. C. How Many Words are there in Printed School English? *Reading Research Quarterly*, v.19, p.304-30, 1984.

84 RUTTER, M. School Effects on Pupil Progress: Research Findings and Policy Implications. *Child Development*, v.54, p.1-29, 1983.

85 SHARE, D. L. et al. Sources of Individual Differences in Reading Acquisition. *Journal of Educational Psychology*, v.76, p.1309-24, 1984.

86 JUEL., op. cit., 1988.

87 BEN-DROR, I., POLLATSEK, A., SCARPATI, S. Word Identification in Isolation and in Context by College Dyslexic Students. *Brain and Language*, p.471-90, 1991; BRUCK, M. Persistence of Dyslexics' Phonological Awareness Deficits. *Developmental Psychology*, v.28, p.874-86, 1992.

88 EHRI, L. C. The Development of Spelling Knowledge and its Role in Reading Acquisiton and Reading Disability. *Journal of Learning Disabilities*, v.22, p.356-5, 1989.

89 BRUCK, op. cit., 1992.

90 LEFLY, D. L., PENNINGTON, B. F. Spelling Errors and Reading Fluency in Compensated Adult Dyslexics. *Annals of Dyslexia*, v.41, p.143-62, 1991.

91 LINDGREN, S., DE RENZI, E., RICHMAN, L. Cross-National Comparisons of Developmental Dyslexia in Italy and the US. *Child Development*, v.56, p.1404-17, 1985.

92 WIMMER, H. L'acquisition de la lecture dans une orthographe plus régulière que celle de l'anglais: points de divergence. In: JAFFRÉ J.-P., SPRENGER-CHAROLLES, L., FAYOL, M. (Ed.) *Lecture-Écriture*: Acquisition, Les Actes de la Villette. Paris: Nathan, 1993.

93 STEVENSON, H. et al. Reading Disabilities: The Case of Chinese, Japanese, and English. *Child Development*, v.53, p.1164-81, 1982.

CAPÍTULO 5

O ENSINO DA LEITURA

O GRANDE DEBATE

O método de ensino da leitura utilizado durante mais tempo no curso da história da civilização ocidental foi sem dúvida o *método alfabético*. A criança começava aprendendo o abecedário, isto é, os nomes das letras na ordem. (Entre os gregos, parece que se aprendia a recitar as letras tanto da primeira à última como da última à primeira. Para as crianças ricas, cada uma das 24 letras era representada por um escravo!). Depois, ensinava-se a criança a associar cada nome de letra a um símbolo. Em seguida, ensinava-se a combinar consoantes e vogais e a recitar sílabas sem significação ("ba, be, bi, bo, bu" etc.). Só depois de alguns meses, se não anos, desses exercícios é que a criança era enfim posta em confronto com a leitura.[1] Esse tipo de método está hoje abandonado.

O grande debate dos métodos gira há mais de um século em torno de uma posição entre duas concepções: de um lado, insiste-se na aprendizagem do código (*code emphasis*) e, de outro, na linguagem global (*whole language*). O primeiro é o método fônico, e o segundo o método global.

O *método fônico* nasceu de uma constatação: a criança sente dificuldades em passar da associação entre os nomes das letras para a fusão dos "sons" e das letras a fim de obter a pronúncia das palavras. Parece que os educadores alemães foram os primeiros, no começo do século XVI, a propor métodos baseados na aprendizagem das correspondências entre as letras e seus "sons".[2] Nessa época, a leitura funcional intervinha muito cedo na aprendizagem, bem antes de serem ensinadas todas as correspondências. A ordem em que as correspondências eram introduzidas dependia de critérios funcionais e não da ordem das letras no alfabeto. As crianças aprendiam a formar palavras combinando e retirando letras. No mundo francófono, o método fônico foi preconizado no século XVIII pelos jansenistas e a escola de Port-Royal. Mais tarde, no espírito de muitos, ele foi associado a intermináveis exercícios de pronúncia de sons e de letras e seu papel funcional foi desprezado.

O *método global* nasceu provavelmente no século XVII. Comenius propunha que se começasse associando diretamente as palavras e seus significados. A análise interna das palavras só interviria mais tarde, para permitir a leitura de palavras novas. Nos Estados Unidos, o método global exerce influência desde a metade do século XIX. No fim desse século e no início deste, o método global aparecia ligado às ideias progressistas e à preocupação com um ensino centrado na criança. Um argumento "psicológico" utilizado era que, já que as coisas são reconhecidas como um todo, o método fônico seria pouco natural. Mais tarde, esse argumento iria enriquecer-se de referências à teoria da Gestalt, embora os psicólogos dessa escola não se tenham ocupado da leitura. De resto, como observou o psicolinguista Roger Brown, a ideia básica da Gestalt, segundo a qual a aprendizagem resulta da apreensão das relações sistemáticas e dos princípios subjacentes, estaria mais de acordo com o método fônico do que com o método global.[3]

Na França e na Bélgica, o método global ganhou importância no início deste século, notadamente sob a influência de Decroly. O professor lê um texto que as crianças repetem e que constitui a base para a identificação progressiva das palavras que o compõem. Uma variante desse método foi introduzida mais tarde por Freinet (*método natural*), que substituiu o texto escrito pelo professor por textos produzidos pelas próprias crianças e ditados por estas ao professor.

Em 1955, entretanto, Rudolph Flesch publica nos Estados Unidos *Why John can't read – and what you can do about it*, que se tornou rapidamente um *best-seller*.[4] Seu sucesso deve-se mais à gravidade das deficiências e dos atrasos na aprendizagem da leitura, que preocupa muito pais e educadores, do que às qualidades intrínsecas da obra. Partindo da ideia de que as letras correspondem a sons, ele sustenta, no mesmo tom grandiloquente de seus opositores, que o método fônico é o único sistema "natural" de aprendizagem. Mais grave ainda, ele se lança na argumentação política afirmando que o método global é antidemocrático, que ele trata as crianças como se fossem cães que podem ser condicionados, e chega a fazer alusão a uma conspiração comunista!

Como diz Marylin Adams,[5] o problema de saber como se ensina melhor a leitura é a questão mais politizada na área da educação. Kenneth Goodman, antigo presidente da International Association of Reading e teórico de prestígio do método global, afirma: "Será que podemos despolitizar o debate? Não. A educação, inclusive a educação da leitura, é política.[6] Não nos deixemos enganar, todavia! Não se pode dizer de um método que ele faz parte do programa de um campo político, nem tampouco que ele é intrinsecamente de esquerda ou de direita. Saber qual método convém melhor ao sucesso da aprendizagem da leitura para crianças que desde o início se encontram em posição sociocultural desfavorecida é uma outra questão.

Não foi a obra de Flesch que teve mais influência no ressurgimento do método fônico nos Estados Unidos; foi outro livro, na realidade um relatório, escrito por Jeanne Chall no quadro de um estudo oficial. *Learning to read: The great debate*, publicado em 1967, baseava-se no exame de 22 programas de ensino.[7] Chall visitou mais de trezentas classes nos mais diversos meios sociais dos Estados Unidos, da Inglaterra e da Escócia. A qualidade dessa pesquisa jamais foi posta em dúvida. Cumpre dizer que, no início, Chall não tinha qualquer *a priori* favorável ao método fônico; entretanto, seu estudo levou-a à conclusão de que os programas de ensino da leitura principiante que comportam uma instrução fônica precoce e sistemática produzem melhores resultados do que aqueles que não incluem esse tipo de ensino.

Os trabalhos de pesquisa sobre a leitura e sua aprendizagem que foram realizados nestes últimos vinte anos nos laboratórios e nas escolas, em particular aqueles que utilizam uma metodologia rigorosa, são praticamente unânimes: os programas de ensino que compreendem a instrução direta e explícita do código alfabético são os melhores.[8] Todavia, esse julgamento tem apenas um valor estatístico e não nos dispensa de uma análise apurada das diversas variáveis em jogo.

A convicção dos cientistas não é compartilhada pela maioria dos educadores e dos formadores de docentes, nem pelos responsáveis governamentais de muitos países. Nas faculdades de educação, principalmente, a concepção dominante favorece o método global. Essa concepção também é particularmente apreciada pelas associações privadas que fazem da leitura e das deficiências de leitura um assunto comercial. A leitura de *Reading today*, o bimensal da International Reading Association, é particularmente edificante. Para a primavera e o verão de 1993, estavam anunciados:

- um seminário dinâmico "Whole Language" ("Phenomenal! Will revolutionize teaching practices") com Marie Carbo (99 dólares por pessoa);
- os seminários "Literature Connection" ("A creative adventure into the joy of whole learning. The best investment of your time and money"), 269 dólares, tudo incluído, com direito a um pequeno presente de trinta dólares;
- os seminários "Whole language in the classroom" ("Participate in a unique and powerful learning experience");
- as conferências "Pathways to Literacy", de Bill Martin Junior (269 dólares por cinco dias, com direito a um certificado; se alguém quiser seguir um curso suplementar, paga mais 130 dólares mas ganha o *best-seller Pathways to Literacy*, avaliado em 45 dólares);
- os seminários "Whole Language Umbrella" ("Expanding our Horizons");
- os seminários "Whole Language Strategies" de Nellie Edge; utilização do ritmo, aprendizagem divertida na escola maternal "*whole language*", princípios práticos sobre o cérebro que tornarão o seu ensino mais eficiente etc. (98 dólares por pessoa, refrigerantes incluídos).

Finalmente, um anúncio relacionado mais com uma instrução do tipo fônico, sob o disfarce de um termo em moda ("aprendizagem multissensorial"): o "Sing, Spell, Read and Write", o programa de desenvolvimento multissensorial da linguagem, que transforma os estudantes – até mesmo os atrasados – em "vencedores" (*"winners"*).

Na Europa, ainda não conhecemos esse fenômeno. E certamente não o conheceremos, se conseguirmos estabelecer uma comunicação eficaz entre pesquisadores, formadores, docentes, responsáveis políticos... e pais.

Por que as ideias do método global são mais atraentes para o grande público? Por que muitos docentes são hostis ao método fônico? Grandes princípios como "ler é compreender" ou "é preciso colocar a aprendizagem da leitura na sua função" são mais acessíveis e mais sedutores que as análises linguísticas sobre a relação entre a fala e a escrita – que fazem intervir uma entidade estranha, o fonema. Além disso, a concepção do método global faz brilhar a perspectiva de um progresso maior – o progresso do sistema inteiro da linguagem e da cognição, de todo o indivíduo – do que a concepção aparentemente mais estreita do método fônico. Esta, à primeira vista, só se relacionaria com a leitura.

A atração que exerce o método global está também em parte ligada ao fato de que ele se baseia em ideias justas, desprezadas pelos partidários do método fônico – por causa de seu desejo de fazer acreditar na importância da aprendizagem do código. É evidente que a criança aprende a ler mais facilmente se for beneficiada por um ambiente altamente letrado, se seus pais gostam de ler, se eles leem para ela histórias em voz alta e lhe inspiram o desejo de ler.

Uma coisa é a ideologia da leitura, outra coisa é a realidade das práticas educativas. É raro, atualmente, que o método utilizado em classe seja puramente global ou puramente fônico. A expressão "insistência sobre o código", popularizada por Chall, indica que a aprendizagem do código alfabético é concebida no quadro da leitura de palavras. Quanto ao método global, seus utilizadores fazem sempre uma referência explícita às correspondências e aceitam a decodificação a partir do fim do primeiro ano de ensino da leitura.

Infelizmente, os ideólogos do método global e da leitura natural tentam desacreditar a pesquisa científica experimental. Sua posição ferrenhamente antifônica tem muita força junto aos encarregados da política e da organização da educação primária, assim como nos centros de formação de professores. Os novos docentes iniciam sua carreira profissional sem qualquer conhecimento das capacidades básicas, das razões de sua importância e da maneira como elas podem ser ensinadas.[9] Além disso, não se deve esquecer de que o ensino da leitura é também um produto comercial. Não se trata apenas dos numerosos seminários evocados acima. Trata-se sobretudo dos livros escolares. Como o número de consumidores é muito elevado, os lucros para os autores e para as editoras são importantes. Nessas condições, formam-se conjunções de interesses difíceis de desfazer e que favorecem a inércia nos princípios e nos métodos de ensino. É difícil conciliar isso com uma pesquisa que por natureza nunca para e só procura superar-se... A censura sobre a pesquisa é uma realidade.

A SUPERIORIDADE DO MÉTODO FÔNICO

Os partidários do método global têm razão em dizer, como faz Goodman em outro *best-seller*, *A Parent-Teacher Guide*, publicado em 1986,[10] que os leitores procuram a significação e não os sons ou as palavras. Em geral, essa concepção não peca pelo que diz, mas pelo que esquece de dizer. Ela esquece aquilo que é mais importante para um método; neste caso, de que modo a criança poderia chegar à significação sem passar pelas palavras. O método global encoraja a utilização do contexto e a adivinhação. Isso pode levar a erros de leitura (ler, por exemplo, "iogurte" em lugar da palavra "Danone" escrita num copinho) que, segundo Goodman, devem ser admitidos pelos educadores porque eles não se afastam da significação, mas seriam "indicações preciosas de crescimento no sentido do controle dos processos de linguagem". Na realidade, é um panegírico da subjetividade (aquilo que o leitor acredita) contra a objetividade (aquilo que o texto diz realmente).[11]

Os estudos que avaliam os efeitos dos métodos mostram geralmente que as crianças que aprendem a ler seguindo um programa de método fônico têm, desde o início, uma vantagem no reconhecimento de palavras.[12] No fim do segundo ou do terceiro ano de estudos, elas ultrapassam as que aprendem a ler pelo método global em velocidade e em compreensão na leitura silenciosa, em vocabulário e em ortografia. Essa superioridade do método fônico poderia ser ainda mais marcada no caso de crianças de classes sociais desfavorecidas.

No capítulo 3, já evocamos o trabalho de Barbara Foorman e sua equipe,[13] comparando as *performances* de leitura e escrita de crianças de primeiro ano primário conforme elas recebiam muita ou pouca instrução sobre as relações entre as letras e seus "sons". Não se trata de uma oposição extrema entre método fônico e global, mas a variável que distingue os dois grupos permite considerar que um é "mais fônico" que o outro. Os resultados, que podem ser vistos na Figura 27, falam por si mesmos.

	Leitura de palavras		Escrita de palavras	
	Instrução letra-"som"			
	Pouca	Muita	Pouca	Muita
Palavras regulares				
Outubro	30	30	16	14
Fevereiro	48	71	36	50
Maio	60	84	45	65
Palavras irregulares				
Outubro	17	20	2	2
Fevereiro	31	47	9	11
Maio	35	55	16	26

FIGURA 27 – Porcentagem de palavras, regulares ou irregulares, lidas ou escritas corretamente em cada um dos três testes (outubro, fevereiro, maio), pelas crianças que recebem muita ou pouca instrução sobre as relações letra-"som" (adaptado de Foorman et al.).

As vantagens da instrução que, no primeiro ano primário, dá um lugar importante ao ensino explícito do código alfabético e, portanto, os méritos do método fônico em comparação com o método global, se manifestam claramente tanto na leitura como na escrita, tanto para as palavras regulares como para as irregulares.

Essas vantagens dizem respeito também às crianças que correm o risco de apresentar déficits, como mostra um estudo recente realizado na Carolina do Norte. Foram selecionadas, quando ainda estavam na escola maternal, crianças que poderiam apresentar um risco de deficiência de leitura.[14] Elas foram orientadas para classes de método fônico ou para classes de método global (que na realidade comportava o ensino de elementos fônicos desde o início do segundo ano). No fim do segundo ano, as crianças de método fônico pareciam ter progredido mais que os outros de maneira geral, mas a diferença entre os grupos só era significativa para a leitura de pseudopalavras e a escrita de palavras regulares. A superioridade do método fônico era menos aparente em termos de pontuações médias do que em termos do número de crianças que apresentavam uma deficiência de leitura. Assim, oito das crianças que tinham seguido o método global (um terço da amostra), contra um só formado pelo método fônico, tinham um ano de atraso em leitura de palavras. O método fônico aparece, portanto, como o mais suscetível de recuperar as crianças de risco. Por outro lado, o fato de que o método global utilizado compreendia elementos fônicos provavelmente contribuiu para reduzir as diferenças.

O método global é particularmente problemático para as crianças que sofrem de uma desvantagem sociocultural. Essa ideia é ilustrada por um estudo que nosso grupo realizou na Bélgica francófona sobre cerca de cinquenta crianças de primeiro ano primário oriundas de três escolas, de classe baixa, média e alta, respectivamente, que utilizavam o método global, e sobre cerca de quarenta crianças de origem social média que frequentavam uma escola que praticava o método fônico.[15] Mesmo se considerarmos apenas as crianças de classe alta entre os que aprendiam a ler pelo método global, notamos que mais da metade dessas crianças lia, no fim do primeiro ano, menos palavras novas (isto é, não estudadas em classe) que o pior dos leitores de classe fônica. Além disso, a melhor entre as crianças submetidas ao método global era ultrapassada em leitura de palavras novas por quase um terço das crianças submetidas ao método fônico. O resultado mais preocupante é o fato de que, entre as crianças de origem social pobre, nenhuma foi capaz de ler mais de três ou quatro palavras novas, e a maioria não era capaz de ler nenhuma. O método global parece, portanto, constituir um perigo para as crianças de origem social pobre. Para essas crianças, as chances de ter pais ou outras pessoas próximas que leem correntemente e que poderiam ensinar-lhes o código alfabético são muito menores do que para as crianças de famílias mais favorecidas.

O método fônico tem naturalmente um efeito muito poderoso sobre o desenvolvimento da habilidade de análise fonêmica intencional que, como vimos, desempenha um papel essencial na aquisição da decodificação fonológica. Em outro estudo, comparando crianças de primeiro ano que aprendiam a ler, ou pelo método global ou pelo método fônico, Jesus Alegria e eu próprio constatamos a contribuição específica do método fônico para a habilidade fonêmica.[16] Assim, os dois grupos eram praticamente iguais na tarefa de inverter as sílabas de uma expressão ("dira" se transforma em "radis"), mas a *performance* média de inversão de fonemas (jogos de palavras do tipo "os" – "so") era muito mais elevada nas crianças submetidas ao método fônico (58% de respostas corretas) do que nas submetidas ao método global (15%).

Na aprendizagem de uma habilidade, há momentos críticos em que determinada aquisição deve ser realizada para que a aprendizagem se desenvolva eficazmente. Não se começa a aprendizagem de piano pedindo ao aluno que interprete diretamente as obras. A relação entre as teclas e as notas deve ser ensinada explicitamente no início da aprendizagem. A falta de certos conhecimentos críticos entrava o processo de aprendizagem, tanto no piano como na leitura. Contrariamente ao método global, o método fônico é baseado na ideia de que no processo de aprendizagem há passagens obrigatórias.

As consequências aparentemente paradoxais de um método que quer ir direto ao objetivo, sem se preocupar com as competências intermediárias, são bem manifestas num estudo que examinou as relações entre diversas capacidades da criança e seu nível de compreensão em leitura, em dez classes que ensinavam o método global e em dez classes que ensinavam o método fônico, no primeiro ano primário.[17] Enquanto nas classes de método fônico foram observadas correlações positivas entre a compreensão em leitura e diversas medidas das capacidades da criança (desenvolvimento sintático, comprimento médio das expressões etc.), nas classes de método global essas correlações eram negativas. À primeira vista, esses resultados são desconcertantes. Com efeito, parece paradoxal que a criança linguisticamente mais desenvolvida tenha justamente tendência a compreender menos bem os textos. Todavia, é algo que se pode explicar facilmente no quadro de uma teoria que reconhece a importância da aprendizagem inicial do código alfabético. A insistência exclusiva, ou quase, sobre as capacidades linguísticas gerais da criança, num momento em que a aprendizagem do código é crucial, pode frear o desenvolvimento do reconhecimento de palavras e, por conseguinte, também a compreensão de textos. O recurso ao contexto e à adivinhação, provavelmente predominantes nas crianças que não conhecem o código mas têm boas capacidades linguísticas, levam a erros de reconhecimento que diminuem as chances de uma boa compreensão dos textos.

Para além das experiências que comparam os métodos fônico e global, é importante saber o que produz o método fônico no sentido absoluto. Benita Blachman redefiniu segundo uma perspectiva fônica o programa de aprendizagem da leitura de duas escolas primárias de nível socioeconômico relativamente baixo do Estado de Connecticut.[18] Ela procedeu a uma formação intensiva dos professores, educadores e reeducadores, e mobilizou-os para a execução do programa. Antes da intervenção de Blachman, as pontuações médias das crianças de quarto ano eram inferiores em relação à norma nacional de sete meses e um ano, tanto numa escola como na outra. Ora, quando as primeiras turmas de alunos do novo programa chegaram ao quarto ano, estes se encontravam não abaixo, mas acima da norma nacional, de sete e seis meses, respectivamente. Uma dessas escolas tinha passado da escala 17,5 sobre as 24 escolas da região à escala cinco, e as escolas que a ultrapassavam eram todas de um meio socioeconômico mais elevado. Naturalmente, uma parte desse sucesso não se deve ao método fônico em si, mas ao sentido da educação e ao entusiasmo de Blachman e das equipes escolares. Aliás, encontramos educadores notáveis entre os adeptos do método global. Não é o devotamento, a inteligência e a sensibilidade de uns e de outros que eu discuto aqui, mas a qualidade dos métodos que eles aplicam.

MÉTODO FÔNICO SIM, MAS COMO?

O problema não é saber se se deve ensinar o código alfabético, mas saber como se deve ensiná-lo.

Nos anos 40, o linguista Bloomfield propôs trabalhar sobre pequenos conjuntos de palavras (*"Dad had a map. Pat had a bat. Nan had a fat cat. A fat cat ran at a bad rat"*), de maneira a maximizar as chances de que a criança descubra, por si mesma, o princípio alfabético.[19] Esse processo, que poderíamos chamar de "fônico implícito", não deve ser seguido, já que, como vimos no capítulo 1, a criança não descobre o princípio alfabético sem uma instrução explícita da análise fonêmica e das correspondências grafema-fonema.

O método fônico, bem utilizado, não tem menos confiança nas capacidades da criança que o método global. A primeira tarefa da criança é compreender o princípio alfabético. Sem essa compreensão, não existe (salvo casos excepcionais) progresso em leitura. A compreensão do princípio alfabético permite ao leitor-aprendiz aprender um conjunto de regras simples de correspondência e, por meio da habilidade de fusão fonêmica, utilizá-las na leitura de palavras curtas. Entretanto, a criança confronta-se também com uma série de situações em que a associação de um fonema a uma letra, sem considerar letras adjacentes, não garante a pronúncia correta da palavra. Um número relativamente importante de regras contextuais determina a pronúncia de muitas palavras. Algumas dessas regras podem ser explicitadas, mas essa explicitação não é uma característica intrínseca do método fônico. Na verdade, é provavelmente menos eficaz e mais rebarbativo ensinar à criança um grande número de regras contextuais do que levá-la, pelo exercício da leitura, a constituir unidades mais amplas que a letra nas quais a ambiguidade de pronúncia é resolvida.

O problema do grau de explicitação das regras contextuais que convém adotar é apenas uma das numerosas questões colocadas para a execução de um método fônico adaptado às capacidades de aprendizagem da criança. Deve-se ensinar o nome das letras ou apenas os seus "sons"? Em que ordem devemos introduzir as correspondências grafema-fonema? Deve-se treinar a criança para fundir consoantes e vogais? Deve-se ensinar as correspondências fora da leitura de palavras, ou deve-se combinar as duas atividades? Ou, ainda, deve-se ensinar algumas palavras antes de ensinar as correspondências? Deve-se esperar que a criança seja capaz de reconhecer um número apreciável de palavras antes de lhe apresentar frases? Em que momento, em relação à leitura, deve-se iniciar as atividades de escrita?

As respostas a essas questões não são simples, sobretudo porque, para a maioria delas, não há dados empíricos suficientemente rigorosos, e porque existem argumentos igualmente razoáveis que apontam para uma direção ou para outra.[20] Muitas vezes, aquilo que é útil para uma fase do processo de aprendizagem é menos útil, ou até mesmo nocivo, para outra fase.

Parece, entretanto, que é mais eficaz começar a aprendizagem das correspondências por letras cujos "sons" podem ser pronunciados isoladamente, por exemplo, "f", "s" e "m". As vogais, elas também, podem ser pronunciadas isoladamente, e além disso estão entre as letras mais frequentes. Como a vogal é indispensável para que haja uma sílaba, parece que se deve introduzi-las desde o início, mesmo se todas as letras vocálicas do francês se pronunciam diferentemente conforme o contexto (por exemplo, "a" e "au"; "e" e "eu"; "i" e "in"; "o" e "ou"; "u" e "un"; essa dependência da pronúncia das vogais em relação ao contexto certamente só ocorre se ignorarmos o acento, com "é" e "è" sendo pronunciados sempre da mesma maneira).

Muitas crianças conhecem os nomes de certas letras antes de conhecer seus "sons". O conhecimento dos nomes tem o risco de criar dificuldades para a compreensão do fato de que a letra não corresponde a uma sílaba mas a um componente da sílaba, impronunciável isoladamente em muitos casos. Em particular, as letras consonânticas pelas quais se deveria começar a aprendizagem, por exemplo, "f", "s", "m", têm justamente nomes que não começam pelo "som" que elas representam. Segundo o psicólogo soviético Elkonin,[21] as crianças que conhecem os nomes das letras antes de aprender a ler têm tendência, no início da aprendizagem, a colocar junto os nomes das letras em lugar de tentar fundir seus "sons". Para ele, isso constitui o pior hábito do leitor-aprendiz. Por outro lado, entretanto, o conhecimento do nome cria uma constância para a letra, necessário quando, mais tarde, a criança tem de compreender que uma letra pode receber diferentes pronúncias em razão das letras vizinhas.

O que pensar dos exercícios de cópia? A cópia de letras, bem no início da aprendizagem, não é uma atividade mecânica sem interesse, como muitos pretendem. A repetição contribui para o controle motor e permite à criança consolidar representações mentais dos traços das letras, necessárias para a sua identificação. A associação das letras a desenhos sugestivos contribui igualmente para isso. Do mesmo modo, em outro registro, a associação de gestos e desenhos para a produção de sons elementares da fala permite chamar a atenção sobre esses sons e sua individualidade (*mmmm*... para o entusiasmo do apreciador de sorvete de morango, *vvvv*... para o ruído de um jato, *ssss*... para o silvo de uma serpente ou o escapamento de ar de um pneu furado, *rrrr*..., para o rugido terrível de um leão etc.).

O conhecimento da identidade abstrata das letras é uma condição necessária para a aquisição da decodificação fonológica e dos padrões ortográficos. Por conseguinte, a aprendizagem do reconhecimento das letras deve começar muito cedo, certamente antes da instrução na escola. Ela é da responsabilidade dos pais e dos professores e professoras da escola maternal. As atividades de escrita espontânea, a partir de alguns pares de letra-"som" conhecidos, devem ser favorecidas, porque contribuem para a compreensão das relações entre a forma escrita e a forma falada das palavras. Elas são de fato atividades de pesquisa fônica, por parte da criança pré-leitor. É necessária uma certa tolerância para a falta de exatidão dessas produções escritas espontâneas. A situação não é comparável com a que critiquei acima sobre as adivinhações que acompanham a aprendizagem realizada pelo método global. Os erros de ortografia estão longe de ser tão graves quanto os erros de atribuição de nome, não só porque a inexatidão da ortografia jamais impediu alguém de escrever "bem" (a esse respeito, citam-se sempre Stevenson, Hemingway e Agatha Christie) e porque se trata de um mal menor com os programas de correção informatizada, mas também porque esses erros tendem a desaparecer na maioria das crianças a partir do momento em que sua experiência de leitura aumenta.

Que relações devem ser instaladas entre decodificação e significação? As correspondências podem e devem ser aprendidas no contexto das palavras. Não só o interesse da criança pode ser captado mais facilmente, mas também os exercícios fônicos sobre palavras contribuem para a focalização da atenção da criança sobre cada letra de cada palavra e, desse modo, para a elaboração da representação mental de seus padrões ortográficos. A cópia e a escrita sob a forma de ditado de palavras recém-aprendidas reforçam a representação de seus padrões ortográficos.

É essencial que os textos que são dados para a leitura do leitor-aprendiz só contenham palavras cuja ortografia seja regular e dependa, tanto quanto possível, de regras simples. As diferenças demasiado importantes entre as lições fônicas e as correspondências encontradas nos textos correm o risco de perturbar a criança e não lhe permitir beneficiar-se da instrução. Ensino fônico e leitura de palavras e frases devem interagir de maneira positiva.

Os exercícios sobre dígrafos e trígrafos como "ou" e "ch" são necessários para corrigir a ideia de uma relação simples entre letra e fonema. A descoberta de que o fonema pode ser representado por um grupo de letras pode ser sucedida pela constituição de representações ortográficas de unidades mais amplas que o fonema (rima e sílaba). Os exercícios de fusão de fonemas, necessários desde o início para instalar o processo de decodificação, podem contribuir para a constituição dessas representações ortográficas intermediárias, desde que os exercícios de fusão sejam feitos com material escrito.

Vejamos como essas sugestões relativamente esparsas podem concretizar-se. As ideias apresentadas acima provêm do livro *Facts and Fads in Beginning Reading: A Cross-Language-Perspective*, publicado em 1988 por Dina Feitelson, que foi professora na Universidade de Haifa até seu recente falecimento.[22] Nesse livro, que presta um serviço inestimável para a causa da leitura, ela descreve o método chamado vienense de aprendizagem da leitura,[23] um exemplo notável da possibilidade de ensinar o código alfabético num contexto de leitura que seja ao mesmo tempo significativo e ligado à vida da criança.

Nesse método, as letras são introduzidas uma por uma e identificadas pelos seus "sons". Em nenhum momento, entretanto, existe letra ou sílaba sem significação. Todo o material é significativo. Assim, as primeiras páginas do manual de 1964 tratam da aprendizagem das letras A e M. Ao lado do desenho de uma mulher jovem está escrito MAMA (mamãe), e em outros desenhos vemos mamãe numa série de atividades. Por exemplo, para mamãe na cozinha, MAMA é seguida da palavra AM (em). Essa mesma sequência de palavras, fazendo variar os desenhos, pode representar muitas frases diferentes, da iniciativa do professor ou da própria criança. Estamos muito longe dos "*A fat cat ran at a bad rat*". As situações são próximas da vida da criança, que já pode ser ativa e produtiva tendo aprendido apenas os correspondentes fonêmicos de duas letras.

A terceira letra apresentada é a vogal I, pronunciada sempre /i/, o que permite criar MIMI (um nome feminino), IM (dentro) e MAMI (outra maneira de referir-se à mamãe). Agora, com apenas três letras diferentes, e sempre com a ajuda de desenhos, pode-se criar um número enorme de frases: Mimi está na cama, na janela, mamãe está na cozinha ou na loja etc. A distinção MAMI-MAMA permite também prestar atenção nos grafemas para transmitir uma diferença sutil de tratamento com relação ao mesmo objeto. A atenção para a ordem das letras é igualmente indispensável para a identificação correta das palavras.

Nesse método, a aprendizagem das correspondências não precede nem sucede a aprendizagem de palavras escritas e sua significação. Todos os níveis de representação são ativados ao mesmo tempo, ao passo que a criança só conhece de início uma consoante e uma vogal, depois uma consoante e duas vogais, em seguida (pela introdução do T) duas consoantes e duas vogais, e assim por diante. No início, só as maiúsculas são utilizadas, o que permite reduzir a carga na memória. A criança pode concentrar-se sobre o processo de fusão de fonemas que leva ao reconhecimento de palavras. Os nomes das letras só são fornecidos à criança no segundo ano. Como disse um autor do início do século, com esse tipo de método, só se ensinam às crianças, no começo, "os poderes das letras".

Numa versão mais recente desse método (datada de 1978), o personagem central é MIMI, uma boneca de papel, com braços e pernas móveis, que a criança recebe com o manual e que se torna sua amiga em toda uma série de jogos antes do início da instrução. Numerosas historinhas são centralizadas sobre as ações de MIMI e de outros personagens.

Dina Feitelson observa que esse tipo de método é utilizado também em outras línguas, como o finlandês, o russo, o malaio, o hebraico e o árabe. Numa das primeiras páginas de um manual árabe, vemos Bad'r batendo em sua irmã Rabab (uma situação conhecida por muitas irmãs em todos os países) e essa imagem é descrita com a ajuda de apenas três consoantes e uma vogal. Poder-se-ia pensar que esse tipo de método só é praticável em línguas que possuem uma ortografia transparente. Isso não é exato. Poder-se-ia imaginar facilmente uma adaptação para o francês, que começaria por M, I e A, permitindo assim escrever MIMI, MAMI, AMI e MA.

Esse método caracteriza-se pelo fato de que a criança procede por síntese: as correspondências são ensinadas diretamente e utilizadas para construir palavras. Diversos estudos sugerem que os métodos "diretos-sintéticos" são mais eficazes que os métodos "indiretos-analíticos" que começam apresentando palavras com vistas a uma análise cada vez mais fina até o nível letra-"som". Uma exigência dos métodos "diretos-sintéticos" é que a habilidade de fusão fonêmica intervenha cada vez que uma nova correspondência é aprendida. Nada impede que essa competência crucial da leitura seja treinada e automatizada desde o início. Ela é essencial não apenas para a decodificação fonológica, mas também para a constituição de unidades ortográficas de um nível superior à letra. A esse respeito, Feitelson distingue entre a "fusão no fim" (/k/ /a/ /s/ /t/ /ɔ/ /r/: castor) e a "fusão sucessiva" (/k/ /a/ /ka/ /s/ /kas/ /t/ /kast/ /ɔ/ /kastɔ/ /r/ /kastɔr/: castor) e sugere que a criança que já teve ocasião suficiente de aprender os resultados das fusões ao mesmo tempo que as letras individuais pode adotar um processo de decodificação muito menos trabalhoso para a memória e muito mais rápido (por exemplo, /kas/ /tɔr/ /kastɔr/: castor).

O método fônico é a via imperial da decodificação fonológica, e nessa medida, melhor que qualquer outro método, ele cria as condições de uma leitura autônoma. Isso não implica, entretanto, que se deva deixar o leitor principiante agir por sua própria conta.

Um acompanhamento individual é necessário para verificar os progressos da criança e detectar as suas dificuldades. Baseando-se em suas experiências, Feitelson sugere que os professores substituam o sistema de leitura em grupo por um sistema em que o professor ouça a criança lendo individualmente. Mesmo quando se trata de classes muito numerosas (de 35 a 40 alunos), cada criança poderia ser ouvida pelo menos duas vezes por semana. Um estudo recente realizado nos Estados Unidos sobre cinco programas de acompanhamento individual parece confirmar a eficácia desse procedimento.[24] Por outro lado, o efeito positivo é maior quando o acompanhamento é feito por professores qualificados. Parece ainda que o acompanhamento individual é muito mais eficaz que a redução dos efetivos das classes (uma medida experimental introduzida em certas escolas do Tennessee, de Nova York, Toronto e Indiana), enquanto o custo das duas alternativas é comparável.

A utilização dos princípios da instrução fônica no quadro de um método como o vienense não é evidentemente uma garantia de sucesso. Ele não anula os déficits fonológicos das crianças, como também não anula os mecanismos habituais da seleção na escola. Um estudo longitudinal, do segundo ao oitavo ano escolar, sobre 458 crianças vienenses, evidenciou problemas persistentes de decodificação fonológica.[25] As crianças que têm essas dificuldades desde o início são leitores fracos; elas não leem fora da escola, não aproveitam o tempo livre na escola para ler. Ainda mais, aproveitam menos que os leitores adiantados o tempo de leitura na escola, já que leem mais lentamente. Tudo isso constitui fatores de diferenciação. As distâncias se aprofundam cada vez mais. É a seleção cultural. É interessante constatar que, no nível das *performances*, a diferença mais aparente entre essas crianças diz respeito à habilidade de análise fonêmica. Só uma política educativa, mais exatamente reeducativa e até mesmo preventiva, que não se limite à escolha de um método único para toda a classe, pode obstar essa seleção cultural.

A PREPARAÇÃO PARA A LEITURA

Muitos pais perguntam a partir de que idade uma criança está em condições de aprender a ler. Para as crianças que têm um desenvolvimento cognitivo e linguístico normal, a resposta é, provavelmente, que elas podem aprender a ler bem antes de entrar na escola primária. Bruce Pennington e sua equipe (da Universidade do Colorado) estudaram um leitor precoce, que aos 12 meses era capaz de identificar as letras e ler algumas palavras.[26] Aos três anos, ele lia livros de histórias tão bem quanto as crianças de segundo ou de terceiro ano primário. Era capaz de ler pseudopalavras e lia com igual facilidade palavras regulares e irregulares. Parecia já dispor, portanto, dos dois processos de reconhecimento de palavras escritas. À parte o caráter precoce inabitual de sua leitura, nada parece "anormal" nele.

Esse caso não é certamente representativo da grande maioria das crianças, mas podemos pensar que, do ponto de vista estritamente cognitivo, a maioria das crianças pode aprender a ler por volta dos quatro anos mais ou menos, ou mesmo desde os três anos. As capacidades cognitivas não devem, entretanto, constituir o único critério. Não há qualquer interesse, do ponto de vista da eficácia da leitura, que uma criança aprenda a ler antes da idade de cinco ou sete anos, idades em que as crianças britânicas e escandinavas, respectivamente, começam essa aprendizagem. A menos que se queira pôr as crianças a trabalhar desde a tenra infância (o que é impensável segundo nossos valores morais, pelo menos assim espero), não há qualquer vantagem social em aprender a leitura mais cedo do que de hábito. Seria triste se os pais provocassem uma aprendizagem precoce apenas para acalmar sua ansiedade, ou para satisfazer a um orgulho... mal colocado. Não me parece, portanto, justificado mudar a lei sobre a idade do início do ensino da leitura. Sendo assim, se uma criança de menos de cinco anos deseja (ela própria, não sua família) aprender a ler, também não se deve impedir.

Deve-se preparar a criança para a leitura, em casa ou na escola maternal? A questão deve ser desdobrada. Com efeito, podemos distinguir entre uma preparação relativamente geral e uma preparação mais específica.

As crianças de meio sociocultural médio ou elevado encontram geralmente na sua experiência cotidiana a melhor preparação geral possível. Elas ouvem uma linguagem rica e estão imersas num ambiente literário. A motivação para a leitura é muitas vezes suscitada pelos pais. Na "Introdução", ficamos conhecendo o pequeno Jacques. É o tipo exato da criança culturalmente favorecida, apta à leitura. O problema diz respeito então muito mais às crianças de meios desfavorecidos. A escola maternal pode fazer algo por elas? É de sua responsabilidade contribuir para reduzir a diferença de preparação geral para as aprendizagens escolares, em particular para a leitura, que separa as crianças "ricas" das crianças "pobres".

É importante falar às crianças, fazê-las falar, colocá-las em situação de busca de conhecimentos, de tratamento da informação, de resolução de problemas, de avaliação crítica de ações e julgamentos, e sobretudo ler, ler, ler. Já tive ocasião de evocar a importância da leitura feita pelos adultos para as crianças. Dou aqui uma ilustração suplementar, que envolve uma situação particular, a das crianças que têm de aprender a ler numa língua (ou num dialeto) que não é a que utilizam em casa, nem em geral na sua vida fora da escola. Dina Feitelson e sua equipe publicaram, em 1993, um estudo sobre crianças árabes que vivem em Israel.[27] Seu dialeto materno e usual é o aamiyya, mas elas têm de aprender a ler em fusHa, o árabe "literal", a língua do Alcorão e da cultura árabe clássica. A aprendizagem do fusHa não é importante apenas por razões sagradas e culturais; essa língua serve também de unificador dos povos que falam línguas vernáculas diferentes. O problema para a criança árabe vem do fato de que o aamiyya e o fusHa são muito diferentes (tanto do ponto de vista da fonologia e do vocabulário como da sintaxe) e elas conhecem pouco a língua oficial. As dificuldades sentidas pelas crianças nas escolas árabes são consideradas provenientes em parte dessa situação.

O trabalho realizado na Universidade de Haifa, num primeiro tempo, tinha revelado que apenas 2% das famílias árabes de Israel leem livros para as crianças em idade de frequentar a escola maternal. Em seis famílias entre dez, os pais contam histórias de que se lembram ter ouvido na própria infância. Um estudo mais recente consistiu em fazer que os professores árabes lessem histórias em fusHa para 258 crianças do último ano da escola maternal. Os testes realizados antes e depois mostraram que essas crianças progrediram muito mais em compreensão da linguagem falada e em produção oral de histórias em fusHa do que crianças de outro grupo, que tinham seguido o programa oficial do tipo linguístico geral. É possível, portanto, começar com sucesso a imersão na língua oficial, antes do início da aprendizagem da leitura nessa língua. Os efeitos sobre a aprendizagem da leitura não foram testados, mas é provável que sejam também muito positivos. A aquisição da segunda língua, falada e mais tarde também escrita, é feita sem que a primeira seja abandonada.

Essa situação é paradigmática de todos os casos em que diferenças de dialeto ameaçam atrasar a criança na sua aprendizagem da leitura. Nesses casos, assim como de maneira geral para todas as crianças, a preparação para a língua utilizada na escola deve ser feita por meio da leitura oral feita pelo professor. Por outro lado, é preciso formar o professor de maneira a que ele seja sensível à situação da criança que fala outra língua ou outro dialeto.

Em Israel, onde a comunidade árabe tem aspirações nacionais, o professor de língua árabe responde tanto a essas aspirações como ao desejo israelense de não integração dos árabes. A questão diglóssica coloca-se também em outros Estados, mas em certos casos sem que haja convergência de interesses. Nos Estados Unidos e na Alemanha, por exemplo, o projeto de orientar as crianças de língua espanhola e turca para um ensino primário na língua materna pode corresponder a uma política de não integração dos imigrados, de exclusão social portanto, que não serve aos interesses destes últimos.

O estudo da equipe de Haifa sugere que o fato de evitar a aprendizagem da leitura numa língua diferente da que é usada em casa não tem justificação cognitiva. Outro estudo realizado nos Estados Unidos sobre crianças hispanófonas de primeiro ano primário mostra que as transferências de uma língua para outra das competências necessárias à aprendizagem da leitura são possíveis.[28] Essas crianças eram instruídas em espanhol, mas começavam a adquirir o conhecimento do inglês oral. Suas *performances* numa tarefa de aprendizagem da leitura de pseudopalavras inglesas seguidas de palavras inglesas construídas combinando o ataque e a rima de pseudopalavras diferentes (em francês, teríamos por exemplo "*bal*" construído a partir de "*ber*" e de "*nal*") mostraram correlações positivas importantes com a habilidade de análise fonêmica em espanhol, assim como com a capacidade de ler em espanhol. Em outros termos, as crianças que estavam mais adiantadas em análise fonêmica e em leitura de palavras em espanhol aprenderam mais facilmente a decodificar palavras inglesas. Desde que a criança esteja desenvolvendo seu conhecimento oral da língua não materna, não há razão para colocá-la num regime especial para estrangeiros quando da aprendizagem da leitura.

O segundo tipo de preparação para a leitura que evoquei anteriormente é a preparação para habilidades especificamente ligadas à leitura e que podem contribuir para essa aprendizagem. Entre essas habilidades, a análise fonêmica intencional ocupa o primeiro lugar em ordem de importância. Deve-se preparar a criança para a aprendizagem da leitura tentando ensinar-lhe análise fonêmica desde a escola maternal?

Minha resposta é não, por razões que não são de ordem científica mas ideológica. Aprender análise fonêmica é também aprender leitura, já que as duas competências são inseparáveis; portanto, equivale simplesmente a começar a instrução da leitura na escola maternal. Concordo com os argumentos desenvolvidos por Feitelson contra o treinamento precoce das "subabilidades" da leitura, ou seja, essencialmente o conhecimento das correspondências, assim como a análise e a fusão fonêmica. A focalização sobre essas subabilidades só pode aprofundar a diferença entre as crianças de meios culturalmente favorecidos e desfavorecidos. As primeiras continuam expostas a estímulos positivos em seu meio, ao passo que as segundas permanecem numa situação limitada de acesso a esses estímulos. Mais tarde, quando a decodificação tiver sido ensinada a todas, a falta dessas experiências linguísticas nas crianças de meio culturalmente pobre se fará sentir, com o risco de contrariar o desenvolvimento da capacidade de leitura e sua exploração na aquisição de conhecimentos. O tempo de escola maternal não deve ser desperdiçado com aquilo que será de toda maneira ensinado no início do ensino primário.

O treinamento para a análise fonêmica é prematuro fora da situação de aprendizagem da leitura, mas isso não deve levar a eliminar da escola maternal toda atividade de reflexão metalinguística. Ao contrário. Um dos aspectos do desenvolvimento linguístico é a capacidade crescente de refletir sobre a linguagem. É útil que na escola maternal se sensibilize a criança para o caráter "bem formado" ou "mal formado" da estrutura de frases, para a morfologia, assim como para o fato de que a linguagem falada tem propriedades expressivas e uma forma sonora. Já vimos que a capacidade de analisar a fala em sílabas está habitualmente presente na criança pré-leitora e pré-letrada de quatro e de cinco anos. O professor deve estar atento para a presença ou não dessa capacidade nas crianças da classe. Uma ajuda precoce ou um programa mais intensivo de treinamento para as habilidades fonológicas, no início da aprendizagem da leitura, podem ser úteis para as crianças de risco.

CONTRA A MEDICALIZAÇÃO DOS DISTÚRBIOS DA LEITURA

Para os que pensam que a leitura deficiente (a dislexia) é uma doença, o remédio não é a reeducação mas... medicamentos. Sejamos corretos, entretanto. Muitos neuropediatras, embora aprovem uma abordagem coerente com sua formação médica, veem nos medicamentos apenas um complemento da reeducação.

A história da aplicação de drogas nootrópicas (etimologicamente, dirigidas "para o espírito") para o "tratamento" da dislexia é longa e variada.[29] Houve as megavitaminas, os anti-histamínicos (acreditou-se na existência de uma lesão do cerebelo e do vestíbulo) e os psicoestimulantes (em particular as anfetaminas). Houve até mesmo intervenções cirúrgicas (pensava-se numa lesão de dois ossos cranianos). Pode ser instrutivo observar mais de perto algumas dessas tentativas.

Comecemos pelas vitaminas. Por ocasião de um congresso da Association for Children with Learning Disabilities, realizado em Atlanta em 1981, um conferencista expôs um amplo estudo sobre crianças com deficiências de leitura às quais os médicos tinham receitado doses elevadas de vitaminas. Um grande número delas teria feito progressos na escola, se acreditarmos na análise dos resultados... obtidos por consulta telefônica! Segundo o conferencista, essa "pesquisa sólida e incontestável, assim como uma quantidade enorme de dados clínicos mostram que a terapia por megavitaminas é o tratamento indicado para os distúrbios de aprendizagem e de comportamento".[30] Sem comentários! Afinal, é preciso respeitar a liberdade de expressão. Muito grave é a utilização que a mídia, provavelmente movida por outros interesses, pode fazer de certos resultados publicados em revistas médicas. Assim, em 1988, a revista *Lancet* publicou um estudo aparentemente bem-feito que mostrava uma melhora do QI não verbal após um tratamento vitamínico de trinta crianças durante oito meses.[31] A imprensa e a televisão deram grande publicidade. Altas doses de vitamina para que nossas crianças se tornem mais inteligentes! Entretanto, a mídia não dedicou a mesma atenção a outro artigo, publicado no mesmo ano e pouco depois, na mesma revista *Lancet*: um estudo sobre um número cinco vezes maior de crianças não tinha dado qualquer resultado positivo.[32] Essa campanha publicitária não contribuiu em nada para aumentar a inteligência; serviu mais para aumentar as vendas de vitaminas e, por conseguinte, engrossar as cifras de um negócio.

Há anos, fundações de nutrição e de pesquisa dietética nos Estados Unidos e na Grã-Bretanha consagram muitos esforços para a determinação do regime à base de vitaminas e sais minerais que melhor conviriam para a criança que apresenta distúrbios de aprendizagem. Quanto dinheiro e quanto tempo poderiam ser orientados para a educação e a reeducação! As crianças doentes, que têm distúrbios metabólicos ou que não comem o suficiente podem ter necessidade de um suplemento de ácidos graxos, sais minerais ou vitaminas. Mas se excluirmos esses casos que são particulares em alguns países da Europa, não podemos deixar de pensar em outras partes do mundo... No Rio de Janeiro, por exemplo, as autoridades distribuem uma refeição às crianças das favelas que frequentam a escola. Esse tratamento, que eu não ousaria chamar dietético, deve certamente contribuir para melhorar seu estado mental, além de contribuir para o aumento da frequência escolar.

Os fundamentos científicos do tratamento dos distúrbios da leitura por anti-histamínicos não são mais sólidos do que os que sustentam o tratamento vitamínico. Os anti-histamínicos foram aconselhados por um autor que atribuía aos disléxicos um distúrbio cerebelo-vestibular.[33] Esse distúrbio se manifestaria por sintomas do tipo enjoo do mar, segundo o qual o texto daria a impressão de balançar. Não há, entretanto, qualquer confirmação desse sintoma nem qualquer apoio neurológico quanto à sua origem.[34] Segundo esse autor, quase 90% dos disléxicos tratados com anti-histamínicos teriam mostrado uma melhora. Mas esses resultados proviriam de informações fornecidas pelos pais. De qualquer maneira, os estudos apresentados não incluíam os controles necessários para os efeitos placebo.

No que concerne ao tratamento por psicoestimulantes, em particular pelo metilfenidato, sete entre oito estudos não mostraram qualquer efeito a longo prazo.[35]

Atualmente, a moda é o piracetam, um nootrópico à venda em 85 países, essencialmente para aliviar os distúrbios de memória nas pessoas idosas. Na Bélgica, por exemplo, um medicamento à base de piracetam, que custa uma centena de francos franceses para apenas uma dezena de dias, é reembolsado em 40% pela Previdência Social para "tratamento" da dislexia, com a condição de que o disléxico recorra ao mesmo tempo a um ortofonista (logopedista).[36]

O mecanismo exato da ação do piracetam não é conhecido. Ele teria uma ação sobre o ATP que intervém nos processos energéticos do cérebro, favorecendo a oxigenação e a microcirculação. Os resultados de alguns estudos metodologicamente sérios não permitem concluir que grupos de leitores deficientes tratados com piracetam fazem progressos mais importantes que grupos placebo.[37] Em todo caso, essa droga não parece ter efeito sobre a leitura de palavras isoladas. Isso não é surpreendente se considerarmos, de um lado, a especificidade desse distúrbio funcional e, de outro, o efeito aparentemente global da droga. No máximo (mas isso ainda deve ser confirmado), ela teria um efeito sobre a rapidez da leitura, e talvez também um leve efeito sobre o nível de compreensão. Ademais, não se sabe se esses efeitos são duradouros.

FORMAS DE REEDUCAÇÃO DOS LEITORES FRACASSADOS

Já assinalei a prescrição de lentes coloridas pelos oftalmologistas como tratamento da leitura deficiente, e não voltarei a falar dessa sandice. Certos especialistas de ouvido, nariz e garganta também tratam do assunto, e o caso mais ilustre é o de Alfredo

Tomatis, cujo "ouvido eletrônico" vendeu muito (com apoio oficial!) na França, na Bélgica e até no Canadá. Trata-se de um aparelho destinado ao treinamento "áudio-psico-fonológico" dos disléxicos, que se baseia na ideia de que os disléxicos têm dificuldades de audição, sobretudo no nível das altas frequências. O estímulo auditivo é acompanhado de exercícios vocais. Um estudo científico sério desse método, feito no Canadá, não revelou estritamente qualquer vantagem em relação a uma intervenção placebo.[38]

Seria fastidioso, tanto para mim como para o leitor, fazer um inventário exaustivo das propostas reeducativas emanadas de psicólogos e de ortofonistas. Durante muito tempo, as ações sobre a lateralidade (chegando ao ponto de amarrar ao corpo uma mão esquerda teimosa ou vendar um olho esquerdo dominante), sobre o senso do ritmo ou sobre a percepção visual corresponderam às crenças desse meio. Só vou considerar aqui um método reeducativo, que data do início dos anos 70 e que me parece muito promissor, certamente porque foi desenvolvido no contexto da abordagem da leitura em termos de suas relações com a fala e a estrutura fonológica.

Esse método insiste sobre a conscientização dos gestos articulatórios e sobre a relação desses gestos com a percepção dos sons da fala e seus símbolos gráficos.[39] Chama-se a atenção dos pacientes sobre o que eles fazem para produzir os diferentes "sons" elementares, por exemplo, fazendo-os observar no espelho seus próprios movimentos de lábios quando da produção de um [p] ou de um [b]. Cada "som" pode em seguida ser representado por um desenho da boca ou do conduto vocal, e blocos coloridos podem ser utilizados para representar o número, a ordem e a identidade dos "sons" que constituem determinada palavra. Os blocos coloridos são em seguida substituídos por letras. Um estudo recente (realizado por um grupo de pesquisa do Estado da Flórida) sobre dez crianças que apresentavam graves deficiências em leitura revelou que, após 65 horas em média desse tipo de reeducação, as crianças fizeram progressos muito importantes não apenas nas habilidades metafonológicas (o que é normal, dada a natureza do treinamento), mas também na leitura de pseudopalavras. Além disso, parece ter ocorrido uma certa generalização dessa capacidade de decodificação fonológica para a leitura de palavras.[40]

É claro que a aquisição da noção de fonema pode ser estimulada por esse tipo de técnica, que se apoia em fundamentos teóricos justificados. Entretanto, seria artificial utilizar tal método a título de preparação para a leitura. Ele pode ser útil em combinação com o início da instrução fônica da leitura, para toda criança, com a condição de não se gastar muito tempo nisso, tempo que é precioso para a própria leitura. Esse tipo de método pode ser muito útil sobretudo para ajudar os leitores principiantes de risco fonológico, em sessões individuais, e para ajudar as crianças reconhecidas como leitores deficientes que demonstram uma deficiência fonológica.

De maneira geral, para todo exercício perceptivo ou metafonológico que se combinam para a aprendizagem do código alfabético, é preciso atentar para o vínculo intrínseco entre esses exercícios e a atividade de leitura ou de escrita. Assim, os testes de contagem de fonemas ou de inversão de fonemas podem refletir a capacidade do sujeito para fazer operações sobre códigos fonêmicos, mas essas operações não intervêm como tais na leitura ou na escrita. Seria, portanto, pouco apropriado conceber exercícios desse tipo com um objetivo reeducativo. Em compensação, a tentativa para produzir separadamente os fonemas de uma palavra, assim como a fusão de fonemas aproximam-se muito mais daquilo que a criança deve fazer no início da aprendizagem da decodificação fonológica sequencial.

Muitos leitores fracassados apresentam ao mesmo tempo boas capacidades de compreensão da linguagem falada e grandes dificuldades no reconhecimento de palavras, a maioria na decodificação fonológica. Para eles, o nível de compreensão em leitura é de certo modo um compromisso entre essas duas capacidades, sendo a fraqueza da decodificação parcialmente compensada por suas capacidades cognitivas. Pode-se esperar que uma reeducação dirigida para a decodificação e de maneira mais geral para suas capacidades fonológicas lhes seja muito útil. Como já assinalei no capítulo anterior, a reeducação desses leitores que apresentam distúrbios fonológicos não é fácil, mas também não é impossível. O reeducador deve ter em mente que seus esforços, se forem produtivos, são altamente gratificantes, tanto para o leitor deficiente como para ele próprio. Com efeito, quando não há déficit cognitivo adicional, uma vez ultrapassada a barreira fonológica, o nível de leitura pode tornar-se bastante elevado.

Outras crianças apresentam ao mesmo tempo déficits importantes em decodificação e no nível cognitivo geral. Seus déficits de decodificação não podem ser parcialmente compensados e, por conseguinte, seu nível de compreensão em leitura é mais fraco que o dos primeiros. Para ajudá-los, deve-se trabalhar sobre as duas competências ao mesmo tempo.

O COMPUTADOR NA APRENDIZAGEM DA LEITURA

É inútil discutir sobre o lugar que ocupam e ocuparão cada vez mais os microcomputadores na nossa atividade profissional, na nossa casa e... é de supor, nas escolas. Os microcomputadores estão aí para auxiliar o aluno e o professor, e seu papel na aprendizagem da leitura em particular é e será muito importante.

Os programas mais sofisticados de leitura e de escrita por meio de computador utilizam um sistema de conversão texto-fala de maneira a ajudar o leitor a desenvolver seu conhecimento de palavras e sua compreensão de textos.[41] A fala produzida pelo computador pode provir tanto de amostras armazenadas de fala natural digitalizadas, como da síntese sobre computador. A fala do computador é geralmente de alta qualidade. Por exemplo, no que concerne ao programa DECtalk, colocado no mercado pela Digital Corporation e que é o mais utilizado pelos pesquisadores que trabalham sobre a aprendizagem da leitura, os leitores deficientes bem como os leitores normais obtêm taxas de reconhecimento em torno de 94,5%, pouco inferiores às taxas de reconhecimento das mesmas palavras na fala natural (98,5%).[42]

Um dos primeiros estudos sobre a utilização dos "computadores falantes" na aprendizagem da leitura foi publicado por Richard Olson e sua equipe da Universidade do Colorado, em 1986.[43] Leitores deficientes liam histórias na tela de seu microcomputador durante duas sessões de uma hora. Na primeira sessão, eles assinalavam as palavras difíceis e essas palavras eram imediatamente destacadas e pronunciadas por DECtalk. A segunda sessão era como a primeira, mas as palavras que tinham sido assinaladas não eram pronunciadas. Constatou-se que a informação sobre a pronúncia fornecida na primeira sessão permitiu aprender melhor as palavras assinaladas, assim como aumentar o nível de compreensão das histórias. As crianças, em geral, declaravam querer continuar a ler dessa maneira.

Estudos de treinamento a longo prazo também foram realizados, utilizando um dicionário informatizado de mais de vinte mil palavras.[44] As crianças que durante um semestre tinham substituído uma parte de seu programa habitual de aprendizagem por sessões de meia hora por dia no microcomputador fizeram mais progressos em leitura de pseudopalavras e de palavras que as crianças que só tiveram o programa habitual. Em relação ao grupo-controle, os progressos do grupo experimental foram quatro vezes mais importantes em leitura de pseudopalavras, e duas vezes mais importantes em leitura de palavras.

Por outro lado, constatou-se que os progressos individuais mais importantes são obtidos pelas crianças que recebem mais supervisão e encorajamento por parte do experimentador, o que sugere que o microcomputador não substitui o professor mas que a assistência fornecida pelo computador em situação de leitura independente e as explicações do professor se combinam de maneira eficaz.

Quais são as vantagens do recurso aos computadores falantes? Como acabamos de ver, quando a criança tem dificuldades no reconhecimento de palavras escritas, em particular na decodificação, ela pode obter a pronúncia da palavra desconhecida com uma demora mínima em relação à sua pergunta. Ela não precisa mais adivinhar a partir do contexto. Assim, a atividade de leitura sem apoio direto do professor não corre mais o risco, por causa do grande número de palavras desconhecidas, de tornar-se uma fonte de frustração e de desinteresse pela leitura. Auxiliado por seu microcomputador falante, o leitor principiante pode desenvolver um sentimento de independência, de confiança e de competência. O computador tem pouca chance de ser percebido como um juiz ou um censor pela criança que comete erros. Esta pode ousar confessar sua ignorância. Por outro lado, para poder beneficiar-se dessa ajuda, o leitor deve estar consciente de suas carências. Essa conscientização pode aliás desenvolver-se durante o processo interativo estabelecido com o computador.

No nível cognitivo, a coocorrência da forma escrita e da forma falada das palavras pode contribuir para reforçar a associação entre a representação mental da ortografia e da fonologia dessas palavras. Por outro lado, o leitor pode também destacar as palavras cuja significação não conhece e obter imediatamente uma informação sobre suas significações possíveis e sobre seus derivados. Em outros termos, o leitor é confrontado simultaneamente com as quatro informações mais importantes (ortográfica, fonológica, semântica e morfológica) relativas a cada palavra para a qual ele tem um tipo particular de dificuldade.

Em leitura, uma técnica possível de aprendizagem consiste em apresentar a palavra na tela e, em seguida, o sujeito tenta ler, eventualmente em voz alta. Depois ele pede ao computador que pronuncie a palavra em questão, e pode comparar a sua própria produção com a pronúncia correta que lhe é fornecida.

Vários estudos foram realizados sobre o tipo de segmentação de palavras escritas e de sua forma fonológica que pode contribuir mais para a sua aprendizagem.[45] Assim, no momento em que o leitor assinala uma palavra, por exemplo "READER", o computador pode de uma só vez destacá-la e produzir o seu nome, ou então destacá-la por partes, da esquerda para a direita, e "pronunciar" essas partes uma por uma. As partes podem ser "sílabas" que preservam a estrutura morfêmica (READ – ER), os ataques e as rimas (R – EA – D – ER), ou os grafemas-fonemas (R – EA – D – E – R). Os resultados dessa comparação nas crianças de primeiro e de segundo ano primário mostram que a apresentação por grafema-fonema leva a pontuações claramente inferiores às obtidas com as outras condições.

Isso se deve essencialmente a dois fatores. Já vimos que cada tentativa de pronúncia de um fonema isolado, quando se trata de consoantes como as oclusivas, assemelha-se à pronúncia do nome da letra, com a pequena diferença de que a pronúncia do "som" termina por uma vogal neutra com pouca energia. Dizemos, por exemplo, "be" em vez de "bê", mas jamais conseguimos pronunciar o fonema /b/ isoladamente. Como a fusão que intervém na decodificação é uma fusão de fonemas, representações abstratas, e não sons, toda tentativa de fundir sons redunda em fracasso (be+a+le dá lugar a "be-a-le", quando se deve ler "*bal*"). A pronúncia pelo computador (ou pela criança em voz alta) de cada som elementar recria assim uma situação temida pelos adeptos do método fônico. As tentativas para pronunciar uma palavra fonema por fonema só podem perturbar a criança.

O segundo fator que contribuiu para os maus resultados obtidos com a apresentação por grafema-fonema está ligado ao fato de que esse tipo de apresentação implica um processo de decodificação chamado "fusão no fim". Esse processo exige guardar na memória um grande número de elementos, para só depois efetuar uma série de operações de fusão. Intuitivamente, isso parece contraproducente, e os resultados obtidos com a ajuda dos computadores falantes o confirmam. A fusão deve ser feita cada vez que ela pode ser realizada, de tal modo que cada operação de fusão só comporte dois termos.

A ineficácia da "fusão no fim" não deve ser interpretada como pondo em causa toda forma de decodificação. Essa discussão mostra que, quando se opta pelo método fônico, ainda se está longe de ter feito a melhor escolha. Nem toda aplicação do método fônico é necessariamente boa; algumas podem ser até muito nefastas. O computador falante pode ser posto a serviço de melhores versões do método fônico. Assim, o método vienense descrito mais acima pode ser facilmente simulado no computador. Um programa como esse, valendo-se de um banco de imagens e da possibilidade de manipulação facilitada das letras, poderia permitir fazer trocas ou substituições de letras (permanecendo sempre num contexto significativo), de tal modo que o leitor pudesse comparar os efeitos dessas transformações sobre a pronúncia global da palavra.

Pode-se também simular no computador a fusão progressiva: para a palavra BOL, por exemplo, o computador destacaria B, depois BO, e pronunciaria então [bɔ]; em seguida, destacaria BOL e pronunciaria [bɔl]. Estudos mais acurados permitiriam determinar se o leitor-aprendiz passa por esse tipo de sequência na sua aprendizagem, ou se ele procede simultaneamente às diferentes fusões que intervêm no interior de uma mesma sílaba. Como se vê por esse exemplo, a utilização de computadores falantes em experiências que comportam esse tipo de manipulação pode contribuir para resolver questões que são ao mesmo tempo teóricas e práticas.

As experiências de treinamento a longo prazo já realizadas mostram que, nos leitores altamente deficientes, a divisão silábica leva a melhores resultados na leitura de pseudopalavras que a pronúncia global.[46] Nessas crianças, a decodificação fonológica provavelmente se torna difícil pela ausência (ou desenvolvimento insuficiente) de representação mental das fronteiras silábicas numa sequência de letras, de tal modo que quando o computador se encarrega de marcá-las, esses leitores deficientes recebem uma ajuda importante. Jogos atraentes poderiam ser especificamente construídos a fim de estimular a constituição de unidades ortográficas e fonológicas intermediárias entre a letra e a palavra. Assim, já existe há vários anos um programa (SPEED) de tratamento automático de grupos de letras em palavras, que utiliza um jogo de "corrida de automóveis". O leitor deve indicar da maneira mais rápida e precisa possível se uma palavra polissilábica contém ou não, por exemplo, a unidade CHA (como em CACHALOTE). À medida que a criança se torna mais eficiente, o programa apresenta unidades mais amplas.

É mais fácil elaborar programas que incorporem uma informação corretiva no caso da aprendizagem da escrita que no da aprendizagem da leitura. Na situação de escrita, o computador começa por ditar cada palavra que a criança deve escrever.[47] Depois que a criança apertou as teclas de sua escolha, o computador inscreve essa resposta na tela e destaca as letras que estão corretas. Dadas as possibilidades de síntese da fala, que permitem produzir os sons correspondentes em qualquer combinação aceitável de vogais e de consoantes, o computador pode também "dizer" à criança como se pronuncia o que acabou de ser escrito, de tal modo que a criança pode avaliar exatamente a natureza de seus erros. Ela pode ouvir a diferença que provoca, por exemplo, uma mudança de PAIN em BAIN.

Barbara Wise e Richard Olson utilizaram um programa desse tipo, chamado SPELLO, para estudar as possibilidades de aprendizagem de leitores deficientes.[48] O sujeito dispõe de vários menus. Fixando na tela um pequeno retângulo *"Repeat"*, ele pode ouvir a palavra a ser escrita quantas vezes quiser, e fixando *"So Far"* pode verificar a pronúncia correspondente à sua escolha. Se a escolha da criança não comporta vogais, tornando a sequência de letras impronunciável, o computador diz: "Por favor, ponha um A, E, I, O, U ou Y, de maneira que eu possa pronunciar o que você acaba de escrever". Quando a criança escreve corretamente a palavra pedida, o computador diz "Parabéns" e lhe atribui cem pontos (noventa por uma resposta correta na segunda tentativa, oitenta na terceira).

A experiência de Wise e Olson revelou que os sujeitos que trabalham nessas condições têm um comportamento diferente em relação aos que não recebem fala interativa. Os primeiros trabalham mais depressa e pedem informação mais frequentemente que os segundos. Os autores também avaliaram os efeitos do treinamento para a escrita pela leitura de pseudopalavras. O progresso realizado foi muito mais importante na situação de fala interativa, o que sugere que esta contribui para chamar a atenção das crianças sobre as relações sistemáticas entre grafema e fonema.

A pesquisa sobre as melhores utilizações possíveis do computador na aprendizagem da leitura e da escrita está ainda engatinhando, mas conhecerá sem dúvida um grande surto nos próximos anos. A colaboração entre psicólogos, professores, reeducadores e especialistas em informática é indispensável para elaborar instrumentos adequados às capacidades de aprendizagem, motivadores e de fácil utilização.

A FAMÍLIA E A ESCOLA

A aprendizagem da leitura é uma peça representada por três atores. O ator principal é certamente o aprendiz; entretanto, parece que os outros dois, ou seja, a família e a escola, não o julgam assim. Num estudo de Barbara Tizard, apenas 12% dos pais e 16% dos professores interrogados consideravam que a própria criança era o fator principal de sucesso ou de fracasso. Os professores tendiam a atribuir a maior parte da responsabilidade aos pais... e vice-versa.[49]

Os pais e os professores têm razão em minimizar o papel da criança, porque na situação atual eles, sem querer, recaem com todo seu peso social e cultural sobre o futuro da criança. A criança que chega ao limiar da leitura oficial não é mais, como vimos, um inocente, mas ainda não é um emancipado. É uma coisa e outra em graus muito diversos. Em virtude do conhecimento que tem das letras, da sua forma, do seu som, da sua função, a criança assume seu lugar num longo cortejo e, em regra geral, o professor se esforça, sem querer, para fazê-la conservar esse lugar. A criança que já sabe ler receberá livros, enquanto aquela que ainda não sabe desenhar seu nome terá de se familiarizar primeiro com o papel e o lápis. O professor não desconfia que aquilo que ele crê ser uma medida de bom senso de fato prolonga uma discriminação anterior. O cortejo se prolonga ao longo dos anos, como as tartarugas vendo as lebres cada vez mais longe.

Entretanto, haveria para pais e professores outra maneira de influir no futuro da criança-leitor. Pais convenientemente informados podem preparar melhor a criança; professores convenientemente formados podem redobrar sua atenção para com os desfavorecidos e pôr em prática estratégias de recuperação. Hoje, pais e professores tendem a jogar a responsabilidade um para o outro. Assumindo cada qual sua própria responsabilidade, eles se tornariam mais responsáveis. Deixando de ser instrumentos de um mecanismo de seleção cultural para tornar-se realmente responsáveis, eles devolveriam imediatamente ao jovem leitor seu papel de ator principal.

Reconhecer esse papel é ao mesmo tempo facilitar a aquisição dos processos cognitivos implicados na arte de ler e garantir a liberdade de exercício dessa arte. Como vimos, muitas crianças não gostam mais de ler depois dos nove ou dez anos, porque ler não é mais uma aventura no imaginário mas somente um meio de satisfazer às exigências do sucesso. A leitura na escola ou para a escola transforma-se rapidamente, quando se atinge a idade de ser sério, numa leitura obrigatória, numa pura demonstração de conhecimento, e os pais se tornam cúmplices dessa empresa excessivamente pragmática. Ler, ao contrário, é nutrir-se, respirar. É também voar. Ensinar a leitura é ao mesmo tempo formar a criança para uma técnica de voo, revelar-lhe esse prazer e permitir-lhe que o mantenha. Se não gostassem de voar, os pássaros deixariam cair suas asas e praticariam a corrida a pé. Mas, nos pássaros e nos homens, o prazer dos atos naturais está nos genes. Em compensação, o prazer da leitura é criação nossa. Esse prazer, portanto, é de nossa responsabilidade, tanto quanto a própria leitura.

NOTAS

1 CROWDER, R. G., WAGNER, R. K. *The Psychology of Reading, An Introduction*. Oxford: Oxford University Press, 1992.
2 FEITELSON, D. *Facts and Fads in Beginning Reading*: a Cross-Language Perspective. Norwood, NJ: Ablex, 1988.
3 BROWN, R. *Words and Things*. Glencoe, IL: Free Press, 1958 (citado por Feitelson, 1988).
4 FLESCH, R. *Why Johnny Can't Read – and What you Can Do about It*. New York: Harper and Row, 1955.
5 ADAMS, M. J. *Beginning to Read*: Learning and Thinking about Print. Cambridge, MA: MIT Press, 1990.
6 GOODMAN, K. Conferência transcrita em *Reading Today*, v.10, dez. 1992/jan. 1993.
7 CHALL, J. S. *Learning to Read*: The Great Debate. New York: McGraw Hill, 1967.
8 CHALL, ibid.; ADAMS, op. cit., 1990; WILLIAMS, J. Reading Instruction Today. *American Psychologist*, v.34, p.917-22, 1979; JUEL, C. ROPER-SCHNEIDER, D. The Influence of Basal Readers on First Grade Reading. *Reading Research Quarterly*, v.20, p.134-52, 1985; BROWN, I. S., FELTON, R. H. Effects of Instruction on Beginning Reading Skills in Children at Risk for Reading Disability. *Reading and Writing*, v.2, p.223-41, 1990.
9 ADAMS, M. J., BRUCK, M. Word Recognition: The Interface of Educational Policies and Scientific Research. *Reading and Writing*, v.5, p.113-39, 1993.
10 GOODMAN, K. S. *What's Whole in Whole Language*: A Parent-Teacher Guide. Portsmouth, NH: Heinemann, 1986.
11 LIBERMAN, I. Y., LIBERMAN, A. M. Whole Language Versus Code Emphasis: Underlying Assumptions and Their Implications for Reading Instruction. *Annals of Dyslexia*, v.40, p.51-76, 1990.
12 EVANS, M. A., CARR, T. H. Cognitive Abilities, Conditions of Learning, and the Early Development of Reading Skill. *Reading Research Quarterly*, v.20, p.327-50, 1985.

13 FOORMAN, B. R. et al. How Letter-Sound Instruction Mediates Progress in First-Grade Reading and Spelling. *Journal of Educational Psychology*, v.83, p.456-69, 1991.

14 BROWN, FELTON, op. cit., 1990.

15 ALEGRIA, J. et al. *The Development of Speech Segmentation Abilities and Reading Acquisition in a Whole Word Setting*. (Manuscrito não publicado).

16 ALEGRIA, J., PIGNOT, E., MORAIS, J. Phonetic Analysis of Speech and Memory Codes in Beginning Readers. *Memory and Cognition*, v.10, p.451-6, 1982.

17 EVANS, CARR, op. cit., 1985.

18 BLACHMAN, B. A. An Alternative Classroom Reading Program for Learning Disabled and Other Low-Achieving Children. In: ELLIS, W. (Ed.) *Intimacy with Language*: a Forgotten Basic in Teacher Education. Baltimore: Orton Dyslexia Society, 1987.

19 BLOOMFIELD, L. Linguistics and Reading. *Elementary English Review*, v.19, p.125-30, 183-6, 1942. (Citado por FEITELSON, op. cit., 1988).

20 Estas questões foram inspiradas em parte pela análise muito detalhada da metodologia do ensino da leitura apresentada por ADAMS, op. cit., 1990.

21 ELKONIN, D. B. USSR. In: DOWNING, J. (Ed.) *Comparative Reading*. New York: Macmillan, 1973.

22 FEITELSON, D., op. cit., 1988.

23 KUNSCHAK, E. et al. *Frohes Lernen*. Vienna: Österreichischer Bundesverlag für Unterricht, Wissenschaft und Kunst, 1978.

24 WASIK, B. A., SLAVIN, R. E. Preventing Early Reading Failure with One-to-One Tutoring: A Review of Five Programs. *Reading Research Quarterly*, v.28, p.179-200, 1993.

25 KLICPERA, C. SCHABMANN, A. Do German-Speaking Children Have a Chance to Overcome Reading and Spelling Difficulties? A Longitudinal Survey from the Second Until the Eighth Grade. *European Journal of Psychology of Education*, v.3, p.307-23, 1993.

26 PENNINGTON, B. F., JOHNSON, C. WELSH, M. C., Unexpected Reading Precocity in a Normal Preschooler: Implications for Hyperlexia. *Brain and Language*, v.30, p.165-80, 1987.

27 FEITELSON, D. et al. Effects of Listening to Story Reading on Aspects of Literacy Acquisition in a Diglossic Situation. *Reading Research Quarterly*, v.28, p.71-9, 1993.

28 DURGUNOGLU, A. Y., NAGY, W. E., HANCIN-BHATT, B. J. Cross-Language Transfer of Phonological Awareness. *Journal of Educational Psychology*, v.85, p.453-65, 1993.

29 Ver LEONG, C. K. Developmental Dyslexia Revisited and Projected. *Annals of Dyslexia*, v.41, p.23-40, 1991; WILSHER, C. R. Is Medicinal Treatment of Dyslexia Advisable? In: SNOWLING M. THOMSON, M. *Dyslexia, Integrating Theory and Practice*. London: Whurr, 1991; and PUMFREY, P. D., REASON, R. *Specific Learning Difficulties (Dyslexia)*. London: Routledge, 1991.

30 Este fato, assim como os fatos seguintes são descritos em PUMFREY, P. D., REASON, R., ibid. Ver também WILSHER, C. R. Treatements for Dyslexia: Proven or Unproven? In: HALES, G. (Ed.) *Meeting Points in Dyslexia*: Proceedings of the First International Conference of the British Dyslexia Association. Reading: British Dyslexia Association, 1990.

31 BENTON, D., ROBERTS, G. Effects of Vitamin Supplementation on Intelligence of a Sample of School Children. *Lancet*, p.140-3, 23 Jan. 1988.

32 NAISMITH, D. J. et al. Can Children's Intelligence be Increased by Vitamin and Mineral Supplements? *Lancet*, p.335, 6 Aug. 1988.

33 LEVINSON, H. N. *A Solution to the Riddle Dyslexia*. New York: Springer Verlag, 1980.

34 BROWN, B. et al. Dyslexic Children Have Normal Vestibular Responses to Rotation. *Archives of Neurology*, v.40, p.370-73, 1983.

35 GADOW, K. D. Pharmacotherapy for Learning Disabilities. *Learning Disabilities*, v.2, p.127-40, 1983. Ver também COOTER JR. R. B. Effects of Ritalin on Reading. *Academy Therapy*, v.23, p.461-8, 1988.

36 CLAEYS, J. Aides nouvelles aux dyslexiques. *Le Soir*, 28 sept. 1989.

37 Ver, por exemplo, ACKERMAN, P. T. et al. A Trial of Piracetam in Two Subgroups of Students with Dyslexia Enrolled in Summer Tutoring. *Journal of Learning Disabilities*, v.24, p.542-9, 1991.

38 KERSHNER, J., CUMMINGS, R. L., CLARKE, K. A. *Two Year Evaluation of the Tomatis Listening Training Program with Learning Disabled Children*. Toronto: The Ontario Institute for Studies in Education, Université de Toronto, 1986.

39 LINDAMOOD, C. H., LINDAMOOD, P. C. *Auditory Discrimination in Depth*. Allen, TX, DLM/Teaching Resources, 1975.

40 ALEXANDER, A. W. et al. Phonological Awareness Training and Remediation of Analytic Decoding Deficits in a Group of Severe Dyslexics. *Annals of Dyslexia*, v.41, p.193-206, 1991.

41 Ver LEONG, C. K. Text-to-Speech, Text, and Hypertext: Reading and Spelling with the Computer. *Reading and Writing*, v.4, p.95-105, 1992.

42 OLSON, R. K., FOLTZ, G., WISE, B. Reading Instruction and Remediation with the Aid of Computer Speech. *Behavior Research Methods, Instruments and Computers*, v.18, p.93-9, 1986.

43 OLSON, FOLTZ, WISE, op. cit., 1986.

44 Ver OLSON, R. K., WISE, B. W. Reading on the Computer with Orthographic and Speech Feedback. *Reading and Writing*, v.4, p.107-44, 1992; WISE, B. W. Implementing a Long-Term Computerized Remedial Reading Program with Synthetic Speech Feedback: Hardware, Software, and Real World Issues. *Behavior Research Methods, Instruments and Computers*, v.21, p.173-80, 1989.

45 WISE, B. W. Whole Words and Decoding for Short-Term Learning: Comparisons on a "Talking-Computer" System. *Journal of Experimental Child Psychology*, v.54, p.147-67, 1992; OLSON, WISE, ibid.

46 OLSON, WISE, ibid., 1992.

47 WISE, B. W., OLSON, R. K. How Poor Readers and Spellers Use Interactive Speech in a Computerized Spelling Program. *Reading and Writing*, v.4, p.145-63, 1992.

48 WISE, OLSON, op. cit., 1992.

49 TIZARD, J. et al. *Young Children at School in the Inner City*. London: Erlbaum, 1988.

CONCLUSÃO

UMA POLÍTICA PARA A LEITURA

Ah, ah, esse danado Carlos Magno...
Fragmento de uma canção do século XIX.

Ouvi bem tudo o que dizia o seu relatório. É certo que atualmente conhecemos muitas coisas sobre os inícios da leitura. Deveríamos aproveitar esses conhecimentos para melhorar as condições de aprendizagem.

O homem alto e forte que se exprime dessa maneira é Carlos, franco da Austrásia, rei dos francos e dos lombardos, aquele que Roma proclamaria imperador dali a alguns anos, mais exatamente no dia de Natal do ano 800. Ele saiu do palácio para preparar um decreto sobre o ensino. Está apoiado num salgueiro, com o corpo cansado por ter nadado durante duas horas contra a corrente do baixo Meuse. Perto dele, em pé mas ligeiramente curvado, com um maço de folhas de pergaminho debaixo do braço esquerdo, encontra-se Alcuin, chamado de Albinus Flaccus, um diácono oriundo de Nortúmbria, terra dos Anglos, aluno de Esbert, ele próprio discípulo de Bède. Antigo mestre da escola episcopal de York, ele encontrou Carlos em Parma e hoje é seu conselheiro.

CARLOS – Quero que seja criado um conselho de especialistas no seu ministério. Mas que não seja só figuração! E que o orçamento não seja todo gasto em banquetes, espetáculos e caçadas... Ponha nele cientistas, mas também administradores e responsáveis pela formação dos professores, é necessário que essas pessoas conversem entre si. Mas quero algo sério e homogêneo, não chefes de seitas. Quero ver, eu mesmo, a cada ano, o relatório anual e o projeto para o ano seguinte. Eu próprio fixarei as grandes orientações, mas quero que eles discutam entre si para encontrar a melhor maneira de aplicar minhas ideias. Quero algo de concreto, tudo o que li nas atas do último congresso não passava de blá-blá-blá, quando não era apenas linguagem cifrada.

Carlos, instintivamente, leva a mão à espada como se quisesse golpear a vacuidade e a mediocridade, mas passado esse arroubo de cólera, suas feições se tornam mais sonhadoras.

CARLOS – Vamos dividir isso em cinco seções: a língua, a escola, os pais, os professores e os alunos. Ah, sim... e os métodos. Ponha os métodos entre os professores e os alunos.

Quero que o ensino seja feito na nossa língua. A Igreja passou para os bárbaros, é preciso que os eruditos passem para a *língua rústica*. Já falei com o papa, no próximo ano o Concílio de Tours deve enfim decidir que a pregação seja feita na nossa boa língua.

ALCUIN – Em gaulês ou em teuto?

CARLOS – Hum... Muito a contragosto, meu dever como pai de todos é admitir os dois.

ALCUIN – E o anglo-saxão?

CARLOS (fingindo que não ouviu) – Repugna-me ver escrito Aix e Aachen na mesma tabuleta cada vez que entro na capital. Os belgas, os mais bravos da Gália, já estão habituados, eu não... Mas é um dos preços a pagar pela construção da nossa Europa.

ALCUIN – E as outras línguas romanas?

CARLOS – Você me dá enxaqueca... Já que o latim vulgar está ultrapassado, que cada região fale e ensine a língua que quiser!

UM HISTORIADOR DO SÉCULO XX (voz em *off*) – E pensar que foi preciso esperar mais quatrocentos anos para que o catalão Raymond Lulle, na sua *Doctrina pueril*, tivesse a ousadia de propor a mesma coisa para a aprendizagem da leitura e da escrita.

CARLOS – Quando já se sabe ler e escrever sua língua, é preciso também começar a aprendizagem do latim literário. Mas vamos colocar um pouco de ordem nesta Babel. Aqui, na minha terra natal, que se ensine o gaulês. E se para cá vierem meninos catalães, corsos ou bretões, que eles aprendam o gaulês na escola. Eu ouvi bem o que você disse..., que se comece então a ler para eles histórias em gaulês, assim que entram na escola maternal.

ALCUIN – E os filhos de nossos escravos bascos e sarracenos?

CARLOS (rugindo) – Alcuin, você está querendo me matar? Eu sei o que você esconde por trás de suas meias-palavras. Falemos então abertamente. Você sabe que eu fui terrível contra os saxões...

O HISTORIADOR – Ele massacrou os prisioneiros saxões em Verden em 785; ordenou deportações maciças de populações até 795.

CARLOS – Passei todos no moedor de carne, no entanto você está aqui, você, meu ministro da Instrução.

ALCUIN (com a voz vibrante mas contida) – Eu não sou saxão, sou inglês!

CARLOS – Bom, bom, eu sei, o que eu queria dizer é que o tempo passa e que é preciso esmagar os ressentimentos e jogá-los na poeira das estradas. Para libertar Ben Al-Arabi, os sarracenos e os bascos, esses pérfidos, destruíram uma parte do meu exército nos Pirineus, quando eu voltava de Saragoça com meu prisioneiro. Degolaram meu chefe de estado-maior, o marechal Eggihard, empalaram o comandante da minha guarda pessoal, o conde do palácio Anselmo, trucidaram meu sobrinho Rolando, duque da Marcha de Bretanha. Eu ainda me enfureço e choro por todas essas belas pessoas que eles mataram. Eu me vinguei o mais que pude, espero que você não duvide, nem você nem ninguém no futuro... Mas não sou nenhum ogre. Os filhos desses bascos e sarracenos irão à escola como os outros, aprenderão o gaulês, aprenderão a ler e escrever, e talvez meus sucessores tenham um ministro da Instrução basco ou sarraceno. Você também, você não deixaria os filhos dos vikings sem instrução...

Alcuin treme de raiva e de amargura, pensando em Lindisfarne, capital de Nortúmbria, que os vikings acabavam de tomar.

O mundo de amanhã será bem diferente do da minha juventude. Amanhã os iletrados serão incultos. Eu não sabia ler, entretanto, era mais culto que qualquer auxiliar de escriba. Eu mal sabia o latim, mas aprendi muito sobre a vida dos santos, sobre a história e a Bíblia, ouvi falar do *De Consolatione Philosophiae* de Boécio, eu era um letrado sem o ser, enfim, quando me sobrava tempo depois da caça, da natação, do amor e da guerra. Eu não era um erudito, era um filho de rei, e tanto aprendia quanto me divertia com os malabaristas. Eu vibrava com as narrativas dos velhos guerreiros, sonhava ouvindo os panegíricos dos grandes personagens, mas também, de outra maneira, ouvindo as albas e imaginando a dolorosa separação dos amantes após uma noite de amor.

Voltemos às escolas, Alcuin. Quero escolas maternais, por toda parte, de preferência nos mesmos locais das escolas primárias. A escola atual é muito fechada, muito rígida, muito por estágios ou graus. Eu quero uma "Outra Escola". Não separe as crianças de três, de quatro e de cinco anos. Não separe os ricos e os pobres. Ponha as crianças de todos os meios na mesma escola. Se os separarmos, os mais desfavorecidos não poderão alcançar os mais adiantados, será a exclusão social.

ALCUIN – E a liberdade dos pais? Estamos numa democracia...

CARLOS – Tem razão, às vezes me esqueço... Mas existem meios de levar as pessoas a fazer as escolhas que queremos que façam. Se os subsídios do Estado forem para as escolas dos bairros pobres, a qualidade de ensino nessas escolas poderá melhorar e uma parte dos pais dos bairros ricos começará a matricular seus filhos nessas escolas.

Também não quero que se formem guetos de leitores deficientes. É preciso dar-lhes o estímulo mais rico possível, portanto também aquele que provém de seus colegas leitores melhores que eles. Compreendo que lhes sejam necessários tipos especializados de reeducação, e que não se possa fazer isso em todas as escolas. Que se faça então num certo número de escolas normais, em lugar de criar outras especiais.

Quero que as escolas sejam equipadas. Numa escola, deve haver quatro coisas: professores, alunos, livros e computadores. Cada escola deve ter uma biblioteca, livros para ler em classe, livros para emprestar às crianças e livros para emprestar aos pais. É preciso persuadir os pais para que peguem livros para ler em casa com os filhos. Os computadores devem ser em número suficiente para que cada criança possa trabalhar uma hora por dia com um programa interativo desde o primeiro ano da escola primária, e meia hora na escola maternal. Não posso deixar de pensar, Alcuin, que o computador de certo modo nos faz reencontrar uma característica bem agradável da nossa tradição oral. Sem o escrito, o épico e o lírico são apenas uma matéria viva em transformação, uma reelaboração contínua. Você por acaso já ouviu duas vezes a mesma narrativa, a mesma alba, exatamente a mesma, duas vezes? Será a mesma coisa com a escrita em computador. O escritor jamais terminará sua obra, porque esta jamais é definitiva, jamais é perfeita. Ela continua a viver nas suas variantes. Os estados sucessivos do texto são apenas os momentos da história de uma criação *ad infinitum.*

O que eu estava dizendo, Alcuin, quem vinha depois?

ALCUIN – Os professores...

CARLOS – Ah, sim, os professores. É preciso revalorizar seu estatuto. Não estou de acordo que eles ganhem tão mal quanto os lavadores de vidraças. Não duvido da habilidade de nossos lavadores de vidraças, mas penso que tomar conta dos cérebros de nossas crianças é uma coisa completamente diferente... É preciso também proteger o exercício da profissão de docente. Você vê esses seminários de formação em leitura dados por qualquer um? Isso é pirataria. Você já imaginou formações "piratas" de médicos que não sejam supervisionadas pelas faculdades de medicina? Você tem que controlar melhor isso, Alcuin. Eu farei um decreto nesse sentido para que você não tenha problemas com a Câmara de Comércio. Além disso, é preciso reciclar todos aqueles que saíram das escolas de formação há meia dúzia de anos. Se a pesquisa sobre os métodos educativos e de aprendizagem progredir rapidamente, e eu quero dar os meios para isso, não creio que um professor esteja em condições de fazer o melhor que poderia ser feito se não for posto a par regularmente das novas ideias. Ah, Alcuin, por que não se inspirar na noção de ano sabático? Que a cada sete anos cada professor retorne à escola de formação de professores para uma atualização especial, uma espécie de tratamento de rejuvenescimento. Você sabe, Alcuin, um professor que não estuda mais não é mais um bom professor. Do mesmo modo, um estudante que já não ensina um pouco certamente não é um estudante realizado. Será que não se deve submeter à prova da comunicação aquilo que se aprendeu? Para os nossos jovens professores, eu veria bem um período transitório de três anos durante os quais eles são ao mesmo tempo professores em escolas e estudantes em suas próprias escolas. Eu não digo professores completos, mas eles poderiam executar certas tarefas que não impõem uma presença constante, da manhã até a noite, junto às crianças. Por exemplo, eles poderiam controlar os progressos das crianças, supervisioná-las no trabalho em computador, ler histórias para as crianças do maternal etc. Aliás, nos tempos que correm, eu deveria, provavelmente, dizer ao meu ministro do desemprego para abrir cargos desse tipo, em tempo de trabalho parcial, nas escolas.

Oh! Alcuin, você se enganou, depois da escola vinham os pais.

Não importa... Uns são tão importantes quanto os outros. É preciso que os professores organizem sessões de informação para os pais. Melhor ainda, é preciso que haja nas escolas grupos de trabalho reunindo professores e pais para discutir sobre a aprendizagem, sobre a vida da escola, e para propor medidas experimentais à direção da escola. Alguns certamente terão um tempo livre que lhes permitirá participar das atividades de assistência ao trabalho em computador e das sessões de leitura coletiva. É preciso, sobretudo, que a escola consiga entrar em contato contínuo com os pais que vivem em meio pouco culto. Que ela organize conferência para eles, que mantenha um centro de consulta e de auxílio em nível individual.

Coragem, Alcuin, que sua mão não desfaleça. Eu sei que você é mestre em anotação tironiana, que as gerações futuras chamarão de estenografia, mas assim mesmo... Eu me pergunto por que você ainda não comprou um programa de estenografia para o seu microcomputador portátil...

Passemos aos métodos. Mais uma vez, eu ouvi bem o que dizem os seus psicólogos cognitivistas. Vamos proscrever o método global...

ALCUIN – A democracia...

CARLOS – Sim, sim... Não vamos proscrever, então... Mas é preciso explicar às pessoas..., é preciso explicar aos pais e aos professores o que eles podem fazer para preparar a criança para a leitura, incutir-lhe o gosto pelas letras, favorecer suas iniciativas de escrita, fazê-la sentir o lado expressivo da língua. É preciso fazer que pais e professores compreendam que o aprendizado do código é crucial, e que ele não pode ser abordado de qualquer maneira.

Eu não posso decretar o uso obrigatório do método vienense? Que pena. Feitas as contas, a liberdade de métodos contribuirá para que o método que nos parece melhor não se fossilize.

Eu penso, Alcuin, que o futuro da leitura está nas nossas mãos e na determinação da nossa ação. Esse conselho de especialistas de que lhe falei não é suficiente. Ele é apenas o guarda-chuva da organização, e às vezes temo que sua única função seja a de nos cobrir a cabeça em caso de chuva. A peça-mestra deve ser um instituto de pesquisa aplicada e de auxílio à leitura. Ele incorporará jovens pesquisadores que estabelecerão o vínculo entre o laboratório e a escola, que intervirão na formação dos formadores de docentes, que contribuirão, em consonância com os próprios docentes, para a preparação da estrutura dos programas, dos manuais, dos textos, dos programas de computador, e que serão encarregados de fazer conferências nas escolas e para o grande público.

Há também a orientação das crianças. Os professores da escola maternal devem ser formados para a detecção dos leitores de risco. Está claro para mim, agora, que essa detecção deve ser baseada num exame psicolinguístico. Os resultados desse exame não devem levar a nenhuma medida discriminatória. Por outro lado, é preciso elaborar um programa de prevenção adaptável à diversidade dos casos, a cargo essencialmente dos pais e dos professores, mas podendo implicar também a ajuda mais especializada de ortofonistas.

Vamos parar por aqui, porque eu já começo a me cansar de ficar aqui sem me mexer ou dando só alguns passinhos. Você me mostrará o texto quando ele estiver escrito em carolina.

ALCUIN – E a última parte do decreto, a que se refere às crianças?

CARLOS – As crianças? Ah, sim, as crianças. Bem, as crianças, escreva aí que é preciso deixar que elas brinquem!

Com essas palavras, a cortina se fechou e todas as luzes da sala se acenderam.

Foi nesse instante que eu acordei. Jamais pude saber se o público aplaudiu calorosamente os atores. Aplaudam por eles, por favor.

GLOSSÁRIO

ACESSO AO LÉXICO – Processo segundo o qual se reconhece uma palavra. Partindo do tratamento sensorial da palavra apresentada, ele leva à seleção da representação mental correspondente entre o conjunto de representações de palavras.

ALFABETO – Sistema de escrita no qual os caracteres representam as menores unidades fonológicas da língua (os fonemas).

ALITERAÇÃO – Repetição do fonema inicial em palavras sucessivas (v. *fonema*).

ALVO – Estímulo visado de maneira intencional. Numa experiência de detecção, por exemplo, pode-se pedir ao sujeito que responda cada vez que vê escrito um nome de animal ou uma palavra que começa com a letra "p".

ANÁLISE ACÚSTICO-FONÉTICA – Processo de tratamento das propriedades acústicas e fonéticas de um estímulo de fala. Esse processo constitui a primeira etapa do reconhecimento de palavras faladas (v. *reconhecimento*).

ANÁLISE FONÊMICA INTENCIONAL – Processo de extração intencional dos fonemas presentes numa expressão falada ou na representação fonológica evocada de uma palavra. Esse processo de análise requer a capacidade de representar conscientemente os fonemas da língua como entidades separáveis (v. *fonema* e *consciência fonológica*).

ASSONÂNCIA – Repetição da mesma vogal acentuada em duas palavras sucessivas ou, em poesia, no fim de dois versos sucessivos. Ela se distingue da rima pelo fato de que nesta todos os fonemas que seguem a vogal acentuada são também repetidos (v. *rima* e *vogal*).

ATAQUE – Consoante ou grupo consonântico que precede a vogal numa sílaba (v. *consoante, rima* e *sílaba*).

ATIVAÇÃO – Processo segundo o qual o nível de atividade (ou disponibilidade) de uma representação mental se acha modificado de maneira positiva (fala-se de inibição para designar uma modificação negativa). Supõe-se, por exemplo, que a apresentação de uma palavra escrita ativa as representações ortográfica, fonológica e semântica correspondentes a essa palavra no sistema cognitivo do leitor. Representações próximas a esta também são provavelmente ativadas, em princípio em pequena medida (v. *representação mental*).

CATEGORIZAÇÃO – Processo que permite incluir num mesmo conjunto *(categoria)* objetos ou eventos com base na repartição de certas propriedades. Deve-se distinguir a *categorização perceptiva*, que permite reconhecer um objeto ou constatar a repetição de um evento por meio das diferenças físicas inevitáveis entre as apresentações sucessivas (exemplo: reconhecemos um rosto apesar das diferenças de ponto de vista), e a *categorização conceitual*, que é uma forma de organização do conhecimento semântico (exemplo: os gatos e os golfinhos são mamíferos, enquanto os canários e os pinguins são aves).

CODIFICAÇÃO – No sentido mais geral, transformação da informação num estágio de tratamento para servir a outro estágio de tratamento (v. *tratamento da informação* e *decodificação*). Num sentido mais restrito, e em particular no que concerne à fala, codificação de um elemento influenciado pelo seu contexto. Assim, a codificação de fonemas na cadeia falada faz referência à influência que a coarticulação dos fonemas exerce sobre sua expressão acústica (v. *fonema*).

COGNIÇÃO – Conjunto das representações e dos processos que realizam a função de conhecimento. O conhecimento pode ser verdadeiro ou falso, já que a *atividade cognitiva* pode às vezes levar a erros (v. *psicologia cognitiva*).

CONJUNÇÃO ILUSÓRIA – Erro perceptivo que consiste em combinar erroneamente num mesmo objeto ou evento valores de propriedade presentes separadamente em objetos ou eventos diferentes.

Assim, em presença de um círculo vermelho e de um quadrado azul, o observador pode, em certas condições, perceber ilusoriamente um círculo azul e um quadrado vermelho (v. *unidade perceptiva*).

CONSCIÊNCIA FONOLÓGICA – Toda forma de conhecimento consciente, reflexivo, explícito, sobre as propriedades fonológicas da linguagem. Esses conhecimentos são suscetíveis de ser utilizados de maneira intencional. A *consciência fonêmica* é a forma de consciência fonológica referente aos fonemas (v. *fonema* e *análise fonêmica intencional*).

CONSOANTE – Elemento constitutivo da cadeia falada, produzido por uma obstrução ao fluxo de ar no conduto vocal. As consoantes se distinguem entre si pelo modo e pelo ponto em que essa obstrução é criada. Certas consoantes não podem ser produzidas isoladamente; por conseguinte, embora seja de uso corrente, é inadequado dizer que a consoante é um som. A noção de consoante opõe-se à de vogal (v. *vogal*).

CORRESPONDÊNCIA GRAFEMA-FONEMA – As regras de correspondência grafema-fonema determinam em grande parte a relação entre as formas escritas e faladas das palavras no sistema alfabético. Certas regras são simples, ou seja, associam fonema e grafema independentemente de qualquer contexto. Assim, a letra "j" se pronuncia sempre [ʒ] em francês. Outras regras são complexas, ou seja, levam em consideração o contexto. Assim, a pronúncia da letra "g" depende da vogal seguinte (v. *grafema* e *fonema*).

DECISÃO LEXICAL – Tarefa utilizada com muita frequência no estudo do reconhecimento de palavras e que consiste em apresentar ao sujeito uma sequência de letras (ou uma expressão falada) e pedir-lhe que responda, o mais rápido possível mas sem erro, se a sequência apresentada constitui ou não uma palavra (v. *acesso ao léxico*).

DECODIFICAÇÃO – Transformação de uma mensagem codificada com vistas à sua utilização (v. *codificação*).

DISCRIMINAÇÃO – Capacidade de distinguir entre dois estímulos. Pode-se medi-la, entre outras maneiras, apresentando dois estímulos e pedindo ao sujeito que os classifique como idênticos ou diferentes, ou então apresentando três estímulos, devendo o terceiro ser classificado como idêntico seja ao primeiro ou ao segundo.

DISGRAFIA – Distúrbio da função de escrita. Fala-se de disgrafia específica quando a capacidade de leitura é poupada.

DISLEXIA ADQUIRIDA – Distúrbio da capacidade de leitura em consequência de traumatismo ou de lesão cerebral.

DISLEXIA DE DESENVOLVIMENTO – Num sentido amplo, distúrbio ou atraso na aquisição da capacidade de leitura. Num sentido mais estrito, só são levadas em conta dificuldades específicas, ou seja, quando o desenvolvimento cognitivo geral é normal.

DUPLA DISSOCIAÇÃO – Observação, em certos pacientes com lesão no cérebro, de uma *performance* essencialmente normal numa tarefa, mas fortemente perturbada em outra, e em outros pacientes, do padrão de *performance* oposto. A dupla dissociação constitui um argumento convincente em favor da existência de subsistemas cognitivos distintos responsáveis pela realização das tarefas em questão. Entretanto, esses subsistemas não são necessariamente modulares (v. *módulo*) na medida em que a especificidade é apenas uma das propriedades dos módulos cognitivos.

EFEITO – Consequência sistemática e teoricamente interessante de uma manipulação experimental sobre o comportamento.

ESCRITA FONOGRÁFICA – Sistema de escrita em que os caracteres correspondem a elementos constitutivos da cadeia falada. Os alfabetos e os silabários são sistemas fonográficos.

ESCUTA DICÓTICA – Apresentação de dois estímulos simultâneos, cada um num ouvido diferente.

ESTRATÉGIA – Processo opcional. Em psicologia cognitiva, contrariamente ao uso popular deste termo, uma estratégia não é necessariamente consciente.

FIXAÇÃO OCULAR – Pausa dos olhos sobre um ponto, entre duas *sacadas* oculares. Sua duração é muito mais longa que a de uma sacada mas permanece geralmente bem inferior a meio segundo (v. *sacada ocular*).

FONE – No sentido de segmento fonético, os fones são os menores elementos constitutivos da cadeia falada perceptivamente discrimináveis (v. *fonema*).

FONEMA – O menor elemento constitutivo da cadeia falada que permite distinções semânticas. Por exemplo, a palavra "*bal*" (baile) pode ser descrita como resultando da combinação, na ordem, de /b/, /a/ e /l/, porque pode ser distinguida, entre outras palavras, de "*cal*" (calo), "*bol*" (tigela) e "*bar*", respectivamente. As variantes de um mesmo fonema que são perceptivamente discrimináveis mas funcionalmente equivalentes dentro do sistema fonológico de uma língua são chamadas *alofones*, que podem trazer uma informação dialetal ou sobre a origem do falante. Além disso, variações alofônicas podem resultar da coarticulação de fonemas, quando a articulação de um fonema influencia a expressão dos fonemas precedentes e seguintes.

FONÉTICA – Estudo dos elementos constitutivos da fala, notadamente as condições de sua produção e percepção.

FONOLOGIA – Estudo da estrutura abstrata das unidades de expressão constitutivas da língua falada e das regras que governam a combinação dessas unidades.

FORMANTE – Faixa de frequência no espectro de um som de fala que apresenta, de maneira relativamente estável durante a produção desse som, uma energia muito importante. Os três primeiros formantes, contados a partir de baixo da escala de frequência, são em geral suficientes para reconhecer as diferentes vogais. A identificação das diferentes vogais é realizada considerando a distância relativa entre os formantes (v. *transição de formante* e *sonograma*).

GRAFEMA – Unidade contrastiva mínima num sistema de escrita. No sistema alfabético, o grafema corresponde à letra. Levando-se em conta a existência de convenções ortográficas diferentes em cada língua que utiliza um alfabeto, é possível formular uma noção mais abstrata de grafema para as línguas alfabéticas, que consiste em vê-lo como a contrapartida do fonema. Assim, o dígrafo "ch", em francês, corresponde sempre a um único fonema, seja [ʃ], seja [k], e pode ser considerado um grafema nessa língua (v. *fonema*).

HOMOFONIA – Palavras *homófonas* são palavras que, tendo significações diferentes, são pronunciadas da mesma maneira mas escritas de maneira diferente (por exemplo, em francês, "*verre*" e "*vert*").

HOMOGRAFIA – Palavras *homógrafas* são palavras que, tendo significações diferentes, são escritas da mesma maneira mas pronunciadas de maneira diferente (por exemplo, em francês, "*ils président*" [eles presidem] e "*le président*" [o presidente]).

INTELIGÊNCIA – Considera-se habitualmente que a inteligência é a capacidade geral de adaptação a situações novas por processos de reflexão, ou que ela é a capacidade de adquirir e utilizar conhecimentos. Essas definições são demasiado globais, no sentido de que abrangem um número muito grande de capacidades cognitivas, fazendo que a inteligência seja um conceito pouco útil para a elaboração e a verificação de teorias do sistema cognitivo.

INTERAÇÃO – A interação entre duas variáveis é o fato de que o efeito de uma depende do nível em que nos colocamos em relação à outra. Assim, as diferenças de altura em função do sexo dependem da idade, ou seja, elas não são as mesmas nas diferentes idades. Interações entre mais de duas variáveis também podem ser eventualmente examinadas.

LEITURA FONOLÓGICA – Processo de leitura que leva ao reconhecimento de palavras escritas, e a uma pronúncia correta de palavras desconhecidas ou de pseudopalavras (v. *pseudopalavras*), com base na conversão de grafemas, ou de estruturas infralexicais mais amplas que o grafema, em fonemas ou em unidades fonológicas correspondentes a estruturas suprassegmentais.

LEITURA LOGOGRÁFICA – Processo de leitura que leva ao reconhecimento de palavras escritas com base na atenção visual a traços gráficos salientes (por exemplo, a configuração global da palavra, ou a presença de segmentos ascendentes ou descendentes em certas posições). Esse processo geralmente só permite o reconhecimento de um número relativamente restrito de palavras, e não permite ler palavras que nunca foram encontradas antes sob a forma escrita.

LEITURA ORTOGRÁFICA – Processo de leitura que leva ao reconhecimento de palavras escritas com base numa *categorização* de seus elementos constitutivos (as letras ou, mais provavelmente, estruturas mais amplas que as letras). Esse tipo de leitura supõe a constituição de um *léxico mental ortográfico*, no qual representações dessa natureza estariam registradas.

LÉXICO MENTAL – Conjunto das representações ortográficas, fonológicas e semânticas das palavras. Podemos distinguir entre um *léxico ortográfico*, um *léxico fonológico* e um *léxico semântico*.

MASCARAMENTO – Redução da audibilidade ou da visibilidade de um estímulo-teste em razão da proximidade espacial e/ou temporal de outro estímulo (a *máscara*).

MEMÓRIA FONOLÓGICA – Forma de memória em que a informação é codificada em termos fonológicos, mesmo se de início ela se apresentava visualmente.

METAFONOLOGIA – Estudo dos conhecimentos conscientes das propriedades fonológicas da linguagem e da habilidade em utilizar esses conhecimentos (v. *consciência fonológica*).

MÉTODO ALFABÉTICO – Método de instrução da leitura que consiste em ensinar à criança as pronúncias possíveis, ou mais frequentes, das letras, tentando fazer que ela funda de maneira sequencial as pronúncias das letras sucessivas presentes nas palavras.

MÉTODO FÔNICO – Método de ensino da leitura que consiste, ao mesmo tempo, em apresentar o material escrito à criança de tal modo que ela possa apreender os correspondentes fonêmicos das letras (v. *fonema*), e levá-la a utilizar esses correspondentes para combinar a pronúncia das palavras escritas.

MÉTODO GLOBAL – Método de ensino da leitura que consiste em expor palavras escritas à criança, tentando fazer que ela aprenda a correspondência entre a forma global da palavra e sua pronúncia. Este método quase nunca é seguido na sua forma pura.

MÓDULO – Subsistema que exerce uma função específica, em geral anatomicamente distinto de outros subsistemas funcionais (v. *dupla dissociação*), e caracterizado também pelo automatismo e a grande rapidez de seu funcionamento, sobretudo por sua autonomia e impenetrabilidade cognitiva. Um subsistema autônomo é aquele cujo funcionamento só é determinado pelos conhecimentos que lhe são próprios (dizemos que ele é *informacionalmente compartimentado*), exceto evidentemente em relação aos subsistemas que o alimentam. Um subsistema *cognitivamente impenetrável* é aquele ao qual não se pode ter acesso pelos mecanismos centrais de gestão da informação.

MORA – Unidade fonética de tempo em japonês. Ela forma a base do ritmo dessa língua, no qual pode corresponder a uma vogal curta, à nasal /N/, a uma sequência consoante-vogal, ao alongamento vocálico, ou ainda à geminação de uma consoante.

MORFEMA – A menor unidade de significação. Eles se combinam para formar as palavras. Muitas palavras, entretanto, são monomorfêmicas (v. *morfologia*).

MORFOLOGIA – Estudo das regras de formação das palavras. Ela permite, portanto, descrever a estrutura interna das palavras e as relações de parentesco entre elas (v. *morfema*).

NÚCLEO VOCÁLICO – Parte da sílaba constituída de uma vogal ou ditongo (v. *vogal*) e que concentra geralmente a maior porção de sua energia total.

ORTOGRAFIA – No sistema alfabético, a ortografia designa a sequência de letras que formam uma palavra. Por extensão, pode-se falar de *estrutura ortográfica* de pseudopalavras, quando essa estrutura é conforme às sequências de letras habitualmente encontradas nas palavras da língua.

ORTOGRAFIA ESPONTÂNEA – Atividade lúdica das crianças que ainda não estão ligadas formalmente à aprendizagem da leitura, mas que, conhecendo os correspondentes fonêmicos de pelo menos algumas letras, utilizam esse conhecimento para "inventar" a ortografia das palavras que desejam escrever.

PADRÃO DE ATIVAÇÃO – Configuração de ativações mais ou menos importantes das diferentes unidades de um conjunto ou de uma rede correspondente a uma função representacional específica (v. *ativação*).

PARALEXIA – Erro de leitura que apresenta um tipo particular de semelhança com a palavra a ser lida; assim, a paralexia semântica e a paralexia fonológica apresentam, respectivamente, uma semelhança semântica e fonológica com o alvo.

PERCEPÇÃO – Conjunto dos processos pelos quais o sistema cognitivo toma consciência da realidade externa ou interna ao organismo, com base em informações recolhidas pelos órgãos sensoriais. O termo *percept* é geralmente utilizado para designar o resultado consciente da atividade perceptiva. Podemos supor que *representações perceptivas intermediárias* são ativadas ou elaboradas entre o registro inicial do estímulo e o estabelecimento do *percept*.

PERCEPÇÃO CATEGORIAL – Forma de percepção que consiste em identificar objetos ou eventos em termos das categorias perceptivas a que pertencem, e em ignorar, ou mesmo não distinguir, as variações intracategoriais. A percepção categorial opõe-se à *percepção contínua*, que se observa quando se discriminam mais estímulos do que se pode identificar.

PISTA – Fenômeno que consiste no fato de que um estímulo (a pista) ativa representações mentais correspondentes ao estímulo-alvo. Assim, a apresentação da palavra "canil" antes da apresentação da palavra "cão" atrai os processos implicados no reconhecimento desta última (v. *representação mental*).

PROCESSOS AUTÔNOMOS *VERSUS* INTERATIVOS – Os processos autônomos são aqueles que ocorrem com base no conhecimento próprio do subsistema a que pertencem e independentemente de qualquer conhecimento externo a esse subsistema (v. *módulo*). Os processos interativos são aqueles que utilizam conhecimentos pertencentes a subsistemas diferentes.

PROSÓDIA – O conjunto dos fenômenos "musicais" da fala: variações de ritmo, de tempo, de melodia, de acento e de entonação. Essas variações podem exercer uma função linguística (para distinguir entre tipos de frases, para marcar as fronteiras sintáticas, para distinguir entre palavras em certas línguas), como também não linguística (por exemplo, para exprimir o estado emocional do falante).

PSEUDOPALAVRA – Sequência de letras ou de fonemas que, não tendo significação, não constitui uma palavra, mas respeita as sequências habituais da língua (v. *regras fonotáticas*) e poderia, por conseguinte, tornar-se uma palavra se uma significação particular lhe fosse atribuída.

PSICOLINGUÍSTICA COGNITIVA – Ramo da psicologia cognitiva que estuda as representações e os processos mentais que intervêm na aquisição e na utilização de uma língua natural. A emergência desta disciplina está ligada a uma hipótese de trabalho segundo a qual a estrutura do subsistema cognitivo implicado na função linguística é altamente específica em relação ao resto do sistema cognitivo, e seu modo de funcionamento amplamente independente deste último.

PSICOLOGIA COGNITIVA – Ciência que estuda os sistemas naturais de conhecimento, em particular o do ser humano (v. *cognição*).

RECONHECIMENTO – Atividade perceptiva e cognitiva que leva à identificação consciente de objetos ou eventos conhecidos. Pode-se também utilizar o termo para designar o resultado da atividade. Segundo a perspectiva modularista da percepção, considera-se que o conhecimento vai além da *percepção*. O *percept* seria o produto da ação de um sistema perceptivo modular, mas antes que esse produto se torne consciente, outros conhecimentos poderiam influenciá-lo. Assim, o conhecimento que podemos ter das estrelas ou dos vaga-lumes, que se situa naturalmente além do conhecimento armazenado no sistema de percepção visual de todos os indivíduos, faz que reconheçamos uma luz não como luz sem qualquer significação particular, mas como se fosse produzida por um astro ou por um animal.

REGRAS FONOTÁTICAS – Regras que determinam as sequências de fonemas que podem formar sílabas e palavras numa determinada língua (v. *fonema* e *sílaba*).

REGULARIDADE ORTOGRÁFICA – Característica das expressões escritas cuja sequência de letras se conforma às regras de *correspondência grafema-fonema*. Em geral, a *irregularidade* nas palavras escritas é apenas parcial, isto é, elas só correspondem a uma parte das letras que as compõem.

REPRESENTAÇÃO MENTAL – Estado particular do sistema cognitivo que reflete, em determinado momento no tempo mas podendo tornar-se persistente, um aspecto da realidade externa a esse sistema.

RIMA – Parte terminal da sílaba, que agrupa o núcleo vocálico e a coda, ou seja, a consoante ou o grupo consonântico que seguiria o núcleo (v. *ataque, consoante, núcleo vocálico* e *sílaba*).

SACADA OCULAR – Movimento balístico e muito rápido dos olhos permitindo o deslocamento do olhar e intervindo entre duas fixações sucessivas (v. *fixação ocular*). Sua duração é muito breve.

SEGMENTAÇÃO – Processo de análise da representação de um estímulo a fim de fazer aparecer as propriedades ou os constituintes dos objetos ou dos eventos que estão na origem do estímulo (v. *representação mental*). É preciso distinguir as segmentações perceptivas (que intervêm durante a percepção de um estímulo) e as segmentações pós-perceptivas (que intervêm após a percepção) (v. *percepção*).

SEMÂNTICA – Parte da linguística que estuda o sentido das expressões verbais.

SÍLABA – Unidade da estrutura fonológica que é constituída geralmente de um *núcleo vocálico*, mais frequentemente precedida e/ou seguida de uma ou várias consoantes (v. *consoante* e *vogal*).

SINTAXE – Parte da gramática cujas regras especificam quais sequências de palavras são aceitáveis do ponto de vista funcional.

SÍNTESE OU INTEGRAÇÃO DE INFORMAÇÃO – Processo pelo qual o sistema perceptivo ou cognitivo unifica ou funde as propriedades ou constituintes previamente segmentados a fim de chegar a uma interpretação única e coerente de um objeto ou de um evento (v. *segmentação*).

SONOGRAMA – Representação gráfica dos parâmetros físicos da fala: na abscissa, o tempo (em milésimos de segundo); na coordenada, a frequência (em hertz ou ciclos por segundo); a intensidade é representada pelo sombreamento mais ou menos importante das margens. O sonograma dá portanto uma divisão da intensidade sonora em função do tempo e da frequência. Ele é obtido utilizando um sistema de análise frequencial por filtros (v. também *formante* e *transição de formante*).

TRANSIÇÃO DE FORMANTE – Mudança rápida na composição espectral do formante, devida geralmente à coarticulação de uma consoante e de uma vogal cujas frequências de ressonância correspondentes não coincidem. Neste caso, a transição é tanto ascendente como descendente. A transição aparece portanto como um compromisso entre a produção da consoante e a da vogal. No caso de uma sílaba consoante-vogal, o ponto de partida da transição reflete a frequência característica da consoante, e o ponto de chegada a frequência correspondente da vogal (v. *formante* e *sonograma*).

TRATAMENTO DA INFORMAÇÃO – Conjunto de transformações da informação no sistema mental. Essas transformações podem ser sucessivas, ocorrer em paralelo, ou ainda em recobrimento temporal parcial (processo em cascata). A informação presente na entrada do sistema é transformada por operações mentais (processos) que selecionam uma parte, armazenam esta ou a comparam com outras informações, antes de (eventualmente) planificar, programar e fazer executar uma resposta.

UNIDADE PERCEPTIVA – Propriedade ou constituinte de um objeto ou de um evento que é representado pelo sistema perceptivo ou cognitivo em consequência do processo de *segmentação* da informação. Essas representações têm o estatuto de representações *intermediárias*, e no que concerne ao sistema cognitivo elas raramente são conscientes. Entretanto, em certos casos, pode-se tomar consciência das propriedades ou dos constituintes representados por meio de uma *análise pós-perceptiva*.

VISÃO FÓVEA E PARAFÓVEA – A visão *fóvea* é a visão que resulta da estimulação da região central da retina (cerca de 1º a 2º de ângulo). A visão *parafóvea* é a visão que resulta de uma estimulação além da região central da retina.

VOGAL – Elemento constitutivo da cadeia falada, produzido pela passagem do fluxo de ar no conduto vocal não obstruído. As diferentes vogais são obtidas fazendo o conduto vocal assumir diferentes formas e tamanhos (v. *consoante*).

ÍNDICE REMISSIVO

Acrônimos, 33
Acuidade, 112, 120, 125
Adams, 25, 263
Adivinhação, 165-6, 168, 266, 270, 273, 288
Alcuin, 299-305
Alegria, J., 182, 202, 269
Alfabético,
  aprendizagem do código, 225, 245, 264-5, 268-71, 274, 286
  código/princípio, 39, 48-50, 60, 64-6, 73, 78, 85, 87-9, 92, 98-9, 162-3, 166, 170, 175-6, 179-84, 189, 193, 195-6, 271,
  fase, 229
  método, 261
  processo, 186-9, 191, 200, 203, 217, 228-9
  alfabeto, 39, 44, 47, 49-50, 59-60, 64-6, 69-70, 73-6, 85-6, 89, 97-8, 135, 148, 162-3, 175, 179, 199, 251, 262
    artificial, 162, 218
    descoberta pela criança, 271
    invenção, 60, 64-5, 70, 85, 102
Aliteração, 45, 192
Altura tonal, 80, 94

Ambiguidade,
  de pronúncia, 143, 191, 271
  de significação, 32, 151
Analfabeto, 65, 85
Análise, 60, 65, 69-70, 189
  auditiva, 232
  fonêmica, 31, 60, 65, 70, 89, 92, 97-9, 176, 178, 183, 189, 198, 201-2, 225-6, 231-2, 234, 247-8, 251, 271
  fonêmica e decodificação, 215, 226
  fonêmica e método fônico, 269
  fonêmica e relações com o nível de leitura, 231-2, 248, 251, 277, 281
  silábica, 92, 143, 282
  visual, 100-1, 126-7, 131
Analogia, 50, 89, 191-3
Aprendizagem precoce, 199, 241-2, 263, 278, 281-2
Articulação, 60, 74, 82-3, 86, 88, 179, 235, 285
  coarticulação, 82-3, 86-7, 202, 235
Assonância, 94, 97
Ataque, 84, 92, 140-1, 191-4, 280, 289
Atenção, 22, 36, 90, 94, 98-9, 120, 127, 139-40, 150, 166, 172-3, 182, 192-3, 199, 219-20, 227, 235-7, 273-5, 292-3

Ativação,
    de áreas cerebrais, 128, 243-4
    de representações, 46, 79, 84, 113, 127, 132, 134, 137-9, 144, 146, 148, 150-1, 170, 198, 275
Autismo, 44, 185, 223
Automatismo, 11-2, 22, 79, 88, 139, 147, 150, 153, 166, 190, 235, 291
    automatização, 11, 22, 125, 147, 163, 168, 198, 217, 229, 246, 251, 276
Autonomia, 138-9, 149, 227, 276

Balbucio, 85
Barthes, R., 13
Batista, S., 92-3
Beauvois, M.-F., 130
Ben Jelloun, T., 161
Bertelson, P., 179
Bertoncini, J., 85
Blachman, B., 270-1
Bloomfield, L., 271
Bramwell, B., 133-4
Brown, R., 262
Bruck, M., 201
Bryant, P., 174, 185
Burgess, A., 45, 51
Butterworth, G., 186
Byatt, A. S., 14
Byrne, B., 179, 185, 197

Cadmos, 70, 78
Calado, F. J., 90, 92, 94
Calvino, I., 73
Campbell, R., 186
Carlos Magno, 299-305
Cary, L., 90
Catach, N., 19, 22
Categoria/categorização, 26, 34, 66-70, 127, 131, 136-8, 147, 153, 187, 229-30, 232-3, 236
Cego, 113, 115-6, 212, 237
Cérebro, 26, 35-7, 43, 109, 112, 127-8, 131, 133, 137, 153, 211, 242-3, 264, 284
Cervantes, M., 14, 16
Chall, J., 25, 263, 265
Charcot, J. M., 128

Codificação, 82
Cognição, 11, 24-6, 30, 32, 36-9, 44, 48, 78, 89, 98-102, 109, 112, 114-5, 120, 125, 171-3, 185, 201, 220, 226, 236, 243-4, 246-8, 250, 278, 280, 286-7, 289, 293
Combinatória, 86
Comenius, 262
Compreensão,
    da linguagem falada, 79, 88, 91, 111, 135, 215-7, 229, 237, 245, 279, 286
    de histórias, 216, 248, 288
    em leitura, 14-5, 32, 53, 112, 114, 124, 164, 166, 177, 188, 215-7, 228, 245, 267, 269-70, 284, 286-7
Computador, 21-2, 33, 39, 287-92, 302-5
Conjunção de traços, 142-3
    fonêmica, 60
Consciência/conhecimento inconsciente, 43-5, 78, 85, 114, 116, 125, 139-40, 151, 166, 170, 181, 196, 225, 235
conscientização de gestos articulatórios, 285
conscientização fonêmica, 45, 75, 86-7, 92, 225, 231, 235-6, 245
    fonêmica, 60, 66, 75, 85, 91-2, 98-9, 147, 174-6, 194, 198, 225-6, 230-2, 234-5, 245, 251
    fonológica, 82, 174
Consoante, 50, 57, 66-7, 69-71, 73-4, 76, 81-3, 85-7, 91-2, 95-6, 128, 140-1, 143-4, 179, 181, 184, 192, 195, 201-2, 232-5, 261, 272, 275-6, 291
    fricativa, 86-7, 202
    geminada, 57, 144
    grupo consonântico, 92, 201
    inicial, 29, 34, 57, 66, 181, 192, 231
    líquida, 202, 234
    nasal, 57, 202
    oclusiva, 66, 82, 84, 184, 234, 289
Content, A., 182
Contexto, 32, 48, 56, 67, 147, 150-1, 165-9, 177-8, 184, 196, 198, 202
    fonológico, 88, 251
    grafêmico, 249-50
    papel compensatório, 168, 249
    regras contextuais, 196, 198, 202, 251, 271-2

significativo, 32, 48, 56, 67, 147, 150-1, 274, 290
  utilização no reconhecimento de palavras, 165-9, 227, 249, 266, 270, 288
Cópia, 30-1, 127, 199, 273-4
Corpo caloso, 243-4
Correção informatizada, 22, 274
Correspondências,
  grafema-fonema, 30, 77, 88-9, 130, 133, 175, 178, 182-4, 188, 193-4, 196-9, 201, 225, 230-1, 238, 249, 251, 271-5
  grafofonológicas, 32-3, 35-6, 59
  nivelamento letras-sons, 36, 113, 171, 175-6, 189, 262
Couturier, M., 75
Cunningham, A., 189
Cutler, A., 84

D'Alembert, 70
Da Vinci, L., 23
De Beauvoir, S., 161
De Boysson-Bardies, B., 85
De Vaugelas, L. F., 85
De Vigenère, B., 114
Decisão lexical, 146, 151
Decodificação,
  automatização, 251
  condições de aprendizagem, 229-31, 234, 269, 273, 285, 288-90
  e aprendizagem de língua estrangeira, 281
  e leitura de pseudopalavras, 225, 248
  e métodos de ensino, 265, 279
  fonológica, 189, 225, 228, 230, 234, 237
  papel, 161-5, 169-70, 183-4
  rapidez, 215
  relação com o nível de leitura, 164, 167, 188-9, 193, 197, 215, 221, 224, 226-7, 241, 276, 286
  relação com o processo ortográfico, 223-5, 227-8, 274
  sequencial, 188-90, 194, 200, 224, 227, 230
Decroly, O., 262
Dejerine, J., 128
Democracia/democrático, 74, 172, 263, 302, 304

Denominação de imagens, 215
Derivação, 47, 67, 289
Dérouesné, J., 130
Desenvolvimento fonológico, 85, 87, 195, 234
Diacrítico, 57, 76
Dialeto, 56, 67, 95, 279-80
Diderot, D., 70
Diferenças,
  anatômicas, 244
  individuais, 17, 120, 169, 184, 215-6, 219, 227-8, 240, 245-6
  ligadas ao sexo, 238-41
  radicalização, 226
  sociais, 18, 245, 250
Diglossia, 280
Discriminação, 29, 31, 33, 86, 91, 139, 145-7, 183-4, 199, 228, 234, 237
Disgrafia,
  de superfície, 133, 203
  fonológica, 133
  não especificada, 35, 144
Dislexia,
  atencional, 127
  bases anatômicas, 242
  como "doença", 282-5
  definição, 214
  de superfície, 129-30, 132, 221, 230
  determinação genética, 241
  e maus leitores, 31, 211-3
  e piracetam, 284
  fonológica, 34, 130, 132, 203, 221, 229-30
  incidência familiar, 239
  mista, 221
  negligente, 126
  "óculo-motriz", 219
  ortográfica, 221
  profunda, 129-30, 132
  relação com a análise fonêmica, 231
  visual, 126
Ditado, 94, 173, 262, 274, 291
Dodge, R., 117
Droga, 284
Dupla dissociação, 132
Duret, C., 114

Educação/educativo, 18-20, 24-5, 201, 237, 247-8

prática, 250
sistema, 248, 251
meio, 212
Ehri, L., 47, 185, 201, 224, 248
Elkonin, D., 272
Ellis, A. W., 49, 211
Ensino, 39, 212, 226, 236
    fônico, 262, 266-9, 270-2, 274, 276, 281
    em língua materna, 280, 300
    professores, 182, 265-6, 274-5, 277, 279-80
    formação de professores, 264, 266, 270, 280
    programas, 183, 202, 218, 263-4
    idade do início do ensino da leitura, 278
Entonação, 75
Erdmann, B., 117
Escola, 14, 16-7, 20, 24, 32, 44, 71, 87, 99, 169, 193, 201, 302
    maternal, 59-60, 172-3, 175, 178, 193, 198, 265, 268, 273, 278, 281, 301, 304, 305
    último ano de maternal, 247, 279
    primária, 59, 65, 162, 188, 218, 225-7, 231, 238, 246, 248, 266, 269, 281, 289, 302
    primeiro ano primário, 25, 169, 173-5, 178, 188-9, 193, 197-8, 214, 246, 265, 268, 270, 280
    segundo ano primário, 119, 191, 195, 202-3, 238, 249, 263, 278
Escriba, 50, 60-3
Escrita,
    alfabética, 39, 47-50, 57, 60-1, 65-6, 70-6, 87-9, 97-9, 196-7, 199, 201, 203, 237, 250
    ideográfica, 48, 51
    logográfica, 48-52, 65, 199, 203
    fonográfica, 49
    pictográfica, 50-2
    espontânea, 199-201, 273
    silábica, 49, 69
    sistema, 29, 38, 43-5, 48, 50, 53, 55, 60, 65-7, 73-6, 86, 89, 180, 250-1
Escuta,
    da leitura, 171-3
    dicótica, 243
Espinosa, 115-6, 119-22, 124-5

Estratégia/fase,
    alfabética, 228-9
    logográfica, 186-7, 193, 199-200, 203, 228-9
    ortográfica, 228-9
Explicitação
    de regras contextuais, 271
    de estruturas fonológicas, 70, 73, 75
    do código, 175, 177-80, 264-5, 268
    generalização, 184
    necessidade, 182, 197-8, 201, 271
    fase inicial da aprendizagem, 270

Facilitação, 146, 148, 150-1
Fala,
    interativa, 292
    percepção, 31, 79, 81, 83-5, 87, 111, 232-5, 285
    produção, 28, 39, 79, 82-3, 86, 235-7, 273, 285, 289
Família, 60, 172, 175, 201, 237, 239, 241, 246, 269, 292
Fatores biológicos, 39, 87-8, 201, 236-7
Fatores genéticos, 237, 243
Feitelson, D., 173, 274-7, 279, 281
Fenício, 67, 69-70, 89
Ferry, J., 16
Fixação, 117-25, 150
Flesch, R., 263
Fone, 81-5, 163
Fonema/fonêmico, 28, 30-1, 39, 47, 50, 57, 64, 78, 98, 132, 147-8, 163-4, 176-7, 180, 196, 264, 286
    adição, 65
    aprendizagem, 183-4, 226
    contagem, 286
    descoberta, 39, 77-9, 88-9, 92, 97, 179, 182, 184, 194, 274
    treinamento, 176, 178, 183-4
fusão, 33, 60, 70, 89, 96, 178, 191, 273-6, 281, 286, 289
    inversão, 269, 286
    manipulação, 33, 65, 176-7, 249, 286
    subtração, 34, 65-6, 95, 183, 231
    suprafonêmico, 132
    tarefa/teste, 66, 176-7, 183-4, 227, 240
Fonética, 33, 81, 84
    análise, 84

categorias, 233
escrita, 199-203
índices, 54, 69
leitura "semifonética", 224
simplificação, 187
traços, 179-80
treinamento, 234
Fonologia, 57, 70-3, 86-7, 90, 146, 177, 279, 285, 289
código/representação, 31, 78, 112-3, 132, 148, 153, 166, 170, 195, 225, 236
forma, 85, 90-1, 98, 113, 132, 146, 162, 169, 289
processo/via, 79, 129, 131, 147, 153, 177-8, 190, 196, 217, 221, 240
déficit/distúrbio, 23, 31, 33-4, 37, 226-7, 233, 237-9, 248, 277, 285-7
Fonotático, 128
Fonte (maiúsculas/minúsculas), 113, 127, 137-8, 187
Foorman, B., 267
Formante, 79-83, 86
Foucault, M., 135
Fourier, C., 200
Freinet, C., 262
Frequência de uso, 99, 124, 138, 145-8, 191, 196-7, 201-2, 248, 272
Freud, S., 126
Frith, U., 185, 199-200, 223, 228-9
Fronteira,
entre unidades, 233, 291
técnica, 123
Fusão de fonemas, 33, 36, 89, 96, 262, 271, 273-6, 281, 286, 290

Gainsbourg, S., 171
Galaburda, A., 242
Gamarra, P., 73
Gelb, I., 48
Gêmeos, 239-40
Gestos, 84, 86, 88, 285
Gibson, E., 87
Goodman, K., 166-7, 263, 266
Goswami, U., 174, 191, 250
Grafema, 29-31, 74, 76-7, 113, 132, 140, 143, 147, 153, 164, 194, 196, 225, 249, 275

Grafo,
dígrafo, 131, 199, 274
trígrafo, 274
Grainger, 145

Hagège, C., 48
Hangul, 73-4
Hieróglifo ou hieroglífico, 47, 62, 66
Hiperlexia, 215
Hiragana, 55-60
Homófonos, 32, 53, 147-8, 200, 222, 225, 240
Homógrafos, 151
Huey, E., 115
Hugo, V., 64

Identificação, 84, 89, 124, 126, 139, 141, 144-6, 148, 150-1, 162, 164-70, 175, 195, 218, 223-4, 244, 262, 273, 275, 278
Iletrados, 16, 18-20, 26, 85, 89-94, 98-102, 114, 175, 194, 215, 220, 232, 235, 243, 301
ex-iletrados, 97
Iletrismo, 17, 26, 102
Inteligência, 32, 39, 212-6, 226, 246, 283
QI, 98, 214
testes de inteligência, 215
Interação,
com o computador, 288, 291-2, 302-3
entre a frequência de sílabas e a de palavras, 146
entre crianças, 196, 247
entre leitura e escrita, 22
entre modalidades, 217
entre representações, 46, 132, 138, 150, 153
entre sujeito e ambiente, 244
Invariância acústica, 82
Inversão,
de fonemas, 66, 269
de letras, 211, 218
Irlen, H., 219-20

Jacob, F., 88
James, W., 37
Janela móvel, 121, 127
Javal, E., 115-7, 120-5

Jogo de palavras, 33, 269
Joyce, J., 46
Juel, C., 226, 248

Kafka, F., 75
Kana, 56-60
Kanji, 55-9
Katakana, 56
Kipling, R., 45, 64, 75
Kolinsky, R, 85, 90
Kundera, M., 115

Larbaud, V., 14
Larsen, J., 243
Lateralidade, 211, 239, 243, 285
Lautréamont, conde de, 13
Lecocq, P., 231
Leitura,
    concepção romântica, 114, 162, 166
    democratização, 247
    em voz alta ou oral, 132-3, 170-4
    erros, 35, 126, 218
    exercício, 26, 38, 166, 215, 228, 245, 247
    extraescolar, 228
    independente, 288
    labial, 111, 237
    letra por letra, 127, 147
    nível, 20, 30, 119, 168, 176, 217, 232, 249
    preparação, 60, 171, 175
    "rápida", 119, 124
    velocidade, 119, 121, 200, 215, 249-50
Lembrança, 30-1, 33, 89, 100, 102, 198-9, 218
Lentes coloridas, 219
Letrado, 17, 65-6, 180, 232, 243, 265, 302
Letras,
    conhecimento, 218, 238
    nomes/sons, 29, 46-7, 69, 74, 87-9, 262-3, 267, 271-6, 289-90, 293
Lexema, 67, 69
Léxico, 69
    acesso, 191
    de entrada, 132, 134
    de saída, 132, 134
    fonológico, 132-3
    infralexical, 138, 146
    ortográfico, 129-30, 132, 134, 137-8, 140, 142-3, 147, 169, 186, 189, 196, 229, 248
    pré-lexical, 143, 145, 148-9
    semântico, 114, 125
Liberman, A., 81, 87-8
Liberman, I., 88
Língua,
    alemão, 193, 199, 250
    árabe, 276, 279-80
    chinês, 53, 55, 148
    espanhol, 280-1
    estrangeira, 113, 117
    francês, 24, 47, 49, 57, 73, 76-7, 84, 120, 128, 148, 164, 180, 188, 196, 202-3, 224, 272, 276, 281
    grego, 67, 69-72
    hebraico, 67, 120, 143, 218, 276
    inglês, 18, 25, 47, 53, 59, 76-7, 114, 116, 148, 193-4, 196, 201, 248, 250, 262, 280-1
    italiano, 144, 250
    japonês, 56-7
    latim, 69, 76, 262, 300, 302
    oficial, 279-80, 300
    português, 52, 85
    relacionado com a língua, 76, 79, 113, 124-5, 128, 138, 142, 237, 249-50, 276, 279
    segunda, 280
Livros, 13-4, 25, 57-60, 73, 99, 102, 111-2, 170-3, 175, 228, 238, 246, 266, 278-9, 293, 302
Longitudinais (estudos), 248, 277
Lundberg, I., 255

Maalouf, A., 13
Marshall, J. C., 129
Mascaramento ou máscara, 142, 145, 148, 187
Mason, J., 173
Matres lectionis, 68-9
Mehler, J., 85
Meio,
    escolar, 114, 246
    sociocultural, 18, 99, 173, 175, 214, 245-6, 263, 268, 270, 278-80, 302, 304
Memória,
    fonológica, 33, 215, 246, 290

imediata, 29, 100-1, 165, 236, 275-6, 290
Metafonologia, 90, 92, 193, 245, 285
Metalinguística, 281
Método de ensino,
  alfabético, 261
  fônico, 39, 218, 261-71, 276-7, 289-90, 305
  global, 39, 165, 179, 182, 218, 261-71, 304
  vienense, 277, 290, 305
Migração,
  de neurônios, 242-3
  de unidades, 127
Milton, J., 113-4
Módulo,
  características, 227, 235
  fonológico, 231, 235-6, 240
Montaigne, M., 13
Montessori, M., 119
Mora, 57, 60
Morfema, 38, 49, 52-6, 59, 148, 186, 289
Morfologia, 47, 56, 67, 76-7, 125, 196, 202, 281-2, 289
Mousty, P., 202
Movimentos,
  dos lábios, 285
  oculares, 115-21, 124-5, 166

Nabokov, V., 13, 45, 75
Newcombe, F., 129
Nietzche, F., 13
Nittrouer, S., 86

Olson, R., 239-40, 287, 291
Oralidade, 67
Ortografia,
  código/representação, 33, 128, 132, 137, 144, 147-8, 153, 188, 225, 227, 229-30, 240, 274, 289
  erros, 144, 188, 273
  espontânea/inventada, 175, 199-201
  excepcional, 76
  forma/padrão, 23, 109, 113, 125, 128, 130, 132, 137-8, 145-8, 153, 221, 225, 246, 273
  opaca/transparente, 250, 276
  processo/via, 131, 133, 217, 221, 227, 230, 240
Ouvido eletrônico, 285

Pais, 32, 59, 172-3, 175, 201, 265, 269, 273, 277-9, 292-3, 302-5
Pais maus leitores, 307-9
Palavra,
  efeito de superioridade, 138-9
  famílias, 182
  forma global, 90-1, 136, 186, 218
  forma falada, 31, 79, 83-6, 88, 192, 196, 273, 289
  irregular, 29-31, 33, 35, 129-30, 133, 147, 164, 188-9, 215, 221, 225, 268, 278
  nova, 28, 99, 138, 162, 165, 169-70, 176, 183-4, 193, 196, 246, 262, 268-9, 288
  vizinha, 29, 86, 144, 148, 224
Paráfrase, 18, 56
Paralexia, 35-6
Pennac, D., 14, 27, 170, 173-4
Pennington, B., 278
Percepção,
  categorial, 232
  visual, 31, 220, 285
  efeito, 139, 220
  exercício, 286
processo, 112, 139
  distúrbio, 219, 233-5
Percept, 85
Perfetti, C., 167-8
Pessoa, F., 13, 26
Piracetam, 284
Pista, 148, 150
Placebo, 284-5
Planum temporale, 242
Platão, 71, 75
Poesia ou poeta, 13, 63, 93-4, 97-8, 102, 173, 235
Política,
  de educação, 247-77
  de exclusão, 214, 280
  econômica e social, 22
  politização, 244, 263
  responsáveis, 19, 265-6
Pré-letrado, 66, 87, 89-90, 92, 182, 186-7, 191, 234, 282

Produção oral de histórias, 248, 279
Pronúncia, 29, 32, 36, 46-7, 49-50, 53-7, 59-60, 76-7, 88, 91, 95-6, 109, 113, 128, 130, 132, 147-8, 151, 153, 163-4, 180, 184, 188, 191, 196-7, 202, 250, 262, 271-3, 275, 288-92
Prosódia, 94
Pseudopalavras, 28-31, 33, 35-6, 46, 128-30, 133, 142-3, 148-9, 176-7, 188, 192-3, 195, 197, 215, 220-6, 240, 248, 250-1, 268, 278, 280, 285, 288, 291-2
Psicolinguística cognitiva, 78, 129
Psicologia,
 científica, 171, 174, 212
 cognitiva, 24, 37-8, 115, 140, 162, 304
Puig, M., 16

Radeau, M., 136
Raiz, 56
Rebus, 49-50, 62
Reconhecimento de palavras escritas, 73, 109, 132, 136, 150, 153, 167, 190-2, 194, 200, 215-7, 221, 223-8, 236, 239-40, 243, 245-6, 249, 267, 270, 275, 278, 286, 288
Recuperação, 249-50, 268
Reeducação, 12, 20, 29-30, 36, 39, 212, 214, 223, 228, 248, 277, 282-3, 285-6, 302
reeducadores, 270, 286, 292
Região, 82-3
Regressão,
 método, 190
 ocular, 119, 125
Regularidade/regular, 29-30, 35, 59, 77, 129-30, 147, 179, 188-9, 193, 215, 248, 268, 274, 278
regularização, 129-30
Representação mental, 37-9, 60, 69, 128, 150, 273-4, 289, 291
Revelação progressiva, 145
Rima, 27, 33-4, 84, 91-4, 97-8, 100, 140-1, 177, 181-2, 191-4
 julgamento de rimas, 29, 33, 91-2, 94, 215
Risco de deficiência, 24, 238, 241, 245, 268, 282, 286, 305

Ritmo,
 de aprendizagem, 230
 da fala, 236
 da leitura, 21
 da poesia, 92, 94
 habilidade, 264, 285
Romaji, 59
Rousseau, J. J., 11, 75

Sacada, 117, 119, 121, 123-4
San-Antonio, 55
Sartre, J.-P., 102
Saussure, F., 45-6
Scheerer-Neumann, G., 199
Segmentação,
 de palavras escritas, 289
 em ataque e rima, 182
 fonêmica, 192, 194, 231, 240
Segmentos,
 acústicos, 83, 146
 de fala, 163
 fonéticos, 81, 85-7
 visuais, 220
Segui, J., 145
Sejong, rei, 73-4
Semântica,
 capacidades, 227
 efeitos, 150-1
 erros, 35-6, 129-30
 informações, 67, 200, 289
 integração, 165
 representações, 53, 55, 132, 170
 sistema, 46, 129-30, 132, 134, 146, 162
Semítico, 67-70, 89
Sepúlveda, L., 12, 15, 198
Sexo, 49
Seymour, P., 185
Significação, 33, 50-2, 59, 67, 69, 75, 148, 261-2, 266, 274-5, 289
Signo/sinal, 15, 48-9, 51-2, 54, 161-3, 172, 177, 179, 181-2
Sílaba/silábico, 28-9, 38, 50, 53, 56-7, 66-7, 82, 85-7, 89, 127, 140, 142-3, 146-7, 164, 177, 234, 236, 261, 272, 274-5, 291
 análise, 12, 29, 35, 60, 65, 84, 90, 94-7, 143, 153, 196, 235, 269, 282, 289-91
 estrutura, 66, 69, 73-4, 85, 140-2, 144, 182, 191, 195

Síndrome de "sensibilidade escotópica", 219
Sintaxe,
    análise, 114, 125, 165
    capacidades, 227
    desenvolvimento, 238, 270
    estruturas, 99, 151, 172-3
    fatores, 202
Síntese de fala, 89
Smith, F., 166
Snowling, M., 188
Soares, B., 13
Soletração, 87
Sonograma, 79-80, 82-3
Stanovich, K., 189, 217
Supervisão de aprendizagem, 288, 304
Surdos, 44, 79, 237

Televisão, 22
Tempo e/ou organização temporal, 56-7, 86
Texto/organização textual, 13-7, 19, 21, 23, 57, 59, 117, 119-25, 136, 151, 172, 262, 266, 274, 303
    compreensão, 30, 112-4, 124, 164, 166-7, 177, 188, 216, 225-6, 245, 249, 270, 287
    conversão automática em fala, 287
    leitura em voz baixa/alta, 172-3
    produção, 32-3
    segmentação em palavras, 53
    tratamento, 58
Tomatis, A., 285
Tomografia por emissão de pósitrons, 128, 131
Transferência,
    efeito, 192
    inter-hemisférica, 243
    interlínguas, 280
    teste, 179, 182-4
Transição de formante, 81-3, 86
Tratamento da informação, 22, 38, 215
    em paralelo/sequencial, 127, 136-7, 190, 194, 200, 217, 230-1
Treiman, R., 185, 201

Treinamento,
    análise fonêmica, 175-8
    categorização de letras, 136
    decodificação, 170
    fonêmico, 272, 276, 281
    fonético, 234
    fônico, 229, 231, 235
    fonológico, 119, 225, 282
    movimentos oculares, 117-9, 124
    relações letras-sons, 183-4, 189

Unidades,
    articulatórias, 60
    em leitura, 166, 191, 195
    fonológicas, 29, 31, 88, 132, 141, 147, 191-4, 232
    intermediárias, 84, 132, 291
    mais amplas que a letra, 153, 191, 271, 276, 291
    mais amplas que o fonema, 274, 291
    ortográficas, 127, 131, 134, 137-8, 140-1, 143, 147, 193-4, 199
    perceptivas, 78, 81, 86, 141-2

Vellutino, F., 218
Vico, G., 114
Vilmorin, L., 200
Visão fóvea/parafóvea, 120-4
    degradação visual, 167
    distúrbio visual, 218-20, 239,
    forma visual, 186
    padrão visual, 112, 218, 236
Vocabulário, 28, 30-1, 99, 238, 246, 267, 279
Vogal, 47, 54, 57, 66-7, 69-74, 76, 80, 82-3, 85-8, 92, 96, 140-1, 143-4, 191-3, 195, 201-2, 233-4, 261, 272, 275-6, 289, 291-2

Wernicke, C., 128-9
Wimmer, H., 185, 250
Wise, B., 291-2
Woolf, V., 46

Yaguello, M., 47
Yourcenar, M., 26

SOBRE O LIVRO

Coleção: Encyclopaideia
Formato: 14 x 21 cm
Mancha: 25 x 44 paicas
Tipologia: ITC New Baskerville 10.5/13
Papel: Pólen 80 g/m² (miolo)
Cartão Supremo 250 g/m² (capa)
1ª edição: 1996

EQUIPE DE REALIZAÇÃO

Produção Gráfica
Edson Francisco dos Santos (Assistente)

Edição de Texto
Fábio Gonçalves (Assistente Editorial)
Nelson Luis Barbosa (Preparação de Original)
Vera Luciana M. R. da Silva e
Ada Santos Seles (Revisão)
Oitava Rima Prod. Editorial (Atualização Ortográfica)

Editoração Eletrônica
Oitava Rima Prod. Editorial

Projeto Visual
Lourdes Guacira da Silva Simonelli

Impressão e acabamento

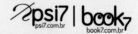